全 世 界 无 产 者，联 合 起 来！

列宁全集

第二版增订版

第三十六卷

1919年3—6月

中共中央　马克思　恩格斯　著作编译局编译
　　　　　列　宁　斯大林

人民出版社

　　《列宁全集》第二版是根据
中国共产党中央委员会的决定，
由中共中央马克思恩格斯列宁
斯大林著作编译局编译的。

凡　　例

1. 正文和附录中的文献分别按写作或发表时间编排。在个别情况下，为了保持一部著作或一组文献的完整性和有机联系，编排顺序则作变通处理。

2. 每篇文献标题下括号内的写作或发表日期是编者加的。文献本身在开头已注明日期的，标题下不另列日期。

3. 1918 年 2 月 14 日以前俄国通用俄历，这以后改用公历。两种历法所标日期，在 1900 年 2 月以前相差 12 天（如俄历为 1 日，公历为 13 日），从 1900 年 3 月起相差 13 天。编者加的日期，公历和俄历并用时，俄历在前，公历在后。

4. 目录中凡标有星花 * 的标题，都是编者加的。

5. 在引文中尖括号〈　〉内的文字和标点符号是列宁加的。

6. 未说明是编者加的脚注为列宁的原注。

7.《人名索引》、《文献索引》条目按汉语拼音字母顺序排列。在《人名索引》条头括号内用黑体字排的是真姓名；在《文献索引》中，带方括号〔　〕的作者名、篇名、日期、地点等等，是编者加的。

目　　录

附　　录

插　图

前　　言

　　本卷收载列宁在1919年3月至6月期间的著作。写于2月的《俄共(布)纲领草案》因与俄共(布)第八次代表大会文献密切相关,也编入本卷。

　　1919年初,红军在各主要战线上击退了外国武装干涉者和国内反革命白卫军的进攻,收复了乌克兰、顿河州、拉脱维亚、立陶宛、乌拉尔和顿巴斯的大部分地区。红军的胜利迫使协约国帝国主义者改变策略,不再以自己的军队为主力,而把他们支持和控制的白卫军以及几个与俄国毗邻的小国的军队推到前面,组织新的联合进攻,企图最后扼杀苏维埃政权。1919年3月,局势开始逆转,苏维埃俄国又处于敌方各战线包围之中。连年的战火使铁路遭到严重破坏,运输阻梗,燃料匮乏,粮荒严重,国内经济状况极其艰难。在国内战争再度激化的严峻日子里,列宁领导布尔什维克党和政府为解决俄国社会主义建设中一些重大问题、争取战争彻底胜利作出了不懈的努力。

　　收入本卷的《在彼得格勒苏维埃会议上关于人民委员会对外对内政策的报告》、《在彼得格勒民众文化馆群众大会上的讲话》和《苏维埃政权的成就和困难》等文献分析了布列斯特和约签订以来国际革命形势的发展变化,阐述了苏维埃在世界范围内的广泛影响,论证了接受和约是唯一正确的策略。列宁指出,国际形势虽然还很严峻,但毕竟在好转,和约削弱了敌人,我们却在新的基础上建立了一支社会主义的军队,"这支军队知道为什么而战,甘愿忍受比沙皇时代更大的牺牲和困苦,因为它知道,它在保卫自己的事业、自己的土地、自己在工厂中的权力,它在保卫劳动者的政权"(见本卷第43页)。列宁还论述了在军队建设和经济建设中利用资产阶级专家的问题,指出:"在组建红军时,专家问题有着特殊的意义,这个问题提得正确与否决定着建军的成败。专家问题应当提得更广泛些。我们应该在一切建设领域内,自然是在我们没有旧的资产阶级专家的经验和科学素养、自己力不胜任的那些建设领域内,利用他们。"(见本卷第5—6页)"必须取得资本主义遗留下来的全部文化,并且用它来建设社会主义。必须取得全部科学、技术、知识和艺术。"(见本卷第48页)"如果你们不能利用资产阶级世界留给我们的材料来建设大厦,你们就根本建不成它,你们也就不是共产党人,而是空谈家。"(见本卷第6页)列宁还分析了粮食危机,指出了解决的途径,着重阐述了对待中农的政策。

1919年3月举行的俄共(布)第八次代表大会是这一时期的政治大事。代表大会主要解决三个问题:通过新党纲,确定党的中农政策和军事政策。本卷所收的《俄共(布)纲领草案》为这次代表大会通过的新党纲提供了基础文本,编在《俄共(布)第八次代表大会文献》中的列宁的报告和讲话阐明了代表大会所要解决的这些重大问题的指导思想。

俄国共产党第一个党纲是1903年在党的第二次代表大会上通过的。1917年二月革命胜利后,列宁即在《远方来信》和《四月提纲》中提出了修改党纲以适应新形势要求的问题,并向党的第七次代表会议提出了党纲修改的方针。随后他又写了《党纲的理论、政治及其他一些部分的修改草案》、《论修改党纲》和《党纲草案草稿》等文献,还在党的第七次代表大会上作了关于修改党纲和更改党的名称的报告(这些文献分别编在本版全集第 29、32、34 卷)。本卷中的《俄共(布)纲领草案》是在上述文献的基础上重新草拟的。《俄共(布)纲领草案》理论部分除保留 1903 年党纲对资本主义性质的评述外,增加了对帝国主义和帝国主义战争性质的分析,阐明全世界无产阶级共产主义革命的新纪元已经开始。列宁指出:"只有无产阶级社会主义革命才能把人类从帝国主义和帝国主义战争所造成的绝境中解救出来。不论革命有什么样的困难,可能遭到什么样的暂时失利,不论反革命掀起什么浪潮,无产阶级的最终胜利是不可避免的。"(见本卷第 80 页)党纲草案的实践部分规定了党在从资本主义向社会主义过渡的整个时期中的各项基本任务。在政治方面,列宁指出,苏维埃共和国实现了真正的民主制度,在这种情况下,党必须致力于建立和发展无产阶级和半无产阶级的群众性组织,以保证劳动群众能实际参与国家管理。在民族问题上,党必须慎重对待广大人民群众的民族感情,切实保障各民族的真正平等,帮助弱小民族发展民族语言和文化事业。在国民教育方面,党应当通过坚持不懈的努力,使学校在摧毁资产阶级的阶级统治、传播无产阶级的先进思想、培育共产主义的一代新人方面发挥重要作用。在经济方面,列宁强调党必须领导和组织人民群众大力发展社会生产力,提高劳动生产率;要特别注意加强劳动者的纪律性,从各方面提高他们的主动性和责任心。在土地问题方面,列宁重申党的基本路线和指导原则仍然是依靠农村无产者阶层和半无产者阶层,坚决反对富农的剥削意图,镇压他们对苏维埃政策的反抗。对中农的政策是逐步地有计划地吸引他们参加社会主义建设。这个党纲草案是在国内战争条件下拟定的,在它所规定的具体经济任务中,也反映了战时共产主义时期的某些思想,如生产管理高度集中化,用有计划有组织的产品分配来代替商业,扩大非货币计算的领域、为消灭货币作准备等等。

列宁草拟的党纲草案,大部分条文为党的第七次代表大会设立的党纲委员会所采纳,写进了第八次代表大会通过的正式党纲中。列宁认为,尽管新党纲还存在着许多缺点,但它已作为总结世界无产阶级解放运动新阶段的纲领载入国际共产主义运动的史册。

列宁在《关于党纲的报告》中对党纲的修改作了进一步说明,同时批评了布哈林在党纲修改问题上的错误观点。布哈林反对在新党纲中保留旧党纲对垄断前资本主义和简单商品生产所作的分析,认为只须对帝国主义作出评述就够了。列宁指出,帝国主义是在商品经济和资本主义的基础上发展起来的,**"是资本主义的上层建筑"**,**"没有资本主义这一主要基础的纯粹帝国主义从来没有过,任何地方都没有,将来也决不会有"**(见本卷第140、137页)。旧资本主义这一极深厚的基础还存在着,不仅俄国,而且当时的发达资本主义国家都还存在着小农经济;只有承认这种现实,阐明小商品经济的性质,才能正确解决诸如对中农的态度问题。列宁强调指出,党的纲领应该建立在科学的基础上,它应该以绝对确定的事实为出发点,向群众说明,共产主义革命是怎样发生的,为什么它是不可避免的,它的意义、实质和力量在哪里,它应当解决什么问题。

列宁还批评了布哈林在民族问题上的错误观点。布哈林不顾在向社会主义过渡的时期还存在着民族和民族差别的事实,反对承认民族自决权,主张只应承认各民族劳动阶级的自决权。列宁指出："既然各个民族还处于从中世纪制度进到资产阶级的民主或从资产阶级的民主进到无产阶级的民主的道路上的不同阶段,那么我们党纲中的这个原则便是绝对正确的。在这条道路上我们有过许许多多的曲折,每个民族都应当获得自决权,而这会促进劳动者的自决。"(见本卷第146页)列宁认为,在不同国家中无产阶级同资产阶级的分离、分化是循着不同道路发展的,对待这个问题必须特别谨慎,要考虑到其他国家发展的各个不同阶段,耐心等待,反对大俄罗斯沙文主义,决不要从莫斯科发号施令,不能借口民族内部在发生分化而只承认劳动阶级的自决权。

　　对中农的政策是党的第八次代表大会着重解决的、也是列宁在这一时期最关注的一个重要问题。1918年秋,列宁鉴于中农对苏维埃政权的态度的转变和团结中农对巩固工农联盟的重要意义,主张改变苏维埃政权成立初期中立中农的政策,提出同中农妥协、对中农让步、同中农结成联盟的口号。列宁在《俄共(布)纲领草案》中,以及在党的第八次代表大会的开幕词、总结报告、关于党纲的报告和关于农村工作的报告中,进一步论述了党在农村工作中的基本任务和对中农的新政策。列宁根据马克思主义基本原理分析了中农的阶级地位和特性,提出"俄共对中农的政策是逐步地有计划地吸引他们参加社会主义建设工作。党的任务是把他们同富农分开,关心他们的需要,把他们吸引到工人阶级方面来,用思想影响的办法而决不用镇压的办法来克服他们的落后性,在一切触及他们切身利益的问题上力求同他们妥协,在确定社会主义改造的方式方面向他们让步。"(见本卷第114页)列宁在阐释这一政策时强调,应当把中农同富农和资产阶级严格加以区别,决不容许对中农采取任何暴力手段,对中农施以暴力是会葬送全部事业的极愚蠢极有害的行为；需要的是说服教育，长期合作，首先要帮助中农改善生活和生产条件，然后才能取得他们的信任。列宁反对用强制手段实现向社会主义大农业的过渡。他指出，只有那些由农民自愿发起的、经他们实际检验确有好处的联合才是有价值的，要"向农民学习向更好的制度过渡的方法，**决不可发号施令**！这就是我们给自己定下的准则"（见本卷第190页）。列宁按照这些精神为代表大会草拟的《关于对中农的态度的决议》规定了一系列旨在改善同中农关系、巩固工农联盟的具体措施。这一决议在大会上获得一致通过。

代表大会之后列宁又在《关于推荐米·伊·加里宁为全俄中央执行委员会主席候选人》、莫斯科工人和红军代表苏维埃全会非常会议上《关于苏维埃共和国的国内外形势的报告》、《告红军书》和《论中农》等讲话中反复对党的中农政策作了阐释。

列宁在这次党代表大会上论证并维护了党在红军建设方面的方针政策。在中央委员会总结报告和关于军事问题的讲话中，列宁根据红军建立一年来的经验，说明了军队正规化建设和吸收旧军事专家的必要性，批评了"军事反对派"的错误观点。列宁指出："军事反对派"留恋游击习气，反对正规化，反对利用军事专家，这些错误给红军造成了极大危害；取得政权的工人阶级必须把群众的热忱和革命创造同科学技术结合起来，必须把红军建设成为拥有军事专家、具有严格纪律的正规军队，这样的军队才能掌握现代技术和现代作战方法。

党的第八次代表大会之后，战局日趋紧张，高尔察克在西伯利亚纠集30万兵力向伏尔加河流域推进，邓尼金从南部进攻，尤登尼奇进逼彼得格勒，米列尔和英法干涉者的部队从北面进犯，形成四面包围的态势。其中高尔察克的威胁最大,东线的局势将决定革命的命运。4月10日苏维埃政权发布了动员令。本卷所收的《为支援东线告彼得格勒工人书》、《俄共(布)中央关于东线局势的提纲》、《同高尔察克作斗争》和《中央关于军事统一的指示草案》是动员党和人民的力量去粉碎敌人进攻的战斗纲领。列宁提出了援助东线的具体措施,号召工人、士兵、农民和其他居民立即动员起来投入抗击白匪的斗争,要求党和工会各组织用革命精神从事工作。这期间,列宁接连在莫斯科工人和红军代表苏维埃全会非常会议、全俄工会中央理事会和莫斯科枢纽站铁路员工代表会议等场合作报告或讲话,向干部和群众阐明形势和任务,帮助他们认识困难所在和解决办法,看清敌人的虚弱本质,坚定苏维埃必胜的信心。

1919年3月,第三国际即共产国际在莫斯科宣告成立。列宁在《第三国际及其在历史上的地位》一文中回顾了国际共产主义运动的发展进程,对三个国际的作用和历史地位作了评价:"第一国际为国际无产阶级争取社会主义的斗争奠定了基础。第二国际是为这个运动在许多国家广泛的大规模的开展准备基础的时代。第三国际接受了第二国际的工作成果,清除了它的机会主义的、社会沙文主义的、资产阶级和小资产阶级的脏东西,并**已开始实现**无产阶级专政。"(见本卷第291页)列宁还指出,第三国际最突出的特点和使命是执行马克思主义的训诫,实现社会主义和工人运动历来的理想;第三国际的世界历史意义在于它已开始实现马克思的一个最伟大的口号——无产阶级专政。列宁在一个多月后写的另一篇文章《伯尔尼国际的英雄们》中批判了第二国际机会主义者妄图把资产阶级专政同无产阶级专政结合起来、对俄国无产阶级革命肆意曲解的种种言论。

列宁在全俄社会教育第一次代表大会上作的题为《关于用自由平等口号欺骗人民》的讲话以及为出版这篇讲话写的序言,透彻分析和回答了当时机会主义者对布尔什维克攻击最激烈的一些重要理论、政治问题,如革命和战争的关系,对帝国主义的两种性质不同的妥协,对待民主、自由、平等的态度,民主与无产阶级专政的关系,等等。列宁揭露那些宣扬"纯粹民主"、把民主与无产阶级专政对立起来的机会主义者的虚伪面目,指出:资产阶级提出了"自由"、"平等"口号,但从未真正实现,民主、自由、平等"如果同劳动摆脱资本压迫相抵触,那就是骗人的东西","这些词句掩盖着被用来压迫劳动群众的商品所有者的自由、资本的自由"(见本卷第334—335页)。在批驳考茨基所谓布尔什维克不是按照多数人意志作出决定而是依靠专政即用军事手段维持政权的指责时,列宁对无产阶级专政作了精辟的阐述。他指出:革命就是极端残酷的殊死的阶级斗争,要摆脱资本主义,无产阶级专政是绝对必需的,"专政固然非有暴力不可,但它并不仅仅意味着暴力,它还意味着比先前的劳动组织更高级的劳动组织"(见本卷第355页)。列宁还指出:"无产阶级专政不是阶级斗争的结束,而是阶级斗争在新形式下的继续。""无产阶级专政是劳动者的先锋队——无产阶级同人数众多的非无产阶级的劳动阶层(小资产阶级、小业主、农民、知识分子等等)或同他们的大多数结成的特种形式的阶级联盟,是反资本的联盟,是为彻底推翻资本、彻底镇压资产阶级反抗并完全粉碎其复辟企图而建立的联盟,是为最终建成并巩固社会主义而建立的联盟。"(见本卷第362—363页)

《向匈牙利工人致敬》一文是列宁为祝贺匈牙利苏维埃政府成

立而写的。他在文中阐述了无产阶级专政的实质,指出:无产阶级
为了镇压剥削者的反抗,必须采取暴力手段,"但是无产阶级专政
的实质不仅在于暴力,而且主要不在于暴力。它的主要实质在于
劳动者的先进部队、先锋队、唯一领导者即无产阶级的组织性和纪
律性。无产阶级的目的是建成社会主义,消灭社会的阶级划分,使
社会全体成员成为劳动者,消灭一切人剥削人现象的基础。这个
目的不是一下子可以实现的,这需要一个相当长的从资本主义到
社会主义的过渡时期"(见本卷第 375 页)。在匈牙利无产阶级政
权成立之初,列宁在《给库恩·贝拉的电报》中告诫匈牙利共产党
人要防止照搬照抄俄国经验的错误,指出:"在匈牙利革命的特殊
条件下,生吞活剥地全盘照搬我们俄国的策略,会是一种错误"(见
本卷第 205 页)。

　　在本卷所收的三篇悼念雅·米·斯维尔德洛夫的讲话中,列
宁对卓越的无产阶级革命家斯维尔德洛夫的伟大一生作了高度评
价。列宁称他为"职业革命家"的典型,他的杰出的组织才能是在
长期斗争中锻炼出来的,他把密切联系群众同善于领导群众很好
地结合起来,在解决许多重大的实际组织问题方面、在挑选和按专
长任用人才方面都作出了出色的贡献。列宁认为,组织无产阶级
群众,组织劳动人民,始终是无产阶级革命胜利的条件,而斯维尔
德洛夫完整地体现出了无产阶级革命的这一最主要最本质的
特征。

　　在《列宁全集》第 2 版中,本卷文献比第 1 版相应时期的文献
增加 22 篇,其中有在俄共(布)第八次代表大会上作的《关于军事
问题的讲话》、《在莫斯科县工农代表苏维埃第五次(非常)代表大
会上的讲话》、《人民委员会关于最高国民经济委员会印刷局的决

定草稿》、《俄共(布)中央关于派遣一批工人小组参加粮食和运输工作的决定草案》、《国防委员会关于铁路员工粮食供应的决定草案》、《关于同中农的关系问题》、莫斯科工人和红军代表苏维埃全会非常会议《关于苏维埃共和国国内外形势的报告的决议草案》、《对国防委员会关于加强军事防御工作的决定的意见》、《关于专家工资的决定草案》、《国防委员会关于动员苏维埃职员的决定草案》等等以及《附录》中的全部文献。

弗·伊·列宁

（1919 年）

在彼得格勒苏维埃会议上
关于人民委员会对外对内政策的报告

（1919 年 3 月 12 日）

1

报　　告

简　要　报　道

（列宁同志在讲台上出现时，全场热烈欢呼。全体起立）列宁同志说，这个大厅使我想起了我在彼得格勒苏维埃的第一次发言[1]，当时在彼得格勒苏维埃中占统治地位的还是孟什维克和社会革命党人[2]。我们把刚刚过去的事情忘记得太快了。现在，其他国家的革命发展进程使我们重新想起我们不久以前经历过的事情。以前人们认为，在资本主义比较发达、阶级矛盾的发展相应地比较充分的西欧，革命的道路会与我们有些不同，政权将会一下子由资产阶级手中转到无产阶级手中。然而，现在德国发生的事情说明正好相反。德国的资产阶级联合起来，反抗抬起头来的无产阶级群众，他们从西欧资产阶级的比较丰富的经验中汲取力量，有步骤地和无产阶级进行斗争。而德国的革命群众还没有足够的经验，他们只有在斗争过程中才会获得这种经验。大家还记得 1905 年革命,当时俄国无产阶级是在没有任何经验的情况下投入斗争的。而在现在这次革命中,我们考虑并利用了1905年革命给我们提供的经验。

接着,列宁同志对人民委员会的工作作了一个概述。他提到革命第一个时期的情况,当时群众还不知道怎么办,也缺乏享有足够威信的和强有力的领导中心。

列宁同志说,当时我们大家都很清楚,要使开始了的斗争获得胜利,就必须尽可能紧密地团结国内一切被剥削群众和一切劳动者,因此,在我们面前必然摆着一个关于组织形式的问题。我们清楚地记得苏维埃在1905年所起的作用,我们重新建立了苏维埃,把它当做团结劳动者来同剥削者作斗争的最有用的武器。在德国革命发生以前,我们总是说,苏维埃是最适合于俄国的机构。当时我们还不能断言苏维埃也同样适合于西欧,但生活表明并不是这样的。我们看到,苏维埃在西欧愈来愈受欢迎,而且不仅在欧洲,在美洲人们也在为苏维埃而斗争。到处都在建立苏维埃,苏维埃迟早会把政权拿到自己的手中。

目前美洲处在一个引人注意的时刻,那里正在建立苏维埃。可能那里的运动所走的道路会与我们不同,但重要的是,在那里,苏维埃这种组织形式也已经得到广泛流行。现在,这种组织已经代替了其他一切无产阶级组织形式。无政府主义者本来是反对一切政权的,在了解了苏维埃政权形式以后,也承认了苏维埃政权。这样,他们就彻底推翻了否认任何政权的无政府主义理论。两年以前,在苏维埃内部盛行着同资产阶级合作的妥协主义思想。必须经过一定的时间,才能从群众的意识中扫除那些妨碍他们了解当前情况的陈腐观念。这只有靠苏维埃在国家建设生活中的实际工作才能办到。现在德国的工人群众也处于这种状况，他们也必须从意识中清除这种陈腐观念，但是在那里，这一过程要比我们这里进行得更剧烈，更残酷，流血会更多。

我稍微偏离了彼得格勒苏维埃主席团给我出的题目，但这是必要的。

只有看到了苏维埃在世界革命范围内所起的作用，我们才能了解人民委员会过去一年的工作。日常的烦琐的政务和建设事业中不可避免的细小事情，往往把我们引到一边去，使我们忘记世界革命的大事。只有看到了苏维埃在世界范围内所起的作用，我们才能正确地分析我们国内生活中的细小事情，并及时地加以调整。伯尔尼的著名的钦差大臣们[3]把我们说成是暴力策略的信徒，但是说这种话时，他们完全闭眼不看专靠暴力管理国家的资产阶级在他们那里的所作所为。

在我们采用苏维埃管理形式以前，我们用了几个月的时间，让群众作好准备，来实行从未有过的新的国家管理形式。我们把克伦斯基政府弄得狼狈不堪，我们迫使临时政府不断地更换阁员，这就最终向群众证明，当时光想掌权的资产阶级和妥协派一伙是无力管理国家的，而只是在这以后，我们才夺取了政权。

在世界范围内事情要复杂得多。在这种情况下，单靠革命暴力是不够的，在使用革命暴力以前，先要像我国这样做好准备工作，而这需要的时间自然要长些。当时布列斯特和约[4]曾引起很多议论，一些先生决定利用苏维埃政权的这一步骤，把它叫做妥协，以达到他们的不可告人的目的。如果这叫做妥协，那么，我们为了从内部进行破坏而参加国家杜马，也得说是同沙皇妥协了。我们签订布列斯特和约，是期待在德国造成推翻威廉的必要的内部条件,这就表明,我们采取这一步骤的意图是多么正确。

在协约国⁵中,群众的觉醒已经表露出来,他们的政府正在千方百计地阻挠这种觉醒。为了这个目的,有人使尚未觉悟的群众只是注意"爱国主义"。他们用诺言安抚群众,用胜利的和约的好处诱惑群众,说和约签订以后群众受益无穷。他们让群众靠幻想过日子。但是实现这些幻想的打算的正确程度,可以从不久前我同一个清醒的、用商人眼光看问题的、与我们利益格格不入的美国商人的谈话中看出来。他对法国的情况作了这样的描述:法国政府答应群众,说什么可以从德国人那里得到金山,但是德国人从哪里弄钱来偿付,从一无所有的债务人身上是弄不到任何东西的,所有这些建立在同德国签订有利的和约之上的幻想都会破灭,因为签订的和约将是一个导致破产的和约。甚至革命的敌人也感觉到这一点,除了推翻资本主义以外,他们找不到摆脱现状的任何出路。目前在这方面能说明问题的是巴黎群众的情绪,因为他们最敏感,反应最敏锐。现在巴黎群众不允许反对布尔什维克的人开口,而在半年以前,不管怎样辱骂布尔什维克,他们都听之任之。资产阶级花了很大力气来帮助我们宣传我们的观点。资产阶级的进攻迫使群众思索和判断,因此,肯动脑子的巴黎群众得出结论说,既然资产阶级这样仇恨布尔什维克,说明布尔什维克是很会同资产阶级作斗争的。现在协约国把注意力放到我们身上,想靠我们掏腰包来付清向它要钱的账单。我们不得不重视在军事方面优于我们的劲敌,但这种情况不会持续太久:一旦群众对胜利感到失望,那时"盟国"的一切诡计都会彻底破产,甚至到不了那个时候它们就会厮打起来。现在所有国家都在闹饥荒,而且任何胜利都不能帮助它们消除这种饥荒。我们面临着对外政策向我们提出的复杂任务。在这方面,我们有布列斯特和约(这是人民委员会对外政策上一个最重大的步骤)的经验。布列斯特和约是同在军事方面优于我们的劲敌签订的,这甚至在我们内部引起了意见分歧,但这是被帝国主义强盗团团包围的无产阶级国家必须采取的第一个步骤。布列斯特和约削弱了我们强大的敌人。把掠夺性的条约强加在我们身上的德国在极短时期内就完蛋了,现在其他国家也会遭到同样的命运,特别是由于军队到处都在瓦解。

应该回想一下,有一个时期人们认为我军的瓦解是由于俄国人缺乏耐性,但是事实表明,这是一切走上革命道路的国家的命运。目前各国"民主"政府在巴黎进行的公开抢劫擦亮了群众的眼睛,特别是,它们由于分赃不均经常发生激烈争吵,这已不再是什么秘密了。[6]尽管苏维埃俄国所处的环境很不利,但我们有一个优点,连资产阶级报纸《泰晤士报》[7]也强调指出了这一点。该报军事评论家的一篇文章指出,所有国家的军队都在迅速瓦解,而俄国没有这种现象。用《泰晤士报》的话说,只有俄国的军队不是在瓦解,而是在建设。这是一年来我们建设中一个重要的部分。我们被敌人团团围住,奋起自卫,夺回苏维埃俄国的每一寸土地,我们每一个月的斗争都使我们愈来愈接近世界革命。在全世界,我们第一个夺取了政权,现在管理我们国家的是劳动者的苏维埃。我们能不能保持住政权呢? 如果不能,那么夺取政权就是违背历史。但是现在我们已经可以引以自豪的是,我们经受住了这个考验,尽管历尽千辛万苦,我们还是捍卫住了劳动者的政权。

列宁同志接着谈到专家问题。

列宁同志说,我们有一些同志,看到领导红军的有沙皇的奴仆和旧军官,就非常愤慨。当然,在组建红军时,专家问题有着特殊的意义，这个问题提得正确与否决定着建军的成败。专家问题应当提得更广泛些。我们应该在一切建设领域内，自然是在我们没有旧的资产阶级专家的经验和科学素养、自己力不胜任的那些建设领域内，利用他们。我们不是那种认为建设社会主义俄国的事业可以由什么新人来完成的空想家，我们要利用旧的资本主义世界给我们留下来的材料。我们把旧人员放到新的环境中，使他们在适当的监督之下，在无产阶级警觉的监视之下，完成我们所需要的工作。只有这样才能进行建设。如果你们不能利用资产阶级世界留给我们的材料来建设大厦，你们就根本建不成它，你们也就不是共产党人，而是空谈家。要进行社会主义建设，必须充分利用科学、技术和资本主义俄国给我们留下来的一切东西。当然，在这条路上我们会遇到很大的困难。错误是不可避免的。到处都有倒戈分子和存心不良的怠工分子。在这里首先必须使用暴力。但除此以外我们还应当利用无产阶级在道义上的影响，利用强大的组织和纪律。抛弃对我们有用的专家是根本没有道理的。但是应该把他们放在一定的范围内，使无产阶级能够监督他们。应该给予他们工作，但要警觉地监视他们，设政治委员管他们，防止他们的反革命阴谋。同时必须向他们学习。总之，在政治上不向这些先生作丝毫让步，另一方面，在任何地方，只要可能，就要利用他们的劳动。这我们已经做到了一部分。我们已经从镇压资本家转为利用他们，这也许是一年来我们在国内建设中获得的最重要的成果。

　　农村问题是我们文化建设中的一个重大问题。苏维埃政权需要有劳动群众的最广泛的支持。在整个这一段时期，我们对农村的全部政策归结起来就是为了这一目的。必须把城市无产者和农村贫苦农民联系起来，而且我们已经这样做了。现在他们之间已经有了最紧密的千丝万缕的联系。像在其他方面一样，我们在这方面也遇到很大的困难，因为农民习惯于独自经营。他们习惯于自由出卖自己的粮食，而且每一个农民都认为这是他的不可侵犯的权利。现在需要进行巨大的工作，来使他们完全相信，只有共产主义的经济组织才能克服战争给我们遗留下来的经济破坏状况。在这里不应该使用暴力，只能用说服的办法。当然，在农民当中，我们也有公开的敌人——富农，但是在农民中占多数的贫苦农民和接近贫苦农民的中农是跟着我们走的。对付富农这一死敌，我们只有一种武器，这就是暴力。当我们开始实行把余粮给予挨饿者的粮食政策时，有一些人向农民喊叫："他们在掠夺你们！"这些穿着孟什维克、左派社会革命党人[8]或别的什么丑角的服装的人，实际上是农民、工人、共产主义的死敌，过去我们怎样对付他们，今后还要怎样对付他们。

载于1919年3月14日《北方公社报》第58号

译自《列宁全集》俄文第5版第38卷第1—7页

2

回 答 问 题

同志们，现在我来回答问题。有两张纸条，意思不十分清楚。从其中一张纸条上毕竟可以大致看出两个基本思想。第一，递纸条的人不满意布尔什维克，说他们太冒进，而对孟什维克则表示同情，认为他们是循序渐进。第二，提出了农民暴动问题。

谈到第一个问题，我应当说，既然这样责备布尔什维克，就应该指出，他们的冒进表现在何处，而循序渐进又好在哪里。我们和孟什维克不同的主要一点就在于，我们坚决主张全部政权归苏维埃，我们冒进的结果是在前年10月夺取了政权。而孟什维克要求循序渐进，不愿意政权归苏维埃。例如，同情孟什维克的著名社会党人考茨基，1918年8月在一本小册子中写道，布尔什维克不应该夺取政权，因为他们不能坚持下去，他们会灭亡，从而使整个党毁灭。我认为，这种看法已被事变的进程推翻，不值一谈，尤其是如果没有什么明显的反对意见的话。在德国，考茨基坚持民主制，坚持立宪会议制。这里的孟什维克和德国的孟什维克都说，决不能把政权交给苏维埃。德国召开了立宪会议，1月和3月在那里发生了一连串的强大的工人起义，爆发了国内战争，结果以希法亭为首的德国孟什维克在最近发表的文章中建议把立宪会议和苏维埃结合起来，赋予苏维埃中央委员会停止立宪会议决议的执行并把问题交付全民表决的权力。这表明,德国的孟什维克,甚至他们当中的优秀分子,也是非常糊涂的。把立宪会议和苏维埃结合起来,把资产阶级专政同无产阶级专政结合起来,——这种主张只能受到嘲笑。

至于农民暴动,会上已经提出这样的问题了。当然,我们这里有过一连串的富农暴动,而且现在还有。去年夏天发生了许多次富农暴动。富农是我们的死敌。对他们除了镇压以外,不能指望别的什么。中农则是另一回事,他们不是我们的敌人。说俄国发生的是大量农民参加的暴动而不是富农暴动,这是不正确的。个别的村、乡曾经附和富农,但在苏维埃政权建立后,席卷俄国全体农民的农民暴动是没有过的。富农暴动是有过的,只要政府坚决主张一切余粮应按固定价格售给挨饿者,这种暴动今后也还会有。这种暴动是不可避免的,因为富农囤积有大量粮食,他们能够按几百卢布一普特的价格出售,而我们大家知道私贩粮食者是按什么价格出售粮食的。如果给富农这种自由,那么,藏有纸币和克伦斯基币[9]的富人就会饱腹,而什么也没有藏的大多数人就会挨饿。因此,我们要看到富农反对苏维埃政权的暴动是不可避免的。在资本家的政权存在的时候,工人反对资本家、农民反对地主的暴动是不可避免的。在地主和资本家被打倒以后,富农的暴动将会愈来愈少。应该作出选择。如果谁希望不发生任何暴动,希望富人心甘情愿地答应把全部余粮老实地交出来,我认为,这种人是不值得认真对待的。

另一张不清楚的纸条的内容是这样的:如果被社会革命党人蒙骗的工人,由于缺乏粮食而停工,罢工,反对苏维埃政权,在这种情况下该怎么办。当然,我不能指望全体工人个个都拥护苏维埃政权。1871年巴黎工人举行起义时,其他城市有不少工人参加白卫军,反对他们,镇压他们。尽管如此,觉悟的社会主义者仍然可以说,巴黎公社战士代表着整个无产阶级,即代表着一切优秀正直的人们,而在白卫军中的则是一部分落后的工人。我们这里也有些不觉悟的落后的工人,他们直到今天还不了解苏维埃政权;我们在尽力启发他们。没有一个政府像苏维埃那样地创造条件让工人经常举行集会,苏维埃让工厂的每个代表在国家机关中有其地位。我们尽可能地吸引工人,让他们自己制定国家政策;在资本主义制度下,甚至在共和国中,工人也是被排斥在这种事情之外的。而苏维埃政权则用一切力量吸引工人,但是有一些人还会在很长时间内留恋过去。

在你们中间,只有少数人,甚至可能只有个别的人,还记得农奴制度,能够记得这点的只有老年人,但是记得30—40年以前事情的人总会有的。凡是在农村待过的人都知道,在30年前农村中还有不少这样的老年人,他们说:"在农奴制度下要好些,规矩多,很严格,妇女穿得很朴素。"如果我们现在读读乌斯宾斯基(我们将给他建立纪念碑,他是一位描写农民生活的优秀作家)的著作,就会从80年代和90年代的描写中看到,一些纯朴正直的老农民、有时甚至一些中年人都说,在农奴制度时代要好些。在消灭旧的社会制度时,想使它在所有的人的意识中一下子消灭是做不到的,还会有少数人留恋过去。

有一些工人,如印刷工人,他们说,资本主义时代好,报纸很多,而现在却少了,那时我挣钱也多,我不要什么社会主义。过去有不少工业部门是依赖富有阶级或者靠制造奢侈品来维持的。在资本主义时代,大城市中有不少工人靠制造奢侈品为生。在苏维埃共和国中，我们不得不让这些工人暂时失业。我们说："干其他有益的工作吧。"他会说："我干的是细活，我是首饰匠，工作很干净，替文雅的先生们干活，而现在来了一些土里土气的人，文雅的先生们被赶走了，我要回到资本主义去。"这样的人会宣传退回到资本主义去，或者像孟什维克说的，前进到健全的资本主义和健全的民主制去。说"我们在健全的资本主义时代生活得很好"的工人，能找出几百人。这些在资本主义时代生活得很好的人只是微乎其微的少数，而我们保护的则是在资本主义制度下生活得不好的多数人的利益。（鼓掌）健全的资本主义引起了那些最自由的国家的世界大厮杀。健全的资本主义是不可能有的，而有的倒是像美国这样的资本主义，那是一个文明、富裕、技术先进而又最自由的共和国，这种民主的资本主义，这种最共和的资本主义为了掠夺全世界而引起了最疯狂的世界大厮杀。在资本主义制度下生活得很好的工人，在全国 1 500 万工人中，也就能找到几千个。在富裕的国家里，这样的工人要多些，因为他们替更多的百万富翁和亿万富翁干活。他们为这一小撮人效劳，并从他们那里得到特别高的工资。试拿英国的几百个富翁来看，他们发了几十亿的财，因为他们掠夺了印度和许多的殖民地。他们拿钱收买一两万工人是算不了什么的，他们付出高一倍或更多的工资，以便让这些人专门替他们好好干活。我偶尔看了一个美国理发师的回忆录，一个亿万富翁每天刮一次胡子给他一块美元。这个理发师写了一整本书，来颂扬这个亿万富翁和他的优裕的生活。他每天早晨去这位金融大亨那里待一小时，得到一块美元，心满意足，除了资本主义，什么也不想要。对这种论据应该时刻警惕。大多数工人都没有过这样的境遇。我们，全世界的共产党人，维护大多数劳动者的利益，而资本家则用高额工资收买极少数劳动者,使他们成为资本的忠实奴仆。正像在农奴制时代,一些农民向地主说:"我们是你们的奴仆〈这是在农奴解放以后〉,我们不会离开你们。"这样的人很多吗?只是极少数。能不能拿他们作借口来否定反农奴制的斗争呢?当然不能。现在也一样,决不能借口少数工人为资产阶级报纸工作,生产奢侈品,服侍亿万富翁,挣钱很多,就否定共产主义。

现在我来谈谈那些意思写得很清楚的问题,第一,就是关于租让、特别是关于北方大铁路租让的问题[10]。有人说,这是让一群强盗抢劫人民的财富。对于这一点,我要回答说,这个问题同资产阶级专家、同关于世界帝国主义的问题有密切关系。现在我们能不能打垮世界帝国主义呢?假使我们能做到,那我们一定要这样做,但是你们知道,我们现在还做不到,正像我们在1917年3月不能推翻克伦斯基一样;当时我们应该等待苏维埃组织发展起来,在这方面做工作,而不是立刻起义反对克伦斯基。同样,现在能不能对世界帝国主义打进攻战呢?当然不能。假如我们更强大,明天就能得到许多粮食,有技术设备等等,那我们就不会让谢德曼之流屠杀斯巴达克派[11],而会把他们打倒。但是现在,这是一种不着边际的幻想,只要其他国家没有苏维埃多数,只要许多国家还是刚刚开始建立苏维埃,我们一个国家是不可能把世界帝国主义打倒的,因此不得不向帝国主义者让步。我们现在还不能大规模地修筑铁路,能把现有铁路管好就很不错了。我们缺乏粮食和燃料,没有足够的机车,我们有几百万普特粮食堆积在伏尔加—布古利马线上,运不出来。前几天,我们在人民委员会中决定派遣有全权处理问题的代表去运这批粮食。在彼得格勒和莫斯科,人们在挨饿,而那里却堆积着几百万普特粮食运不出来,因为我们没有足够的机车,没有燃料。所以我们说,宁肯向外国资本家纳贡,只要把铁路修成。我们不会因为纳贡而灭亡,但不搞好铁路交通,我们会因人民挨饿而灭亡。不管俄国工人怎样能吃苦,但吃苦是有限度的。因此,采取改善铁路交通的措施是我们的责任,即使我们向资本主义纳贡也在所不惜。不管这种办法是好是坏,暂时是没有别的出路的。在我们还不能彻底推翻世界资本主义以前,我们不会因为纳贡而葬送苏维埃政权。我们曾付给德帝国主义者黄金,按照布列斯特和约的条款,我们必须这样做,现在协约国从他们那里夺走了这批金子——战胜的强盗抢劫了战败的强盗。现在我们说,只要全世界无产阶级运动还没有胜利,我们就只有或者作战,或者用贡款向这些强盗进行赎买,而赎买是不会有什么坏处的。我们曾向德国强盗进行赎买,给了他们几亿卢布,借这个时间我们巩固了自己的红军,而德国强盗现在却什么也没有了。其他帝国主义强盗也会遭到同样的下场。(鼓掌)

这位同志还写道,他因为反对使中农破产而被拘捕了四天,他问什么是中农,并提到一连串的农民暴动。如果逮捕这位同志是因为他反对使中农破产,这当然是不对的,但从他很快就被释放这点看来,我料想逮捕他的人或者苏维埃政权的别的代表已考虑到这种逮捕是不正确的。现在我来谈谈中农。中农与富农不同之处在于,他们不剥削他人的劳动。富农掠夺他人的钱财和劳动。贫苦农民,即半无产者是受剥削的人;中农不剥削他人,靠自己经营过活,粮食大致够吃,没有富农化,但也不属于贫苦农民。这种农民动摇于我们和富农之间。他们中间有少数人如果走运,可以上升为富农,因此,他们倾向于富农,但是他们中的大多数不会上升为富农。如果社会党人和共产党人善于同中农讲道理,那一定能向他们证明，苏维埃政权比其他任何政权都好，因为其他政权都压迫和摧残中农。但中农是动摇不定的。他们今天拥护我们，明天却拥护别的政权；一部分拥护我们，另一部分却拥护资产阶级。在几天以后我们就要通过的纲领中，我们反对对中农使用任何暴力。① 现在我们党宣布这一点。如果有逮捕的事情，我们要斥责，要纠正。对富农，我们主张使用暴力，而对中农，我们是反对使用暴力的。我们向中农说：即使你们拥护苏维埃政权，我们也不想强迫你们加入公社，我们从来没有把农民强行赶入公社，也没有这种法令。如果地方上有这种情形，这是违法乱纪，必须把负责人员撤职，交付法庭审判。这是一个很大的问题。中农站在两个阵营之间。但是，同志们，政策是十分清楚的：我们反对对中农使用暴力，我们主张同他们妥协，主张向他们让步。中农能够慢慢地走到共产主义，而且一定能够走到共产主义。在最自由的资本主义共和国中，资本总是威胁着中农，以各种方式摧残和压迫他们。

其次，有人问我对波罗的海舰队有什么看法。我没有研究波罗的海舰队问题，现在不能答复，也许从舰队来的那位同志的发言已经把这个问题谈清楚了[12]。

下一个问题就是各地有许多官僚主义霉菌滋长蔓延的现象，必须同这种现象作斗争。这是十分正确的。十月革命推翻了旧官僚，它能够做到这一点，是因为它建立了苏维埃。它赶走了旧法官，把法院变成了人民的法院。但做到这点是比较容易的，用不着懂得旧法律，只要本着公正的态度办事就行了。法院中的官僚主义容易铲除。在其他方面，这就困难得多了。我们把旧官僚赶走

---

① 见本卷第419页。——编者注

了,但是他们又来了,他们自称是"控产党人",因为不敢说是共产党人①,他们戴上红领章,想捞到一个肥缺。怎么办呢?要反复地同这种坏家伙作斗争,如果这种坏家伙钻了进来,就要清除他们,赶走他们,通过工人党员和经过长期了解的农民来进行监督。这里还有另一个问题。这张纸条上说,让党员享有优先权是一种弊端,因为这样做,骗子就会混进党内来。同志们,我们无论现在和将来都要同这种现象作斗争,现在我们决定不让党龄不满一年的党员当党的代表大会的代表,今后我们还要继续采取这种办法。在党执政的初期,不得不让党员享有优先权。假定说,来了两个人,一个掏出党证,说他是党员,另一个没有党证,而人们对这两个人都不了解,持有党证的党员自然就有优先权。怎样区别一个人是真正凭信仰入党还是混进党内来的呢?应该在党证上写明入党日期,而且在没有受过考验和锻炼等等以前,不发给党证。

还有一张纸条是关于中农担负的革命税13的问题。关于这件事,曾召开过专门会议,收到过很多告状的信,为了调查核实,我们采取了下列办法:我们有一个中央统计局,吸收了俄国优秀的统计专家参加工作,大部分专家都是右派社会革命党人、孟什维克,甚至有立宪民主党人;共产党员、布尔什维克很少,他们过去多忙于同沙皇制度作斗争,实际业务做得较少。就我所能看到的,这些专家的工作是令人满意的,当然,这并不是说不需要和个别的人进行斗争。我们提出了一个任务,要抽查几个乡,看农民是怎样分担革命税的。告状的信很多;当然,如果从全国来了 1 000 封告状的

---

① 这里的"控产党人"("камунист")和"共产党人"("коммунист")在原文只是发音稍有不同,意思上没有什么区别。列宁这里是嘲讽旧官僚不能理直气壮称自己为共产党人。——编者注

信,那在全俄国说来是很少的;如果几百万农户中有 1 000 封告状信,那算不了什么;如果每天有 3 个人来到中央执行委员会,一个月就有 90 个人告状,这就造成一种印象,好像我们这里尽是告状的了。为了核实,我们决定调查几个乡,并且从波波夫的报告中得到了确实的答复,在有工人出席的中央执行委员会会议上他又把这个报告讲了一遍。这个报告表明,在大多数情况下,农民分担的税额是公平的。苏维埃政权要求贫苦农民不纳,中农少纳,富农多纳,当然不能确切地判定谁是富农,谁是贫苦农民,错误是有的,但大多数农民分担的税额是合理的。也应该是这样。(鼓掌)当然,有过错误。但是,例如一个铁路上的小职员抱怨说,住宅委员会对他课税不公平。他向苏维埃政权申诉这件事。当时有人说:搜查他,他在进行投机活动。在他家里搜出了几袋克伦斯基币,共有100 万。在我们没有想出办法用新币代替全部旧币以前,这种情形是会有的,一旦我们用新币代替了旧币,任何一个投机者都会原形毕露。将来人人都得把旧币换成新币。(热烈鼓掌)如果你拿出一个工人所需要的数目不大的钱,那我们就按一比一兑换给你,如果你拿出一两千卢布,那也按一比一兑换,如果你拿出更多的钱,我们就只给你一部分现钞,其余的则记在账上,请你等一等。(鼓掌)这样做,就需要准备新币[14]。全国的旧币约有 600 亿卢布。换成新币,并不需要这样大的数目,但专家认为至少要有 200 亿新币。我们现在已有 170 亿新币了。(鼓掌)人民委员会已经提出要在短期内完成实行这一办法的准备工作,以便打击投机者。这个办法一定会揭露出那些隐藏克伦斯基币的人。实行这种办法需要进行巨大的组织工作,这种办法不是轻而易举的。

　　下一个问题是播种的情况如何,播种很困难。这当然是对的。

现在设立了耕地委员会[15]。同时根据苏维埃政权的一项法令,在农业人民委员部下面设立工人委员会[16],这个委员会将在与工会取得协议后组织起来。它的任务是使荒芜的地主土地不再荒芜下去,把这些土地交给工人。有这样的决定:凡是农民没有占用的土地,政府将尽力使之能得到利用。当然,种子是不够的。这需要贫苦农民去揭露那些把余粮隐藏起来而不肯拿出来作种子的富农。对富农来说,重要的是隐藏余粮,因为他们在饥荒的月份卖一普特粮食可得 1 000 卢布。他们可不管地种不上庄稼会给成千上万的工人带来多大危害。他们是人民的敌人,必须揭露他们。

下面是工资问题:你给专家 3 000 卢布,他会不断地换地方,很难控制他。我说的专家是这样一些人,他们掌握的资产阶级的科学和技术是绝大多数工农没有掌握的,这样的专家是需要的,因此,我们说现在不能使工资完全平等,我们主张给他们付 3 000 卢布以上的工资。如果我们在他们帮助下学会做好工作,即使我们一年付出几百万卢布也不算贵。为了使他们不是被迫进行工作,我们现在还想不出别的办法;只要专家很少,我们就不能不给高额工资。不久以前,我同劳动人民委员施米特谈到这个问题,他同意我们的政策,说,以前在资本主义时代,粗工的工资每月是 25 卢布,好的专家的工资每月不少于 500 卢布,比例是 1:20,现在最低工资是 600 卢布,而专家的收入是 3 000 卢布,比例是 1:5。可见,为了把最低工资和最高工资拉平些,我们已经做了很多工作,今后还要继续做下去。而在目前,我们还不能把工资拉平;只要专家很少,我们就不能拒绝提高他们的工资。我们说,只要能够利用现有的一切专家,一年多给 100 万或 10 亿也可以,因为他们教会工人和农民的东西比这 10 亿更有价值。

再一个问题是关于农业公社[17]的问题,有人问到是否可以让过去的地主加入公社? 这要看是什么样的地主。并没有哪项法令规定不许地主加入公社。当然地主是不能信任的,因为他们世世代代压迫农民,农民仇恨他们,但是有些地主,如果农民知道他们是规规矩矩的人,不仅可以而且应该让他们加入。我们应该利用这样的专家,他们有管理大农场的经验,他们能使农民和农业工人学到很多东西。

有人问,是否容许中农参加共耕社[18]? 当然容许。最近整个整个的县决定走共耕社的道路。这会完成到怎样程度,我不知道。这里重要的是吸引中农,因为贫苦农民是同我们意见一致的,而中农并不始终如此,所以应该吸引他们。我们主张以暴力对付资本家和地主,不仅如此,我们还主张剥夺他们积累的全部财产;我们主张以暴力对付富农,但是不主张全部剥夺他们,因为他们自己经营土地,他们的一部分财产是靠自己的劳动积累起来的。要切实掌握这种区别。对地主和资本家实行全部剥夺;对富农则不能剥夺其全部财产(这样的决议从来没有过);对中农我们要说服,要用示范和劝说来吸引他们。这就是我们的纲领。如果地方上有人不这样做,那就是违背苏维埃政权的决议,这种人不是不愿意执行我们的决议,就是不理解我们的决议。

下一个问题是关于督促铁路员工的问题,同时还问到停止铁路客运的问题[19]。人民委员会特别用心地讨论了这个问题,并采取了很多措施。这是一个大问题。现在有几百万普特粮食堆积在伏尔加—布古利马线上,这些粮食可能烂掉,因为有时粮食堆在雪地上,春汛一来,定会烂掉。现在粮食已经受潮(水分达 20%)。这些粮食应该运出来,否则就会烂掉。主要的是铁路员工自己也很需要粮食。因此,根据交通人民委员部的同志们的计算,必须从3月18日至4月10日停止客运。停止客运以后,即令用轻型客运机车也可以运350万普特粮食。如果私贩粮食者用这些车辆运粮,最多不过运50万普特。抱怨停止客运的人是不对的。私贩粮食者最多只能运50万普特;而我们,如果把车厢都装满,如果铁路员工能帮忙,就可以运350万普特粮食,从而改善粮食状况。因此,我们过去说,现在也说,一切有较高觉悟的有组织的同志都应该去做军事工作和粮食工作。不管怎样艰难,要赶快拿出人来。我们清楚地知道,彼得格勒为国家拿出来的人比全国其他城市都多,因为彼得格勒的工人是最有组织的,最有觉悟的。但这半年是艰苦的半年。1918年上半年我们得到2 700万普特,下半年得到6 700万普特。我们已经进入饥饿的半年,3、4、5、6月将是最艰苦的月份。要防止饥荒,就要拿出一切力量来。每一个工厂、每一个小组都应该提出这样的问题:有没有可以派到铁路修配厂去工作的男人,如果有,就用妇女代替他,而把他调去担任这一工作。每一个小组、每一个组织都应该考虑这个问题,都应该再拿出一些工人来,这样,我们就能够对付这艰苦的半年。(鼓掌)

载于1950年《列宁全集》俄文 第4版第29卷

译自《列宁全集》俄文第5版 第38卷第8—21页

在彼得格勒省
农业工人第一次代表大会上
关于组织农业工会的讲话[20]

（1919 年 3 月 13 日）

1

讲　　话

同志们，我能代表人民委员会向为建立农业工会而召开的农业工人代表大会表示祝贺，感到非常高兴。

同志们，我们在党中央委员会和全俄工会理事会里，同劳动人民委员施米特同志、全俄工会理事会理事以及其他同志在一起开了好几次会，讨论怎样着手组织农业工人的问题。在世界上任何一个地方，甚至在工会已有几十年乃至几百年历史的最先进的资本主义国家里，农业工人都未能建立起固定性的工会。你们知道，在这方面，严重的障碍是农民和农业工人的生活条件，农业工人的分散和涣散，因此把他们团结在一个工会里面要比城市工人困难得多。

可是工农政权又全面开始了建立共产主义社会的工作。它的任务不仅是彻底消灭地主和资本家——这件事情我们差不多已经办到了——而且要建立一个无论地主或资本家都不能重新产生的社会。在革命中曾不止一次地有过这样的情形：地主和资本家被消灭了，但在很短时间内，从富农，从富裕农民，从投机者当中又产生了新的资本家，他们往往比旧的地主和资本家更厉害地压迫工人。而我们必须解决的任务就是：不仅要消灭旧的资本家，而且要使新的资本家不能产生，使政权完全地、整个地、绝对地掌握在劳动的人，靠劳动为生的人的手里。怎样做到这一点呢？要做到这一点，只有一个办法，就是把农村工人、农村无产者组织起来；这个组织应当是固定的；农业工人只有在固定的群众组织当中，才能学会自己管理大农场，要是他们自己不学会这一点，那正如大家早就从《国际歌》里听到的，谁也不能帮助他们。苏维埃政权能够做到的，最多是从各方面帮助这个组织。资本主义组织拿出一切力量，使用一切合法手段，施展各种伎俩，采取警察手段，进行刁难，总之是千方百计地加以阻挠。在德国这个最先进的欧洲国家里，农业工人至今还没有结社自由；在那里奴仆法一直保存到现在，农业工人还继续过着奴仆的生活。不久以前，我同一位在战争期间来到俄国的著名的英国人谈过一次话[21]。他从前是拥护资本主义的，后来在我国革命期间大大进步了，起初是孟什维克，现在已经是布尔什维克了。当我同他谈起英国的劳动条件（英国没有农民，只有大资本家和农业工人）时，他说："我的看法不乐观，因为我国的农业工人是生活在封建主义的条件下，而不是生活在资本主义的条件下，——劳动使他们非常迟钝，受压制，他们很难联合起来。"这还是一个最先进的国家，在这个国家里，一个农业工人在半世纪以前就曾作过建立农业工会的尝试[22]。这就是自由的资本主义国家的进步！我们的国家政权一开始就决定帮助农业工人和其他工人组织起来。我们应当尽力帮助。我看了特别高兴的是，在这里，在有这么多漂亮的、过去使用得很不恰当的建筑和宫殿的彼得格勒，同志们做得很对，把这些宫殿没收了，改成了举行各种会议的场所，供那些为这许多宫殿做过工、在几世纪内建造了这些宫殿而被禁止进入宫殿周围一俄里地区的阶级享用！（鼓掌）同志们！我想，现在，当彼得格勒的所有宫殿几乎都已改成首先是城市工人同时也是农业工人以及劳动农民集会结社的场所的时候，我们有理由认为这是使被剥削的劳动人民有可能组织起来的第一步。我再说一遍，苏维埃政权要迅速地无条件地做到它能做到的一切，来帮助这种组织改造农村生活，使富农没有存在的余地，使投机现象不再发生，使共同的协作的劳动成为农村的常规。这就是我们大家给自己提出的任务。你们都清楚地懂得，这项任务很困难，用法令、法律或命令来改造农村一切生活条件是行不通的。用命令和法令可以推翻地主和资本家，可以制服富农，但如果千百万农业工人没有自己的组织，没有在这个组织中学会逐步自己解决自己的一切事情（不仅是政治方面的，而且是经济方面的，最重要的是经济方面的），没有学会管理大田庄，没有把这些田庄（既然现在它们比其他田庄具有更好的条件）从过去榨取工人血汗的样板变成协作经济的样板，那就只能怪劳动者自己了。而要恢复原来的经营单位已不可能；要使每100俄亩土地（按10个小农户各有10俄亩计算）有10匹好马和10张好犁，这是办不到的。无论是马或犁，我们都没有这么多。但如果在大农场里，用协作制或共耕制或自愿建立的农业公社来耕种同样的100俄亩土地，那么，这100俄亩也许就不需要10匹马和10张犁，而只需要3匹马和3张犁了。这样就可以节省人力，收到更好的效果。但是要达到这个目的，只有一条道路，就是城市工人和农业工人结成联盟。城市工人在城市夺得了政权;城市工人要把城市里创造的一切好的东西如宫殿、房屋、文化等让农村享用,因为他们知道,不同农业工人建立巩固的联盟,城市工人的政权就不能巩固。只有你们在这里创建的工会,才能导致可靠的改造。中农也会自愿加入这个工会。当然这需要花费很大的力气,——一下子是什么也办不到的。如果你们的工会建立起来,成长起来,发展起来,遍及全国,如果它同城市工会极其紧密地联合起来,那么我们就会通过千百万组织起来的农业工人和城市工人的共同努力来解决这个困难任务,就会摆脱四年战争给各国人民和我们带来的困苦;我们一定会摆脱这种困苦,但我们不是走向旧时那种必然使人们无知、贫困和涣散的个体经济,而是走向公共的协作制的大经济。那时人类科学、人类技术的一切成就,一切改进,专家们的全部知识,都要为联合起来的工人服务。工人应当主宰一切,应当学会自己管理,学会管理那些一直替资本家当奴仆来反对工人的人(例如很多农艺师)。这个任务并不简单,但是在城市里,为了解决这个任务,已经做了很多事情。现在你们为了在农村解决这个任务,已在采取最初步的措施。请允许我在结束我的讲话的时候,再次代表人民委员会表示祝贺,坚信你们在这里创建的工会,在不久的将来一定会发展成一个统一的全俄农业工会。这个工会将成为苏维埃政权在农村的真正支柱,将成为改造整个农村生活的支柱和先进部队,把农村生活改造得都按协作方式联合起来共同劳动,从而使富人对穷人的任何剥削和任何统治都不能复活。同志们,这就是我的希望!(鼓掌)

载于1923年《农林工作者》杂志
第4—5期合刊

译自《列宁全集》俄文第5版
第38卷第22—26页

2

回答问题

　　这里递来两张条子,都问到在国营农场里是否准许有个人的小牲畜、菜园和家禽。刚才我打听了一下最近我们在人民委员会讨论过并经中央执行委员会批准的一个法令是怎么写的;这项法令叫做《关于社会主义土地规划和向社会主义农业过渡的措施的条例》[23]。我不知道这里有没有这项法令的文本。我参加过这项法令的草拟工作,并在中央执行委员会设立的那个委员会上作过报告。我们的法令很多,不查一下是不能全都记得的,而且在这个法令之后,我们又颁布了许多法令。如果我没有记错的话,这项法令专门有一条规定:禁止国营农场的工作人员在国营农场内拥有个人的牲畜和菜园。我请你们把这项法令找来查一查。(有人把法令文本递给列宁)这里是第46条的条文:"在国营农场内,任何工人和职员不得拥有私人的牲畜、家禽和菜园。"看来你们不是全都知道这项法令的。主席团的一位同志告诉我,你们在代表大会期间,恰恰在这个问题上有很大的争论。这一点我不完全明白。方才有人给我一份《消息报》,上面登载了这个法令——《关于社会主义土地规划和向社会主义农业过渡的措施的条例》。为什么法令里要有这一条呢? 这是为了在公共经济里建立共同的劳动。如果又拥有个人的菜园、个人的牲畜和家禽等等,也许一切又会恢复到小经济,就和以前一样。既然如此,又何必多此一举呢? 何必建立国营农场呢? 有人告诉我,你们的代表大会全是由彼得格勒省的代表组成的。当然,如果你们讨论这个问题时很熟悉彼得格勒省的工作条件,如果你们根据你们所熟悉的彼得格勒省的工作经验,尽管有一切理由说明应该实行公共经济,而还是认为彼得格勒省暂时应当例外,那我们可以对这个问题再作一次研究。但是,你们应当尽量向我们证明这个例外确实是必要的,证明彼得格勒省具有其他地区所没有的特点,否则,其他地区也会提出同样的要求。其次,应当说明,你们向政府建议或坚持这种措施时,是把它看成一种暂时的措施,因为几乎用不着争论,国营农场既然叫做国营农场,就应当以共同劳动为基础。我们看到,好多年来,好多世纪以来,农民都是在自己的一块土地上劳动,独户经营,有自己的牲畜、家禽、耙和木犁等等,我们清楚地知道,无论在俄国或别的国家,这种劳动只能使农民愚昧贫穷,造成富人对穷人的统治,因为个体经营,要完成摆在农业面前的任务是不行的。这只能重新招致往日的贫困,结果 100 人中间只有 1 人或 5 人能由贫变富,其余的人则过着贫困的生活。正因为如此,现在我们的任务是过渡到共耕制,过渡到公共的大经济。但是,任何强迫手段都是苏维埃政权所不能采取的,任何法律都不能强迫这样做。农业公社是根据自愿原则建立的,过渡到共耕制只能是自愿的,在这方面,任何强迫手段都是工农政府所不能采取的,而且是法律所不容许的。如果你们中间有人看到这种强迫现象,那你们应当知道,这是滥用职权,这是违法行为,这是我们正在竭力纠正而且以后也要纠正的现象。组织起来的农业工人应当协助我们,而且只有他们自己组织起来以后,才能消灭这种违法乱纪现象。而国营农场却是另一回事。这种农场不是掌握在单个小业主的手里；它们是由苏维埃政权掌握的，苏维埃政权说：我们要把所有的农艺师派去，要把剩下的一切农具都给这些农场。如果能结束战争，能同美国媾和，我们就能从美国运进许多改良农具，把它们交给国营农场，使大农场靠共同劳动生产出来的东西比以前更好，更多，更便宜。国营农场的任务是逐步教会农村居民自己来建立新秩序，建立共同劳动的秩序，在这种秩序下，不会再像我国过去的农村和所有最自由的共和国的农村历来那样产生一小撮富人来压榨贫苦大众。你们都很清楚，我们农村里还有很多的投机农民，他们在战时赚了成千上万的卢布，他们把这些克伦斯基币储存下来，用来周转，压榨贫苦农民。这里能用什么办法来对付呢？除了过渡到公共经济，别无其他办法。农业公社是自愿建立的，不能使用任何强迫手段；对共耕制来说也是如此。国营农场所拥有的土地是全民的土地，你们知道，1917年10月26日，即在我国苏维埃革命胜利后的第一天晚上，根据大多数农民的要求，废除了一切土地私有制。这些划给大农场的全民的土地叫做国营农场。能不能在国营农场里再发展过去的小农业呢？我想你们都会同意：不能够这样，也不应该这样。如果根据彼得格勒省农场的情况，根据你们十分熟悉而我们当然不可能考虑到和了解到的农场实际情况，你们仔细地全面地讨论了这个问题，得出了彼得格勒省在一定时期内可以例外可以特殊的结论，那么，要使我们改变我们的决定，你们就应该尽力提供最确凿的证据来证明这种必要性，而我肯定可以答应你们：我们将根据你们代表大会的决议在人民委员会里对这一问题再作研究，然后在中央执行委员会再作一次研究。我们将讨论：禁止建立私人菜园、禁止私人饲养小牲畜和家禽等等的第46条，在一定的短时期内,在一定的条件下,对彼得格勒省是否可以例外。即使我们认为必须过渡到公共经济,即使整个工作都将朝着这个方向进行,即使这样,根据深知实际情况的人的意见作出某些例外还是可以的,这我们并不拒绝,因为例外有时是必要的。我们希望齐心协力地进行这种工作,能够给真正社会主义的农业打下基础。(鼓掌)

载于1926年《列宁全集》俄文　　　　　　译自《列宁全集》俄文第5版
第1版第20卷第2册　　　　　　　　　第38卷第27—30页

在彼得格勒民众文化馆群众大会上的讲话[24]

（1919年3月13日）

报　道

　　列宁同志说，你们多数人所关心的主要问题就是：粮食情况如何，人民委员会在这方面采取了什么措施？现在我把这些措施简要地告诉你们。我们目前进入了艰苦、饥饿的半年，国内外一切敌人，包括右派和左派社会革命党人以及孟什维克，看到居民的生活十分困难，企图趁此机会推翻苏维埃政权，从而有意或无意地把政权归还给地主和资本家。我们目前进入了这样一段时期：粮食的收购超过了运粮能力，苏维埃政权在乌克兰的成立[25]更使我们可以指望，今后半年我们能够比去年更好地应付粮食问题，尽管我们还必须度过比过去半年更为艰苦的半年。对我们极其有利的是很大一部分农民群众转向苏维埃政权。在捷克斯洛伐克军到过的地方，如在伏尔加河左岸和乌法省，甚至富裕农民在情绪上也有剧烈的变化，转向苏维埃政权，因为捷克斯洛伐克军给了他们一个惨痛而生动的教训。几天以前，萨拉普尔县5个乡的农民代表团来见过我。最近曾往莫斯科和彼得格勒各运出4万普特粮食的就是这几个乡。我向这个代表团问起农民对苏维埃政权的态度，代表们回答说："是的，捷克斯洛伐克军教育了我们，现在谁也不能使我们离开苏维埃政权了。"而且在其他地方,如在前乌拉尔(顺便说一句,那里有大量的存粮),农民现在也拥护苏维埃政权了。有一个时期,在孟什维克和左派社会革命党人的影响下(大家知道,左派社会革命党人穆拉维约夫险些向捷克斯洛伐克军开放我们的战线),这些地区的农民曾经反对过苏维埃政权。但是捷克斯洛伐克军队的军官横行霸道,虐待百姓,力图完全恢复沙皇和地主的秩序。这一切教育了农民。目前,所有这些省份的苏维埃工作都进行得热火朝天,关于这一点,我们这里都不能想象,因为在这里,在大城市里,人民已经被长期的饥饿弄得疲惫不堪,而在那里,由于有较多的存粮,肚子问题就退居次要地位了。

现在来谈谈详细情形。乌法省的存粮达 6 000 万普特,粮食收购工作进展很快。但是我们在运输方面碰到了巨大的困难。在喀山—萨拉普尔铁路线和伏尔加—布古利马铁路线上存着已经收购到的粮食,约 1 000 万普特。可是我们无法把这批粮食运走,因为机车、车辆、燃料都不够,机务人员又已过度疲劳。为了加强我们铁路的货运能力,我们不得不采取非常坚决的措施:自 3 月 18 日至 4 月 10 日全国各地一律停止客运。我们在决定采取这项措施以前,曾同铁路员工同志和杰出的铁道专家讨论过三次。只是在全面地讨论了这项措施,预先计算了一切可能产生的结果之后,才采取了这项措施。计算结果表明,停止客运能腾出 220 辆机车,这些机车虽然是轻型的,但仍然能运 350 万普特粮食。如果我们看一看粮贩运粮的材料(有几星期曾经准许自由运粮),就会知道,在同样 3 个星期中,粮贩所能运的粮食不超过 20 万普特。这样一算,就解决了问题。当然,有些富农、投机者,甚至个别的工人,会因此大吵大嚷,说他们连运一普特粮食的最后机会也被剥夺了;我们知道,有些社会革命党人和孟什维克,会趁着居民挨饿的机会,唆使他们反对苏维埃政权。但这里,也像在一切困难关头一样,我们只能依靠先进工人群众的觉悟。宁可忍受困苦,宁可面对社会革命党和孟什维克的煽动,我们也要正视危险,要公开地说:"不采取最坚决的措施,不尽一切努力来运粮食,我们就不能摆脱粮食困难。"有很多地方,待运的粮食就堆在车站旁边的空地上,春汛一到,就会被大水淹没冲走。因此必须赶紧把粮食装车运出。在采取这项坚决的措施时,我们考虑到了一切枝节问题。我们知道,快过复活节时,乘火车的工人会增多,因此在复活节前就要恢复客运。我们知道,市郊的交通对工人是绝对必需的,因此现在也还要继续通车。我们给各地派去了一些最精干最有经验的同志;十分熟悉乌法省情况的副粮食人民委员布留哈诺夫同志也被派到乌法去了。他将得到军事部门同志的协助,因为离那里不远就是前线。往喀山—萨拉普尔铁路线也派去了军事部门的同志。给他们的任务是动员当地农民,尽一切努力运出粮食,即使运到喀山也好,这样我们就能抢救粮食,并保证把它运往两个首都和非农业地区。我们战胜饥饿的希望就寄托在这上面。孟什维克和社会革命党人趁人民遭难而渔利的打算一定会再一次地被粉碎。

现在和去年不同,去年捷克斯洛伐克军进攻我们,夺去了我们盛产粮食的地区;现在我们却有两个新的产粮区,这就是乌克兰和顿河区,我们的粮食工作人员在去年秋天编制全年供应计划时还不能指靠这两个产粮区。去年秋天德国人还统治着乌克兰。德帝国主义者曾打算从乌克兰运 6 000 万普特粮食到德国,并靠运进这批粮食来消灭德国人民群众中的布尔什维主义的萌芽。但实际结果完全不是这样,德国人从乌克兰运出的粮食不是 6 000 万普特,而总共只运走了900万普特。而且他们把布尔什维主义也同这些粮食一起运进了德国,布尔什维主义在那里已经发出苗壮的幼芽。在今天的德国,布尔什维主义正在柏林的街头同那些用工人的鲜血淹没柏林的社会主义叛徒进行斗争。我们知道,德国的社会主义叛徒一定会被打败,正像克伦斯基已经在我国被打败一样。(鼓掌)

然而除乌克兰以外,我们还有顿河区。克拉斯诺夫所指挥的哥萨克一直靠外国的黄金来维持,起先靠德国,后来靠英法。但这也没有帮他们的忙。我们对哥萨克的胜利已经有了保证。目前我们控制了察里津—利哈亚线,即控制了把存粮和存煤连接起来的铁路线。于是我们有了两个储备来源——乌克兰和顿河区。在乌克兰我们是同一个兄弟苏维埃共和国交往,我们同它的关系非常好。这个共和国处理援助我们的问题,不是像小商人和投机者那样,而是完全出于援助挨饿的北方的热望。援助北方是乌克兰每个公民首要的社会主义义务。但就是在乌克兰也遇到了巨大的困难。人民委员会屡次叫拉柯夫斯基同志来商议,并把部队同志派往乌克兰。原来,在组织方面,乌克兰的情况比我们在十月革命后的情况更糟糕。那时克伦斯基还遗留给我们某些粮食机构。当然,粮务官员实行怠工,而且他们到斯莫尔尼宫来,不是为了同我们一起工作,而是为了讨价还价。但我们打破了这班人的反抗,终于迫使他们工作。在乌克兰,粮食机构完全没有。德国人在那里凭借自己的武力只是一味抢劫,因此在他们走后自然不会留下任何组织、任何机构。在乌克兰没有粮食工作人员,也没有可以提供这种工作人员的大的工业中心。顿涅茨煤田已遭到我们想象不到的严重破坏。直到今天,在顿涅茨煤田的腹地,哥萨克匪徒还在横行,毫不留情地抢劫当地居民。现在乌克兰各地都在喊叫:派工人来吧! 我们在乌克兰成立了由工会运动代表组成的粮食局。我们从沃罗涅日省和坦波夫省抽调了一批较有经验的粮食工作人员到乌克兰,并吸收最有觉悟的城市无产者参加粮食机关。尽管如此,乌克兰仍然没有把粮食集中起来,没有采购组织,农民不信任纸币,而我们又拿不出商品去交换。但就在这种种不利的条件下,我们还是给了乌克兰同志一个任务,要他们在1919年6月1日以前给俄罗斯运出5 000万普特粮食。我想,这个任务是不会全部完成的,但即使只运到一半或三分之二,那也很好了。

列宁同志接着指出,我们在顿河区能够胜利,完全是由于在红军部队中加强了党的工作和文化教育活动。这引起了精神面貌的改变,结果是我们的红军为我们夺得了顿河区。(热烈鼓掌)

总的说来,我们的红军在一天天地巩固起来。甚至资产阶级军事专家也承认,帝国主义各国的军队在瓦解,而我们的军队却在形成、巩固和壮大。顿河区也有大量存粮。那里同样没有粮食机构,可是有我们纪律严明的军队,这也就是一种机构了,我们通过这种机构能以较小的耗费和较大的成绩取得粮食。

应该指出,捷克斯洛伐克军和哥萨克在继续实行能破坏就破坏的策略。他们炸毁了横跨伏尔加河的一座铁路桥梁,紧接着又破坏了所有其他的桥梁,使伏尔加河左岸的所有铁路干线陷于瘫痪。关于如何修复铁路线,至少修复利斯基—罗斯托夫和利哈亚—察里津两条铁路线的问题,我们在人民委员会曾讨论很久,并采取了坚决的措施。在3月10日星期一举行的最近一次国防委员会会议上已经查明,修复这两条线所需的一切工具和材料都已运到,在春季泥泞时期来临以前就能恢复通车。

列宁同志再一次指出,顿河区和乌克兰一定能给我们粮食援助,并高声地说:"这半年是最后一个艰苦的半年!"(鼓掌)

国际形势虽然还很严重,但毕竟在好转。你们都见过第三国际的外国代表,听过他们的讲话[26],他们在自己的报告和通报中都强调我们所走的道路是十分正确的。布尔什维主义已具有世界意义。这从下列事实可以看出:那些以自由国家自夸的最先进的资产阶级民主国也用高压手段来对付布尔什维克了。拥有一亿人口的最富裕的资产阶级共和国——美利坚合众国,匆忙地把几百个俄国布尔什维克驱逐出境,其中大多数人连英语都不会说。为什么要这样怕布尔什维主义呢?据报纸报道,在巴黎的工人集会上,连不同情布尔什维克的工人也不让那些敌视布尔什维主义的演讲人说一句话了。(鼓掌)不管西欧的资产阶级报刊每天怎样卑鄙地诽谤和诬蔑布尔什维克,人民还是了解了真相而一心向着布尔什维克。让法国的资产阶级报刊去说布尔什维克是恶棍,布尔什维克吃小孩吧,法国工人是不会相信这种报刊的。

我们已经使"苏维埃"成为在各种语言中都能理解的名词了。群众懂得,只有工农政权,只有苏维埃才是他们的救星。这就是为什么我们在莫斯科的第三国际代表大会上这样容易地取得了协议。在最偏僻的角落里,在意大利的某个波舍霍尼耶[27],雇农和工人们在集会上声明:"我们向德国的斯巴达克派和俄国的苏维埃派致敬,并要求把他们的纲领变为全世界工人的纲领。"我在这里是把我在莫斯科说过的话重复了一遍[28]。这表明胜利是属于我们的,而且这是不能有任何怀疑的。尽管资产阶级报刊大肆造谣,我们还是赢得了工人的同情。同时,帝国主义者在和会上不能达成协议,准备厮打一场。布尔什维主义的传染病已经渗入欧美各国。

任何驱逐布尔什维克的行动都是无济于事的。即使西欧和我们之间隔上一道万里长城,即使俄国所有的布尔什维克都堕入地狱,那也不能改善西欧帝国主义者的处境。人民群众懂得了,他们依靠议会不能改善自己的处境。需要的是工人政权,需要的是苏维埃。战争造成了巨额的债务,而帝国主义却十分蛮横,要各国人民偿付战时公债。他们向人民说:"你们要付给我们几十亿,因为我们为了解决我们的利润问题曾经十分仁慈地允许杀戮了 1 000 万人。"在所有国家里,帝国主义都会滚进它在德国已经滚进的深渊。(热烈鼓掌)

载于 1919 年 3 月 14 日《北方公社报》第 58 号

译自《列宁全集》俄文第 5 版第 38 卷第 31—38 页

苏维埃政权的成就和困难[29]

(1919 年 3—4 月)

现在,我们已恢复了革命的国际即共产国际,运动的苏维埃形式已自然而然成为整个第三国际的理论纲领和实践纲领,在这种时候,回顾一下苏维埃的总的发展历程是适宜的。什么是苏维埃呢?这个不是由什么人臆想出来而是由群众创造出来的形式有什么意义呢?

我觉得,只有从这个角度来看,才能正确地评价已经摆在我们面前、摆在无产阶级所夺得的政权面前的任务,才能正确地评价在最近一年中,在俄国已建立无产阶级专政的条件下,我们努力执行这些任务的情况。

只有从苏维埃总的作用,从它总的意义,从它在世界历史发展中的地位来看,才能了解我们曾处于何种情况,为什么我们当时应当这样做而不应当那样做,在回顾过去时,应当用什么来检验我们的步骤是否正确。

现在,我们特别需要这样更普遍、更广泛、更深远地看问题,因为现在党内的人由于下述情况而有时感到苦恼,发觉自己的工作有缺点,有毛病,不能令人满意。这种情况就是,为了实际执行苏维埃政权过去和现在所面临的那些刻不容缓的、日常的、当前的、迫切的国家管理任务,我们的注意力常常被转移,被分散,尽管我们尽了一切努力(在这方面要改变工作环境是不可能的),还是常常不得不去过分注意管理中的琐事,忘记了整个无产阶级专政在世界范围内的总的发展进程,忘记了整个无产阶级专政是通过苏维埃政权,正确些说,是通过苏维埃运动,通过无产者群众在苏维埃内部的摸索(这是我们大家都经历过的,可是忘记了),通过在苏维埃内部实行专政的尝试而发展起来的。

这就是摆在我们面前的困难,在我看来,我们应当特别注意这些总的任务,这样才能使自己尽量超脱一些从事苏维埃实际工作的人都会遇到的国家管理中的琐事,才能了解我们作为世界无产阶级大军的一支部队还要采取什么样的重大步骤。

要在世界范围内取得彻底的最终的胜利,单靠俄国一国是不行的,这至少需要一切先进国家或者哪怕几个先进大国的无产阶级取得胜利。只有在那个时候,我们才能满怀信心地说:无产阶级的事业胜利了,我们的第一个目的即推翻资本主义的目的达到了。

这个目的单就我们一国来说是达到了,但我们还有第二个任务。既然在一个国家里,苏维埃政权已经建立,资产阶级已被推翻,那么第二个任务就是在国际范围内进行斗争,就是在另一层面上进行斗争,就是一个无产阶级国家在周围是资本主义国家的环境中进行斗争。

这是一个崭新而又极其困难的情况。

而另一方面,既然资产阶级政权已被推翻,做好建设的组织工作就成为主要任务了。

现在聚集在伯尔尼的、打算以著名的外国人的来访增光的黄色社会党人,最喜欢散布"布尔什维克相信暴力万能"之类的话。这只能证明说这种话的人在激烈的革命斗争中完全为资产阶级的暴力所压倒（请看德国的情况），没有教会本国无产阶级掌握**必要的暴力**的策略。

在有些条件下，暴力不仅是必要的，而且是有益的；在有些条件下，暴力却不能产生任何效果。但是一些例子说明这种区别并不是人人都懂得的，因此有必要来谈一谈。在十月革命中，苏维埃政权推翻了资产阶级，驱逐了旧政府，这种暴力，这种革命暴力就取得了辉煌的胜利。

为什么呢？第一，因为群众已经组织在苏维埃中了；第二，因为敌人即资产阶级经过2月至10月这一漫长的政治时期，已经像春水冲击下的冰块，摇摇晃晃，站不住脚了，它已经外强中干了。因此，即使同德国目前的革命运动比起来，十月革命的运动也是很容易地使我们的革命暴力获得了完全的辉煌的胜利。

可不可以设想，没有这些条件，也能使用这种斗争方法，也能使用这种斗争形式，也能轻易获得革命暴力的胜利呢？

这样设想，将是极大的错误。在一定条件下取得的革命胜利愈大，就愈容易产生这种危险性：我们会被这些胜利所迷惑，而不去冷静地、沉着地、仔细地想一想，这些胜利是在什么条件下才获得的。

我们曾把克伦斯基政府、米留可夫联合内阁弄得可说是狼狈不堪，我们曾试验过，让他们按各种组合坐在部长席位上，我们曾迫使他们不断地更换阁员，但事实证明无论他们怎样坐，他们都不配当音乐家[30]，于是他们就像绒毛一样被吹走了。

现在我们对付世界帝国主义的实际任务是不是也遇到与此相似的情况呢？当然不是。

这就是在对外政策方面布列斯特和约问题造成很多困难的原

因。运动的群众性帮助我们克服了这些困难。

但为什么一部分同志会错误地认为我们犯了滔天大罪呢？甚至目前在那些很会要笔杆子，认为自己了不起、有经验、能为人师如此等等的人们中间，还有一些孤僻的怪人，直到今天还在要别人相信这是同德帝国主义妥协。

是的，有过这种妥协，我们就曾同沙皇"妥协"过，参加过令人讨厌的反动杜马，以便从内部来破坏它。

能不能指望，没有各帝国主义国家的无产阶级的相应发展，单靠暴力就能推翻世界帝国主义呢？

我们马克思主义者总是教导人们应该这样提出问题，并且只能这样提出问题。而只要这样提出问题，就可以看出，这样运用暴力政策是极端荒谬的，是丝毫不懂得暴力政策获得成功的条件的。

现在我们看到了这一点。我们已经有了丰富的经验。

正当我们在布列斯特和约时期，不得不在一个被战争破坏和摧残得最厉害的国家里积聚力量，极其困难地为新的军队即红军奠定基础的时候，正当我们在1918年上半年和下半年初，用一块块基石为真正的社会主义红军奠定基础的时候，其他国家的帝国主义却由于内部分崩离析和反抗日益强烈而损伤了元气，愈来愈虚弱了。

德国的革命暴力也是在许多个月的斗争削弱了这个国家的帝国主义以后才取得胜利的；这种情况现时也在一定程度上（只是在一定程度上，而不是完全地）出现在协约国里。

不久以前，一位非常细心、毫无偏见地亲自观察过西欧各国情况的美国人对我说："法国无疑地面临着最大的失望和幻想的破灭；人们用诺言款待法国人，说：你们胜利了。"全体法国人民旧日的爱国主义感情,他们对 1870 年遭受蹂躏的愤慨,对国家在四年战争中伤亡惨重、一蹶不振、疲惫不堪的无比气愤,这一切都被资产阶级用来把法国人民引上沙文主义轨道,他们说:"我们已经战胜了德国人,等我们装满了腰包就可以歇一口气了。"但是那位清醒的、以商人眼光看问题的美国人说:"德国人不会偿付赔款,因为他们没有什么可用来偿付。"

于是人们就用诺言和神话款待法国人民,说和平即最后胜利就要到来。但是和约意味着一切希望的破灭:现在,要指望勉强能够活着从这种血腥泥潭中爬出来,尽管手折足断,但是活着爬出来,已经不可能了。在旧的资本主义制度下要从和约这个泥潭中爬出来是不可能的,因为战争使整个资本主义世界积下了大堆资本主义债务,造成了巨大的破坏,以致不甩掉这些重负,就不可能爬出来。

甚至那些不是革命者、不相信革命、害怕革命的人,也在理论上谈论革命,他们看到事变的进程,看到帝国主义战争的后果,也不得不相信:除了革命,没有别的出路。

再说一遍,那位美国人以商人眼光对时局所作的估计使我特别感到惊奇,当然他没有研究阶级斗争的理论,并且真心实意地认为这是胡说,但他对于亿万金钱很感兴趣,他会计算,他问道:他们偿付不偿付呢? 他还是用那精明的生意人的观点回答道:"他们没有什么可用来偿付! 甚至五分之一的钱你也拿不到!"

这就是目前情况,在这种情况下,我们看到,在所有协约国中,由于工人同情苏维埃形式,到处都在发生大规模的骚动。

例如巴黎的群众(他们可能是世界各国人民群众中最敏感的群众,因为他们在巴黎受过许多锻炼,进行过多次革命)——那里的群众（他们是反应最敏感的群众，决不容许演讲者撒一点点谎）现在只要看到有谁敢于出来反对布尔什维主义，就会立刻打断他的演说；可是仅在几个月以前，要想在巴黎群众面前稍稍表示拥护布尔什维主义而不受到他们讥笑，那是不可能的。

可是巴黎的资产阶级却在利用一切撒谎、诽谤和欺骗的手段来反对布尔什维主义。我们知道这是怎么一回事，我们布尔什维克在1917年就遭受过一切资产阶级刊物的攻击。我们的资产者先生们以为布尔什维克会被他们的谎言和诽谤弄得没有办法，可是他们有些失算了，他们做得太过火了；他们拼命攻击我们，结果却给我们作了义务宣传，使得最落后的工人都想："既然资本家这样骂布尔什维克，可见这些布尔什维克是很会同资本家作斗争的！"

这就是为什么说我们在布列斯特和约（这是一个最野蛮的、强制性的、屈辱性的和约）时期所实行的政策是唯一正确的政策。

我认为，现在，当协约国出现了类似情况的时候，当它们都疯狂地希望把自己的债务、贫困、破产转嫁到俄国身上，希望掠夺俄国，扼杀俄国，借以转移本国劳动群众对它们日益增长的愤懑的时候，再来回顾一下这个政策不是没有好处的。

如果我们不愿自欺欺人（自欺欺人对革命者是一种有害的行为），而是冷静地观察事物，我们就该十分明白地说，从军事力量来看，协约国比我们强大。但如果用发展的眼光看问题，那我们也会十分明确、十分有把握（这种把握不仅是以我们的革命见解，而且是以我们的经验为依据的）地说，协约国的强大是不会持久的，它们现在已处于国内群众情绪大转变的前夜。

它们不仅用诺言款待法国工人，而且用诺言款待英国工人，说什么"我们要把全世界掠夺干净，那时你就可以吃饱肚子了"。所有资产阶级报刊现在都在这样叫嚣，把这种观念塞进不觉悟的群众的脑子里。

如果它们不马上厮杀起来的话，过几个月以后，它们也许会缔结和约，虽然许多极重要的迹象表明它们会马上互相厮杀起来。但即使它们能够做到彼此不再揪头发、卡脖子而缔结和约，这个和约也将是迅速破产的开始，因为它们没有能力来偿付这些空前多的债务，来消除这样严重的破坏；在法国，小麦减产一半以上，到处都面临着饥饿威胁，生产力遭到了破坏。

如果冷静地观察事物，那就应该承认，使我们能够对俄国革命作出恰如其分估计的那种看问题的方法，也愈来愈使我们确信世界革命会到来。我们知道，将要卷走协约国、资本主义和帝国主义这些冰块的激流，正在一天天迅猛起来。

一方面，协约国比我们强大；另一方面，从它们的内部情况看，它们无论如何也维持不了多久。

由于这一情况，也就产生了国际政策上的复杂任务，这些任务，我们也许要，甚至一定要在最近期间加以解决。这些任务我了解得还不太具体，但是我要着重地谈一谈，为的就是使你们，同志们，对人民委员会工作中的经验，对外交政策方面的经验，有一个鲜明的生动的了解。

我们的最重要的经验就是布列斯特和约。这就是人民委员会外交政策总结中最重要的东西。当时我们不得不等待，退却，随机应变，签订最屈辱的和约，以便能为新的社会主义军队创立新的基础。我们终于奠定了这个基础，而曾经是不可一世的强大的敌人却已经变得软弱无力了。

就全世界说，情况也是这样的，因此这是一个主要的和基本的教训，我们应当尽可能地牢牢记取和清楚理解这个教训，以便在错综复杂、极端困难的外交政策问题上不犯错误，这些问题不久就会出现在人民委员会、中央执行委员会以及整个苏维埃政权面前。

关于外交政策问题我就谈到这里，现在我来谈谈其他几个极重要的问题。

同志们，谈到军事活动，在1918年2月和3月，即在一年以前，我们是没有任何军队的。或者可以说，我们有过一支由1 000万武装的工人和农民组成的旧军队，但这支军队已经完全瓦解，它的成员都下了最大决心，准备不顾一切地离开和逃走。

这种现象在当时被认为仅仅是俄国才有的现象。有人认为，俄国人生来就缺乏忍耐性或组织性，因此他们是忍受不了的，而德国人能够忍受得住。

有人就是这样对我们说的。可是现在我们看到，几个月之后，在文化、技术、纪律、伤病员的合理生活条件，以及休假制度等等方面都远远超过我军的德国军队，也发生了同样的瓦解。这场大厮杀，这场多年的大厮杀，连最有文化最有纪律的人们也没能忍受得住。完全瓦解的时期来到了，连先进的德国军队也顶不住了。

可见，不仅对俄国而且对一切国家来说，都有一个限度。不同的国家有不同的限度，但是总有个限度，要超出这个限度去为资本家的利益作战，那是不行的。这就是我们现在看到的情形。

德帝国主义已把它的强盗面目暴露无遗了。最重要的是在美国和法国，在这些闻名的民主国里（社会主义的叛徒孟什维克和社会革命党人，这些以社会党人自居的可怜的人，常常吹嘘这种民主国），在这些世界上先进的民主国里，在这些共和国里，帝国主义日益卑鄙无耻，而且比在任何国家都更明显地暴露出猛禽野兽的面

中国共产党创办的人民出版社 1922 年在上海出版的
列宁《苏维埃政权的成就和困难》中译本
（当时译《劳农政府之成功与困难》）

目。他们掠夺世界,互相格斗,武装对抗。想长期掩盖这一点是不可能的。这在战争狂热时期还可以掩盖,但是狂热正在消失,和平正在来临,任凭你怎样欺骗,这些民主国的群众还是看到,战争导致了新的掠夺。最民主的共和国只不过是最残忍最无耻的掠夺者的一件漂亮外衣,这些掠夺者决心使亿万人破产来偿还债务,即报答帝国主义者和资本家老爷们,因为他们曾大发慈悲地让工人互相残杀。这种情况已一天天地为群众所看清了。

正是由于这种情况,才出现了像一位军事评论家所发表的那样的政见。这位军事评论家在最有钱最有政治经验的资产阶级的报纸英国《泰晤士报》上分析形势说:"全世界的军队都在瓦解,但是只有一个国家的军队在建设,这个国家就是俄国。"

这就是在军事方面比苏维埃布尔什维主义强大得多的资产阶级所不得不承认的事实。现在我们就来根据这个事实,对一年来我们苏维埃所做的工作,作一个估价。

我们终于扭转了局势。忍受不住战争的苦难、懂得了这次战争是犯罪、不断逃跑的1 000万军队瓦解之后,一支社会主义军队开始建立起来了,一批又一批数以十万计的人参加了军队,这支军队知道为什么而战,甘愿忍受比沙皇时代更大的牺牲和困苦,因为它知道,它在保卫自己的事业、自己的土地、自己在工厂中的权力,它在保卫劳动者的政权,而其他国家的劳动者,虽然处境艰难,但正在觉醒起来。

苏维埃政权一年来取得了什么经验,以上情况就是说明。

对苏维埃俄国来说,战争是非常困难的;对经受了四年帝国主义战争苦难的人民来说,战争是非常困难的。对苏维埃俄国来说,战争是异常艰苦的。但是现在连强大的敌人也承认,他们的军队在瓦解，而我们的军队在建设。这是因为历史上第一次把军队建立在它同苏维埃的亲密关系上，建立在它们亲密无间的关系上，也可以说是建立在它们水乳交融的关系上。苏维埃团结着一切被剥削的劳动者，而军队建立在捍卫社会主义的基础上，建立在社会主义觉悟的基础上。

18世纪的一位普鲁士君主说了一句聪明话："如果我们的士兵知道我们为什么而战，那就连一次仗也不能打。"这位普鲁士老君主是一个并不愚蠢的人。现在，把我们的情况同这位君主的情况相比较，可以说：我们所以能够进行战争，是因为群众知道他们为什么而战，尽管空前艰苦——再说一遍，目前的战争比沙皇时代更艰苦——他们也愿意作战，他们知道，他们正在作出极大的、无比严重的牺牲，但他们是在保卫自己的社会主义事业，是在同其他国家那些"正在瓦解"并已开始了解我们情况的工人一起进行斗争。

有一些蠢人在叫喊什么赤色军国主义；这是一些政治骗子，他们装出一副真正相信这种蠢话的样子，对我们乱加指责，施展他们那套辩护士的本领来捏造论据，蒙骗群众。孟什维克和社会革命党人就在叫喊："瞧，他们给你们的不是社会主义，而是赤色军国主义！"

真是"骇人听闻的"罪行！全世界帝国主义者都扑向俄罗斯共和国，要扼死它，而我们着手建立军队，这支军队在历史上第一次知道为什么而战，为什么而牺牲，并胜利地抗击着数量上占优势的敌人，在空前规模的抗击中每个月都在加速着世界革命的到来，——有人就斥责这是赤色军国主义！

再说一遍，这些人或者是不值得给以任何政治评价的蠢人，或者是政治骗子。

　　谁都知道,我们是被迫进行这场战争的;1918年初,我们结束了旧的战争,并没有发动新的战争;谁都知道,白卫分子在西部、南部和东部起来反对我们,完全是由于协约国慷慨解囊,给予他们千百万金钱的帮助,同时,各先进国家把帝国主义战争用剩的大批装备和军用物资收集起来,拿去援助白卫分子,因为这些百万富翁、亿万富翁老爷们知道,这里决定着他们的命运,如果不马上打垮我们,他们就会灭亡。

　　社会主义共和国作了空前的努力,忍受牺牲,争取胜利。现在,经过一年国内战争之后,我们来看看地图。先看看苏维埃俄国在1918年3月是什么样子,快到1918年7月时又是什么样子,那时,西部沿布列斯特和约所规定的界线有德帝国主义者盘踞着,乌克兰处在德帝国主义者的压迫之下,东部直至喀山和辛比尔斯克有被法国人和英国人收买的捷克斯洛伐克军在统治。再看看地图上现在的情况,就可以看到,我们的地盘已经空前扩大,我们取得了巨大的胜利。

　　在这种情况下,用骂人的字眼指控我们实行赤色军国主义的,只能是一些最卑鄙最下流的政治骗子。

　　历史上从来没有过一种革命,在取得胜利以后就可万事大吉,安享清福。谁认为可能有这样的革命,谁就不仅不是革命者,而且是工人阶级的死敌。这样的革命一次也没有过,甚至次等的革命,甚至只把政权从一个有产者少数转到另一个有产者少数手中的资产阶级革命也不是这样的革命。这种例子多得很!如法国革命。19世纪初,原先的强国就曾群起反对它,想摧毁它。而法国革命所以称为大革命,正是因为它发动了广大人民群众去抗击全世界的进攻,保卫自己的果实;它的巨大功绩之一就在于此。

　　革命总是在实际中、在斗争中、在战火中受到最严峻的考验。如果你被压迫，被剥削，因而想推翻剥削者的政权，如果你决心把推翻剥削者的事业进行到底，你就应当知道，你必须经受得住全世界剥削者的进攻；如果你决心给以回击，不怕新的牺牲，坚持斗争，那你就是革命者，不然你就会被消灭。

　　所有革命的历史都是这样提出问题的。

　　我国革命受到的真正考验，就是我们在一个落后的国家里先于别的国家夺得了政权，建立了苏维埃这种管理形式的被剥削劳动者政权，我们能不能把这个政权保持下去，哪怕保持到其他国家的群众都行动起来的时候呢？如果我们不能作出新的牺牲，坚持下去，就会有人说：这场革命是违背历史的。各文明国家的民主主义者虽然武装到了牙齿；但却害怕在美国这样一个拥有上亿人口的自由的共和国里出现百十个布尔什维克；这是可怕的传染病啊！民主主义者原来无力和一百个来自饥饿破产的俄国、开始谈论布尔什维主义的人进行斗争！群众是同情我们的！资产者只有一条生路：趁刀剑还没有从他们手中掉下，趁大炮还在他们手里，赶快把炮口朝向苏维埃俄国，在几个月内摧毁它，因为以后就无法摧毁它了。这就是我们现在所处的情况，这就是一年来决定人民委员会军事政策的因素，这也就是为什么我们根据事实和结果有权说：我们之所以能经受住考验，完全是因为被战争折磨得疲惫不堪的工人和农民表现了新的英勇气概，在更加困难的条件下组建了新的军队。

　　这就是关于苏维埃政权军事政策的简短总结。在这里我还想就一个问题讲几句话，这是一个不仅在军事政策上，而且在其他的政策上，在经济政策上都同样存在的问题。我说的是军事专家问题。

你们大概知道,这个问题曾引起怎样的争论,常常有一些最忠实最坚定的布尔什维克共产党员同志也激烈反对我们在建设社会主义红军时使用那些曾为沙皇制度服务、甚至屠杀过工农因而有历史污点的旧军事专家,即沙皇的将军和军官。

矛盾是很明显的,这种愤怒的情绪可以说是很自然的。用沙皇时代的专家怎么能建设社会主义军队呢?!

其实,我们正是这样才把一支社会主义军队建设起来的。如果我们想一想我们肩负的任务,就不难了解,也只有这样才能建设起来。不仅军事上是这样,在人民生活和国民经济的一切领域我们都面临着这个任务。

从前的空想社会主义者设想社会主义可以由另外的人来建设,可以先培养出一批优秀的、纯洁的、受过良好训练的人,然后再由这些人来建设社会主义。我们一向嘲笑这种想法,并且说过,这是玩木偶戏,这是酸小姐[31]拿社会主义消遣取乐,而不是严肃的政治。

我们要用那些由资本主义培养出来、被资本主义败坏和腐蚀、但也为资本主义锻炼得能进行斗争的人来建设社会主义。我们有锻炼得比任何军队都能经受大千百倍牺牲的无产者;我们有愚昧无知的、分散的、但只要无产阶级采取明智的策略就能在斗争中团结在无产阶级周围的数千万被压迫的农民。其次,我们有浸透资产阶级世界观的科学技术专家,有在资产阶级条件下培养出来的军事专家——如果是在资产阶级条件下培养出来那倒不错,他们有的还是在地主、棍棒、农奴制的条件下培养出来的。至于在国民经济方面,所有的农艺师、工程师和教师,所有这些人都出身于有产阶级,他们不是从天上掉下来的!做工的无产者和种地的农民贫穷不堪,无论在沙皇尼古拉的统治下,还是在共和国总统威尔逊的统治下,都没有可能上大学。科学和技术为富人、为有产者所享有;资本主义把文化只给予少数人。而我们必须用这个文化来建设社会主义。我们没有别的材料。我们要立刻用资本主义昨天留下来可供我们今天用的那些材料来建设社会主义,马上就着手建设,而不是用——说句笑话——将在温室中培养出来的人来建设社会主义。我们有资产阶级专家,此外再没有别的了。我们没有别的砖头,我们没有什么东西可用来建设。社会主义必定要胜利,我们社会主义者和共产主义者应当用行动证明,我们能够用这些砖头、用这些材料来建成社会主义,能够靠几乎没有什么文化的无产者和资产阶级专家来建成社会主义社会。

如果你不用这些材料来建设共产主义社会,那你就是空谈家,饶舌者。

世界资本主义历史遗产的问题就是这样提出的!这就是取得政权、有了苏维埃机构之后摆在我们面前的具体困难!

这是整个任务的一半,而且是其中的一大半。苏维埃机构意味着劳动者广泛地团结起来,以这种广泛团结的力量去摧毁资本主义。果然,他们把资本主义摧毁了。但仅靠摧毁资本主义,还不能填饱肚子。必须取得资本主义遗留下来的全部文化,并且用它来建设社会主义。必须取得全部科学、技术、知识和艺术。否则,我们就不可能建设共产主义社会的生活。而这些科学、技术、艺术却在专家们的手中,在他们的头脑里。

在一切部门中的任务都是如此。这个任务是矛盾的(正如整个资本主义是矛盾的一样),是极其困难的,然而是可以完成的。

并不是因为我们在大约 20 年后能够培养出纯洁的共产主义专家——洁白无瑕的第一代共产主义者；对不起，不是的，我们必须现在安排好，不是在 20 年以后而是在两个月以后就安排好，以便面对全世界的资产阶级科学和技术，同资产阶级作斗争。在这方面我们一定会胜利。靠我们群众的力量来迫使资产阶级专家为我们服务，这是困难的，但是可以办到的；如果我们做到这一点，我们就一定会胜利。

不久以前，托洛茨基同志告诉我，我们的军事部门有好几万军官。这时我得到了一个具体的启示：利用我们的敌人的秘诀就是：迫使共产主义的敌人来建设共产主义，用资本家拣来打我们的砖头建设共产主义！我们没有别的砖头！我们就是要用这些砖头，要迫使资产阶级专家在无产阶级的领导下来建设我们的大厦。困难就在这里，胜利的保证也在这里！

当然，在这条新的困难的道路上，我们犯过不少错误，在这条道路上，我们还可能遭到不少挫折。大家知道，一部分专家一贯和我们敌对，在工厂里，在农业中，在管理工作中，过去和现在我们都处处碰到一些专家工作态度恶劣，存心怠工。

我们知道，所有这一切都是巨大的困难，单靠暴力是不能战胜这些困难的……　当然，我们并不反对使用暴力，我们嘲笑那些对无产阶级专政抱否定态度的人，说他们是蠢人，不懂得要么是无产阶级专政，要么是资产阶级专政。谁要不这样认为，他不是白痴，便是政治上完全无知，不要说让他到台上来，就连让他参加会议，都是有失体面的。或者是对李卜克内西和卢森堡使用暴力，即杀害工人的优秀领袖；或者是用暴力镇压剥削者。谁幻想走中间道路，谁就是我们最有害最危险的敌人。现在问题就是这样摆着的。

因此我们谈到使用专家的时候,应当记住一年来苏维埃政策的教训;一年来我们打倒和战胜了剥削者,现在我们应当来解决使用资产阶级专家的任务。再说一遍,在这里,单靠暴力是行不通的。在暴力胜利以后,胜利了的无产阶级除了暴力还要有组织,有纪律,有威望,使一切资产阶级专家服从自己并参加自己的工作!

有人会说,列宁不主张使用暴力,而主张使用精神影响!可是,有一种愚蠢的看法,以为单凭暴力就能解决共产主义社会建设事业中组织新的科学和技术的问题。这是胡说!我们,作为一个党,作为在一年来的苏维埃工作中学到了一些东西的人们,不会再这样愚蠢,并将告诫群众不要有这种愚蠢的想法。利用资产阶级社会即资本主义社会的全部工作人员这样一个任务,不仅要求我们取得暴力的胜利,还要求我们在群众中进行组织工作,建立纪律,即同志纪律,扩大无产阶级对其他所有的人的影响,造成新的群众环境,使资产阶级专家看到,他已别无出路,要回到旧社会已不可能,只有同共产党人一起才能进行工作,这些共产党人就在身旁,领导着群众,得到群众的绝对信任,并在努力使资产阶级的科学技术的成果,几千年来文明发展的成果,不被一小撮人用来发迹致富,而为全体劳动者所普遍享有。

任务是极为困难的,要完全解决它,需要几十年!要解决它,必须造成一种力量,建立一种纪律,即同志纪律,苏维埃纪律,无产阶级纪律,这种纪律不仅能在肉体上镇压资产阶级反革命分子,而且能完全控制他们,使他们服从我们,沿着我们的轨道行进,为我们的事业服务。

再说一遍,在军事建设和经济建设事业中,在每一个国民经济委员会的工作中,在每一个工厂委员会和每一个国有化工厂的工作中,我们每天都碰到这个任务。一年来,我们在人民委员会里几乎没有一个星期不以这种或那种方式提出这个问题,并加以解决。我相信,在俄国没有一个工厂委员会,没有一个农业公社,没有一个国营农场,没有一个县土地局,在这一年的苏维埃工作中不是几十次地碰到这个问题。

任务的困难就在这里,但是真正能够收效的任务也在这里,这也就是我们今天,在无产阶级起义的力量粉碎了剥削者之后的第二天所应当做的事情。我们粉碎了剥削者的反抗,这是应当做的,但应当做的不止于此,还应当靠劳动者的新组织即协作组织的力量来迫使他们为我们服务,应当治好他们的老毛病,不让他们再干剥削的事情。他们依然是过去的资产者,现在当了军官,在我军司令部里工作,有的当了工程师和农艺师。这些人是把自己称做孟什维克和社会革命党人的昔日资产者。称号并不能改变任何东西,按世界观和习惯来说,他们是彻头彻尾的资产者。

怎么办呢,难道我们把他们踢开吗?几十万人是无法踢开的!假如我们真把他们踢开,那我们就害了自己。我们没有什么东西可用来建设共产主义,我们只能用资本主义所创造出来的东西建设共产主义。不是要抛弃他们,而是要粉碎他们的反抗,处处监督他们,不向他们作任何政治上的让步,而那些意志不坚定的人是时时刻刻在作这种让步的。有文化的人所以屈从资产阶级的政治,受资产阶级影响,是因为他们是在资产阶级环境中,并通过资产阶级环境获得自己的全部文化的。这就是他们总是站不稳脚跟,向反革命资产阶级作政治上的让步的原因所在。

如果一个共产党人说,他不能弄脏自己的手,他应当有一双干净的共产主义的手,他将用这双干净的共产主义的手来建设共产主义社会,而不利用那些可鄙的反革命资产阶级的合作社工作者,那他就是空谈家,因为情况正好相反,这些人是非利用不可的。

现在,任务实际上是这样摆着的:要使那些被资本主义培养出来反对我们的人转过来为我们服务,每天都监督他们,在共产主义组织的环境中设工人政治委员监督他们,既要制止他们的反革命阴谋,同时又要向他们学习。

我们至多有鼓动家、宣传家的本领,有经历过工厂工人或挨饿农民的极其悲惨的生活而得到锻炼的那种人的本领。这种本领至多能教导人们长期坚持下去,进行顽强斗争。到目前为止正是这一点挽救了我们。这一点是完全必需的,但这是不够的,单凭这一点是不能胜利的。为了取得彻底的最终的胜利,还必须把资本主义的一切宝贵东西,把全部科学和文化拿到手。

从哪里取得这些东西呢?我们的先进的农民和觉悟的工人,应当向他们,向我们的敌人学习,应当在工厂里、在县土地局里向资产阶级农艺师和工程师等等学习,掌握他们的文化成果。

在这方面,去年我们党内发生的斗争收到了极大的成效;它引起了不少的激烈冲突[32],但是斗争总是要引起激烈冲突的。我们在一个我们从未遇到过的问题上取得了实际经验,而这个问题不解决,共产主义就不能实现。如何把获得胜利的无产阶级革命同资产阶级文化、同一直是少数人拥有的资产阶级科学技术结合起来,这个任务——我要再说一遍——是很困难的。这里全部问题在于劳动群众先进阶层的组织和纪律。在俄国,假如千百万备受压抑、愚昧无知、完全不能独立从事建设的、世世代代受地主压迫的农民,没有一个为他们所了解、接近、信任、当做自己人的城市工人的先进阶层在自己的身旁,没有这样一个先进阶层来领导自己,假如没有这样一种组织去团结劳动群众,教育劳动群众,向劳动群众解释,使他们相信取得全部资产阶级文化这一任务的重要性,那么,共产主义事业就没有希望。

我说这个话不是从抽象的道理出发的,而是从整整一年的日常经验出发的。如果说在这个经验中有许多琐事,有时是枯燥乏味、令人不快的琐事,那么我们应当在这些琐事的后面看到更深刻的东西。应当懂得,在这些琐碎的工作里,在工厂委员会和工程师之间、某个红军战士和某个资产阶级军官之间、某个农民和资产阶级农艺师之间的冲突里,在这些冲突、摩擦和琐事里,包含着无比深刻的内容。我们克服了要一脚踢开这些资产阶级专家的偏见。我们拿下了这辆车,虽然它还走得不好(我们不会抱什么幻想,知道它老是颠簸,老是出毛病,老是翻到沟里,还得由我们把它拖出来),但是它毕竟走起来了,今后我们要驾驶它沿着正确的道路前进。这样,只有这样,我们才能从战争把我们拖进去的、而现在全世界帝国主义者想方设法把我们推下去并使我们陷在里面的泥潭中脱出身来,从经济破坏、极度困难、破产、粗野、贫困和饥饿的泥潭中脱出身来。

现在我们已开始脱身了。这是刚刚迈出的几步。

一年来的苏维埃工作使我们通过每一项实际的工厂工作和农民工作更好地懂得了这个任务,并学会了进行这项工作。这是苏维埃政权一年来的最大成就。在这方面花一年时间并不可惜。我们不会再像过去那样从理论上一般地讨论资产阶级专家的作用和无产阶级组织的意义,我们将利用我们在每个工厂委员会和每个农业组织中获得的每一个经验。我们奠定了红军的基础,我们有了一点基础,我们的国有化企业的工人懂得了自己的任务,开始在资产阶级专家的帮助下提高劳动生产率（虽然这些资产阶级专家时时刻刻都想倒退，但是工人的群众组织迫使他们同苏维埃政权步调一致地前进），这些就是苏维埃政权的最大的成就。这个工作不显眼，看起来极为平常，要估计出它的全部意义也很困难，但是我们的运动前进了一步，正是表现在我们已经从单纯镇压剥削者的单纯任务进而执行这样一种任务：使自己和群众学会用资本主义的砖头建设共产主义，迫使资本主义的、资产阶级的专家为我们工作。只有走这条道路，我们才能获得胜利。现在我们知道，照这样走下去，我们确实会获得胜利。

同志们，现在我来谈最后一个问题，即对农村的态度问题。我的讲话已经太长了，这个问题只想简略地谈谈。

前面我谈到了军事工作，谈到了专政，谈到了利用资产阶级专家的问题，现在我要谈的是共产主义建设中的又一个巨大困难。

在一个城市无产阶级占少数而习惯于单独经营、养成了这种分散经营积习的农民占多数的国家里，如果政权已经转入无产阶级手中，该怎么办呢？

但是这种农民的大多数贫穷困苦，在地主和资本家的压迫下受尽折磨，因此，他们很愿意帮助无产者。只要城市工人通情达理，注意方式，平等待人，而不是发号施令，以致引起他们理所当然的憎恨，——总之，只要城市工人平等一点对待农民，就能得到农民最大的同志般的信任和充分的支持。这我们是知道的。苏维埃政权在农村中就是靠这一点来维持的。它只是在得到大多数劳动者最真诚的支持下才得以维持下来。我们所以得到这种支持，是因为城市工人通过我们想都想不到的千百种方式同贫苦农民建立了联系。

国家政权过去总是阻碍这种联系，现在则用全力促进这种联系。就是靠了这一点，苏维埃政权才得以维持，也只有这样做，胜利才有保证。

我刚才提到的巨大困难，就在于农民习惯于单干，习惯于自由买卖粮食，并且认为这是合情合理的事情。他想：我花了劳动，用自己的血汗得到了粮食，怎么我没有权利自由出卖它呢？农民认为这是欺侮了他。

可是我们从俄国发展的全部经验中知道：自由买卖就是自由培植资本家；在一个受饥荒折磨的国家里、在挨饿的人为了一块面包甘愿拿出一切甚至甘愿做奴隶的国家里自由买卖，在国家闹饥荒的时候自由买卖，这就是自由地使少数人发财而使多数人破产。

我们应当证明，在一个受饥荒折磨的国家里，首要的任务就是帮助农民；但只有把农民的行动统一起来，把群众联合起来，才能进行这种帮助，因为农民零星分散，习惯于各干各的。

实现这一困难任务的外部障碍是没有的；这里要靠暴力来做到的一切，都已经做了；我们决不放弃暴力；我们知道，在农民中有富农，他们竭力地反抗我们，公开组织白卫分子的暴动；这和大多数农民没有关系。富农是少数，对他们应当是斗争，再斗争，应当镇压他们，而我们也正在镇压他们。但在胜利地解决了镇压农村剥削者的任务以后，出现了一个不能用暴力解决的问题；这里和在其他一切方面一样，只有靠群众组织工作，只有靠城市无产阶级对农民进行长期教育，我们的任务才能解决。

我们能不能实现这个任务呢？我们根据经验知道，是能够的，这完全是因为大多数农民都信任工人政权，有了对工人的这种信任,就能建立基础,这个建立基础的工作已经开始,并且应当继续下去,不过一定要借助于同志式的诱导,借助于纪律。

这就是实际地摆在我们面前的任务。

我们建立贫苦农民委员会,努力同农村进行商品交换[33],目的不是为了让富人得到商品,而首先是为了让贫苦农民得到城市所能供给的少量商品,我们帮助贫苦农民,也是为了能在他们的帮助下战胜富农,从富农手中取得余粮。

在一个交通不便、农民分散的大国里,要解决供给居民粮食的任务是非常困难的,这个任务给我们造成的麻烦最多。回忆一下人民委员会的各次会议,我可以说,没有一个任务像这个任务那样,使苏维埃政权费了这么大的力量。我国的农民极其零星分散,愚昧无知,习惯于单独经营,把禁止粮食自由贸易看做是欺侮他们,在这种情况下,当然会有一些政治骗子,会有各种各样的社会革命党人和孟什维克出来煽动农民,对农民说:"他们在掠夺你们!"

今天,苏维埃工作已进行一年,粮食工作人员已经证明,我们在最近几个月内向农村提供了42 000车皮产品,而只换来39 000车皮粮食,可是一些恶棍还是在叫喊:"农民们,苏维埃政权在掠夺你们!"

当工人在城市中挣扎求生(没有一个地方的饥荒比俄国的城市和非农业地区更为严重),当农民得到了地主的全部土地,有了粮食,大多数农民,如我们所知,在苏维埃政权的第一年就已经不是为地主老爷和商人而是为自己劳动并改善了自己的饮食的时候,当国家正苦于城市和非农业地区的饥荒,而一切资本家却力图利用饥荒来破坏我们的时候,在这种时候,竟有一些穿着孟什维克、社会革命党人或其他小丑服装的人，硬说什么"他们在掠夺你们!"这是资本主义的代理人，我们只能而且只应把他们当做资本主义代理人看待!

当苏维埃政权认为战胜饥荒是最主要的困难的时候，把全部余粮交给挨饿者是每一个苏维埃公民的职责。这个真理是这样明显，这样清楚，是这样容易为每一个劳动者所理解，因此要反对它是不可能的。要把这个简单、清楚、明显的真理模糊起来，使它变得不可理解，或者把它加以歪曲，就只能进行欺骗，施展政治骗子的伎俩!

城市工人靠的就是这个真理。他们就是靠这个非常明显的真理才能从事最困难的工作。他们一直都在对贫苦农民说:我们同你们一起构成苏维埃政权的真正支柱。为此成立了贫苦农民委员会，成立了商品交换机构，并把合作社都吸收来做联合全体居民的工作。农业方面颁布的一切法令都贯穿着这个基本思想;所有的告城市工人书都说:要同贫苦农民联合起来，否则，你们就不能解决最重要最困难的问题——粮食问题。我们对农民说:或者你们同城市工人联合起来，那时我们就会胜利;或者你们去接受资本家及其穿着孟什维克服装的走狗和奴仆的开导和教诲——"不要让城市掠夺你们，你们自由买卖吧;谁有钱，谁就发财，如果有人饿死，那和你们有什么关系"，那你们自己就会灭亡，成为资本家的奴隶，使苏维埃俄国遭到毁灭。只有在资本主义制度下人们才这样想:"我做买卖，我发财，人人为自己，上帝为大家。"这就是资本主义思想，这就是战争产生的原因，这就是工人和农民一贫如洗而一小撮人成为亿万富翁的原因。

任务在于如何在实际工作中对待农民，如何把贫苦农民和中农组织起来，以便随时同他们对旧时的留恋、同他们想回到自由贸易去的企图、同他们时时想"自由"经营的倾向作斗争。"自由"是个好字眼；到处都碰到"自由"：贸易自由，出卖自由，被卖自由等等。孟什维克和社会革命党人这些骗子在每一种报纸上，每一次演说中，都要这样或那样地引用"自由"这个美丽的字眼；但所有这些人都是把人民拉向后退的骗子和资本主义娼妓。

最后，在最近一个时期内，即在最近几个月或几个星期内，人民委员会和国防委员会关心的主要问题和奋斗的主要目标就是同饥荒作斗争。

现在，在春天即将到来的时候，饥荒是我们的大害；春天将是我们最困难的时期。去年的冬末、春天和夏初是我们最艰难的时期，今年正好在现在我们又进入艰难的时期。现在白卫分子、地主和资本家又在极力希望，虽然不能在公开的斗争中摧毁苏维埃政权，也许能够再一次利用饥荒来达到他们的目的。

还有一些自称孟什维克和社会革命党人（右派和左派）的人，堕落到了极点，在口头上宣称拥护劳动人民，而当粮食状况严重、饥荒迫近的时候，却企图利用饥荒进行捣乱，唆使人民群众反对工农政权。他们不了解，正像左派社会革命党人穆拉维约夫去年在东线的叛变[34]，曾使几万工农在反对白卫分子的战争中牺牲了生命一样，现在左派社会革命党人似乎为了工人的利益而实行的任何类似的政策，即利用饥荒进行的任何煽动和捣乱活动，也无非是对白卫分子的直接援助。任何这样的煽动都会使成千上万的人在反对白卫分子的战争中无谓地牺牲生命。去年，穆拉维约夫实行叛变，险些开放了整个战线，造成了一系列严重的失败。

因此，我想首先着重地但是极简略地谈一谈几件主要事实。

现在我们在粮食方面的情况又像去年春天那样恶化了,但是现在我们完全可以指望不仅战胜这个困难,而且比去年更好地摆脱这个困难。这种指望的根据是:东部和南部的情况已大为好转,而东部和南部都是俄国的主要产粮区。在国防委员会和人民委员会最近召开的一系列会议上,我们已经弄清楚,沿喀山到萨拉托夫线,沿伏尔加—布古利马线,在萨马拉以东,在伏尔加河左岸,堆积了近900万普特的成品粮。

巨大的困难和巨大的危险在于我们的运输力量薄弱,机车奇缺,以致对这些粮食能不能运出来,我们还没有把握。这就是我们在最近一个时期的活动中最操心的事情,这就是我们决定从3月18日到4月10日完全停止客运的原因。

我们知道,这是很严重的事情。一定会有一些帮助白卫分子的鼓动家出来大叫:"看,人民在挨饿,而他们却取消旅客列车,不让人民运粮。"这样的煽动者是有的。但我们心里明白:我们在任何困难的情况下都把希望寄托在正直工人的觉悟上,他们会支持我们的。

如专家们向我们报告的,暂时停止客运以后,可以腾出220辆机车,这些客运机车比货运机车差些,运输能力要低些,但我们计算了一下,它们能在这一时期内运出350万普特粮食。如果让私贩粮食者和饥民单个地盲目地运粮,在这一时期内最多只能运出50万普特。每个有经验的铁路工人,每个到过伏尔加河左岸的铁路线、见到粮食有时简直堆在雪地上的人,都会证实这个真理。一袋袋的粮食可能会霉烂,因为粮食本来就潮湿;如果春汛一来,那就更糟糕了。因此,我们采取了这种严重的措施,我们相信,广大的工人群众一定会了解这个真理,左派社会革命党的煽动者绝不能使他们离开正确的道路，这个真理一定会胜利。

采取暂时停止客运这样严重的措施，能使我们得到几百万普特粮食。我们要清除所谓停止客运有害的谎言、诽谤和胡说，我们应当说，在派往南方运粮的彼得格勒、莫斯科和伊万诺沃-沃兹涅先斯克的工人的帮助下，这一措施一定会使我们得到足够的粮食。顺便提一下，任何一个城市都没有像彼得格勒那样，拿出这么多的人力进行粮食工作；彼得格勒的所有优秀力量都被调去做这个工作了，其他先进城市的工人也应当这样做。

没有工人阶级，社会主义革命是不能完成的；如果工人阶级没有积蓄起足够的力量来领导千百万受资本主义压抑的、受尽折磨的、不识字的和分散的农民，社会主义革命也不能完成。能够领导他们的只有先进工人。但是优秀力量已经都抽调出来了，他们过度劳累了。应当用一般工人和青年人代替他们。也许这些人会犯错误，但这没有关系；只要他们能忠于工人事业，能在无产阶级斗争的环境中受到锻炼就行。

我们已经采取一系列措施，把优秀力量派到伏尔加—布古利马线上去。同工人队伍一起去的有布留哈诺夫同志。其他铁路上也已派去了军队和工人。所以，再说一遍，我们是完全可以指望得到粮食的。这将是艰苦的半年，但这是最后一个艰苦的半年，因为我们的敌人不是在壮大而是在瓦解，因为苏维埃运动正在一切国家中发展起来。

我们就是根据这些情况，经过慎重考虑和多次计算，认为停止客运以后，就能运出几百万普特粮食，就能利用东部和南部最富饶的产粮区。在这艰苦的半年里，我们一定能战胜我们的主要敌人——饥荒，而且现在我们的情况比去年好，我们已经有存粮了。

去年,捷克斯洛伐克军进到了喀山和辛比尔斯克,乌克兰处在德寇的铁蹄下,克拉斯诺夫用德国人的钱在顿河区搜罗军队,南部同我们断绝了联系。现在,乌克兰正从德帝国主义者的手中解放出来。德帝国主义者原想从乌克兰运走 6 000 万普特粮食,但是他们总共只运走了 900 万普特,而且附带运走了一种他们消化不了的东西,即布尔什维主义。一碰上布尔什维主义,德帝国主义者就遭到了惨败,法、英帝国主义者碰上布尔什维主义也会遭到惨败,如果他们能够深入俄国内地的话。

现在乌克兰已经是苏维埃乌克兰了。乌克兰的苏维埃政府对我们就不同了,一旦提出粮食问题,它不会像商人、投机者和某些农民那样来要价。这些农民说:"挨饿的人会出 1 000 卢布买一普特粮食,管他什么国家垄断,我只管我发财,人们挨饿更好,他们出的钱更多。"农村资产阶级就是这样想的,富农、投机者就是这样盘算的,而且有人在帮助他们,这些人拼命反对粮食垄断,主张贸易"自由",即主张富裕农民有发财的自由,得不到一点粮食的工人有饿死的自由。可是乌克兰政府说:"首要任务就是帮助饥饿的北方。如果受饥饿折磨的北方支持不住,乌克兰也支持不住;如果乌克兰帮助饥饿的北方,乌克兰就一定支持得住,一定能取得胜利。"

乌克兰的存粮很多。但是不能一下子全部运出来。我们已经把苏维埃的优秀力量派往乌克兰,他们异口同声地对我们说:"存粮很多,但是不能一下子全部运走,因为没有机构。"德国人把乌克兰破坏得很厉害,所以那里才刚刚开始建立机构;那里的情况是一片混乱。十月革命后的最初几个星期里,我们在斯莫尔尼宫时也曾同经济破坏作斗争,但是那种恶劣的日子,同现在乌克兰经受的困难比较起来,是算不得什么的。乌克兰的同志叫苦连天,说他们没有人，没有人建设苏维埃政权，没有任何机构，没有像彼得格勒或莫斯科那样的无产阶级中心，乌克兰的一些无产阶级中心还在敌人手里。基辅不是无产阶级中心，受饥饿折磨的顿涅茨煤田还没有从哥萨克手中解放出来。他们说："北方的工人们，帮助我们吧！"

因此，尽管我们知道彼得格勒工人已经作出了比其他任何城市更大的贡献，但我们还是代表乌克兰的同志向彼得格勒工人说："再出一把力，再加一把劲吧！"我们现在能够帮助乌克兰的同志，而且应当帮助他们，因为他们要在经过了空前的浩劫已被破坏殆尽的土地上建立苏维埃政权机构！

我们在党的中央委员会里讨论了这种情况，提出了一项任务：首先尽力在乌克兰建立机构，有了武器、有了机构之后就着手运粮，在6月1日以前运出5 000万普特。

我丝毫不想要你们相信这个任务能够完成。我们都知道，许多任务尽管我们已经担当起来，但都未能按期完成。就算这个任务只能完成一部分，你们也应当坚信，在饥荒愈来愈严重的艰难日子里，只要东部和南部的全部粮食机构充分开动起来，我们就能从南部得到紧急援助而改善我们的处境。

除乌克兰以外，我们还有一个来源，这就是顿河州。那里，红军的胜利已经造成很多奇迹。几个星期以前，我们在顿河区的处境还很艰难，我们要同我们的主要敌人克拉斯诺夫作战，要同那些起初被德国人用千百万金钱收买、后来又被英国人和法国人收买（并且直到现在还在受他们接济）的军官和哥萨克作战；可是现在，我们不仅极迅速地占领了察里津以北的大片土地，而且还向察里津以南推进了。克拉斯诺夫匪帮和顿河区的反革命分子被击溃了,帝国主义者的任何帮助都没能帮得了他们。

这意味着什么呢? 这意味着我们很快就会有煤和粮食了,没有这两样东西,我们就会灭亡,因为缺少煤,火车就不能开动,工厂就要停工,缺少粮食,城市和所有非农业地区的工人就要受饥饿的折磨。①

顿河区的存粮同乌克兰一样是很多的,而且我们不能说那里没有机构;每个部队都有共产党支部、工人政治委员和工人粮食队;那里的主要困难是白卫分子在撤退时把桥梁炸毁了,因此,两条主要的铁路没有一条能够使用。

国防委员会和人民委员会最近一次会议专门邀请了专家参加,问他们怎样才能弄到修路材料,怎样才能至少修好一条铁路。在国防委员会最近这次会议上,我们已经确切知道,由于尽了极大的努力,不仅材料已经弄到了,而且当地的同志还向我们作出保证,说他们几乎可以保证在春汛前修复这两条铁路。这两条铁路运输的恢复,也许抵得上对哥萨克的多次胜利,因此我们可以说:"应当不怕艰苦地再坚持几个月,鼓足干劲,并让彼得格勒、莫斯科和伊万诺沃-沃兹涅先斯克的工人们来帮助我们。"除了很难运出

① 速记记录中接着有以下未收入小册子的一段话:"红军是在异常困难的条件下履行他们的职责的。在全世界所有的人都被战争弄得精疲力竭的时候,我们的军队却阵容整齐,在这里进行斗争的人们能够经受一场比沙皇时代艰苦得多的战争,他们所以经受得住,是因为他们看到,每一个军事指挥官身旁都有一个党员政治委员——一个来自彼得格勒或者莫斯科,或者伊万诺沃-沃兹涅先斯克的优秀工人。每个部队都建立了许多共产党支部,每个司令部都变成了宣传鼓动的中心。军队的全部力量来源于而且仅仅来源于它同彼得格勒、莫斯科和伊万诺沃-沃兹涅先斯克优秀工人最紧密的联系。正是由于这一切,才出现了转折,出现了奇迹:一支过去一听到'哥萨克'就仓皇逃跑的军队,现在几个星期就占领了两条铁路,两条取得粮食和煤炭的主要通道。"——俄文版编者注

什么东西的东部,除了有大量存粮但没有机构的乌克兰,我们现在有红军收复的顿河区了。因此,在作了冷静的考虑,根据各地的多次报告和报道核实了以上情况,听取了专家对粮食问题和铁路问题的意见以后,我们可以毫不夸大地说,我们有极大的把握不仅能像去年那样坚持下来,而且还能大大改善我们的状况。

我们内部的敌人已在瓦解,外部的敌人也决不会支持很久。同志们,不久以前来到这里和我们一起在莫斯科创立了共产国际的外国同志所告诉我们的情况,使我们更相信这一点了。在巴黎,人们把攻击布尔什维主义的发言者赶下群众大会讲坛。毫无疑问,胜利是属于我们的!帝国主义者可以再杀几千个工人,可以杀害罗莎·卢森堡、卡尔·李卜克内西和国际的数百个优秀代表,可以使英、法、德、意各国的监狱关满社会党人,但这些都不能挽救他们!胜利是属于我们的!因为不管怎样欺骗,不管怎样卑鄙地大肆造谣诽谤,全世界工人都已懂得什么是苏维埃,什么是苏维埃政权。全世界的资本家现在没有出路。再说一遍,他们在缔结和约以后是要互相厮打的。法国已经准备进攻意大利,它们分赃是分不成的,日本也在加紧武装以对付美国。它们把空前未有的巨额赔款,把几十亿几十亿的战时公债堆在人民身上。而这些国家的人民已经被战争弄得痛苦不堪,到处是产品不足,生产停顿,到处是饥饿。答应给反革命分子各种援助的协约国,不能使本国人民吃饱。无论是巴黎、伦敦或纽约的工人群众,都已把"苏维埃"这个词译成了本国语言,使它能够为每一个工人所了解,他们知道,旧的资产阶级共和国无济于事,能够帮助他们的只有工人政权。

如果说在俄国,苏维埃政权还面临着巨大的困难,那么这是因为俄国受到了世界上那些最强大、装备最精良的国家的军事力量的攻击。尽管这样，俄国的苏维埃政权还是得到了全世界工人的同情、关怀和道义上的支持。根据上述这些材料——我们丝毫没有夸大这些材料，我们也没有忽视在德国和其他国家里，工人们在流血，许多优秀的社会主义领袖死于残酷的折磨，这些我们都知道，我们并没有忽视——我们可以肯定地说，胜利是属于我们的，胜利将是彻底的，因为其他国家的帝国主义者已经站不住脚了，工人们已经从狂热中清醒过来，不再受骗了，苏维埃政权已经得到全世界工人的承认了；无论在哪里人们都把希望仅仅寄托在建立苏维埃上面，认为希望全在于由工人来掌握政权。

一旦工人们知道，甚至一个落后国家的不开展的工人在联合起来夺得政权后，也能形成一种力量来抗击全世界的帝国主义者，也能从资本家手中夺得工厂并把地主的土地交给农民，——一旦全世界的工人群众都懂得这一真理，那时，我们就能大声地、满怀信心地再一次地说，我们一定会在世界范围内取得胜利，因为资产阶级已经摇摇欲坠了，再也不能欺骗工人了，因为到处都有苏维埃运动了；那时，我们很快就会看到国际苏维埃共和国的诞生，就像我们在1917年10月25日看到苏维埃共和国的诞生一样，就像我们最近在莫斯科看到第三国际即共产国际的诞生一样。（讲话一再为长时间的掌声所打断，并在长时间的掌声中结束。）

请彼得格勒的同志将下列意见当做我的讲话的**序**或**跋**来发表，哪怕是用最小的铅字也行。

列　宁

4月17日

跋[35]

在我费了不少力气修改我这篇讲话记录以后,我必须向所有那些想把我的讲话都记录下来发表的同志提出恳切的请求。

我的请求是:绝不要信赖我的讲话记录,无论是速记记录也好,或是别的什么记录也好;绝不要到处去找我的讲话记录;绝不要发表我的讲话记录。

如果需要,可以发表我的讲话报道,而不要发表我的讲话记录。关于我的讲话,我在报上见到过令人满意的报道,但一次也没有见到过稍微令人满意的记录。我不打算来分析,为什么会是这样,是我讲话太快,还是我的语句结构有毛病,还是别的什么原因,但事实总是事实。我的讲话记录,无论是速记记录或是别的什么记录,我还一次也没见到过有哪一篇是令人满意的。

宁可要一篇好的讲话报道,而不要一篇不好的讲话记录。因此我请求:绝不要发表我的任何一篇讲话记录。

尼·列宁

1919 年 4 月 17 日

正文于 1919 年由彼得格勒工人和红军代表苏维埃印成单行本

跋载于 1922 年《列宁全集》俄文第 1 版第 16 卷

译自《列宁全集》俄文第 5 版第 38 卷第 39—73 页

人民委员会关于最高
国民经济委员会印刷局的决定草稿[36]

(1919 年 3 月 15 日)

(一)一个统一和集中的委员会,必要时起草法令草案。

(二)统计资料,对各类印刷厂进行比较:

(1)由印刷局管理的国有化印刷厂

(2)由各部门管理的国有化印刷厂

(3)由私营企业管理的印刷厂

(三)任务:按期增加两倍?

(四)一个月后提出报告?

(五)工作纪律

(六)计件付酬的工作

(七)工厂委员会与管理委员会的关系。

载于 1933 年《列宁文集》俄文版　　　　　译自《列宁全集》俄文第 5 版
第 24 卷　　　　　　　　　　　　　　　第 54 卷第 412 页

关于合作社问题的意见

（不晚于 1919 年 3 月 16 日）

是否删去第 1 条？

去掉第 2 条和第 3 条的附注。

每个合作社内属于无产阶级或半无产者的社员（即完全靠出卖劳动力或出卖一半以上劳动力来维持生活的人）不得少于社员总数的 2/3。

工人合作社的各机关派遣政治委员到有产阶级占 10％以上的合作社去。政治委员有监督和监察权利，同时也有否决权，但应将遭否决的决定提交最高国民经济委员会机关最后裁决。

在哪里能体现出各工商业职员联合会的实际合作？

可否给予那些吸收了全体居民的合作社若干重大的奖励和好处？

把全体居民联合在地方公有商店周围的地方自治机关。

载于 1959 年《列宁文集》俄文版第 36 卷

译自《列宁全集》俄文第 5 版第 38 卷第 411 页

悼念雅・米・斯维尔德洛夫

在全俄中央执行委员会紧急会议上的讲话

（1919 年 3 月 18 日）

同志们！在全世界工人纪念巴黎公社的英勇起义及其悲惨结局的日子，我们来安葬雅柯夫・米哈伊洛维奇・斯维尔德洛夫。在我国革命进程中，在革命胜利中，斯维尔德洛夫同志比谁都更充分更完整地体现出无产阶级革命的最主要最本质的特征，而且正是这一点，远比他对革命事业的无限忠诚更能显示他作为一个无产阶级革命领袖的作用。

同志们！在认识肤浅的人看来，在我国革命的大量敌人和至今还动摇于革命和革命敌人之间的人看来，革命最引人注意的特征，是对剥削者、对劳动人民的敌人的坚决无情的镇压。毫无疑问，没有这一特征，没有革命暴力，无产阶级就不能胜利。但同样毫无疑问，只有在革命发展的一定时期，只有在一定的特殊的条件下，革命暴力才是必要的和合理的革命手段。而组织无产阶级群众，组织劳动人民却始终是这个革命无比深刻的、久恒的特点，始终是革命胜利的条件。把千百万劳动群众组织起来，这是革命最有利的条件，这是革命取得胜利的最深的泉源。正是由于无产阶级革命的这个特征，在斗争进程中就涌现了这样一些领袖人物，他们最能体现以前的革命从没有过的一个特点，即组织群众。也正是由于无产阶级革命的这个特征，出现了雅·米·斯维尔德洛夫这样一位首先是和主要是组织家的人物。

同志们！特别是在对革命者来说处境困难的时期，在艰难持久、有时是痛苦而极其漫长的革命准备时期，我们俄国人最大的毛病是理论、原则、纲领同实践脱节，我们最常犯的毛病是过分埋头于理论而同直接的行动脱离。

在几十年俄国革命运动的历史上，有很多先烈忠于革命事业，但未能找到实践自己革命理想的办法。在这方面，无产阶级革命第一次为过去单枪匹马进行革命斗争的英雄提供了真正的土壤，真正的基础，真正的环境，真正的群众，真正的无产阶级军队，使这些领袖能够大显身手。在这方面最突出的正是那些做实际组织工作的领袖，他们赢得了雅·米·斯维尔德洛夫已经赢得并理应享有的那种特别突出的地位。

如果我们看看这位无产阶级革命领袖一生走过的道路，马上就能发现，他的卓越的组织才能是在长期斗争中锻炼出来的，这位无产阶级革命领袖所具有的大革命家的一切优良品质，都是他在各个时期最艰苦的革命工作环境中锻炼出来的。在活动初期，他还完全是个青年，那时，他刚有了政治觉悟，就全心全意地从事革命了。在这个时期，即20世纪初，斯维尔德洛夫同志已经成为一个职业革命家的突出的典型：他抛弃了家庭，抛弃了资产阶级旧社会的舒适生活和习惯，全心全意投身于革命，在几十年的漫长岁月里，从监狱到流放地，从流放地到监狱，磨炼出了使革命者能经受住长期考验的那些品质。

这位职业革命家一时一刻也没有脱离过群众。沙皇专制的条件曾迫使他和当时所有的革命家一样主要从事秘密的地下活动，但就在秘密的地下工作中,斯维尔德洛夫同志也始终同先进工人肩并肩、手携手地共同前进,而这些先进工人恰好是从 20 世纪初就开始接替知识分子出身的老一代革命家了。

就是在这个时候,先进工人成百成千地参加了革命工作,磨炼出了进行革命斗争的坚强意志,没有这种坚强意志,没有同群众的牢固联系,俄国无产阶级革命是不可能胜利的。斯维尔德洛夫同志的最突出的特点,就是长期进行秘密工作,但像他这样一个人还一直参加斗争,从不脱离群众,从来没有离开俄国,始终同优秀工人一起行动。尽管对革命者的迫害迫使他同实际生活隔绝,他仍然把自己锻炼成了不仅是受工人爱戴的、对实际工作十分熟悉和精通的领袖,而且是先进无产者的组织家。有些人,特别是我们的敌人或动摇分子,常常认为,职业革命家一心一意地进行秘密工作的这种特点会使他脱离群众,可是雅·米·斯维尔德洛夫进行革命活动的榜样,正好向我们表明这种看法是十分错误的。其实相反,正是那种通过多次坐牢,多次流放到遥远的西伯利亚所表现出来的对革命事业的无限忠诚,造就出了这样一些领袖,我们无产阶级的精华。有了这种忠诚,再加上识别人才和进行组织工作的禀赋和才能,就锻炼出来了大组织家。雅·米·斯维尔德洛夫只是通过秘密小组,通过革命的地下工作,通过秘密政党(谁也没有像雅·米·斯维尔德洛夫那样完整地体现了这个政党),只是通过这个实践的学校,通过这一途径,才成了第一个苏维埃社会主义共和国的头号人物,才成了广大无产阶级群众的头号组织家。

同志们!凡是和我一样天天同斯维尔德洛夫同志一起工作的人,都特别清楚,全靠他的非凡的组织才能,我们才取得了我们至今都引以自豪而且完全有理由引以自豪的成就。他使我们完全能够同心协力地卓有成效地进行无愧于组织起来的无产阶级群众、符合于无产阶级革命要求的真正有组织的工作,没有这种团结一致的有组织的工作,我们就不会有任何成就,我们就不能克服过去和现在所遇到的无数困难中的任何一个困难,就经受不住过去和现在所遇到的无数严重考验中的任何一次考验。

在革命这种轰轰烈烈的斗争中,在每一个革命者所处的特殊岗位上,当一个哪怕是人数不多的领导集体进行工作总是争论不休的时候,在斗争过程中赢得的巨大的无可争辩的道义上的威信,就具有极其重大的意义,当然这种威信不是建立在抽象的道义上,而是建立在革命战士的道义上,建立在革命群众的道义上。

一年多来,我们能够肩负起落在少数忠心耿耿的革命家身上的力不胜任的重担,领导集团能够如此坚定、如此迅速、如此齐心地解决最困难的问题,完全是由于有雅柯夫·米哈伊洛维奇这样一位才华超群的组织家在他们当中担任了最主要的职务。只有他兼备了对无产阶级运动领导人员最深刻的了解,只有他通过多年斗争(关于这个斗争,我在这里只能谈得极简短)锤炼出了实践家的惊人的敏感、卓越的组织才能和最高的威信,而靠了这种威信,雅柯夫·米哈伊洛维奇一个人就完全领导了要一批人才能领导的全俄中央执行委员会的一些最大的工作部门。只有他赢得了这样的地位:在解决许多极重大的实际组织问题时,只要他说一句话,不必召开任何会议,不必进行任何形式上的表决,问题就得到了明确的彻底的解决,而且大家完全相信,问题是靠实际知识和组织家的敏感解决的,不仅成百成千的先进工人而且群众也认为这样解决是彻底的。

历史早已证明,伟大的革命在其斗争过程中会造就伟大的人物,使过去看来不可能发挥的才能发挥出来。谁也不会相信,从秘密小组和地下工作这样的学校中,从受迫害的小小政党和图鲁汉斯克监狱这样的学校中,会产生这样一位拥有最高威信的组织者,这样一位俄国全部苏维埃政权的组织者,这样一位就其知识来说是独一无二的党的工作的组织者,这个党建立了苏维埃,实现了苏维埃政权,而这种政权现在正在通过艰难的、痛苦的、流血的然而是胜利的进军向世界各个民族各个国家扩展。

　　像这样一个有非凡的组织才能的人,我们是永远找不到人代替他的,如果把代替理解为能够找到一个具备同样能力的同志的话。凡是熟悉和观察过雅柯夫·米哈伊洛维奇的日常工作的人,都不会怀疑,从这个意义上说,雅柯夫·米哈伊洛维奇的确是没有人可以代替的。现在要担负起他一个人在组织方面,在挑选和按专长任用人才方面所做的工作,只有把整批整批的人派到斯维尔德洛夫同志过去一个人所管的各个重要部门中去,而且要踏着他的足迹前进,才能勉强完成他一个人所做的工作。

　　但是,无产阶级革命所以强大,正在于它有着无穷无尽的后备力量。我们知道,为了接替忘我地献身革命并在斗争中牺牲的人们,革命会造就出一批批新人,这些人刚踏上路途时也许经验较少,知识较浅,素质较差,但他们与群众有广泛的联系,能够选拔一批批人才来接替那些去世的最有才华的人,继承他们的事业,沿着他们的道路前进,完成他们开创的事业。从这个意义上说,我们深信,俄国的和世界的无产阶级革命一定会造就出一批又一批的人才,一定会从无产者和劳动农民当中造就出一批又一批为数众多的人才,他们将贡献出实际的生活知识,贡献出个人的或至少是集体的组织才能,没有这种知识和才能,无产者的千百万大军是不能取得胜利的。

雅·米·斯维尔德洛夫同志的形象将不仅是一个革命者忠于自己事业的永恒象征,不仅是把冷静而熟练地处理实际工作、密切联系群众同善于领导群众结合起来的典范,而且也是愈来愈多的无产者群众一旦仿效这种范例就能不断前进、直到取得世界共产主义革命彻底胜利的保证。

载于 1919 年 3 月 20 日《真理报》第 60 号

译自《列宁全集》俄文第 5 版第 38 卷第 74—79 页

在安葬雅·米·斯维尔德洛夫时的讲话

（1919 年 3 月 18 日）

采 访 记 录

我们安葬了一位为组织工人阶级、为工人阶级胜利做了最多工作的无产阶级领袖。在苏维埃政权正向全世界扩展的今天，在有了苏维埃这样组织的无产阶级为实现自己的理想而奋斗的思想正风驰电掣般地向全世界传播的今天，我们来安葬这位树立了应如何为这些理想而奋斗的榜样的无产阶级代表。

千百万无产者将重复我们的话："斯维尔德洛夫同志永垂不朽。我们在他的墓前庄严宣誓，要更加坚强地为推翻资本、为彻底解放劳动者而奋斗！……"

载于 1919 年 3 月 19 日《莫斯科苏维埃消息晚报》第 196 号

译自《列宁全集》俄文第 5 版第 38 卷第 80 页

俄共(布)纲领草案[37]

(1919 年 2 月)

1

俄共纲领草案初稿

纲要:党纲由下列部分组成:

1.引言。无产阶级革命在俄国已经开始并在各地迅速发展。要了解这个革命,必须了解资本主义的本质及其向无产阶级专政发展的不可避免性。2.资本主义和无产阶级专政。这部分重申普列汉诺夫起草的党纲即我们那个旧的马克思主义的党纲[38]的主要部分,以便附带阐明我们的世界观的"历史渊源"。3.帝国主义。根据 1917 年 5 月的党纲草案。4.国际工人运动中的三个派别和新国际。根据 1917 年 5 月的草案改写。5.俄国无产阶级专政的基本任务。根据 1917 年 12 月至 1918 年 1 月的草案①。6.这些任务在政治方面的具体化(新加的内容)。7.在民族、宗教、教育方面的具体化(新加的内容)。8.在经济方面的具体化(新加的内容)。9.在土地问题方面的具体化(新加的内容)。10.在劳动保护方面的具体化(施米特正在写)。11

---

① 见本版全集第 29 卷第 474—478 页,第 34 卷第 65—71 页。——编者注

和12.对其他方面的补充(还没有写)。

这个初稿有许多地方还写得不完善,特别是在文字方面,因此有些地方暂时用了解释性的表述而没有用纲领的表述方式。

(1)1917年10月25日(11月7日)的革命在俄国实现了无产阶级专政,无产阶级在贫苦农民即半无产阶级的支持下开始建立共产主义社会。各先进国家无产阶级革命运动的高涨,这一运动的苏维埃形式即旨在直接实现无产阶级专政的形式在各地的出现和发展,特别是奥匈帝国和德国的革命的开始和发展进程,都清楚地表明,世界无产阶级共产主义革命的纪元已经开始。

(2)要正确地了解这个革命的原因、意义和目的,就首先需要弄清资本主义和资产阶级社会的本质即基本性质,弄清它们向共产主义发展的不可避免性,其次需要弄清帝国主义的性质和加速资本主义崩溃并把无产阶级革命提到日程上来的帝国主义战争的性质。

＊　　　　＊　　　　＊

(3)对于在大多数文明国家里还占统治地位的、其发展必然引起并且已经引起世界无产阶级共产主义革命的资本主义和资产阶级社会的本质,我们那个旧的马克思主义的党纲曾用如下的表述作了说明:

(4)"这个社会的主要特点是以资本主义生产关系为基础的商品生产,在资本主义生产关系下,最重要的和很大部分的生产资料和商品流通手段归一个人数不多的阶级所有,绝大多数居民却是无产者和半无产者,他们由于自己的经济地位不得不一直出卖或定期出卖自己的劳动力,即受雇于资本家,并以自己的劳动为社会的上层阶级创造收入。

（5）资本主义生产关系的统治范围随着下列情况而日益扩大：技术的不断改进提高大企业的经济作用，同时使独立的小生产者受到排挤，一部分变成无产者，其余部分在社会经济生活中的作用日益缩小，某些地方还使他们在或大或小的程度上陷入完全地、明显地、深深地依附于资本的地位。

（6）此外，上述的技术进步又使企业主能够在商品的生产和流通过程中愈来愈多地使用妇女和儿童的劳动。另一方面，既然这种技术进步使企业主对工人的活劳动的需要相对减少，劳动力也就必然供过于求，因此雇佣劳动愈来愈依附资本，雇佣劳动受剥削的程度不断提高。

（7）各资产阶级国家内部的这种状况和它们在世界市场上日趋尖锐的相互竞争，使产量不断增加的商品愈来愈难找到销路。在相当尖锐的工业危机（接着危机而来的是相当长的工业停滞时期）中表现出来的生产过剩，是资产阶级社会中生产力发展的必然后果。危机和工业停滞时期又使小生产者更加陷于破产，使雇佣劳动更加依附资本，并更加迅速地引起工人阶级状况的相对恶化，而且有时是绝对恶化。

（8）这样一来，意味着劳动生产率提高和社会财富增加的技术改进，在资产阶级社会却使社会不平等加剧，使有产者和无产者贫富更加悬殊，使愈来愈多的劳动群众的生活更无保障，失业和各种困难加剧。

（9）但是，随着资产阶级社会所固有的这一切矛盾的增长和发展，被剥削劳动群众对现状的不满也在增长，无产者的人数在增加，他们的团结在增强，他们同剥削者的斗争日益尖锐。同时，技术改进既使生产资料和流通手段集中起来，使资本主义企业中的劳动过程社会化,于是日益迅速地造成以共产主义生产关系代替资本主义生产关系即进行社会革命的物质条件,这种革命是无产阶级阶级运动的自觉体现者国际共产党的全部活动的最终目的。

(10)无产阶级的社会革命以生产资料和流通手段的公有制代替私有制,有计划地组织社会生产过程来保证社会全体成员的福利和全面发展,将消灭社会的阶级划分,从而解放全体被压迫的人类,因为它将消灭社会上一部分人对另一部分人的一切形式的剥削。

(11)这个社会革命的必要条件就是无产阶级专政,即由无产阶级夺取可以用来镇压剥削者的一切反抗的政权。国际共产党以使无产阶级能够完成其伟大历史使命为己任,把无产阶级组织成一个同一切资产阶级政党相对立的独立的政党,领导无产阶级各种形式的阶级斗争,向无产阶级揭示剥削者的利益同被剥削者的利益之间的不可调和的对立,并向他们阐明行将到来的社会革命的历史意义和必要条件。同时,国际共产党还向其余一切被剥削劳动群众指出,他们在资本主义社会中的处境是毫无希望的,必须进行社会革命才能摆脱资本的压迫。工人阶级政党,即共产党,号召一切被剥削劳动者阶层参加自己的队伍,因为他们正在站到无产阶级的立场上来。"

*　　　　*　　　　*

(12)世界资本主义现在(约从 20 世纪初开始)已发展到帝国主义阶段。帝国主义,或金融资本时代,是高度发达的资本主义经济。这时资本家的垄断同盟——辛迪加、卡特尔、托拉斯已具有决定的意义,大量集中的银行资本已和工业资本融合起来,资本向外国的输出已发展到极大的规模,最富裕的国家已把全世界的领土瓜分完毕,国际托拉斯已开始从经济上瓜分世界。

(13)在这种情况下,帝国主义战争,即争夺世界霸权、争夺银行资本的市场和扼杀各弱小民族的战争是不可避免的。1914——1918年的第一次帝国主义大战就是这样的战争。

(14)整个世界资本主义的发展达到了非常高的程度;垄断资本主义代替了自由竞争;银行以及资本家的同盟准备了一个对产品的生产和分配过程实行社会调节的机构;资本主义垄断组织的发展引起了物价的高涨和辛迪加对工人阶级压迫的加重,工人阶级的经济斗争和政治斗争遭到巨大困难;帝国主义战争造成惨祸、灾难、破产和粗野,——这一切就使目前所达到的资本主义发展阶段成为无产阶级社会主义革命的时代。

这个时代已经开始。

(15)只有无产阶级社会主义革命才能把人类从帝国主义和帝国主义战争所造成的绝境中解救出来。不论革命有什么样的困难,可能遭到什么样的暂时失利,不论反革命掀起什么浪潮,无产阶级的最终胜利是不可避免的。

*　　　*　　　*

(16)无产阶级革命的胜利要求一切先进国家的工人阶级彼此充分信任,结成最紧密的兄弟联盟,采取尽可能一致的革命行动。要实现这些条件,必须同在大多数正式的"社会民主"党和"社会"党的上层占上风的、对社会主义进行资产阶级歪曲的派别毫不犹豫地彻底决裂,并与之进行无情的斗争。

(17)一方面,进行这种歪曲的是机会主义和社会沙文主义(口头上的社会主义,实际上的沙文主义)派别;这个派别总是利用、而在1914—1918年帝国主义战争时期更是利用"保卫祖国"的口号作掩饰,保卫"本"国资产阶级掠夺者的利益。这个派别的形成,是由于几乎一切先进国家都掠夺殖民地民族和弱小民族,这样资产阶级便能够拿出一小部分这样得来的超额利润收买无产阶级的上层分子,保证这些上层分子能在平时过上小康的市民生活,并让这个阶层的首领来为自己服务。机会主义者和社会沙文主义者作为资产阶级的奴仆,是无产阶级的直接的阶级敌人。

(18)另一方面,对社会主义进行资产阶级歪曲的是"中"派,这一派相当广泛而具有国际性,它动摇于社会沙文主义者和共产党人之间,坚持与前者保持统一,试图复活已经破产和腐朽的第二国际。只有新成立的第三国际即共产国际才是真正无产阶级的和革命的国际,由于在许多国家特别是在德国原社会党内组成了共产党,这个国际实际上已经建立,它日益获得各国无产阶级群众的同情。

＊　　　　＊　　　　＊

俄国无产阶级专政的基本任务

俄国无产阶级专政现时的基本任务是彻底完成已经开始的对地主和资产阶级的剥夺,把一切工厂、铁路、银行、船队以及其他生产资料和流通手段转归苏维埃共和国所有;

利用城市工人同贫苦农民的联盟,逐步而坚定地过渡到共耕制和大规模的社会主义农业,这个联盟已使土地私有制废除,已使关于由小农经济进到社会主义的过渡形式(已站在无产者方面的现代农民思想家把这种形式称为土地社会化)的法令得以颁布;

进一步巩固和发展苏维埃联邦共和国,这种共和国是比资产阶级议会制高得多和进步得多的民主形式,而根据1871年巴黎公社的经验以及1905年和1917—1918年俄国革命的经验,又是唯一适合于从资本主义到社会主义的过渡时期即无产阶级专政时期的国家类型;

全面地和充分地利用已在俄国燃起的世界社会主义革命的火炬,以便制止帝国主义资产阶级国家企图干涉俄国内政或联合起来公开反对和进攻社会主义苏维埃共和国,使革命蔓延到比较先进的国家以至所有的国家中去;

用一系列逐步而坚定的措施彻底消灭私人贸易,组织起统一的经济整体(苏维埃共和国应当成为这样一个整体)中各生产公社和消费公社之间的正确的和有计划的产品交换。

俄共为了更具体地阐明苏维埃政权的一般任务,现将这些任务规定如下:

在政治方面

在无产阶级夺得政权以前,为了从政治上教育和组织工人群众,利用资产阶级民主制特别是议会制曾经是(必需的)必要的,而现在,当无产阶级夺得政权以后,在苏维埃共和国实现了更高类型的民主制的情况下,任何退到资产阶级议会制和资产阶级民主制的步骤都是为剥削者即为地主和资本家的利益效劳的绝对反动的行为。那些似乎是全民的、全民族的、普遍的、超阶级的民主而实际上是资产阶级的民主的口号,不过是为剥削者的利益服务,只要土地和其他生产资料的私有制仍然存在,最民主的共和国都必然是资产阶级专政,是一小撮资本家镇压占大多数的劳动者的机器。

苏维埃共和国——向完全消灭国家过渡的新型国家——所肩负的历史任务如下：

（1）建立和发展受资本主义压迫的阶级即无产阶级和半无产阶级在各方面的群众性的组织。资产阶级民主共和国容许被剥削群众组织起来，至多只是宣布结社自由，实际上总是对他们的组织设置无数的实际障碍，而这些障碍是由生产资料私有制必然造成的。苏维埃政权在历史上第一次不仅从各方面为受资本主义压迫的群众的组织提供方便，而且使这种组织成为自下而上、由地方到中央的整个国家机构的持久的和不可缺少的基础。只有这样，才能真正实现大多数人享受的民主制度，使大多数人即劳动者实际参加国家的管理，而不像在最民主的资产阶级共和国里那样，实际管理国家的主要是资产阶级的代表。

（2）苏维埃国家组织使那一部分最集中、最团结、最觉醒、在社会主义以前的资本主义整个发展阶段的斗争中经受锻炼最多的劳动群众，即城市工业无产阶级，具有某种实际的优越地位。应当始终不渝地利用这种优越地位来消除资本主义为了把工人分裂成互相竞争的集团而在他们中间培养起来的那种狭隘行会利益和狭隘职业利益，使最落后最散漫的农村无产者和半无产者群众同先进工人更紧密地联合起来，使他们摆脱农村富农和农村资产阶级的影响，组织和教育他们进行共产主义建设。

（3）资产阶级民主制冠冕堂皇地宣布一切公民平等，而实际上却伪善地掩盖剥削者资本家的统治，用剥削者和被剥削者似乎能够真正平等的思想欺骗群众。苏维埃国家组织戳穿了这种欺骗和伪善，实现了真正的民主制度，即一切劳动者的真正平等，把剥削者排除出享有充分权利的社会成员之外。全部世界史的经验、被压迫阶级反抗压迫者的一切起义的经验告诉我们,剥削者必然要进行拼命的和长期的反抗来保持他们的特权。苏维埃国家组织适合于镇压这种反抗,否则就谈不上胜利的共产主义革命。

(4)劳动群众能对国家制度和国家管理施加更直接的影响,即民主制的更高的形式的实现,在苏维埃这种类型的国家,同样是靠下述两方面达到的:第一,选举的程序和经常进行选举的机会,以及改选和罢免代表的条件,对于城乡的工人来说,比在资产阶级民主的最好形式下都容易和方便得多。

(5)第二,在苏维埃政权下,基层选举单位和国家建设的基本单位不是按地域划分,而是按经济和生产单位(工厂)划分。国家机构同被资本主义联合起来的先进无产者群众的这种更为紧密的联系,除了建立起更高的民主制外,也为实现深刻的社会主义改造提供了可能性。

(6)苏维埃组织使我们建立了一支同被剥削劳动群众空前紧密地联系在一起的工农武装力量。没有这一点,社会主义胜利的基本条件之一,即武装工人和解除资产阶级的武装,就不可能实现。

(7)苏维埃组织无比深入地和广泛地发展了标志着资产阶级民主制比中世纪有伟大历史进步性的那一面,即居民参加对公职人员的选举。在任何一个最民主的资产阶级国家中,劳动群众从来也没有像在苏维埃政权之下那样广泛、那样经常、那样普遍、那样简便地行使选举权,因为资产阶级在形式上给了他们这种权利,而实际上又加以限制。同时苏维埃组织还摒弃了资产阶级民主制消极的一面,即立法权和行政权分立的议会制,这一制度巴黎公社已开始废除,其狭隘性和局限性马克思主义早已指出。苏维埃把两种权力合而为一,使国家机构接近劳动群众而拆除了资产阶级议会这道围墙,因为资产阶级议会以假招牌欺骗群众,掩饰议会投机家的金融勾当和交易所勾当,保障资产阶级的国家管理机构的不可侵犯性。

(8)只有依靠苏维埃国家组织,无产阶级革命才能一下子打碎和彻底摧毁旧的资产阶级国家机构,不然就不可能着手社会主义建设。不论在君主国或在最民主的资产阶级共和国,官僚主义是随时随地把国家权力同地主和资本家的利益连在一起的,而目前在俄国却已完全摧毁了官僚主义这座堡垒。但反官僚主义的斗争在我国远未结束。官僚们一方面利用居民群众文化水平不够高,另一方面利用城市工人中最觉悟的阶层忙于几乎超过人力所及的极度紧张的军事工作,企图夺回一部分他们已经失去的阵地。因此,要使今后的社会主义建设获得成就,继续进行反官僚主义的斗争是绝对迫切需要的。

(9)这方面的工作同实现苏维埃政权的主要历史任务,即向完全消灭国家过渡这一任务,有不可分割的联系,这个工作应当是:第一,使每一个苏维埃委员必须担任一定的国家管理工作;第二,不断变换这些工作,以便能接触与国家管理有联系的全部事务和一切部门;第三,采取一系列逐步的、经过慎重选择而又坚决实行的措施,以吸引全体劳动居民独立参加国家的管理工作。

(10)总的说来,资产阶级的民主制和议会制同苏维埃的或无产阶级的民主制之间的差别在于:前者是把重心放在冠冕堂皇地宣布各种自由和权利上,实际上却不让大多数居民即工人和农民稍微充分地享受这些自由和权利,相反地,无产阶级的或苏维埃的民主则不是把重心放在宣布全体人民的权利和自由上,而是着重于实际保证那些曾受资本压迫和剥削的劳动群众能实际参与国家管理，实际使用最好的集会场所、最好的印刷所和最大的纸库（储备）来教育那些被资本主义弄得愚昧无知的人们，实际保证这些群众有真正的（实际的）可能来逐渐摆脱宗教偏见等等的束缚。在实际上使被剥削的劳动者能够真正享受文化、文明和民主的福利，这正是苏维埃政权一项最重要的工作，而且今后应当坚定不移地把这项工作继续下去。

在民族问题上，与资产阶级民主制宣布民族平等（这在帝国主义条件下是不能实现的）不同，俄共的政策是坚定不移地使各民族的无产者和劳动群众在他们推翻资产阶级的革命斗争中相互接近和打成一片。沙皇和资产阶级的大俄罗斯帝国主义时代遗留下来的对大俄罗斯人的不信任，在先前加入俄罗斯帝国的各民族的劳动群众中正在迅速消失，正在随着对苏维埃俄国的了解而消失，但这种不信任并不是在所有民族和所有劳动阶层中都已完全消失。因此，必须特别慎重地对待民族感情，认真地实行各民族的真正的平等和分离的自由，以便消除这种不信任的基础，而使各民族的苏维埃共和国结成一个自愿的最紧密的联盟。必须加紧帮助落后的弱小民族：协助每个民族的工人和农民独立地组织起来，启发他们去反对中世纪制度和资产阶级的压迫，并且协助那些在此以前受压迫的或不平等的民族发展语言和图书报刊。

在宗教政策方面，无产阶级专政（俄共）的任务是不满足于已经颁布了教会同国家分离、学校同教会分离的法令，即不满足于资产阶级民主制许诺过、但由于资本同宗教宣传有多种多样的实际联系而在世界任何地方也没有彻底实行过的那些措施。无产阶级专政应当把剥削阶级（地主和资本家）和助长群众愚昧的宗教宣传的组织之间的联系彻底摧毁。无产阶级专政应当坚持不懈地使劳动群众真正从宗教偏见中解放出来,为此就要进行宣传和提高群众的觉悟,同时注意避免对信教者的感情有丝毫伤害,避免加剧宗教狂。

在国民教育方面,俄共给自己提出的任务是:把1917年十月革命时开始的事业进行到底,即把学校由资产阶级的阶级统治工具变为摧毁这种统治和完全消灭社会阶级划分的工具。

在无产阶级专政时期,即为使共产主义的完全实现成为可能而准备条件的时期,学校不仅应当传播一般共产主义原则,而且应当对劳动群众中的半无产者和非无产者阶层传播无产阶级在思想、组织、教育等方面的影响,以培养能够最终实现共产主义的一代人。

现时这方面最迫切的任务是:

(1)对未满16岁的男女儿童一律实行免费的义务的普通教育和综合技术教育(从理论上和实践上熟悉各主要生产部门)。

(2)把教育和社会生产劳动紧密结合起来。

(3)由国家供给全体学生膳食、服装、教材和教具。

(4)加强对教师的鼓动和宣传工作。

(5)培养具有共产主义思想的新的教师骨干。

(6)吸引劳动居民积极参加教育事业(发展国民教育委员会,动员识字的人等等)。

(7)苏维埃政权从各方面帮助工人和劳动农民自学自修(建立图书馆、成人学校、国民大学、讲习所、电影院、艺术工作室等等)。

(8)开展最广泛的共产主义思想的宣传工作。

俄共为了更具体地阐明苏维埃政权的一般任务,现将这些任务规定如下：

在经济方面

苏维埃政权当前的任务如下：

（1）坚持不懈地把已经开始并已在主要方面基本上完成的对资产阶级的剥夺，把变生产资料和流通手段为苏维埃共和国的财产即全体劳动者的公共财产的工作继续下去并进行到底。

（2）特别注意加强和巩固劳动者的同志纪律并从各方面提高他们的主动性和责任心。这是彻底战胜资本主义、战胜生产资料私有制的统治所造成的习惯的最主要的办法，甚至是唯一的办法。要达到这一目的，就需要坚持不懈地耐心地重新教育群众。现在，当群众看到地主、资本家和商人确被消灭的时候，这种教育不仅是可能的，实际上也在用千百种办法通过工人和农民切身的实际经验而进行着。在这方面具有非常重要意义的是发展劳动者的工会组织，这种组织在任何时候、在世界上任何地方都没有像在苏维埃政权之下得到这样迅速的发展，但它应当做到把所有劳动者无例外地都联合到严整的、集中的、有纪律的产业工会中来。我们在工会运动中决不能墨守成规。一方面应当用实际试验的结果来检查每一步骤，有系统地把工会变为管理整个国民经济的机关；工会应该密切同最高国民经济委员会、劳动人民委员部和所有其他国家管理部门的联系，并且巩固这种联系。另一方面，工会应当更加成为对全体劳动群众进行劳动教育和社会主义教育的机关，以便在工人先锋队的监督下把参加管理的实际经验普及到比较落后的工人中去。

（3）提高劳动生产率是根本任务之一，因为不这样就不可能最终地过渡到共产主义。要达到这一目的，除了进行长期的工作来教育群众和提高他们的文化水平，还要立即广泛地和全面地利用资本主义遗留给我们的、在通常情况下必然浸透了资产阶级的世界观和习惯的科学技术专家。党应当与工会组织紧密结合，执行自己原有的路线：一方面，对这个资产阶级阶层不作丝毫的政治让步，无情地镇压他们的各种反革命阴谋；另一方面，也要无情地反对那种貌似激进实则是不学无术的自负，好像劳动者不向资产阶级专家学习，不利用他们，不经过同他们共事的长期锻炼，也能战胜资本主义和资产阶级制度。

我们力求使任何劳动的报酬一律平等，力求实现完全的共产主义，但在目前只是采取最初步骤从资本主义向共产主义过渡的时候，我们决不能给自己提出立刻实现这种平等的任务。因此，在一定的时间内仍要给专家们较高的报酬，使他们工作得比以前不是坏些而是好些，为了同一目的，也不能取消鼓励成绩优良的工作特别是组织工作的奖励制度；在完全的共产主义制度下奖金是不允许的，但在从资本主义到共产主义的过渡时期，如理论推断和苏维埃政权一年来的经验所证实的，没有奖金是不行的。

同时，要不断努力造成一种环境，使资产阶级专家同觉悟的共产党员所领导的普通工人群众手携手地同志般地共同劳动；而且不要一看到个别不可避免的失利就手足无措，要耐心地启发有科学素养的人，使他们意识到把科学用于个人发财和人剥削人是极其卑鄙的，意识到使科学为全体劳动群众所了解则是更为崇高的任务。

（4）要实现共产主义，绝对需要在全国范围内把劳动最高度地最严格地集中起来,这就要首先克服工人在职业上和地区上的散漫性和分散性,因为这种散漫性和分散性是使资本有力量而劳动没有力量的根源之一。反对行会的狭隘性和局限性、反对行会的利己主义的斗争是与消灭城乡对立的斗争紧密联系着的,进行这一斗争有很大的困难,如果不预先大力提高国民劳动的生产率,要广泛地开展这一斗争是不可能的。尽管如此,还是应该立即着手进行这一工作,开始时不妨在地方上小范围试办,以便把各行业各地区要采取的各种不同的措施的效果加以比较。苏维埃政权应当在工会的参加下,远比以前更广泛更有步骤地动员所有一切有劳动能力的居民都来担负一定的社会工作。

(5)在分配方面,苏维埃政权现时的任务是坚定不移地继续在全国范围内用有计划有组织的产品分配来代替贸易。目的是把全体居民组织到生产消费公社中,这种公社能把整个分配机构严格地集中起来,最迅速、最有计划、最节省、用最少的劳动来分配一切必需品。合作社就是达到这一目的的过渡手段。利用合作社和利用资产阶级专家是同类的任务,因为领导资本主义留给我们的合作社机构的是一些具有资产阶级头脑和经营作风的人。俄共应当有步骤地继续贯彻自己的政策:责成全体党员在合作社内工作,同时在工会的帮助下,以共产主义的精神指导合作社,发挥参加合作社的劳动居民的主动性和纪律性,力争使全体居民都加入合作社,并使这些合作社合并为一个自上而下全国统一的合作社;最后,也是最主要的,是要始终保证无产阶级对其他劳动阶层的影响占有优势,并在各地试行种种办法,以促进和实现从旧的资本主义类型的小资产阶级合作社向无产者和半无产者所领导的生产消费公社的过渡。

(6)在从资本主义向共产主义过渡的初期,立即消灭货币是不可能的。因此,居民中的资产阶级分子能够继续利用仍是私有财产的纸币,利用这些使剥削者有权得到社会财富的凭证,来投机、发财和掠夺劳动者。单靠银行国有化这一项措施来同资产阶级掠夺的这种残余作斗争是不够的。俄共将力求尽量迅速地实行最激进的措施,为消灭货币作好准备,首先是以存折、支票和短期领物证等等来代替货币,规定货币必须存入银行等等。准备和实行这些以及诸如此类的措施所取得的实际经验将表明哪些措施是最适当的。

(7)在财政方面,俄共将在一切可能的情况下实行累进所得税和财产税。但在废除了土地私有制以及大多数工厂和其他企业的私有制以后,这种情况不会很多。在无产阶级专政和最重要的生产资料归国家所有的时代,国家的财政应当依靠把各种国家垄断组织一定部分的收入直接用于国家需要。只有正确进行商品交换,收支平衡才能实现,为此就要组织生产消费公社和恢复运输业,后者是苏维埃政权当前的主要目的之一。

在土地问题方面

在废除了土地私有制、[几乎]完全剥夺了地主和实施了承认大规模地共同经营土地的优越性的土地社会化法令以后,苏维埃政权的主要任务是在这方面寻找和试行各种最合理最实际的过渡措施。

在这种情况下,俄共在土地问题上的政策的基本路线和指导原则仍旧是力求依靠农村中的无产阶级和半无产阶级分子。首先应该把他们组织成为独立的力量，使他们接近城市无产阶级，摆脱农村资产阶级和小私有者利益的影响。组织贫苦农民委员会是这方面的步骤之一，建立农村党支部，改选工人、农民和红军代表苏维埃以清除富农分子，建立农村无产者和半无产者的特殊类型的工会，——这些以及诸如此类的措施应当严格地予以执行。

俄共对富农即对农村资产阶级的政策是坚决反对他们的剥削意图，镇压他们对苏维埃政策即社会主义政策的反抗。

俄共对中农的政策是采取谨慎的态度；必须把他们同富农分开，决不能把镇压手段扩大到他们身上；中农就其阶级地位来说，在向社会主义过渡时，可以成为无产阶级政权的同盟者，或者至少是中立者。因此，尽管有不可避免的局部的失利，尽管中农动摇，但必须坚定不移地力求同他们妥协，关心他们的一切愿望，在确定社会主义改造的方式方面向他们让步。在这方面，首要的任务之一，就是在工会帮助下或采取其他办法建立起更严格的监督，反对那些打着共产党员招牌、实际上执行的不是共产主义政策而是官僚主义命令主义政策的苏维埃政权代表的违法乱纪行为，毫不留情地把他们驱除出去。

至于向共产主义的农业过渡的办法，俄共将通过实践来检验在实际生活中创造出来的三个主要措施，即国营农场、农业公社和共耕社（以及协作社），注意更广泛更正确地运用它们，特别是注意发动农民自愿参加这些新式共耕组织的方式，组织劳动农民实行自下而上的监督和同志纪律。

在粮食政策方面，俄共坚持要巩固和发展国家垄断，同时也不拒绝在苏维埃政权进行监督的条件下，为了把工作组织得很好而利用合作社和私商或商业职员，并实行奖励制度。有时不得不采取的部分让步纯粹是出于万不得已，而且国家决不会因为这种让步而放弃实行垄断的坚定意向。在一个小农经济的国家中，实行国家垄断是很困难的，需要进行长期的工作和一系列过渡措施的试验，目的是通过各种不同的途径普遍地组织生产消费公社并正确地发挥它们的作用，把一切余粮交给国家。

载于 1919 年 2 月 23 日《彼得格勒真理报》第 43 号

译自《列宁全集》俄文第 5 版第 38 卷第 83—102 页

2

俄共(布尔什维克)纲领草案

(1)1917年10月25日(11月7日)的革命在俄国实现了无产阶级专政,无产阶级在贫苦农民即半无产阶级的支持下开始建立共产主义社会的基础。各先进国家无产阶级革命运动的高涨,这一运动的苏维埃形式即旨在直接实现无产阶级专政的形式在各地的出现和发展,特别是奥匈帝国和德国的革命的开始和发展进程,都清楚地表明,世界无产阶级共产主义革命的纪元已经开始。

(2)要正确地了解这个革命的原因、意义和目的,就需要弄清资本主义的本质以及它通过帝国主义和加速资本主义崩溃的帝国主义战争而向共产主义发展的不可避免性。

*　　　　　*　　　　　*

(3)对于在大多数文明国家里还占统治地位的、其发展必然引起世界无产阶级共产主义革命的资本主义和资产阶级社会的本质,我们的旧党纲曾用如下的表述作了正确的(如果不算社会民主党这个不确切的名称)说明:

(4)"这个社会的主要特点是以资本主义生产关系为基础的商品生产,在资本主义生产关系下,最重要的和很大部分的生产资料和商品流通手段归一个人数不多的阶级所有,绝大多数居民却是无产者和半无产者,他们由于自己的经济地位不得不一直出卖或定期出卖自己的劳动力,即受雇于资本家,并以自己的劳动为社会的上层阶级创造收入。

(5)资本主义生产关系的统治范围随着下列情况而日益扩大：技术的不断改进提高大企业的经济作用,同时使独立的小生产者受到排挤,一部分变成无产者,其余部分在社会经济生活中的作用日益缩小,某些地方还使他们在或大或小的程度上陷入完全地、明显地、深深地依附于资本的地位。

(6)此外,上述的技术进步又使企业主能够在商品的生产和流通过程中愈来愈多地使用妇女和儿童的劳动。另一方面,既然这种技术进步使企业主对工人的活劳动的需要相对减少,劳动力也就必然供过于求,因此雇佣劳动愈来愈依附资本,雇佣劳动受剥削的程度不断提高。

(7)各资产阶级国家内部的这种状况和它们在世界市场上日趋尖锐的相互竞争,使产量不断增加的商品愈来愈难找到销路。在相当尖锐的工业危机(接着危机而来的是相当长的工业停滞时期)中表现出来的生产过剩,是资产阶级社会中生产力发展的必然后果。危机和工业停滞时期又使小生产者更加陷于破产,使雇佣劳动更加依附资本,并更加迅速地引起工人阶级状况的相对恶化,而且有时是绝对恶化。

(8)这样一来,意味着劳动生产率提高和社会财富增长的技术改进,在资产阶级社会却使社会不平等加剧,使有产者和无产者贫富更加悬殊,使愈来愈多的劳动群众的生活更无保障,失业和各种困难加剧。

(9)但是,随着资产阶级社会所固有的这一切矛盾的增长和发展,被剥削劳动群众对现状的不满也在增长,无产者的人数在增加,他们的团结在增强,他们同剥削者的斗争日益尖锐。同时,技术改进既使生产资料和流通手段集中起来,使资本主义企业中的劳动过程社会化,于是日益迅速地造成以共产主义生产关系代替资本主义生产关系即进行社会革命的物质条件,这种革命是无产阶级阶级运动的自觉体现者国际共产党的全部活动的最终目的。

(10)无产阶级的社会革命以生产资料和流通手段的公有制代替私有制,有计划地组织社会生产过程来保证社会全体成员的福利和全面发展,将消灭社会的阶级划分,从而解放全体被压迫的人类,因为它将消灭社会上一部分人对另一部分人的一切形式的剥削。

(11)这个社会革命的必要条件就是无产阶级专政,即由无产阶级夺取可以用来镇压剥削者的一切反抗的政权。国际共产党以使无产阶级能够完成其伟大历史使命为己任,把无产阶级组织成一个同一切资产阶级政党相对立的独立的政党,领导无产阶级各种形式的阶级斗争,向无产阶级揭示剥削者的利益同被剥削者的利益之间的不可调和的对立,并向他们阐明行将到来的社会革命的历史意义和必要条件。同时,国际共产党还向其余一切被剥削劳动群众指出,他们在资本主义社会中的处境是毫无希望的,必须进行社会革命才能摆脱资本的压迫。工人阶级政党,即共产党,号召一切被剥削劳动者阶层参加自己的队伍,因为他们正在站到无产阶级的立场上来。"

*　　　　　*　　　　　*

(12)资本的积聚和集中过程消灭着自由竞争,在20世纪初造成了下列情况:资本家的强大的垄断同盟——辛迪加、卡特尔、托拉斯建立起来,在全部经济生活中具有决定的意义;银行资本与大量集中的工业资本融合在一起;资本加紧向外国输出;最富裕的国家已把全世界的领土瓜分完毕,包罗愈来愈多的资本主义列强集团的托拉斯开始从经济上瓜分世界。这个金融资本时代,资本主义国家之间的斗争空前剧烈的时代,就是帝国主义时代。

(13)由此不可避免地要发生帝国主义战争,发生争夺销售市场、投资范围、原料和廉价劳动力的战争,即争夺世界霸权和扼杀各弱小民族的战争。1914—1918年的第一次帝国主义大战就是这样的战争。

(14)整个世界资本主义的发展达到了非常高的程度;国家垄断资本主义代替了自由竞争;银行以及资本家的同盟准备了一个对产品的生产和分配过程实行社会调节的机构;资本主义垄断组织的发展引起了物价的高涨和辛迪加对工人阶级压迫的加重,工人阶级受到帝国主义国家的奴役,无产阶级的经济斗争和政治斗争遭到巨大困难;帝国主义战争造成惨祸、灾难和破产,——这一切就使目前所达到的资本主义发展阶段成为无产阶级共产主义革命的时代。

这个时代已经开始。

(15)只有无产阶级共产主义革命才能把人类从帝国主义和帝国主义战争所造成的绝境中解救出来。不论革命有什么样的困难,可能遭到什么样的暂时失利,不论反革命掀起什么浪潮,无产阶级的最终胜利是不可避免的。

＊　　　　＊　　　　＊

(16)世界无产阶级革命的胜利要求先进国家的工人阶级彼此充分信任,结成最紧密的兄弟联盟,采取尽可能一致的革命行动。要实现这些条件,必须同在正式的"社会民主"党和"社会"党的上层占上风的、对社会主义进行资产阶级歪曲的派别毫不犹豫地彻底决裂,并与之进行无情的斗争。

(17)一方面,进行这种歪曲的是机会主义和社会沙文主义(口头上的社会主义,实际上的沙文主义)派别;这个派别总是利用、而在1914—1918年帝国主义战争时期更是利用"保卫祖国"这个骗人口号作掩饰,保卫"本"国资产阶级掠夺者的利益。这个派别的形成,是由于先进的资本主义国家掠夺殖民地民族和弱小民族,这样资产阶级便能够拿出一小部分靠这种掠夺来的超额利润收买无产阶级的上层分子,保证这些上层分子能在平时过上小康的市民生活,并让这个阶层的首领来为自己服务。机会主义者和社会沙文主义者作为资产阶级的奴仆,是无产阶级的直接的阶级敌人,特别是现在,当他们同资本家勾结在一起用武力来镇压本国和外国的无产阶级革命运动的时候。

(18)另一方面,对社会主义进行资产阶级歪曲的是"中"派,这一派在一切资本主义国家中都有,它动摇于社会沙文主义者和共产党人之间,坚持与前者保持统一,试图复活已经破产的第二国际。只有新成立的第三国际即共产国际才是无产阶级解放斗争的领导者,由于在许多国家特别是在德国原社会党内的真正的无产阶级分子组成了共产党,这个国际实际上已经建立,它日益获得各国无产阶级群众的同情。这个国际不仅在名称上回复到马克思主义,而且正以它的全部思想政治内容和全部行动来实现马克思的革命学说,把资产阶级机会主义的歪曲清除干净。

载于1919年2月25日《真理报》
第43号

译自《列宁全集》俄文第5版
第38卷第103—108页

3

党纲政治部分的补充

同时,为了避免对暂时的历史必要性作不正确的概括,俄共应当向劳动群众说明,在苏维埃共和国内有一部分公民被剥夺选举权,但这决不涉及那类在大多数资产阶级民主共和国内终身被宣布为无权的公民,而只是针对剥削者,只是针对那些违反苏维埃社会主义共和国的根本法、顽强地维护自己的剥削地位并保持资本主义关系的人。因此,在苏维埃共和国内,一方面,随着社会主义一天天地巩固,随着那些客观上有可能继续做剥削者或保持资本主义关系的人的数目日益减少,被剥夺选举权的人所占的百分比自然也会减少。在俄国现时,这个比例未必超过百分之二三。另一方面,在最近的将来,外国侵略的停止和剥夺者的完全被剥夺,在一定的条件下会造成这样一种局面,那时无产阶级的国家政权会选择另外的方式镇压剥削者的反抗,并实行没有任何限制的普选权[39]。

载于1930年《列宁文集》俄文版
第13卷

译自《列宁全集》俄文第5版
第38卷第109页

4

党纲政治部分的片断[40]

苏维埃宪法保证工农劳动群众比在资产阶级民主和议会制下有更大的可能用最容易最方便的方式来**选举和罢免**代表,同时也就消灭自巴黎公社时起就已暴露出来的议会制的缺点,特别是**立法权和行政**权分离、议会脱离群众等缺点。

苏维埃宪法还用下述办法使国家机构同群众接近,即选举单位和国家的基层组织不按地域划分,而按生产单位(工厂)划分。

在苏维埃制度下,由于国家机构同群众有更紧密的联系,可以建立……

载于 1919 年 2 月 26 日《真理报》　　　　　译自《列宁全集》俄文第 5 版
第 44 号　　　　　　　　　　　　　　　　　第 38 卷第 110 页

5

党纲中民族关系方面的条文

在民族问题上,夺得国家政权的无产阶级的政策与资产阶级民主制在形式上宣布民族平等(这在帝国主义条件下是不能实现的)不同,而是坚定不移地真正使各民族的工人和农民在他们推翻资产阶级的革命斗争中相互接近和打成一片。要达到这一目的,就要完全解放殖民地民族和其他被压迫的或没有充分权利的民族,使他们有分离的自由,这样才能保证资本主义遗留下来的、各民族劳动群众的不信任和被压迫民族工人对压迫民族工人的愤恨完全消失,而代之以自觉自愿的联盟。在资本主义制度下曾是压迫者的那些民族的工人,要特别谨慎地对待被压迫民族的民族感情(例如大俄罗斯人、乌克兰人、波兰人对犹太人,鞑靼人对巴什基尔人等等),不仅要帮助以前受压迫的民族的劳动群众达到事实上的平等,而且要帮助他们发展语言和图书报刊,以便清除资本主义时代遗留下来的不信任和隔阂的一切痕迹。

载于1925年《列宁文集》俄文版第3卷

译自《列宁全集》俄文第5版第38卷第111页

6

党纲中民族问题条文的
最后草案的补充[41]

对于谁是民族分离的意志的代表者这一问题，俄共持历史的和阶级的观点，考虑到该民族处于它的历史发展的哪一阶段：是从中世纪制度进到资产阶级的民主，还是从资产阶级的民主进到苏维埃的即无产阶级的民主，等等。在任何情况下……

载于1925年《列宁文集》俄文版
第3卷

译自《列宁全集》俄文第5版
第38卷第112页

7

党纲中军事方面的条文的引言

在无产阶级专政的条件下，苏维埃共和国在军事任务和军事工作方面的情况是这样的：

正如我们党早已预见到的那样，帝国主义战争不仅没能由公正的和约而结束，而且根本没能由资产阶级政府简单地缔结一个稍许稳定的和约而告终。民主派即社会党人和社会民主党人的这种小资产阶级幻想已为事变进程完全推翻。实际正好相反，帝国主义战争必然变为而且我们眼看着正在变为无产阶级领导的被剥削劳动群众反对剥削者、反对资产阶级的国内战争。

剥削者的反抗随着无产阶级加紧进攻而不断增强，并由于无产阶级在个别国家内的胜利而特别加剧，同时，资产阶级在国际上还互相声援并组织起来，这一切必然会使一些国家的国内战争同无产阶级国家和维护资本统治的资产阶级国家之间的革命战争结合起来。由于这些战争的阶级性质，防御战和进攻战之间的区别已完全失去任何意义。

总的说来，在我们面前展开的、从1918年底特别迅速地展开的这一国际性的国内战争的发展过程，是资本主义制度下的阶级斗争的必然产物，是国际无产阶级革命取得胜利的必经阶段。

因此，俄共坚决摒弃小资产阶级民主派（虽然他们自称为社会党人和社会民主党人)希望在资本主义制度下废除武装的反动的市侩幻想,坚决反对实际上只是为资产阶级效劳的一切类似的口号,而提出以下的口号:武装无产阶级和解除资产阶级的武装,彻底地和无情地镇压剥削者的反抗,既在国内战争中也在国际的革命战争中战胜全世界的资产阶级。

　　根据一年多的军事工作,以及全体劳动群众被战争弄得疲惫不堪之后建立无产阶级革命军队的实际经验,俄共得出的基本结论如下:

载于1930年《列宁文集》俄文版　　　　　　译自《列宁全集》俄文第5版
第13卷　　　　　　　　　　　　　　　　第38卷第113—114页

8

党纲中关于法院的条文的第一段

在通过无产阶级专政走向共产主义的道路上,共产党抛弃民主主义的口号,彻底废除旧式法院之类的资产阶级统治机关,而代之以阶级的工农的法院。无产阶级掌握全部政权以后,抛弃以前那种含糊不清的"法官由人民选举产生"的公式,而提出"法官完全由劳动者从劳动者中选举产生"的阶级口号,并把这个口号贯彻到整个法院组织中去。共产党只是把不使用雇佣劳动榨取利润的工农代表选进法院,对妇女同样看待,使男女无论在选举法官或履行法官职务上都享有平等的权利。废除了已被推翻的政府的法律以后,党向苏维埃选民选出的法官提出以下的口号:实现无产阶级的意志,运用无产阶级的法令,在没有相应的法令或法令不完备时,要摒弃已被推翻的政府的法律,而遵循社会主义的法律意识。

载于1930年《列宁文集》俄文版第13卷

译自《列宁全集》俄文第5版第38卷第115页

9

党纲中国民教育方面的条文

在国民教育方面,俄共给自己提出的任务是:把 1917 年十月革命时开始的事业进行到底,即把学校由资产阶级的阶级统治工具变为摧毁这种统治和完全消灭社会阶级划分的工具。学校应当成为无产阶级专政的工具,就是说,不仅应当传播一般共产主义原则,而且应当对劳动群众中的半无产者和非无产者的阶层传播无产阶级在思想、组织、教育等方面的影响,以利于彻底镇压剥削者的反抗和实现共产主义制度。现时这方面最迫切的任务是:

(1)在苏维埃政权的全面帮助下,进一步发挥工人和劳动农民在教育方面的主动性;

(2)不仅像现在这样把教师的一部分或大部分彻底争取过来,而且要把全体教师彻底争取过来,做到不再混有不可救药的资产阶级反革命分子,保证认真地贯彻共产主义的原则(政策);

(3)对未满 16 岁的男女儿童一律实行免费的义务的普通教育和综合技术教育(从理论上和实践上熟悉各主要生产部门);

(4)把教育和儿童的社会生产劳动紧密结合起来;

(5)由国家供给全体学生膳食、服装、教材和教具;

　　(6)吸引劳动居民积极参加国民教育事业(发展国民教育委员会,动员识字的人等等);

　　(7)(或附于(2)内)使教师同俄共宣传鼓动机关建立密切的联系。

载于1919年2月26日《真理报》第44号

译自《列宁全集》俄文第5版第38卷第116—117页

10

党纲中宗教关系方面的条文

俄共对宗教的政策是不满足于已经颁布了教会同国家分离、学校同教会分离的法令,即不满足于资产阶级民主制许诺过、但由于资本同宗教宣传有多种多样的实际联系而在世界任何地方也没有彻底实行过的那些措施。

党力求彻底摧毁剥削阶级和宗教宣传组织之间的联系,使劳动群众真正从宗教偏见中解放出来,为此要组织最广泛的科学教育和反宗教的宣传工作。同时必须注意避免对信教者的感情有丝毫伤害,因为这种伤害只会加剧宗教狂。

载于 1919 年 2 月 26 日《真理报》第 44 号

译自《列宁全集》俄文第 5 版第 38 卷第 118 页

11

党纲中经济部分的条文

俄共为了更具体地阐明苏维埃政权的一般任务，现将这些任务规定如下：

经 济 方 面

苏维埃政权当前的任务如下：

（1）坚持不懈地把已经开始并已在主要方面基本上完成的对资产阶级的剥夺，把变生产资料和流通手段为苏维埃共和国的财产即全体劳动者的公共财产的工作继续下去并进行到底。

（2）特别注意加强和巩固劳动者的同志纪律并从各方面提高他们的主动性和责任心。这是彻底战胜资本主义、战胜生产资料私有制的统治所造成的习惯的最主要的办法，甚至是唯一的办法。要达到这一目的，就需要坚持不懈地耐心地重新教育群众。现在，当群众看到地主、资本家和商人确被消灭的时候，这种教育不仅是可能的，实际上也在用千百种办法通过工人和农民切身的实际经验而进行着。在这方面具有非常重要意义的是发展劳动者的工会组织，这种组织在任何时候、在世界上任何地方都没有像在苏维埃政权之下得到这样迅速的发展，但它应当做到把所有劳动者无例外地都联合到严整的、集中的、有纪律的产业工会中来。

8.[42] 发展生产力这一任务还要求立即广泛地和全面地利用资本主义遗留给我们的科学技术专家，尽管他们大多必然浸透了资产阶级的世界观和习惯。党应当与工会组织紧密结合，执行自己原有的路线：一方面，对这个资产阶级阶层不作丝毫的政治让步，无情地镇压他们的各种反革命阴谋；另一方面，也要无情地反对那种貌似激进实则是不学无术的自负，好像劳动者不向资产阶级专家学习，不利用他们，不经过同他们共事的长期锻炼，也能战胜资本主义和资产阶级制度。

苏维埃政权力求使任何劳动的报酬一律平等，力求实现完全的共产主义，但在目前只是采取最初步骤从资本主义向共产主义过渡的时候，不能给自己提出立刻实现这种平等的任务。因此，在一定的时间内仍要给专家们较高的报酬，使他们工作得比以前不是坏些而是好些，为了同一目的，也不能取消鼓励成绩优良的工作特别是组织工作的奖励制度。

同样，必须造成一种环境，使资产阶级专家同觉悟的共产党员所领导的普通工人群众手携手地同志般地共同劳动，从而促使被资本主义分开的体力劳动者和脑力劳动者互相了解和接近。

苏维埃政权应当在工会的参加下，比以前更广泛更有步骤地动员所有一切有劳动能力的居民都来担任一定的社会工作。

在分配方面，苏维埃政权现时的任务是坚定不移地继续在全国范围内用有计划有组织的产品分配来代替贸易。目的是把全体居民组织到统一的消费公社网中，这种公社能把整个分配机构严格地集中起来,最迅速、最有计划、最节省、用最少的劳动来分配一切必需品。

为了达到这一目的,在存在着把不同的原则结合起来的多种过渡形态的现时期中,特别重要的是苏维埃粮食机关要利用合作社这种由资本主义遗留下来的、实行计划分配的唯一群众性的机构。

俄共认为,这样按共产主义原则进一步发展这种机构而不把它抛弃,在原则上是唯一正确的,因此应当有步骤地继续贯彻自己的政策:责成全体党员在合作社内工作,同时在工会的帮助下,以共产主义的精神指导合作社,发挥参加合作社的劳动居民的主动性和纪律性,力争使全体居民都加入合作社,并使这些合作社合并为一个自上而下全国统一的合作社;最后,也是最主要的,是要始终保证无产阶级对其他劳动阶层的影响占有优势,并在各地试行种种办法,以促进和实现从旧的资本主义类型的小资产阶级合作社向无产者和半无产者所领导的消费公社的过渡。

(6)在从资本主义向共产主义过渡的初期,立即消灭货币是不可能的。因此,居民中的资产阶级分子就会继续利用仍为私人所有的纸币,利用这些使剥削者有权得到社会财富的凭证,来投机、发财和掠夺劳动者。单靠银行国有化这一项措施来同资产阶级掠夺的这种残余作斗争是不够的。俄共将力求尽量迅速地实行最激进的措施,为消灭货币作好准备,首先是以存折、支票和短期领物证等等来代替货币,规定货币必须存放到银行等等。准备和实行这些以及诸如此类的措施所取得的实际经验将表明哪些措施是最适当的。

(7)在财政方面,俄共将在一切可能的情况下实行累进所得税和财产税。但在废除了土地私有制以及大多数工厂和其他企业的私有制以后，这种情况不会很多。在无产阶级专政和最重要的生产资料归国家所有的时代，国家的财政应当依靠把各种国家垄断组织一定部分的收入直接用于国家需要。只有正确进行商品交换，收支平衡才能实现，为此就要组织消费公社和恢复运输业，后者是苏维埃政权当前的主要目的之一。

载于1919年2月27日《真理报》
第45号

译自《列宁全集》俄文第5版
第38卷第119—122页

12

党纲中关于土地问题的条文

苏维埃政权在完全废除了土地私有制以后,已着手实现一系列旨在组织社会主义大农业的办法。其中最重要的办法是建立国营农场(即社会主义大农场),鼓励农业公社(即农民经营公共大经济的自愿联合)以及共耕社和协作社;无论谁的土地,凡未播种的,一律由国家组织播种;由国家动员一切农艺人才来大力提高农业经营水平等等。

俄共认为,这些措施是使绝对必须提高的农业劳动生产率得以提高的唯一方法,因此俄共力求尽可能完满地实现这些措施,把它们推广到国内较落后的地区,并在这方面采取进一步的办法。

鉴于城乡对立是农村经济和文化落后的最深刻的原因之一,而在目前危机如此深重的时代,这种对立已使城市和乡村面临衰退和灭亡的直接危险,俄共认为消灭这种对立是共产主义建设的根本任务之一,同时认为除上述措施以外,必须广泛地有计划地吸引产业工人参加农业方面的共产主义建设,扩大苏维埃政权为此而成立的全国性的"工人协助委员会"的活动等等。

俄共在全部农村工作中仍然是依靠农村无产者阶层和半无产者阶层,首先把他们组织成为独立的力量,建立贫苦农民委员会、农村党支部、农村无产者和半无产者的特种工会等等,尽量使他们接近城市无产阶级，使他们摆脱农村资产阶级和小私有者利益的影响。

俄共对富农即对农村资产阶级的政策是坚决反对他们的剥削意图，镇压他们对苏维埃政策即共产主义政策的反抗。

俄共对中农的政策是逐步地有计划地吸引他们参加社会主义建设工作。党的任务是把他们同富农分开，关心他们的需要，把他们吸引到工人阶级方面来，用思想影响的办法而决不用镇压的办法来克服他们的落后性，在一切触及他们切身利益的问题上力求同他们妥协，在确定社会主义改造的方式方面向他们让步。

载于1919年2月27日《真理报》第45号

译自《列宁全集》俄文第5版第38卷第123—124页

1919年列宁《党纲中关于土地问题的条文》手稿第1页

（按原稿缩小）

俄共(布)第八次代表大会文献[43]

(1919 年 3 月)

1

代表大会开幕词

(3 月 18 日)

同志们,在我们的代表大会上,第一句话必须谈到雅柯夫·米哈伊洛维奇·斯维尔德洛夫同志。同志们,如果对全党和整个苏维埃共和国来说,像许多同志今天在葬仪上所说的,雅柯夫·米哈伊洛维奇·斯维尔德洛夫是一个最主要的组织者,那么,对党的代表大会来说,他就更宝贵和亲切得多了。在这里,我们失去了一位把自己最后的时日全部贡献给了代表大会的同志。在这里,他的离去会影响到我们工作的整个进程,代表大会将特别尖锐地感觉到他的离去所带来的影响。同志们,我提议大家起立为他志哀。(全体起立)

同志们,我们是在俄国和全世界的无产阶级革命处于十分困难、复杂和很不寻常的时刻举行我们的党代表大会的。在十月革命后的初期,党的力量和苏维埃政权的力量几乎完全用来直接保卫祖国,直接抗击敌人,直接抗击那些根本不让社会主义共和国长期存在的国内外资产阶级,现在,我们毕竟逐步巩固起来,并开始把建设任务和组织任务提到首位。我觉得,我们的代表大会应当完全在这种建设工作和组织工作的标志下进行。党纲中那些在理论上难于解决的问题归结起来主要是建设方面的问题,这次代表大会议程又专门列入了组织问题、红军问题、特别是农村工作问题,——这一切都要求我们必须把注意力集中在主要问题即组织问题上,这是一个最困难的问题,但对社会主义者来说又是一个能收到最大成效的任务。在这里应该特别强调指出,目前摆在我们面前的恰好是一个小农国家进行共产主义建设时一项最困难的任务,这就是**如何对待中农的任务**。

同志们,最初,当我们必须捍卫苏维埃共和国的生存权利的时候,这个问题还不能广泛地提到首位,这是很自然的事情。同农村资产阶级和富农进行的无情的斗争,把组织农村无产阶级和半无产阶级的任务提到了首位。但对于一个要为共产主义社会建立牢固基础的党来说,下一步要提出的任务就是正确地解决我们对中农的态度问题。这是一个更高的任务。在苏维埃共和国的生存基础还没有得到保障之前,我们不能广泛地提出这个任务。这是一个更为复杂的任务。它要求我们对一个人数众多、势力很大的阶层确定自己的态度。这种态度是不能用斗争或支柱这样简单的回答来确定的。如果说在对待资产阶级的态度上,我们的任务是用"斗争"、"镇压"这样的词来表述,在对待农村无产阶级和半无产阶级的态度上,这一任务是用"我们的支柱"这样的词来表述,那么,在对待中农的态度上,毫无疑问,任务是更复杂了。社会主义者,旧时的社会主义优秀代表,当他们还相信革命并在理论上思想上为革命服务的时候,曾说到**中立农民**,就是说,即使不能把中农变成积极帮助无产阶级革命的社会阶层，至少也要把他们变成不妨碍革命的、中立的、不站在我们的敌人方面的社会阶层。对任务的这种抽象的、理论上的提法，我们是十分清楚的。可是这种提法是不够的。我们已进入这样一个社会主义建设阶段，此时必须具体地详细地制定一种为农村工作经验检验过的基本规则和指示来指导我们的行动，以保证对中农**采取巩固联盟的立场**，使得那些屡次产生的偏向和错误再也不能发生，这些偏向和错误曾使中农离开我们，其实，我们这个首先帮助俄国农民彻底摆脱了地主压迫并为他们建立起真正民主制度的、居于领导地位的共产党，本来是完全能够得到他们的充分信任的。这个任务不同于那类要求无情地迅速地镇压和进攻的任务。毫无疑问，它是一个更复杂的任务。但我可以有信心地说，有了一年的准备工作，我们一定能完成这个任务。

我还想稍微谈谈我们所处的国际形势。同志们，你们当然都知道，第三国际即共产国际在莫斯科的成立，就确定我们所处的国际形势来说，是一个具有极重大意义的事件。一支庞大的实在的军事力量——世界上一切最强大的国家，直到现在还全副武装反对我们。然而我们可以满怀信心地说，这个表面上庞大的、从物质方面看来比我们强得多的力量已经摇摇欲坠了。这已经不是一种力量。它已失去从前所具有的那种巩固性。因此，我们的任务和目的——在斗争中战胜这一庞然大物——并不是空想。相反地，尽管我们目前被人为地与整个世界隔开，但没有一天报纸不带来各国革命运动日益高涨的消息。并且我们知道，我们看到，这一高涨采取了苏维埃的形式。这是一个保证，保证我们在实现苏维埃政权后就摸索到了**国际的、全世界的无产阶级专政形式**。我们坚信：全世界无产阶级已走上了进行这种斗争的道路，走上了建立这种形式的无产阶级政权（工人和劳动者的政权）的道路；世界上任何力量也不能阻挡世界共产主义革命向世界苏维埃共和国前进。（长时间鼓掌）

同志们，现在让我代表俄国共产党中央委员会宣布第八次代表大会开幕并开始选举主席团。

载于 1919 年 3 月 20 日《真理报》
第 60 号

译自《列宁全集》俄文第 5 版
第 38 卷第 127—130 页

2

中央委员会的总结报告

（3月18日）

（长时间热烈鼓掌；高呼："伊里奇万岁！""列宁同志万岁！"）同志们，让我从中央委员会的政治报告谈起。要作上届代表大会以来中央委员会的政治活动的总结报告，这实质上就是作一个关于我国整个革命的总结报告。我想，大家都会同意我的意见，要一个人来完成这样的任务，不仅在这样短短的期限里是不可能的，而且根本是不能胜任的。因此，我决定只谈几点，在我看来，这几点不仅从我党在过去这段时期所做的工作来看，而且从当前的任务来看，都具有特别重要的意义。在我们目前这样的时候，只注意历史，只回忆过去，而不想到现在和将来，这对我来说，的确是一件办不到的事情。

如果从对外政策谈起，不言而喻，占首要地位的是我们同德帝国主义的关系和布列斯特和约。我觉得，这个问题值得谈谈，因为它不仅是具有历史的意义。我觉得，苏维埃政权向协约国提出的建议，或者正确些说，我国政府对大家知道的举行普林杰沃群岛会议[44]的建议所表示的同意，我觉得，这个建议和我们的回答，在一定程度上，甚至在相当大的程度上，是重申了我们在布列斯特和约时期所确定的对帝国主义的态度。正因为这样，我想，在事变迅速发展的现在来谈谈这段历史是必要的。

　　在解决布列斯特和约问题的时候，苏维埃的建设（更不用说党的建设了）还处于开始阶段。你们知道，当时全党的经验很少，还不能确定（哪怕是大概地确定）我们沿着已走上的道路前进的速度。由于过去必然遗留下来的某种混乱状态，当时要观察事变和确切了解发生的事情还非常困难。由于同西欧和其余一切国家隔绝，我们得不到任何的客观材料，无法判断西欧无产阶级革命发展可能有多快，可能采取什么形式。由于这种复杂情况，布列斯特和约问题便在我们党内引起了不少的分歧。

　　但是事变证明，被迫在德帝国主义面前退却，在这个用极大强制性的、令人愤慨的、掠夺性的和约作掩饰的帝国主义面前退却，从年轻的社会主义共和国对世界帝国主义（对世界帝国主义的一半）的态度来看，是唯一正确的。当时，我们刚刚推翻了俄国的地主和资产阶级，除了在世界帝国主义势力面前退却，绝对没有别的道路可选择。那些从革命家的观点来谴责这一退却的人，实际上是站在根本不正确的、非马克思主义的立场上的。他们忘记了，我们是在怎样的条件下，经历了怎样漫长而困难的克伦斯基时代，在苏维埃内进行了多么巨大的准备工作，才使得广大劳动群众在严重的七月失败之后，在科尔尼洛夫叛乱[45]之后，终于在10月间最后下定了推翻资产阶级的决心，有了为此所必需的有组织的物质的力量。显然，当时在国际范围内根本谈不上有类似情况。因此，当时同世界帝国主义作斗争的任务是这样的：继续进行工作来瓦解这个帝国主义，来启发和联合在各地已经开始骚动、但还没有完全明确的行动目标的工人阶级。

　　这就是为什么我们对布列斯特和约所采取的政策是唯一正确的，尽管这个政策在当时——不言而喻——是加深了许多小资产阶级分子对我们的仇视，而这些分子决不是在任何情况下，决不是在一切国家中都是、可能是和必定是社会主义的敌人。在这里，历史给了我们一个教训，我们需要好好领会，因为毫无疑问，我们还会不止一次地用得着这个教训。这个教训就是：无产阶级政党如何对待小资产阶级民主派政党，如何对待那些在各国都有而在俄国势力特别大、人数特别多的分子、阶层、集团和阶级，这是一个极端复杂和困难的任务。小资产阶级分子动摇于新社会和旧社会之间。他们既不能成为旧社会的推动者，也不能成为新社会的推动者。同时，他们对旧事物的留恋没有达到地主和资产阶级那种程度。爱国主义，这正是小私有者的经济生活条件造成的一种情感。资产阶级比小私有者更国际化。在布列斯特和约时期，当苏维埃政权把全世界的无产阶级专政和全世界的革命看得高于一切民族牺牲（不管这种牺牲是多么惨重）的时候，我们就碰到了这种爱国主义。同时我们同小资产阶级分子发生了最尖锐最剧烈的冲突。当时很多小资产阶级分子同资产阶级、地主联合起来反对我们，后来他们又开始动摇了。

有些同志在这里提到对小资产阶级政党的态度问题，我们的党纲已在很大的程度上涉及这个问题，而且以后在讨论每一项议程时实际上还会涉及的。这个问题在我国革命进程中已失去它的抽象性、一般性，成了具体的问题。在布列斯特和约时期，我们国际主义者的任务就是无论如何要使无产阶级分子坚强和团结起来。这在当时就使小资产阶级政党离开了我们。我们知道，在德国革命发生以后，小资产阶级分子又动摇了。这些事变擦亮了许多人的眼睛，他们在无产阶级革命日益成熟的时代，曾经用旧爱国主义观点来看问题，他们的看法不仅是非社会主义的，而且是根本不正确的。现在由于粮食困难，由于要继续同协约国作战，我们又遇到小资产阶级民主派的动摇的浪潮。我们事先也估计到了这种动摇，但在这方面我们已经取得一个极其重要的教训，就是旧的局势不会照样重复。新的局势是更为复杂的。如果我们用布列斯特和约的经验武装起来，我们就会正确地估计这种局势，我们的政策就会正确。当我们对举行普林杰沃群岛会议的建议表示同意的时候，我们知道，我们去缔结的是带极大强制性的和约。但是另一方面，我们现在也更多地知道无产阶级的革命浪潮怎样在西欧高涨起来，那里的人心浮动怎样变成自觉的不满，它在怎样导致组织全世界的苏维埃无产阶级运动。如果说从前我们是摸索前进，我们是猜测欧洲革命会在何时爆发（这种猜测是以我们从理论上深信这个革命必定爆发为依据的），那么现在则有了一系列的事实，表明其他国家的革命正在成熟，这个运动已经开始。正因为这样，我们在对待西欧和协约国的态度上，现在或将来还得重复我们在布列斯特和约时期所实行过的许多东西。有了布列斯特的经验，我们要做到这一点就容易多了。当我们中央委员会讨论同白卫分子一起参加普林杰沃群岛会议问题（实质上是兼并白卫分子所占的地方）的时候，这个停战问题在无产阶级中间并没有引起丝毫不平，而党的态度也是这样。至少我没有在什么地方听到不满或不平。所以如此，是因为我们国际政策的教训产生了效果。

至于小资产阶级分子，在这方面，党的任务还没有彻底解决。在一系列的问题上，实际上在列入日程的所有一切问题上，我们在过去一年内已为正确地解决这个任务，特别是对待中农的任务，打下了基础。在理论上我们一致认为：中农不是我们的敌人，中农要求我们给予特殊对待；在这里，事情会怎样变化取决于革命中许许多多的暂时因素,特别要看拥护爱国主义还是反对爱国主义这个问题是怎样解决的。对我们来说,这是一些次要的甚至是很次要的问题,但它们却使小资产阶级完全不知所措。另一方面,所有这些分子在斗争中是动摇的,而且变得毫无主见。他们不知道自己要求什么,他们没有能力维护自己的地位。这就要求我们采取非常灵活非常谨慎的策略,因为有时是需要一只手给东西一只手取东西的。这不能怪我们,这只能怪不能积聚自己的力量的小资产阶级分子。现在我们在实际上看到了这一点,而且今天我们还从报上看到,拥有像考茨基和希法亭那样一些大人物的德国独立党**46**在开始追求什么东西。你们知道,他们想把苏维埃制度纳入德意志民主共和国的宪法,就是说,想使"立宪会议"和无产阶级专政正式结婚。在我们看来,这是对我国革命、德国革命、匈牙利革命、日益成熟的波兰革命的常识的嘲笑,我们只有耸耸肩膀。我们可以说,最先进的国家都有这种动摇分子。有时,甚至在像德国那样先进的资本主义国家里,有教养的、开明的、有知识的分子的乱说乱叫要比我国落后的小资产阶级厉害百倍。这就给俄国上了一课,即如何对待小资产阶级政党和中农。我们的任务在长时期内都将是复杂的和双重的。这些政党在长时期内必将是进一步退两步,因为它们的经济地位决定了这一点,因为它们跟着社会主义走完全不是由于绝对相信资产阶级制度的无用。忠于社会主义——这是根本不能要求于它们的。指望它们的社会主义——这是笑话。只有当它们确信没有别的道路可走的时候,只有当资产阶级被彻底打倒和镇压的时候,它们才会走向社会主义。

　　我没有可能系统地总结过去一年的经验,我只是根据明天或后天我们的政策需要什么这一点来回顾过去。主要的教训就是我们要非常谨慎地对待中农和小资产阶级。这是过去的经验告诉我们的,这是我们在布列斯特的例子上体验到的。我们要经常改变行为方式,在肤浅的观察者看来,这可能是奇怪的和不可理解的。他会说:"这是怎么一回事,昨天你们向小资产阶级许下诺言,今天捷尔任斯基又宣布左派社会革命党人和孟什维克将被枪毙。多么矛盾啊!……"是的,是矛盾的。但矛盾的是小资产阶级民主派自身的行为,他们不知道站在哪边好,试图脚踏两只船,忽东忽西,忽左忽右。我们改变了对他们的策略,而每当他们转向我们这边的时候,我们就向他们说:"请来吧。"我们丝毫也不想剥夺中农,根本也不想用暴力对待小资产阶级民主派。我们向他们说:"你们不是了不起的敌人。我们的敌人是资产阶级。但是,如果你们同他们沆瀣一气,那我们就不得不也用无产阶级专政的手段来对付你们。"

现在我来谈国内建设问题,并简略地谈谈能够说明政治经验的主要之点,即中央委员会这一时期政治活动总结的主要之点。中央委员会的这种政治活动表现在每天发生的许多极其重要的问题上。如果没有像我说过的那样同心协力的紧张工作,我们就不会有已经采取的那种行动,就不能解决各项战斗任务。关于目前引起辩论并由代表大会作为专题列入议程的红军问题,我们曾经作出了许多零星的决定,这些决定是由我党中央委员会提出并由人民委员会和全俄中央执行委员会通过执行的。此外,各人民委员自己作出的重要规定为数更多,但这些规定都是有系统有步骤地贯彻一条总的路线的。

组建红军问题完全是一个新问题,甚至在理论上是从来没有提出过的。马克思曾经说过,巴黎公社战士的功绩在于他们实现的决定不是从什么有偏见的学说中抄袭来的,而是从实际的必要

性中产生的①。马克思说到公社战士的这些话是带有一定的讽刺
性的,因为在公社内主要有两派,即布朗基派和蒲鲁东派,这两派
的行动都违反了自己的学说的教导。但我们是依照马克思主义的
教导来行动的。同时,中央委员会进行各项具体的政治活动都完
全是出于十分迫切的需要。我们往往不得不摸索前进。这个事实
将是每一个能够完整地阐明这一年来党中央委员会的全部活动和
苏维埃政权的全部工作的历史学家要特别强调指出的。当我们回
顾过去时,这个事实最惹人注目。但甚至在 1917 年 10 月 10 日解
决夺取政权问题的时候,这也丝毫没有使我们动摇过。我们没有
怀疑:我们必须,用托洛茨基同志的话来说,进行试验,做实验。我
们从事的是世界上谁也没有这样大规模进行过的事业。

　　红军的情况也是这样。当战争结束后军队开始瓦解时,许多
人最初以为这只是俄国的现象。但是我们知道,俄国革命实质上
是世界无产阶级革命的总演习或者一次演习。当我们讨论布列斯
特和约的时候,当 1918 年 1 月初提出媾和问题的时候,我们还不
知道军队的这种瓦解现象会在什么时候、在其他哪些国家发生。
我们试验了又试验,我们试图建立一支志愿军,我们摸索、寻求、尝
试,看用什么方法才能在当时情况下完成这个任务。任务是明显
地摆着的。不武装保卫社会主义共和国,我们就不能生存。统治
阶级决不会将自己的权力交给被压迫阶级。但是被压迫阶级应当
用事实证明它不仅能够推翻剥削者,而且能够组织起来进行自卫,
不怕一切牺牲。我们一向说:"有各种各样的战争。"我们谴责**帝国
主义**战争,但并不是**笼统**地否定**战争**。糊涂的是那些企图责备我

---

　　① 参看《马克思恩格斯文集》第 3 卷第 107—109 页。——编者注

们实行军国主义的人。当我看到关于黄色社会党人伯尔尼代表会议的报道,知道考茨基说布尔什维克实行的不是社会主义而是军国主义的时候,我只有笑笑,耸耸肩膀。历史上真的有过一次不同战争相联系的大革命吗? 当然没有! 我们不仅生活在一个国家里,而且生活**在许多国家组成的体系里**,苏维埃共和国和帝国主义国家长期并存是不可思议的。最后不是这个胜利就是那个胜利。在这个结局到来之前,苏维埃共和国和资产阶级国家间的一系列最可怕的冲突是不可避免的。这就是说,统治阶级即无产阶级只要愿意统治并继续统治下去,就应当也用自己的军事组织来证明这一点。一个迄今替帝国主义统治阶级的指挥官充当小卒的阶级,应当怎样培养自己的指挥官呢? 这个阶级没有资产阶级军国主义的科学技术(尽管是以最恶劣的形式表现出来的那种科学技术)就不能掌握现代作战技术和现代作战方法,既然这样,它怎样才能解决既要发挥被压迫者的热忱和新的革命创造精神,又要利用资产阶级的那种科学技术这样一个任务呢?

在这方面,我们面前摆着一个任务,这个任务是根据一年的经验概括出来的。当我们在我们党的革命纲领中写到专家问题时,我们总结了我党在一个重大问题上的实际经验。以往的社会主义导师,对未来的社会主义革命提出了很多预见和设想,但我不记得他们对这个问题发表过什么意见。这个问题对他们来说是不存在的,因为它是我们着手建设红军时才产生的问题。这就是说:要用过去充当小卒的被压迫阶级来建立一支满腔热忱的军队,并使这支军队去利用资本主义遗留给我们的那些最残暴最可憎的东西。

我们在红军问题上遇到的这个矛盾也存在于我国建设的一切领域。就拿由工人监督工业转到工人管理工业这个研究得最多的问题来说吧。人民委员会和地方苏维埃政权机关颁布了许多法令和决定，这方面为我们创造了政治经验，在这之后，老实说，中央委员会只不过是来加以总结。它未必能在这样的问题上进行名副其实的领导。只要想想我们的第一批关于工人监督工业的法令和决定是多么无力、盲目和偶然就够了。我们原来以为这件事做起来很容易。实际做的结果，只是证明了建设的必要性，而完全没有回答**怎样**建设的问题。每一个国有化的工厂，每一个国有化的工业部门，运输业，特别是铁路运输业，都最突出地体现了资本主义这架机器的特点，都是按高度集中的原则建立在大规模的物质技术基础上的，都是国家最需要的，这一切体现了资本主义的集中的经验，并给我们造成莫大的困难。

就是现在我们也还远没有摆脱这些困难。最初，我们完全抽象地看待这些困难，就像会宣传而根本不知道怎样着手去做的革命家。当然，许多人曾责备我们，而且直到现在，所有社会党人和社会民主党人还在责备我们，说我们开始了这个事业，却不知道怎样把它进行到底。但这是僵死的人的可笑的责备。好像进行一场最伟大的革命竟可以预先知道怎样把它进行到底似的！好像这种知识可以从书本上得来似的！不，我们的解决办法只能从群众的经验中产生。我认为我们的功绩在于，我们曾迎着极大的困难来着手解决对我们一直是一知半解的问题，我们曾使无产阶级群众独立进行工作，我们实行了工业企业的国有化等等。我们记得，在斯莫尔尼宫我们是怎样通过法令的，往往一次就有 10 个或 12 个。这表现出我们让无产阶级群众创造经验和发挥主动性的决心和愿望。现在我们有这个经验了。现在我们已经从工人监督工业转到或就要转到工人管理工业了。现在我们已经不是完全束手无策，而是取得了一系列的经验教训，并尽可能在我们的党纲中把它们总结出来。这在讲组织问题时要详细谈到。如果工会的同志不来帮助我们，不和我们一道工作，我们是不能完成这个工作的。

在西欧，问题就不同了。在那里，同志们把工会看做一害，因为那里的工会被旧社会主义的黄色代表牢牢把持，所以共产党人认为工会的支持不会带来什么好处。西欧共产党人的许多代表，连罗莎·卢森堡在内，都宣布要取消工会[47]。这表明我们的任务放到西欧会是多么困难。而在我国，假如没有工会的帮助，我们连一个月也支持不了。在这方面，我们有丰富的实际工作经验，可以着手解决最困难的问题。

拿专家问题来说，我们处处遇到这个问题，每决定一项任命都提出这个问题，国民经济方面的代表和党中央委员会也得提到它。在目前情况下，党中央委员会不能按框框办事。如果不能抽出一些同志，让他们在本部门内独当一面工作，我们就根本不能进行工作。只是因为我们有雅·米·斯维尔德洛夫那样的一些组织家，我们才能在战争情况下顺利地进行工作，连一个值得注意的冲突都没有发生。而在这一工作中，我们不可避免地要利用那些愿意用旧时学到的知识来为我们效劳的人的帮助。

我们就拿军事部门的管理问题来说。在这里，对司令部、对擅长组织工作的大专家不信任，就无法解决问题。在这方面，局部说来我们有过意见分歧，但总的说来，猜疑是不可能有的。我们曾求助于资产阶级专家，他们浸透了资产阶级思想，多次背叛过我们，而且今后还会背叛我们。然而，如果认为我们只用清白的共产党人的双手，不要资产阶级专家帮助，就能建成共产主义，那是一种幼稚的想法。我们经过斗争锻炼，有力量，团结一致，因此，我们应当走组织工作的道路,利用这些专家的知识和经验。这是一个必要的条件,没有这个条件就不能建成社会主义。没有资本主义文化的遗产,我们建不成社会主义。除了用资本主义遗留给我们的东西以外,没有别的东西可以用来建设共产主义。

我们现在需要实际地进行建设,而且不得不用敌人的手来建立共产主义社会。这看起来是矛盾的,甚至是无法解决的矛盾,但实际上只有用这个办法才能解决共产主义建设的任务。当我们注意到我们的经验,看到每天同这个问题接触的情况时,当我们看到中央委员会所做的实际工作时,我觉得,我们的党基本上解决了这个任务。这是极其困难的,但只有这样,任务才能解决。富有创造性的协调的组织工作一定会迫使资产阶级专家在无产阶级的行列中行进,尽管他们每走一步都要进行反抗和较量。我们应当把他们当做技术和文化人才来安排工作,以便保存他们,并使一个没有文化的野蛮的资本主义国家变为一个有文化的共产主义国家。我认为,这一年我们已经学会建设,我们已经走上正确的道路,而且决不会离开这条道路。

我还想简略地谈谈粮食问题和农村问题。粮食问题一向是我们最困难的问题。在无产阶级在农民的帮助下取得政权、充当了小资产阶级革命的代理人的国家里,在组织贫苦农民委员会以前,也就是在1918年夏天甚至秋天以前,我们的革命在很大程度上是**资产阶级**革命。我们不怕说出这一点。我们所以这样容易地完成十月革命,是因为全体农民同我们在一起,是因为他们反对了地主,是因为他们看到我们一定会把革命进行到底,是因为我们以法律形式实现了社会革命党人的报纸刊载过的东西,即怯懦的小资产阶级许诺过但不能做到的那些东西。但是,自从贫苦农民委员会组织起来以后,我们的革命就成为**无产阶级**革命了。摆在我们面前的任务我们还远没有解决。但极为重要的是我们把它实际地提出来了。贫苦农民委员会是一个过渡阶段。关于由苏维埃政权组织贫苦农民委员会的第一个法令,是在当时主持粮食工作的瞿鲁巴同志的倡议下通过的。当时必须把受饥饿折磨的非农业居民从死亡中拯救出来。这只有依靠贫苦农民委员会这种无产阶级组织才能做到。当我们看到1918年夏天在农村中发生和举行了十月革命时,只有那时,我们才站到了真正的无产阶级基础上来,只有那时,我们的革命才不是在宣言上、许诺上和声明上而是**在实际上成了无产阶级革命**。

我们现在还没有解决摆在我党面前的任务,即创造农村无产阶级和半无产阶级的组织形式的任务。不久以前,我到过彼得格勒,出席了召开较早的彼得格勒省农业工人代表大会。我看到,我们还在摸索着处理这件事情,但我认为,这件事无疑会有进展的。我应当说,我们从这一年的政治领导中所取得的主要经验,就是要在这里找到组织支柱。我们已朝着这方面前进了一步,建立了贫苦农民委员会,改选了苏维埃,改变了粮食政策,当然在这方面也遇到了莫大困难。也许,在就要成为苏维埃边区的俄国边区,如乌克兰和顿河区,这种政策还需要作一些改变。如果我们简单地按照死板格式来为俄国各地抄录法令,如果乌克兰和顿河区的布尔什维克共产党员、苏维埃工作人员不加分析地就把这些法令照搬到其他地区去,那就错了。我们一定会遇到不少的特殊情况,我们无论如何也不能用千篇一律的死板格式来束缚自己,无论如何也不能一成不变地认为我们的经验,俄国中部的经验,可以完全照搬到一切边区。我们才开始来执行真正建设的任务,我们在这方面还只是迈出头几步，前面还有大量工作等着我们去做。

我曾一再指出，成立贫苦农民委员会是苏维埃政权第一个有决定意义的步骤。这是由粮食工作人员进行的，也是势在必行的。但为了把我们的任务彻底完成，需要的不是贫苦农民委员会这样的临时组织。在我国，与苏维埃并存的有工会组织，我们现在利用它们作为教育落后群众的学校。一年来实际管理俄国、执行全部政策而成为我们的主力的工人阶层，其人数少得不可思议。这一点，我们是深有所知、深有所感的。假如将来什么时候有位历史学家收集材料，研究哪些集团在俄国管理了这17个月，哪几百人或哪几千人承担了这全部工作，负起了难以置信的管理国家的全部重担，那么，谁都不会相信这样少的人能够完成这样的业绩。他们的人数所以微小，是因为受过教育、有知识、有才能的政治领导者在俄国是为数不多的。这个阶层在俄国人数甚少，而在以往的斗争中却负担过多，劳动过度，做了他们力不胜任的那样多的工作。我想，在这次代表大会上，我们要找出实际办法，在工业中，尤其重要的是在农村中，大量地使用新生力量，吸收中等水平甚至低于中等水平的工农参加苏维埃工作。在我们看来，没有他们的大量帮助，今后的工作是无法进行的。

我的发言时间快完了，因此，我只想简单地谈谈我们对中农的态度问题。对中农应采取什么态度，在革命开始以前我们就基本上是清楚的。当时摆在我们面前的任务是**中立**农民。在莫斯科的一次会议上提到对小资产阶级政党的态度的问题时，我曾引用了恩格斯的原话。① 恩格斯不仅指出中农是我们的同盟者，他甚至

---

① 见本版全集第35卷第202—227页。——编者注

表示相信，对待大农或许也可以不采取高压手段，镇压手段。在俄国，这种推想没有得到证实。我们过去和现在都同富农进行直接的国内战争，将来也还会这样。这是不可避免的。我们从实践中看到了这一点。但是由于苏维埃工作人员没有经验，由于问题困难，原定的对富农的打击往往落到了中农头上。我们在这里犯了极大的错误。在这方面汇集起来的经验会帮助我们今后尽量避免这种错误。这就是在实践上而不是在理论上摆在我们面前的任务。你们很清楚，这个任务是困难的。我们没有什么物资可以给中农，而中农是唯物主义者，实际主义者，他们要求具体的物质资料，这种物质资料我们现在还拿不出来，而且国家也许还要在没有这种物质资料的情况下艰苦斗争几个月，虽然这一斗争现在可望取得彻底的胜利。不过现在我们在我们实际的行政工作中还是能够做很多事情：改善我们的机构，纠正许多违法乱纪的现象。我们能够而且应当修改和纠正我们党的那条没有充分注意到和中农结成同盟、结成联盟、实行妥协的路线。

我现在能够给你们提供的中央委员会一年来经济工作和政治工作的情况，简单说来就是这样。现在我要极简略地谈谈中央委员会托付给我的任务的第二部分，即中央委员会的组织报告。这个任务只有雅柯夫·米哈伊洛维奇·斯维尔德洛夫才能很好地完成。中央委员会本来是指定他担任这个问题的报告人的。他具有令人难以置信的很好的记忆力，能把报告的大部分内容都记在脑子里，同时他个人对地方上的组织工作很熟悉，所以他能够作这个报告。我甚至不能讲出他要讲的百分之一，因为在这个工作中我们只好完全信赖并有充分理由信赖常常一个人就能作出决定的斯维尔德洛夫同志。

　　我可以在这里提供一小部分摘自书面报告的现成材料。中央委员会书记处没有可能完成自己的工作，但它十分肯定地答应说，在下一周内，就要把书面报告写好，油印很多份，发给代表大会的全体代表。这些书面报告将补充我在这里只能匆匆地谈到的片断的意见。在目前这份书面报告的材料中，我们首先看到的是关于收文的资料：1918年12月有1 483件，1919年1月有1 537件，2月有1 840件。各类文件的百分比是有的，但我不准备念它了。对这个问题感兴趣的同志从即将分发的报告中会看到，例如在11月内到书记处来谈问题的有490人。而这里把这份报告交给我的同志说，这份报告未必能包括书记处所处理的问题的一半，因为斯维尔德洛夫同志一天要接见几十位代表，这些代表多半是党的工作人员，而不是苏维埃负责人。

　　我要请你们注意关于外国人团体联合会[48]活动的总结报告。我对这方面的工作的了解，也只能以我所能浏览的有关外国人团体的材料为限。它们起初有7个，现在有9个。住在纯大俄罗斯人地区、没有机会直接了解这些团体和没有在报上看到报告的同志，最好看看报纸摘录，这些摘录我不准备全部念了。我应当说，在这里可以看到我们为成立第三国际所做的工作的真正基础。第三国际是在莫斯科举行的一次为期很短的代表大会上成立的，关于这次代表大会、关于中央委员会在有关国际的一切问题上的全部意见的详细报告，将由季诺维也夫同志来作。我们所以能在莫斯科举行的共产党人代表大会上用很短的时间做了这样多的工作，是由于我们党中央委员会和代表大会的组织者斯维尔德洛夫同志完成了巨大的准备工作。我们在留居俄国的外国人中间进行了宣传和鼓动，组织了许多外国人团体。这些团体中有好几十个成员完全知道作为领导路线的基本计划和总的政治任务。从帝国主义者专为自己的私利而建立起来的军队中俘虏过来的几十万战俘被调到匈牙利、德国、奥地利以后，布尔什维主义病菌就扩散到了这些国家。如果说对我们表示同情的团体或政党在那里占统治地位的话，那么，这是俄国的外国人团体做了工作的结果。这种工作在表面看不见，在组织报告中也只是概括而简短地提了一下，但这一工作却是作为世界共产党支部之一的俄国共产党活动中的极重要的一页。

其次，在交给我的资料中，有关于哪些组织向中央委员会送报告和怎样送报告的统计数字，在这里我们俄国的无组织性真使我们丢脸。定期报告的有 4 个省的组织，不定期报告的有 14 个省，偶然报告的有 16 个省。这些省份的名称都列在表中，我就不念了。当然，我们的无组织性极其严重，我们的组织性非常淡薄，在很大程度上是由国内战争条件造成的，但这远不是全部原因。用这一点来掩饰问题、进行申辩和推卸责任，是完全不应该的。组织工作从来不是包括布尔什维克在内的所有俄国人的长处，而无产阶级革命的主要任务却正是**组织任务**。在这里组织问题被提到一个显著的地位不是没有原因的。这里应当坚决而果断地，更加坚决更加果断地用一切办法进行斗争。不进行长期教育和改造，我们在这方面将一事无成。在这方面，有人在滥用革命暴力，滥用专政，我要警告你们防止这种违法乱纪现象。革命暴力和专政如果用得恰当，该用的时候就用，该用于谁就用于谁，那是很好的东西。但在组织方面是不能用它们的。这个教育、改造和长期组织工作的任务，我们根本没有解决，现在我们应当有步骤地来着手解决这个任务。

这里有一份详细的财务报告。其中最大的一项是(一个工人出版社和两个报纸):100万,100万,100万,一共300万。交给党组织的是280万。编辑部的开支是360万。在即将印发给全体代表的这份报告中列有更详细的数字。同志们暂时可以通过代表团的代表来了解。这些数字我就不念了。写报告的同志在这里提供了主要的和最能说明问题的东西,这就是从出版方面对宣传工作作了总结。共产党人出版社[49]出版了62种。《真理报》在1918年内提供了纯利200万,发行了2 500万份。《贫苦农民报》[50]提供了纯利237万,发行了3 300万份。中央委员会组织局的同志答应把他们掌握的详细数字重新加以整理,以便至少可以从两方面作一比较。到那时,任何人都会看到党所进行的巨大教育工作,这个党在历史上第一次不是为了资产阶级而是为了工农来利用现代大资本主义的印刷技术。人们千百万次非难我们,说我们破坏出版自由,不要民主。非难我们的人把资本收买报刊叫做民主,把富人可以利用出版事业来达到自己的目的叫做民主。我们不把这叫做民主,而把这叫做财阀统治。我们把资产阶级文化所创造的、被用来欺骗人民和维护资本家的一切东西夺了过来,以满足工人和农民的政治需要。我们在这方面做到的,是任何一个社会主义政党在四分之一世纪或半个世纪也未能做到的。尽管如此,我们所做的还是比应当做的少得多。

政治局交给我的最后一宗材料是通告信,总共有14封。对这些信不了解或不够了解的同志们,请去看一看。当然,在这方面,中央委员会的工作远不是十全十美的。可是应该注意到,我们必须在我们工作过的那种条件下进行工作,每天必须就一系列问题发出政治指示,只有在例外的甚至少有的场合才通过政治局或中央全会来做,——在这种情况下,要我们经常发出政治通告信是不可能的。

我再说一遍,在国内战争时期,作为战斗党的战斗机关,我们也不能用别种方式进行工作。否则,不是含糊其词,就是议会争吵,而靠议会在专政时期既不能解决问题,也不能指导党或苏维埃组织。同志们,在我们利用资产阶级的印刷厂和报刊的时代里,中央委员会的通告信的意义缩小了。我们发送的只是那些不能发表的指示,因为我们的活动尽管很多是公开的,但秘密工作终究是有的,过去有,现在有,将来也会有。我们从不怕别人责难我们不公开,守秘密,不,我们是以此自豪的。既然我们的处境是推翻了我国资产阶级而又面对着欧洲资产阶级,我们的活动就仍然有秘密,我们的工作就仍然有不公开的。

同志们,我的报告到此结束。(鼓掌)

载于 1919 年 3 月 20 日和 21 日　　　　　译自《列宁全集》俄文第 5 版
《真理报》第 60 号和第 61 号　　　　　　　第 38 卷第 131—150 页

3

关于党纲的报告

（3 月 19 日）

（鼓掌）同志们，根据我和布哈林同志谈好的分工，我的责任是说明委员会对于一系列具体的、争论最多的或当前全党最注意的条文是怎么看的。

我首先简单地谈谈布哈林同志在他报告结尾时说到的、我们在委员会内部争论过的那几点。第一点就是纲领总纲部分应该怎样写。关于委员会大多数人为什么不同意删掉党纲谈及旧资本主义的全部内容这一点，在我看来，布哈林同志叙述得不完全正确。布哈林同志是这样说的，照他说来，人们有时以为委员会的大多数人怕别人非难，怕别人责备他们不够尊重旧东西。毫无疑问，照他那样说来，委员会大多数人的立场是太可笑了。但这与事实相去很远。委员会大多数人不同意这样做，是因为这种做法不正确，不合乎实际情况。没有资本主义这一主要基础的纯粹帝国主义从来没有过，任何地方都没有，将来也决不会有。把金融资本主义描写成似乎没有任何旧资本主义的基础，这是把涉及辛迪加、卡特尔、托拉斯、金融资本主义的一切论述作了不正确的概括。

这是不正确的。这对于帝国主义战争时代和帝国主义战争以后的时代是特别不正确的。恩格斯在一次谈到未来战争的时候就曾说过，未来战争引起的破坏要比三十年战争[51]厉害得多，人类将大大野蛮化，我们在商业和工业方面的人为的运营机构将遭到破产①。战争开始时，社会主义叛徒和机会主义者曾吹嘘资本主义的生命力，嘲笑我们是"狂热者或半无政府主义者"。他们说："看，这种预言并没有实现。事变证明，这仅仅对于很少几个国家、对于很短时期才是正确的！"现在，不仅在俄国，不仅在德国，而且在各战胜国这种现代资本主义也开始遭到大破坏，其结果往往是取消这类人为的运营机构，恢复旧资本主义。

布哈林同志在委员会里说，可以试把资本主义和帝国主义的破坏作一完整的描写，那时我们反驳过他，在这里我还要予以反驳：您去试一试，您就知道是不会成功的。布哈林同志在委员会里曾作过一次这样的尝试，结果他自己也只好把它放弃了。我完全相信，假如有人能做到这点，那么最合适的是布哈林同志，因为他对这个问题作过很多的很详细的研究。我敢断言，这样的尝试不会成功，因为课题出得就不对。我们俄国现时处于帝国主义战争破坏之后和无产阶级专政开始的时期。同时在比以往更加彼此隔绝的俄国许多地区内，资本主义往往正在复活，初级阶段的资本主义正在发展。要想跳出这种状况是不可能的。假若照布哈林同志所想的那样来写党纲，这个党纲便会不符合实际。它至多是把关于金融资本主义和帝国主义的最好的描写重述一遍，但决不是现实的再现，因为在我们的现实中恰恰没有这种完整性。由不同的部分凑成的党纲是不完美（这当然并不重要），可是另一种党纲会完全不符合实际。不管这种庞杂性、这种由不同材料组成的结构如何不顺眼，如何不够严谨，但我们在很长时期内还跳不出这种状

---

① 参看《马克思恩格斯文集》第4卷第331页。——编者注

况。当我们跳出这种状况的时候,我们会制定出另一个党纲。可是那时我们已经生活在社会主义社会中了。硬要那时也像现在一样,那是可笑的。

我们现时的情况是资本主义的许多最基本的现象已经复活。就拿运输瘫痪来说吧,这是我们很好地,或者确切些说,很痛苦地感觉到的事情。这是其他国家甚至战胜国也有的现象。而在帝国主义制度下,运输瘫痪是什么意思呢?这就是退回到最原始的商品生产形式。我们很清楚什么是私贩粮食者。这个词外国人以前大概是不懂得的。而现在呢?你们同出席第三国际代表大会的同志们谈谈吧。原来在德国和瑞士也开始有这类的词了。可是你们不能把这个范畴归到任何无产阶级专政中去,而一定要归到资本主义社会和商品生产的低级阶段上去。

用制定漂亮完整的党纲的办法来跳出这个可悲的现实,就等于跳到九霄云外,制定出不符合实际的党纲。决不是像布哈林同志所委婉地暗示的那样,由于尊重旧东西,我们才把旧党纲中的一些条文写进来。在他看来,1903年在列宁的参加下写成的党纲,无疑是不好的党纲,不过因为老年人最爱回忆过去,为了尊重旧东西,就在新时代制定的新党纲中重复了旧东西。如果真是这样的话,这样的怪人倒是可以拿来讥笑一番。我敢断言,事情并不是这样。1903年所描写的那个资本主义,正好由于帝国主义的瓦解和破产,还继续存在于1919年的苏维埃无产阶级共和国。例如在离莫斯科不很远的萨马拉省和维亚特卡省就可找到这样的资本主义。当国内战争把国家弄成四分五裂的时候,我们不能很快摆脱这种状况,不能很快摆脱这种私贩粮食的现象。因此把党纲写成另一个样子是不正确的。应当说出实际情况,党纲应当包括绝对不可反驳的和确凿无疑的东西。只有这样的党纲才是马克思主义的党纲。

布哈林同志在理论上完全了解这一点，他说，党纲应该具体。但了解是一回事，实际来做又是一回事。布哈林同志所谓的具体，就是对金融资本主义作书本式的叙述。在现实中我们看到各种不同的现象。在每个农业省份内，我们都看到自由竞争与垄断的工业同时并存。在世界上任何一个地方，不与许多部门内的自由竞争同时并存的垄断资本主义从未有过，将来也不会有。写出这样的制度，就是写出脱离实际生活的不真实的制度。既然马克思说，工场手工业是普遍的小生产的上层建筑①，那么帝国主义和金融资本主义便是旧资本主义的上层建筑。这个上层一破坏，旧资本主义就会暴露出来。认为存在着不包含旧资本主义的完整的帝国主义，那就是把愿望当做现实。

这是很容易犯的一种很自然的错误。假如在我们面前真的有把资本主义彻头彻尾改造过的完整的帝国主义，那我们的任务就会容易千百万倍了。那就会造成这样一种制度：一切都服从于一个金融资本。那时只要把顶部拆掉，把其余一切交给无产阶级就行了。这倒是非常痛快的事情，可惜这是现实中所没有的。现实的发展情况要求完全不同的做法。**帝国主义是资本主义的上层建筑。**当帝国主义遭到破坏的时候，就会看到顶部破坏，根基则暴露出来。因此，我们的党纲要想成为正确的党纲，就应该说出实际情况。存在着旧资本主义，它在许多部门中成长到了帝国主义。它的趋势只能是帝国主义的。各种根本问题只能从帝国主义存在的

---

① 参看《马克思恩格斯文集》第 5 卷第 426 页。——编者注

观点来考察。没有一个对内对外政策的重大问题可以不顾这种趋势而得到解决。现在党纲说的不是这一点。在现实中，还存在着旧资本主义这一极深厚的基础。帝国主义这个上层建筑是有的，它引起了战争，而这次战争的一个结果就是无产阶级专政的开始。要想跳出这个阶段是办不到的。这个事实说明全世界的无产阶级革命将以何种速度发展，并且这个事实在许多年内仍将是事实。

西欧革命也许会顺利一些，可是为了改造全世界，为了改造大多数国家，毕竟还需要很多很多年。这就是说，在我们现时所处的过渡时期中，我们无法跳出这种纷繁复杂的现实。这个由各种不同部分组成的现实决不能抛弃，不管它如何不漂亮，也丝毫不能抛弃。用另一种方式制定的党纲将不符合实际。

我们说我们取得了专政，可是应当知道我们是**怎样**取得的。旧事物千头万绪地拖住我们，缠住我们，不让我们前进一步，或者迫使我们不能很好地前进，正像我们现在这样。所以我们说，为了懂得我们现在处于什么境地，就必须说出我们是怎样走过来的，是什么东西把我们引到社会主义革命的。引我们来的是帝国主义，引我们来的是原始商品经济形式的资本主义。必须认清这一切，因为只有估计到现实，我们才能解决诸如对中农的态度这类问题。的确，在纯粹帝国主义的资本主义时代怎么能有中农呢？要知道甚至在普通的资本主义国家里都是没有中农的。如果我们单单根据帝国主义和无产阶级专政的存在来解决我们对这个几乎是中世纪现象（即对中农）的态度问题，那我们根本不能自圆其说，并且还会碰很多钉子。如果我们要改变对中农的态度，那就请在理论部分说清楚，中农是从哪里来的，什么是中农。中农是小商品生产者。这是关于资本主义的初步常识，是必须指出的，因为我们终究还没有越出这个初步常识。如果对这一点置之不理，还说"我们已经研究了金融资本主义，为什么还要来研究这种初步常识！"——那是极不严肃的。

对于**民族问题**我也要这样说。布哈林同志在这个问题上也是把愿望当做现实。他说，不能承认民族自决权。民族就是资产阶级和无产阶级混在一起。我们无产者竟要承认某个卑鄙的资产阶级的自决权！真是岂有此理！不对，请原谅，这是切合实际的。如果您把这一条删掉，那您就是沉溺于幻想。您提到民族内部发生的分化过程，即无产阶级同资产阶级的分离过程。但是，我们还要看看这种分化究竟怎么样。

拿先进资本主义国家的标本德国来说，它在资本主义、金融资本主义的组织程度方面超过了美国。在许多方面，即在技术和生产方面，在政治方面，它不如美国，可是在金融资本主义的组织程度方面，在变垄断资本主义为国家垄断资本主义方面，它超过了美国。看来这是一个标本。但是那里的情形怎样呢？德国无产阶级是否同资产阶级分开了呢？没有！根据报道，只有几个大城市的多数工人是反对谢德曼分子的。但这是怎样造成的呢？这是由于斯巴达克派同德国可恶到极点的孟什维克独立党人结成联盟，这些独立党人把一切东西搅成一团，竟想使苏维埃制度和立宪会议成亲！请看，这就是德国的情形！而德国还是个先进国家哩。

布哈林同志说："我们干吗要民族自决权！"他在1917年夏季提议取消最低纲领而只留下最高纲领时，我曾驳斥过他，现在我应当把驳斥他的话再说一遍。我当时回答说："上战场别吹牛，下战场再夸口。"只要我们夺得政权，再稍微等等，我们就要这样做的。① 果然我们夺得了政权,也稍微等了一些时候,现在我同意这样做了。我们已经完全投身于社会主义建设,已经打退了威胁我们的第一次进攻,现在这样做就适当了。关于民族自决权也是如此。布哈林同志说:"我只愿意承认各劳动阶级的自决权。"这就是说,你所愿意承认的是除了俄国以外实际上任何国家都没有达到的东西。这是很可笑的。

看看芬兰吧。芬兰是个民主国家,是比我们发达、比我们文明的国家。那里正在发生无产阶级分离出来、分化出来的过程,这一过程很特殊,比在我国痛苦得多。芬兰人受过德国专政的压迫,现在又受着协约国专政的压迫。可是,由于我们承认了民族自决权,那里的分化过程就容易些了。我在斯莫尔尼宫把正式文件交给起过刽子手作用的芬兰资产阶级代表斯温胡武德(译成俄文,就是"猪头"的意思)时的情景[52],到现在还记得很清楚。他很殷勤地握了我的手,我们彼此客套了几句。这是多么不好啊! 但这是必须做的事情,因为当时芬兰资产阶级欺骗人民,欺骗劳动群众,说莫斯卡里[53]、沙文主义者、大俄罗斯人要消灭芬兰人。这是必须做的事情。

昨天我们对于巴什基尔共和国不也是这样做的吗[54]? 当布哈林同志说"对于某些民族可以承认这种权利"的时候,我甚至记下来了,他所开的名单中有霍屯督人、布须曼人、印度人。听他这样列举时,我就想:布哈林同志怎么忘记了一件小小的事情,忘记了巴什基尔人呢? 布须曼人在俄国是没有的,关于霍屯督人,我也没有听说他们想要成立自治共和国,但是在我国有巴什基尔人、吉尔

① 见本版全集第32卷第363—367页。——编者注

吉斯人及其他许多民族，对于这些民族我们是不能拒绝承认的。我们对于任何一个居住在前俄罗斯帝国境内的民族都不能拒绝这一点。就假定巴什基尔人推翻了剥削者，而且是我们帮助他们这样做的。但这只是在变革已经完全成熟的时候才有可能。并且要做得很谨慎，以免我们的干预会阻碍我们所应当促进的无产阶级分化出来的过程。我们对于那些至今还处在毛拉[55]影响下的吉尔吉斯人、乌兹别克人、塔吉克人、土库曼人能做些什么呢？在我们俄国，居民有过和神父打交道的长期经验，所以他们帮助我们把这些神父打倒了。但你们知道，关于非宗教婚姻的法令至今还执行得很差。我们是否可以到这些民族那里去说"我们要打倒你们的剥削者"呢？我们不能这样做，因为他们完全受自己的毛拉的控制。这里必须等待这个民族的发展，等待无产阶级同资产阶级分子的分离，这种发展必然会来到。

布哈林同志不愿意等待。他忍耐不住："干吗要等待！既然我们自己推翻了资产阶级，宣告成立了苏维埃政权和无产阶级专政，干吗我们还要这样做！"这是带鼓舞性的号召，其中指出了我们的道路，但如果我们在党纲中只宣布这样一点，结果那就不是党纲而是传单了。我们可以宣告成立苏维埃政权和无产阶级专政，宣布完全鄙视那些该受万分鄙视的资产阶级，可是在党纲中应当绝对确切地写出真实情况。只有这样，我们的党纲才是无可争辩的党纲。

我们采取严格的阶级观点。我们写在党纲上的东西，是肯定自我们规定一般民族自决那时以来所实际发生的事情。当时还没有无产阶级共和国。当这种共和国出现之后，而且只有按它们出现的程度，我们才能写出像我们现在写在纲领中的条文："按照苏

维埃类型组织起来的各个国家实行联邦制的联合"①。苏维埃类型还不等于俄国存在的那种苏维埃,但是苏维埃类型正在成为各民族共同的类型。我们只能说到这种程度。再往前去,哪怕是再进一步,再进一分,就会不正确了,所以就不宜写在党纲里。

我们说:必须考虑到该民族是处于从中世纪制度进到资产阶级的民主或从资产阶级的民主进到无产阶级的民主的道路上的哪个阶段。①这是绝对正确的。一切民族都有自决权,大可不必把霍屯督人和布须曼人专门提出来说。这个论断对于地球上绝大多数居民,对于十分之九也许百分之九十五的居民都适用,因为所有国家都是处于从中世纪制度进到资产阶级的民主或从资产阶级的民主进到无产阶级的民主的道路上。这是必由之路。再多说一点也不行,因为再多说就会不正确,不合乎实际情况。勾去民族自决而写上劳动者自决是完全不正确的,因为这样的提法没有考虑到各民族内部的分化是如何困难,如何曲折。在德国,分化的情形和我国不同。在某些方面快些,而在某些方面则慢些,并且要经过流血的道路。在我国,把苏维埃和立宪会议结合起来的这种怪思想是任何一个政党也没有接受过的。要知道我们还得和这些民族毗邻居住。现在谢德曼分子已经在说我们想征服德国。这当然是很可笑的无稽之谈。但是资产阶级有自己的利益和自己的报刊,这些发行千百万份的报刊,向全世界叫喊这一点,而威尔逊为了自己的利益也予以支持。他们说,布尔什维克拥有庞大的军队,想用征服的手段在德国培植布尔什维主义。德国的优秀人物——斯巴达克派——告诉我们,有人挑拨德国工人反对共产党员说:你们看,布

---

①　参看本卷第 409 页。——编者注

尔什维克那里的情形多么糟！而我们也不能说我们这里的情况就很好。于是我们的敌人在德国就用这样的理由去影响群众，说什么在德国进行无产阶级革命就会造成和俄国一样的混乱状态。我们的混乱状态是我们长期的病症。我们是在同极大的困难作斗争中在我们国家建立无产阶级专政的。只要资产阶级，或小资产阶级，甚至一部分德国工人，还受到"布尔什维克想用强迫手段建立自己的制度"这种恐吓的影响，"劳动者自决"的公式就不会使情况好转。我们应当做到，使德国社会主义叛徒们无法说布尔什维克强迫人家接受自己的万能制度，似乎这种制度可以靠红军的刺刀推行到柏林去。如果我们否认民族自决原则，人家就会作出这样的结论。

我们的党纲不应当说劳动者自决，因为这是不正确的。我们的党纲应当说现在的实际情况。既然各个民族还处于从中世纪制度进到资产阶级的民主或从资产阶级的民主进到无产阶级的民主的道路上的不同阶段，那么我们党纲中的这个原则便是绝对正确的。在这条道路上我们有过许许多多的曲折，每个民族都应当获得自决权，而这会促进劳动者的自决。在芬兰，无产阶级同资产阶级分离的过程是非常明显、突出和深刻的。那里的一切绝不会和我国相同。如果我们说不承认什么芬兰民族，而只承认劳动群众，那就是空洞到极点的废话。不承认实际情况是不行的，因为它会强迫你承认它。在不同的国家中，无产阶级循着各自不同的道路和资产阶级划清界限。在这方面我们应当极端谨慎。尤其是对于各个民族要特别谨慎，因为没有比对一个民族不信任更坏的事情了。在波兰，无产阶级正在自决。根据最近的数字，华沙工人代表苏维埃[56]中有波兰社会主义叛徒 333 人，共产党员 297 人。这就表明,照我们的革命日历来看,那里已离十月不远了。这已经是1917年的8月或9月。但是,第一,还没有颁布一个法令,要一切国家都用布尔什维克的革命日历,即使颁布了这样的法令,也是不会执行的。第二,现在的情形是,比我国工人先进的、文化程度较高的波兰工人,大多数都持有社会护国主义和社会爱国主义的观点。必须等待。这里决不能说劳动群众自决。我们应当宣传这种分化。这点我们已经在做,但毫无疑义,现在不能不承认波兰民族自决。这是很明显的。波兰无产阶级运动和我国一样是向着无产阶级专政前进的,可是前进的方式却不相同。在那里,人们恐吓工人说:向来压迫波兰人的莫斯卡里、大俄罗斯人,想在共产主义招牌的掩盖下,把他们的大俄罗斯沙文主义移植到波兰来。共产主义是不能用暴力来灌输的。我向一个优秀的波兰共产党员同志说,"你们要用另一种方式去做";他回答我说,"不,我们要做同样的事情,不过要比你们做得好些"。对于这种说法,我根本无法反驳。应当让他们有可能实现这个谦虚的愿望:把苏维埃政权建立得比我们的好些。不能不估计到那里所走的道路的一些特殊性,决不能说:"打倒民族自决权! 我们只让劳动群众有权自决。"这种自决过程是很复杂很困难的。现在除了俄国,任何地方都没有这种自决,必须预计到其他国家发展的一切阶段,决不要从莫斯科发号施令。所以这个提议在原则上是不能接受的。

根据我们拟定的计划,现在我来谈谈我应当说明的以下几点。我把**小私有者**和**中农**问题放在第一位。关于这一点,党纲第47条说:

"俄共对中农的政策是逐步地有计划地吸引他们参加社会主义建设工作。党的任务是把他们同富农分开,关心他们的需要,把他们吸引到工人阶级方面来，用思想影响的办法而决不用镇压的办法来克服他们的落后性，在一切触及他们切身利益的问题上力求同他们妥协，在确定社会主义改造的方式方面向他们让步。"

我觉得，我们这里所写的，就是社会主义创始人对中农问题多次说过的。这一条文的缺点只是不够具体。在党纲中，我们未必能写得更具体些。但是在代表大会上应当提出的不仅仅是纲领性的问题，所以对于中农问题要给予加倍的注意。我们掌握的材料表明，某些地方发生的暴动显然是有一个**总计划**的，而且这个计划显然是和白卫分子决定在3月举行总进攻并组织一连串的暴动的军事计划有联系的。大会主席团拟定了一个就要向你们提出的代表大会告各级党组织书[57]的草案。这些暴动再明显不过地向我们表明，左派社会革命党人和一部分孟什维克（孟什维克曾在布良斯克组织暴动）是白卫分子的直接代理人。白卫分子总进攻，农村暴动，铁路交通断绝，——难道这样还不能把布尔什维克推翻吗？这里，中农所起的作用特别明显，特别重大。在代表大会上，我们不仅应当特别强调我们对中农让步的态度，而且要想出许多尽量具体的、能使中农直接得到一些好处的办法。为了自卫，为了反对我们的一切敌人，这些办法是迫切需要的，这些敌人知道中农动摇于我们和他们之间，因而竭力诱使中农离开我们。就我们的现状看来，我们拥有巨大的后备力量。我们知道，波兰和匈牙利的革命都在发展，并且发展得很快。这些革命会给我们以无产阶级后备力量，会减轻我们的困难而大大巩固我国目前还很薄弱的无产阶级基地。这可能在最近几个月内发生，但我们还不知道究竟会在哪一天发生。你们知道，现在到了非常紧要的关头，因此，中农问题现在具有极大的实际意义。

其次,我想谈谈**合作社**问题。这就是我们党纲第 48 条。这一条已经有些陈旧。我们在委员会写这一条时,我国只有合作社而没有消费公社,但几天之后便通过了把各种形式的合作社合并为统一的消费公社的法令[58]。我不知道这个法令是否已经公布,到会的大多数人是否已经看到。如果没有,这个法令明后天会要公布的。这一条在这一方面已经陈旧,但我仍然觉得它是需要的,因为我们大家都很清楚,从法令颁布到执行是有相当一段距离的。从 1918 年 4 月起我们就忙着解决合作社的问题,虽然我们已经取得很大成绩,但这还不是具有决定意义的成绩。在吸收居民参加合作社方面,我们有时达到了这样的规模:许多县份已有百分之九十八的农村居民参加了。但这些在资本主义社会里就已存在的合作社,完全习惯于资产阶级社会那一套,而领导它们的又是孟什维克和社会革命党人,是资产阶级专家。我们还无法使这些合作社服从我们,在这方面,我们的任务仍然没有解决。我们的法令,在建立消费公社的意义上说,是前进了一步,法令中指出,全国的各种合作社必须实行合并。但是这个法令,即使我们全部执行,也会在将来的消费公社中保留工人合作社这个自主的部分,因为实际熟悉情况的工人合作社代表向我们证明说,工人合作社这种较为发展的组织应当保留,因为它的活动是需要的。我们党内在合作社问题上有过不少分歧和争论,合作社里的布尔什维克和苏维埃里的布尔什维克之间发生过摩擦。我觉得,在原则上,这个问题无疑地应当这样来解决:这个由资本主义在群众中准备好的唯一机构,在处于原始资本主义阶段的农村群众中进行活动的唯一机构,无论如何要保留,要发展,而决不能加以抛弃。在这里,任务是困难的,因为充当合作社领导者的大半是资产阶级专家,而且往往是真正的白卫分子。由此就产生了对他们的仇恨，正当的仇恨，由此就产生了反对他们的斗争。当然，这个斗争应该进行得很巧妙：**要制止合作社工作者中的反革命阴谋，但这不应当成为反对合作社机构的斗争**。我们一面要排除这些反革命分子，同时应当使机构本身服从我们。这里的任务同对待资产阶级专家是一样的。对待资产阶级专家的问题是我要谈的另一个问题。

资产阶级专家的问题引起不少的摩擦和分歧。几天前我在彼得格勒苏维埃作报告时，递给我的条子中有几个是关于工资的。有人问我：难道在社会主义共和国里，工资可以高到 3 000 卢布吗？实际上我们已经把这个问题写进了党纲，因为这方面的不满已经很厉害了。在军队中，在工业中，在合作社中，到处都存在着资产阶级专家的问题。这是从资本主义到共产主义的过渡时期内一个很重要的问题。我们只有利用资产阶级的科学和技术手段使共产主义变成群众更容易接受的东西，才能建成共产主义。想用另一种方法建成共产主义社会是不行的。而要这样来建成共产主义，就必须把工作人员从资产阶级手里夺过来，必须吸收所有这些专家参加工作。我们在党纲中有意把这个问题阐述得很详细，以便得到彻底解决。我们深深知道，俄国文化不发达是什么意思，它对苏维埃政权有什么影响；苏维埃政权在原则上实行了高得无比的无产阶级民主，对全世界作出实行这种民主的榜样，可是这种文化上的落后却限制了苏维埃政权的作用并使官僚制度复活。说起来苏维埃机构是全体劳动者都可以参加的，做起来却远不是人人都能参加，这是我们大家都知道的。这决不是因为法律造成了障碍，如在资产阶级时代那样；恰恰相反，我们的法律有助于这样做。但只有法律是不够的。必须有大量的教育工作、组织工作和文化工作,这不能用法律迅速办到,这需要进行长期的巨大的努力。本届代表大会应当对资产阶级专家问题作出极明确的决定。这样的决定会使那些无疑是倾听这次代表大会意见的同志们有可能依靠代表大会的威信进行工作,并知道我们遇到怎样的困难。这样的决定会帮助那些处处碰到这个问题的同志们至少来参加这方面的宣传工作。

斯巴达克派的代表同志们在莫斯科的代表大会上告诉我们说,在工业最发达、斯巴达克派在工人中的影响最大的德国西部,虽然斯巴达克派还没有获得胜利,可是许多最大的企业的工程师和经理已经来向斯巴达克派说:"我们跟你们走。"我们这里没有这种情形。显然是那里的工人的文化水平较高,技术人员较无产阶级化,也许还有许多我们不知道的其他原因,造成了这种与我国有些不同的关系。

无论如何这是我们继续前进的主要障碍之一。现在我们应当不等待其他国家的援助立刻提高生产力。要做到这点,没有资产阶级专家是不行的。这应当斩钉截铁地说清楚。当然,这些专家大多数是浸透了资产阶级世界观的。必须用同志合作的气氛、工人政治委员和共产党支部来包围他们,使他们无法挣脱,但应当使他们有比资本主义制度下更好的工作条件,因为不如此,这个由资产阶级培养出来的阶层就不去工作。想用棍棒强迫整个阶层工作是不行的,这一点我们已深有体会。可以迫使他们不积极地参加反革命,可以吓唬他们,使他们不敢伸手去拿白卫分子的宣言。在这一方面,我们布尔什维克是很坚决的。这是可以做到的,而我们也做得很够了。我们大家都学会了这一点。但是,要用这种办法来强迫整个阶层工作是不可能的。这些人习惯于文化工作,他们在资产阶级制度范围内推进了文化工作,就是说,他们使资产阶级获得了巨大的物质财富,使无产阶级的所得微不足道。但他们毕竟推进了文化,这是他们的职业。当他们看到工人阶级中的有组织的先进阶层不仅重视文化,而且帮助在群众中普及文化时,他们就会改变对我们的态度。当医生看到无产阶级发动劳动者主动进行防疫工作时,他就完全会用另一种态度对待我们。我国这个由资产阶级的医生、工程师、农艺师、合作社工作者所组成的阶层是很广大的,当他们实际看到无产阶级吸引愈来愈多的群众参加这种事业的时候,他们就会**在精神上**完全折服,而不仅在政治上和资产阶级割断关系。那时我们的任务就会容易些了。那时他们就会自然而然地被吸收到我们机构中来,成为它的一部分。为了这点,必须作些牺牲。为了这点,哪怕付出 20 亿卢布也算不了什么。害怕这种牺牲就是幼稚,因为这就是不懂得摆在我们面前的任务。

运输业的解体,工业和农业的解体,直接威胁到苏维埃共和国的生存。我们在这里应当采取最有效的办法,把全国的一切力量充分调动起来。对于专家,我们不应当采取吹毛求疵的政策。这些专家不是剥削者的仆役,而是有文化的工作者。他们在资产阶级社会里为资产阶级服务,全世界的社会主义者都说过,这些人在无产阶级社会里是会为**我们**服务的。在这个过渡时期内,我们应当尽可能地使他们有较好的生活条件。这将是顶好的政策,这将是最经济的办法。不然的话,我们节省了几个亿,却可能造成用几十个亿也不能补偿的损失。

当我们同劳动人民委员施米特同志谈论工资问题时,他举出了以下的事实。他说,为了把工资拉平些,我们所做的工作是任何资产阶级国家在任何地方也没有做过而且用几十年时间也不能做到的。例如战前的工资:粗工每天 1 卢布,每月 25 卢布,而专家每月是 500 卢布(不算那些拿几十万卢布的人)。专家领的工资是工人工资的 20 倍。我们现在的工资幅度是从 600 卢布到 3 000 卢布,相差只有 5 倍。为了把工资拉平些,我们已做了很多工作。当然,我们现在给专家的工资是过高的,但为了向他们请教,多给一点不仅值得,而且是应当的,从理论上看也是必要的。我认为这个问题在党纲上规定得十分详细。必须特别强调这个问题。在这里,不仅要在原则上解决这个问题,而且要使代表大会的全体代表回到各地后,在向自己组织作报告时,在进行自己的全部活动时,都能贯彻这一点。

我们已经在动摇的知识分子中促成了巨大的转变。如果说我们昨天谈小资产阶级政党的合法化,今天就逮捕孟什维克和社会革命党人,那么,在这种变动中,我们执行的完全是既定方针。这种变动贯彻着一条最坚决的路线:**反革命要清除,资产阶级文化机构必须利用。**孟什维克是社会主义的最坏的敌人,因为他们披着无产阶级的外皮,而实际上是非无产阶级阶层。在这个阶层中只有极少数的上层分子是无产阶级出身,而这个阶层本身是由小知识分子组成的。这个阶层在靠近我们。我们要把整个阶层争取过来。每当他们靠近我们时,我们总是说"请来吧"。每动摇一次,这个阶层都有一部分人走到我们这方面来。孟什维克和新生活派[59]是这样,社会革命党人是这样,所有这些动摇分子都会是这样,他们还会长久地左右摇摆,怨天尤人,从一个阵营跑到另一个阵营。对他们是没有什么办法的。但是通过这一切动摇,我们会得到有文化的知识分子阶层来参加苏维埃工作人员的队伍,而排除那些继续拥护白卫军的分子。

　　按照分工我应当说明的下一个问题，就是**关于官僚主义和吸引广大群众参加苏维埃工作的问题**。早就有人埋怨官僚主义，这种埋怨无疑是有根据的。我们在反官僚主义的斗争中，做到了世界上任何一个国家都没有做到的事情。那种彻头彻尾都是官僚的和资产阶级压迫者的机构（甚至在最自由的资产阶级共和国中都仍然是这样的机构）已被我们彻底摧毁。单就法院来说吧。的确，这里的任务比较容易，不需要建立新的机构，因为根据劳动阶级的革命法律意识来裁判是谁都会的。我们在这方面还远没有把任务贯彻到底，可是在许多方面已把法院照应有的那样建立起来了。我们建立了这样的机关，从而不仅使男子而且连妇女即最落后最不活跃的分子也人人都能参加工作。

　　其他管理部门中的职员是更加守旧的官僚。在这里，任务比较困难。没有这样一批人是不行的，一切管理部门都需要这样一批人。在这里，我们苦于俄国资本主义的不够发达。在德国，大概这种痛苦要轻一些，因为德国的官僚机构受过充分的训练，它把官僚们弄得精疲力竭但是在迫使他们做事情，而不像我国办公室里的一些人那样，坐在安乐椅上安闲度日。我们已经把这种旧官僚主义分子赶走，加以清查，然后再把他们安插到新的位置。沙皇时代的官僚渐渐转入苏维埃机关，实行官僚主义，装成共产主义者，并且为了更便于往上爬而设法取得俄国共产党的党证。结果，把他们赶出门外，他们又从窗口飞进来。这里主要是由于有文化的人才不够。这些官僚可以遣散，但决不能一下子把他们改造过来。在这里，摆在我们面前的首先是组织任务、文化任务和教育任务。

　　只有当全体居民都参加管理工作时，才能把反官僚主义的斗争进行到底，直到取得完全的胜利。这在资产阶级共和国里不仅不可能，**而且法律本身也妨碍这样去做**。最好的资产阶级共和国，不管它怎样民主，也有无数法律上的障碍阻挠劳动者参加管理。我们已彻底扫除这些障碍，但是直到今天我们还没有达到使劳动群众能够参加管理的地步，因为除了法律，还要有文化水平，而你是不能使它服从任何法律的。由于文化水平这样低，苏维埃虽然按党纲规定是**通过劳动者**来实行管理的机关，而实际上却是通过无产阶级先进阶层来**为劳动者**实行管理而不是通过劳动群众来实行管理的机关。

在这里，摆在我们面前的任务只有通过长期的教育才能解决。目前这个任务对于我们是极端困难的，我已经屡次指出，这是因为担任管理的工人还非常**少**，少得令人难以置信。我们应当取得后援，就各种征象来看，国内的这种后备力量正在增长。劳动群众的强烈的求知欲和往往是通过社会教育达到的莫大教育成绩，是丝毫不容怀疑的。这种成绩虽然不是任何学校教育的成绩，但是非常巨大。一切征象表明，在最近的将来，我们一定会获得巨大的后备力量，用以代替人数不多的无产阶级先进阶层中那些劳累过度的人，然而无论如何，目前我们在这一方面的情况是非常困难的。官僚已被打倒。剥削者已被铲除。但是文化水平还没有提高，因此官僚们还占据原有的位置。要排挤他们，只有用比以前大得多的规模把无产阶级和农民组织起来，同时真正实行吸收工人参加管理的种种办法。每个人民委员部实行的这类办法，你们都知道，我就不详细谈了。

我要讲的最后一点是**无产阶级的领导作用和剥夺选举权的问题**。我们的宪法承认无产阶级比农民占有优越地位，并剥夺剥削者的选举权。西欧纯粹民主派攻击我们最厉害的就是这一点。我们过去和现在都是这样回答他们:你们忘记了马克思主义最基本的原理,忘记了你们谈的是资产阶级民主,而我们却已经实行了**无产阶级**民主。在吸收工人和贫苦农民参加国家管理方面,苏维埃共和国过去几个月所做的事情,是世界上任何一个国家连十分之一也没有做到的。这是绝对真理。谁也不会否认:我们在实行真正的而不是纸上的民主方面、在吸收工农参加管理方面所做的事情,是世界上最好的民主共和国在几百年内没有做到而且不可能做到的。这就决定了苏维埃的意义,由于这一点,苏维埃就成了全世界无产阶级的口号。

　　但这丝毫不能使我们摆脱由于群众文化程度不够而碰到的困难。对于剥夺资产阶级选举权的问题,我们决没有从绝对的观点来看,因为在理论上完全可以假设:无产阶级专政将处处镇压资产阶级,而又不剥夺资产阶级的选举权。在理论上完全可以这样设想,所以我们不把我们的宪法提出来作为其他国家学习的榜样。我们只是说,谁认为不必镇压资产阶级就可以过渡到社会主义,谁就不是社会主义者。把资产阶级作为一个阶级来镇压是必要的,但剥夺它的选举权和平等权利则不是必要的。我们不愿意给资产阶级以自由,我们不承认剥削者和被剥削者平等,但我们在党纲中对这个问题是这样看的:像工人和农民不平等之类的办法,根本不是宪法所规定的。宪法是**在**这些办法实施**之后**才把它们记载下来的。苏维埃宪法甚至不是布尔什维克拟定的,而是孟什维克和社会革命党人在布尔什维克革命以前就拟定的,其实是反对他们自己的。他们按照实际生活所造成的情况拟定了这个宪法。组织无产阶级比组织农民快得多,这就使工人成了革命的支柱,使工人实际上获得了优越地位。往后的任务就是从这种优越地位逐渐过渡到工农平等。在十月革命以前和以后,谁也没有把资产阶级赶出苏维埃。**资产阶级自己离开了苏维埃。**

资产阶级选举权的问题就是这样。我们的任务在于十分明确地提出问题。我们根本不是为我们的行动表示歉意,而是如实地摆出事实。我们的宪法,正如我们所指出的,不得不把这种不平等放进去,这是因为文化水平低,因为我们的组织工作差。但是我们不把这点变成理想,恰恰相反,按照党纲,我们党一定要进行有系统的工作来消灭较有组织的无产阶级和农民之间的这种不平等。一旦我们提高了文化水平,我们就要取消这种不平等。那时我们就不需要这种限制了。在革命后过了17个月的现在,这种限制的意义实际上已经很小了。

同志们,这就是我认为在讨论党纲时必须谈到以供大家今后讨论的主要几点。(鼓掌)

载于1919年3月22日《真理报》第62号

译自《列宁全集》俄文第5版第38卷第151—173页

4

关于党纲报告的总结发言

(3月19日)

(鼓掌)同志们,在这个问题上,我不能像对待报告那样,预先同布哈林同志仔细地商量好,然后分头来讲。也许这也是没有必要的。我觉得,会上展开的讨论主要说明了一个事实:没有任何肯定的和正式的反提案。大家对个别部分零碎地谈了很多,但任何反提案都没有。我要谈谈那些首先是反对序言部分的主要反对意见。布哈林同志告诉我说,他也赞同这种意见,主张在序言中可以把对资本主义的说明和对帝国主义的说明结合为一个统一的整体,但由于没有这样的草案,只得通过现有的草案。

许多发言的人(波德别尔斯基同志特别坚决)认为,现在向大家提出的这种草案是不正确的。波德别尔斯基同志的论据极端奇怪。例如说,第一段里把革命称为某月某日的革命。不知为什么波德别尔斯基同志联想到这似乎是一个编了号的革命。我可以说,我们在人民委员会里经常同许许多多编了号的公文打交道,因而弄得疲乏不堪,但为什么要把这种印象搬到这里来呢?实际上号码又与这有什么关系呢?我们是规定一个节日,好来庆祝它。怎么能否认正是在10月25日夺得了政权呢?你们要把这点改变,那就是故意做作了。如果你们把革命叫做十月-十一月革命,那只会使人说,事情不是在一天完成的。当然,革命是在较长的时期中完成的,而不是在 10 月、11 月,甚至不是在一年中发生的。纲领有一段中谈到了**行将到来的**社会革命,这一点也受到了波德别尔斯基同志的攻击。他根据这一点竟把纲领说成是对社会革命这一"神圣称号"的某种"侮辱"。我们正处在社会革命中,而有人竟向我们说它是行将到来的革命! 这种论据显然是站不住脚的,因为我们的纲领指的是世界范围内的社会革命。

有人对我们说,我们是从经济上来看革命的。这需要不需要呢? 这里许多偏激的同志甚至谈到了世界国民经济委员会,谈到了一切民族的党隶属俄共中央委员会。皮达可夫同志就差一点说出这样的话来。(皮达可夫从座位上喊道:"难道您认为这不好吗?")既然他现在还说这没有什么坏处,那我应当回答说,如果纲领中有这类话,那也无须批评,因为提这种建议的人自己就会使自己陷入绝境的。这些偏激的同志没有注意到,在纲领中我们应当以现有的东西为出发点。一位偏激的同志,大概是苏尼察,很坚决地批评纲领,说它贫乏等等,这位偏激的同志说,他不能同意在纲领中写上现有的东西,而提议在纲领中写上还没有的东西。(笑声)我想,这种说法显然不正确,引起笑声是理所当然的。我没有说过只应当写上现有的东西。我说的是我们应当**以绝对确定的东西为出发点**。我们应当告诉无产者和劳动农民并向他们证明:共产主义革命是不可避免的。会上有谁说过不需要谈这点吗? 如果有谁试图提出这样的建议,人们就会向他证明事实并不是这样的。类似的话过去没有人说过一句,将来也不会有人说,因为一个不容置疑的事实是,我们的党不仅是依靠共产主义的无产阶级,而且是依靠全体农民取得了政权的。难道我们只限于向所有这些跟着我们走的群众说:"党的事业只是进行社会主义建设。共产主义革命已经完成,现在来实现共产主义吧!"这种观点根本站不住脚,在理论上是错误的。我们党直接地而更多时候是间接地吸引了千百万人,使他们开始认清阶级斗争问题,认清从资本主义向共产主义过渡的问题。

现在可以说——这样说当然丝毫没有夸大——任何地方、任何别的国家的劳动人民都没有像我国劳动居民目前这样关心变资本主义为社会主义的问题。在这个问题上,我国人民比任何国家的人民想得都多。难道党不应当回答这个问题吗?我们应该科学地证明共产主义革命会怎样发展。在这方面,其余一切建议都是不彻底的。完全抹掉这一点是谁也不愿意的。有人模棱两可地说:也许可以压缩,可以不引用旧纲领,因为它是不正确的。但是,如果它是不正确的,那我们在过去许多年中怎能根据它进行工作呢?也许在世界苏维埃共和国建立起来时,会有一个共同的纲领,但在此以前大概我们还要写好几个纲领。现在,只是在旧俄罗斯帝国的土地上建立起一个苏维埃共和国时,写那种纲领还为时过早。甚至无疑在走向苏维埃共和国的芬兰,也还没有成立苏维埃共和国,要知道,芬兰不同于前俄罗斯帝国内的所有其他民族,它有较高的文化。可见,要求今天在纲领中表达出最终完成的过程,这会是一个极大的错误。这就像现时要在纲领中提出世界国民经济委员会是一样的。其实连我们自己也还没有习惯"совнархоз"①这个怪词,至于外国人呢,听说他们翻阅过旅行指南,看到底有没有这么一个火车站。(笑声)我们不能用法令把这些词推广到全世界。

---

　　① 即"国民经济委员会"。——编者注

我们的纲领要成为国际的纲领，就必须考虑到能说明各国经济特征的那些阶级因素。所有国家都一样，资本主义在许多地方还在发展。整个亚洲和一切走向资产阶级民主制的国家都是这样的；俄国的许多地区也是这样的。例如非常熟悉经济情况的李可夫同志对我们说，我国现在存在着新的资产阶级。这是真的。它不仅从我们苏维埃的职员中间产生出来（从这里也能产生极少的一部分），它还从那些摆脱了资本主义银行的桎梏、目前因铁路不通而处于隔绝状态的农民和手工业者中间产生出来。这是事实。你们想用什么方法来回避这一事实呢？你们这样做只能是沉溺在自己的幻想中，或是把不周密的书本知识套用于复杂得多的现实。现实向我们证明，甚至在俄国，也同任何资本主义社会一样，资本主义商品经济还活着，起着作用，发展着，产生着资产阶级。

李可夫同志说："我们在同资产阶级作斗争；资产阶级在我国所以还在产生，是因为产生资产阶级和资本主义的农民经济暂时还没有消失。"我们没有这方面的确切材料，但这种情况正在发生，这是没有疑问的。在全世界，目前苏维埃共和国还仅仅存在于前俄罗斯帝国的疆界内。在许多国家里，它正在成长和发展，但都还没有建立。因此，妄图在自己的纲领中写上我们还没有取得的东西，这是幻想，这是妄图跳出不愉快的现实，而现实向我们表明，在其他国家中，社会主义共和国分娩的痛苦无疑会比我们经受过的更大。我们容易地做到了这一点，是因为我们在1917年10月26日把农民通过社会革命党人的决议所要求的东西用法令规定下来了。这在别的国家是没有的。瑞士的同志和德国的同志指出：在瑞士农民武装起来反对罢工者，这是从来没有过的；在德国的农村中，还没有丝毫迹象说明从雇农和小农中将会产生出苏维埃来。

在我国，革命发生几个月以后农民代表苏维埃就几乎布满了全国。我们这个落后的国家建立了苏维埃。这里就发生一个各资本主义国家人民还没有解决的大问题。而我们是怎样的典型的资本主义民族呢？直到1917年，我国还有农奴制残余。但是没有一个资本主义民族表明这个问题是怎样实际解决的。我们是在沙皇制度的压迫促使人们一鼓作气实行了根本而迅速的变革的特殊条件下取得政权的，而且我们在这种特殊条件下在几个月内很好地依靠了全体农民。这是历史事实。至少在1918年夏天以前，在贫苦农民委员会建立以前，我们作为一个政权维持下来，是因为我们依靠了全体农民。在任何一个资本主义国家里，这都是不可能的。你们谈到根本修改整个纲领时，正是忘记了这个基本的经济事实。没有这一点，你们的纲领就不可能建立在科学的基础上。

我们必须从大家公认的一条马克思主义原理出发，即纲领必须建立在科学的基础上。纲领应该向群众说明，共产主义革命是怎样发生的，为什么它是不可避免的，它的意义、实质和力量在哪里，它应当解决什么问题。我们的纲领应当成为鼓动手册，像曾经有过的一切纲领例如爱尔福特纲领[60]那样。这个纲领的每一条都包含着鼓动者成千上万篇的演说和文章的内容。我们纲领中的每一条都是每个劳动者应该知道、领会和了解的东西。如果他们不了解什么是资本主义，不了解小农和手工业经济必不可免地经常产生资本主义，如果他们不了解这些，尽管他们一百次地宣称自己是共产主义者并且以最激进的共产主义炫耀于人，这种共产主义也是一文不值的。只有共产主义在经济上得到论证的时候，我们才珍视共产主义。

甚至在某些先进的国家里，社会主义革命也会改变许多东西。

虽然帝国主义汇集和积聚了金融资本,但是资本主义生产方式继续在全世界存在,常常还保持着不很发达的形式。在任何一个最发达的国家里也不能找到最纯粹形式的资本主义。甚至在德国也根本没有这样的资本主义。当我们收集资料来说明我们的具体任务时,中央统计局局长同志说:在德国,农民向粮食机关隐瞒了自己40%的剩余马铃薯。在资本主义充分发达的资本主义国家里,还存在着进行小型的自由买卖和投机的小农经济。这些事实是不能忘记的。在这次代表大会所代表的30万党员中,能完全弄清这个问题的人会很多吗?如果以为我们这些有幸起草草案的人知道这一切,党员群众也一定懂得这一切,那就是可笑的自负。不,他们需要这些起码常识,他们比我们更百倍地需要它们,因为在没有领会和不能说明什么是共产主义、什么是商品经济的人那里,是不会有共产主义的。我们在处理有关实际经济政策如粮食政策、农业政策或最高国民经济委员会政策的每个问题时,每天都碰到小商品经济给我们造成的困难。可是在纲领中似乎不应该谈到这一点!如果我们这样做,那只是表明我们不善于解决这个问题,只是表明我国革命的成功是由于特殊的条件。

一些德国同志到我国来,想要弄清社会主义制度采取的形式。我们必须这样办:向国外同志证明我们的力量,使他们看到我们在革命中丝毫没有越出现实的范围,并且把能使他们完全信服的材料提供给他们。假如把我们的革命说成是一切国家的一种理想,认为它作出了很多天才的发现和实行了一大堆社会主义的新奇东西,那是十分可笑的。我没有听见谁这样讲过,肯定地说,将来也不会听见谁这样讲。我们积累了在一个存在着无产阶级和农民的特殊关系的国家里实行摧毁资本主义的最初步骤的实际经验。如此而已。如果我们硬装成青蛙，一个劲儿地憋气，鼓肚子[61]，我们就将成为全世界的笑柄，成为纯粹的吹牛家。

我们以马克思主义纲领教育了无产阶级政党，同样应当以它来教育我国千百万劳动者。我们作为思想上的领导者聚集在这里，应当向群众说："我们教育了无产阶级，我们总是并且首先是以确切的经济分析为出发点的。"执行这个任务，不是发表一个宣言。第三国际的宣言——这是号召，这是宣告，这是要人们去注意摆在我们面前的东西，这是向群众呼吁。你们要设法科学地证明，你们有经济基础，你们不是在沙滩上进行建设。如果不能做到这一点，你们就不要制定纲领。要做到这一点，只有重新考察我们15年来的经历，除此而外，没有别的方法。15年前我们说社会革命行将到来，而今天我们已经实现了这个革命，这难道说明我们更弱了吗？这说明我们更巩固了，更强大了。总而言之，资本主义在转化为帝国主义，而帝国主义导致社会主义革命的开始。这是一个枯燥的和很长的过程，没有一个资本主义国家已经把它走完。但在纲领中指出这一过程是必要的。

正因为如此，从理论上提出的反对意见是经不起任何批评的。我不怀疑，如果让10—20个有写作经验的人每天工作三四小时，他们在一个月内是会写出更好的更完整的纲领来的。但是，如果像波德别尔斯基同志所说的那样，要求在一两天内做到这一步，那就十分可笑了。我们工作了不止一两天，甚至不止两个星期。我再说一遍，如果能选出一个由30人组成的为期一月的委员会，让他们一天工作几小时，同时没有电话打扰他们，那么毫无疑义，他们一定会拿出高明得多的纲领。但在这里对问题的实质谁也没有表示异议。不谈商品经济和资本主义的基础的纲领，不会是马克思主义的国际性的纲领。纲领要成为国际性的,就不能只限于宣告成立世界苏维埃共和国,或像皮达可夫同志那样只是宣告取消民族,说什么任何民族都不需要,需要的是全体无产者的联合。当然,这是美妙的事情,而且将会实现,但只能是在共产主义发展的另一个阶段上。皮达可夫同志盛气凌人地说:"你们在1917年就落后了,现在你们有了进步。"我们的进步就在于把符合现实的东西载入了纲领。我们说各民族在从资产阶级民主走向无产阶级政权,这说的是实际存在的东西,而在1917年,这还只是你们所期望的事情。

如果我们同斯巴达克派之间出现一种为统一的共产主义运动所需要的充分的同志信任,如果这种信任在一天天孕育成熟,经过几个月后终于形成,那么,这种信任就会载于纲领中。但是这种信任目前还没有,宣布这种信任就等于把他们拔高到他们根据自己的体验尚未达到的那种水平。我们说,苏维埃这种类型已具有国际的意义。布哈林同志举出了英国的车间代表委员会[62]。这并不完全等于苏维埃。它们在成长,但它们还在孕育中。当它们出现在世间时,我们"是会看看的"。至于说我们把俄国的苏维埃赠送给英国工人,这是经不起任何批评的。

其次,我要谈谈民族自决问题。这个问题的意义在我们的批评中被夸大了。这表现了我们批评中的缺点,因为这样的问题在整个纲领结构中、在全部的纲领性要求中实质上只有很次要的意义,但在我们的批评中却占了特殊的地位。

皮达可夫同志发言的时候,我很惊奇,不知道这是讨论纲领,还是两个组织局在争辩。皮达可夫同志说,乌克兰的共产党员是按照俄共(布)中央的指示行事的,我不明白他在用什么语气说话。

是遗憾的语气吗？我相信皮达可夫同志不是这样的，但他的发言的意思是说，既然在莫斯科有一个出色的中央委员会，这一切自决又有什么用处呢！这是幼稚的观点。乌克兰是由于一些特殊条件才同俄国分离的，因此，那里的民族运动没有深厚的根基。它略微表现出来，德国人就把它扼杀了。这是事实，但这是例外的事实。甚至那里的语言问题也成了这样：弄不清楚乌克兰语究竟是不是群众的语言。其他民族的劳动群众对大俄罗斯人都不信任，把他们看做一个进行盘剥、压迫的民族。这是事实。一个芬兰代表告诉我说，在仇恨大俄罗斯人的芬兰资产阶级中间，有这样的呼声："原来德国人更残暴，协约国更残暴，还是让布尔什维克来吧。"这是我们在民族问题上对芬兰资产阶级的一个最大的胜利。这丝毫不妨害我们把他们当做阶级敌人，并选择适当的手段同他们作斗争。在沙皇制度压迫过芬兰的国家里建立起来的苏维埃共和国应当宣布：它尊重各民族的独立权利。我们同存在了一个短时期的红色芬兰政府签订过一个条约[63]，在领土上向他们作了某些让步，为了这件事，我听到不少纯粹沙文主义的反对意见，说"那儿有很好的渔场，可是你们把它们送人了"。对这一类的反对意见我曾经说过：刮一刮某个共产党员，你就会发现他是大俄罗斯沙文主义者。

我觉得，这个有关芬兰的例子也像有关巴什基尔人的例子一样表明，在民族问题上不能说无论如何也要经济上的统一。当然这是需要的！但是我们应当通过宣传、鼓动、自愿的联盟来达到这一点。巴什基尔人不信任大俄罗斯人，因为大俄罗斯人文化程度较高，并且曾经利用自己的文化掠夺过巴什基尔人。因此，在这些偏僻地方，大俄罗斯人这个名称对于巴什基尔人说来就是"压迫者"、"骗子"。必须考虑到这一点,必须改变这一点。但要知道,这是一个长期的事情,这是不能用任何法令消除的。在这个问题上,我们应当十分慎重。像大俄罗斯人这样的民族特别需要慎重,因为它曾经引起所有其他民族的切齿痛恨,到现在我们才学会去纠正这种情形,而且做得还不好。例如在教育人民委员部和它的周围,有一些共产党员说:要成立统一的学校,因此,除俄语外,不能用别的语言讲课!在我看来,这样的共产党员就是大俄罗斯沙文主义者。这种人在我们中间还很多,我们必须同他们作斗争。

这就是为什么我们必须告诉其他民族说,我们是彻底的国际主义者,我们力争实现一切民族的工人和农民的自愿联盟。这丝毫不排斥战争。战争是另一个问题,它是由帝国主义的本质产生的。如果我们同威尔逊进行战争,而威尔逊把一个小民族变为自己的工具,那么我们说,我们要同这个工具作斗争。我们从来没有发表过与此相反的意见。我们从来没有说过社会主义共和国没有军事力量也能存在。在一定的条件下,战争可说是一种必然性。然而目前在民族自决问题上,问题的本质在于:不同的民族走着同样的历史道路,但走的是各种各样的曲折的小径,文化程度较高的民族的走法显然不同于文化程度较低的民族。芬兰有芬兰的走法。德国有德国的走法。皮达可夫同志说得对极了,我们需要统一。但是应当用宣传,用党的影响,用建立统一的工会来争取这种统一。然而这里也不能照一个死公式来行动。如果我们取消这一条或把它改写成另一种样子,我们就是把民族问题从纲领中一笔勾销了。如果人们没有民族特点,这样做倒也可以。但这样的人并没有,因此用别的方式我们是怎样也不能建成社会主义社会的。

同志们,我想,应当把这里提出的纲领作为基础,交给委员会,把反对派的代表们,确切些说,把那些在会上提出切实建议的同志们补充进委员会,由这个委员会列出:(1)草案的修改意见,(2)不能取得一致的理论上的反对意见。我想,这是最切实地处理问题的办法,它会最迅速地给我们一个正确的解决。(鼓掌)

载于1919年3月25日《真理报》
第64号

译自《列宁全集》俄文第5版
第38卷第174—184页

5

纲领中一般政治部分第三条的草案[64]

（给党的第八次代表大会纲领委员会）

（不晚于 3 月 20 日）

　　资产阶级的民主只限于宣布形式上的全体公民一律平等的权利，例如集会、结社、出版的权利。至多也就是一些最民主的资产阶级共和国取消过这几方面的全部立法限制。然而，在实际上当局的实践，以及劳动人民所受的经济奴役（这是主要的），总是使劳动人民在资产阶级民主制度下不可能稍微广泛地享受到权利和自由。

　　相反地，无产阶级的民主即苏维埃的民主不是在形式上宣布权利和自由，而首先是和主要是让居民中曾受资本主义压迫的那些阶级即无产阶级和农民能实际享受权利和自由。为此，苏维埃政权剥夺资产阶级的房屋、印刷所和纸库，并将它们全部交给劳动人民及其组织支配。

　　俄共的任务是吸引日益众多的劳动群众来运用民主权利和自由，并扩大劳动群众运用民主权利和自由的物质条件。

载于 1956 年 4 月 22 日《真理报》　　　　译自《列宁全集》俄文第 5 版
第 113 号　　　　　　　　　　　　　　　第 38 卷第 185 页

6

关于军事问题的讲话[65]

（3 月 21 日）

同志们，我尽力仔细地听取了军事小组两派之间，两种不同提案之间的意见分歧，这些分歧引起了激烈的发言并导致了军事小组内部的严重对立，以致部分人退出了会议[66]。当然，退出会议是不对的。仔细考虑了这些提纲[67]，我首先要表示不同意那种说我们的一切都顺利的看法，这是根本谈不上的。我们的局势现在很严重，以后仍然很严重，这一点已经由共和国革命军事委员会的奥库洛夫和阿拉洛夫同志向你们讲过了。这一点在中央委员会中也没有任何怀疑。当时，我们决定托洛茨基同志不参加代表大会[68]，而到局势危险的地方去。我们意识到我们给党的代表大会造成了怎样的损失。但是我们说过：局势是严重的。不过，我们来看一看，对于这些缺点的批评怎样超出了应该批评的界限。这就是以斯米尔诺夫同志的名义提出的提纲的第 1 部分第 6 条[69]。（宣读）

是啊，同志们，如果是这样地冲动，如果你们竟谈到专制农奴制度，那么会上情绪激烈也就毫不奇怪了。难道在共产党内可以这样谈问题吗？当我不得不同斯米尔诺夫同志谈话时，他向我介绍了情况，同时，他指责了这个条令[70]。这个条令我没有亲眼看到，但和同志们交谈过，他们向我说：强迫敬礼。老实说，我吓了一跳。吓了一跳，于是就去打听。我问了一些在军事部门工作的同志,我说请你们讲一讲,这是怎么回事;能不能弄到条令。这里也暴露出我们一个很大的缺点——我找了一个多星期,现在才拿到了这个条令。(鼓掌)我拿到后看了第16条。(宣读)

我读完了这一条。这一条特别引起我的注意。我不仅不是一个军事专家,也不是一名军人,这一点引起了我的注意,是因为在实际上我碰到过。当我听到说,首长有事找部下要行举手礼这一点就是恢复专制农奴制度,我认为这种说法是完全不对的。除了这一条以外,其余的我没有看。如果索柯里尼柯夫同志说,这一条必须修正,那么毫无疑问,这是必要的;当然,是存在着一些个别缺点。但因此就谈到专制农奴制度和旧军队,我说,先生们,如果你们这样讲,那就不对了。现在你们写出这些东西来,起初你们说我们同中农打交道,——你们不想同中农打交道,而是想助长社会革命党人和孟什维克的声势。得了吧,他们到哪儿能找到"专制农奴制度"这样合适的材料呢? 这里可以明显看出,你们在提纲中过分热衷于某种东西,你们有些不对头。缺点谁也没有否认。条令谁也没有去维护。下面我们读一下第10条[71]。(宣读)

怎么能这样呢? 说我们做的不好,除了革命军事委员会外,还设立了一个国防委员会,这叫什么罪名呢? 要知道,国防委员会从来没有一次干预过军事作战行动——它的任务是加快这一行动——我们在加紧处理二三十个有关供给红军粮食的问题。而这就是陆军人民委员部和革命军事委员会同时存在的罪过,要知道,他是革命军事委员会主席。这里,显然不能自圆其说。内情并不是这样。你们写的并非你们所想。戈洛晓金同志在这里发言时说:中央委员会的政策军事部门没有执行。您提出这样的指责,您作为党代表大会上的一名重要发言人,可以指责托洛茨基,说他不执行中央委员会的政策，但这是一种狂人的指责。您一点根据也拿不出来。如果您能证明这一点，那么，无论是托洛茨基，还是中央委员会就都没有什么用处了。如果党的组织不能够使它的政策得到执行，它还算是什么党的组织呀！这太不足道了。代表大会的代表中没有一个人认真地考虑这个问题。

我们经常产生意见分歧和错误，这一点谁也不否认。斯大林在察里津枪毙人，我就认为这是个错误，我认为他们枪毙错了。伏罗希洛夫同志引证的那些文件（文件举出第 10 集团军中，包括伏罗希洛夫同志在内，有许多英雄的事迹）揭露了我们的错误。我的错误也被揭露出来了，我不是打过电报吗，我说：要谨慎。我犯了错误。之所以如此，因为我们大家都是人。当然，如果德宾科在斯莫尔尼宫签署和约的时候，就把克拉斯诺夫枪毙，那就好了。[72]这当然是个错误，察里津保卫者的功劳在于他们揭露了阿列克谢耶夫的这个阴谋。斯大林同我有过意见分歧。斯大林证实过，并且谁也不会由此得出结论说中央委员会的政策在军事部门没有执行。这种指责是往整个军事部门和中央委员会脸上抹黑。你们现在不愿意说出这一点，但你们曾打算说出这一点。这里的内情大家都是很清楚的。首先来看第 10 条的第 2 部分。"结果……经常不足……"①

你们以为我们不知道这一点吗？在中央委员会的每一次会议上——对于每一个重大的战略问题，没有一次没有开过中央委员会会议或中央委员会常务局会议——我们没有一次不是解决基本的战略问题。例如，这里开的秘密会议，如果敌人威胁到西线，并

---

① 在列宁讲话的速记记录中，句子到此中断。这段文字应是："结果在前线危险地段的后备军经常不足，因此不能机动……"——俄文版编者注

同时向北推进，我们就会在那两个地方都没有足够的后备军。我们的出发点应该是：最近几个月要坚持住，因为我们知道敌人不能坚持多久。如果这里有人指责我们说，由于错误政策的结果，后备军经常不足，——这是可笑的和荒谬的。我们为后备军不足伤透了脑筋。但是，我们在没有后备军的时候总是把部队从这一战线调到那一战线。经常出现这样的情况，即中央委员会不得不作出决定：任何部队都不得从南线调走，不管其他地方受到怎样的威胁。

我要补充谈谈关于中农的问题。当然，思想影响的政策是必要的，但那是不够的。因为军队的无产阶级部分还不够大。这就需要铁的纪律。如果你们要说，这就是专制农奴制度，并抗议让首长行军礼，那么有中农参加作战的军队你们就不会得到。没有铁的纪律，没有无产阶级约束中农的纪律，什么事也做不成。为了吸收中农，我们什么事都需要做。但是，认为由于首长行个军礼，就抛出了关于专制农奴制的纪律的提纲，在这种情况下要想进行创建由中农组成的军队的工作，就等于搬起石头砸自己的脚。不实行铁的纪律，这里是什么事情也做不成的。现在我们来读第6条，萨法罗夫同志在这里作了说明。（宣读）

萨法罗夫同志以此嘲笑索柯里尼柯夫，说他发现了工团主义的特点。军队不能这样，军队里需要集中。这里你们是纠正了一些东西，但你们的尾巴依然保留着。既然如此，怎么能够接受这样的提纲呢？或者请看第10条[73]。瞧这里在修改之前是怎样写的。（宣读）

就是说，集体指挥。这真是令人吃惊，完全退回到游击习气的时期。你们修改时，把这一点删掉了，但表决却是按原来那样。至于少数派离开了会议，这是不好的，这是破坏纪律，是决不能赞同的。但是你们挖空心思地提出这样一条，并能够对它进行表决，能够为它拼凑了37票，这就更不好。

这不仅不好，而且掩盖着危险。问题在哪里呢？全部的原因是什么呢？原因就在于你们身上存在着旧的游击习气，这在伏罗希洛夫和戈洛晓金的所有发言中可以听得出来。伏罗希洛夫谈到察里津集团军在保卫察里津中的巨大功绩时，伏罗希洛夫同志当然绝对正确，历史上很难找到这样的英雄主义。这的确是一项非常巨大的、辉煌的业绩。但是，现在伏罗希洛夫本人在讲话时也举出了一些事实，说明游击习气的可怕痕迹是存在过的。这是无可争辩的事实。伏罗希洛夫同志说：我们没有任何军事专家，我们伤亡了6万人。这太糟糕了。在俄国革命运动史上，察里津集团军的英雄主义将占极其重要的地位，但这是在没有军事专家的情况下以6万人的伤亡为代价换来的。一方面，第10条中写道：军事专家要服从集体指挥。这就等于排除了他们。另一方面是伏罗希洛夫同志的话。他说，我们没有军事专家也对付过来了，只是伤亡了6万人。察里津集团军的英雄主义将要传布到广大群众中去，但是，说没有军事专家我们也对付过来了，这哪里是保卫党的路线。中央委员会的过错在于党的路线没有得到贯彻。伏罗希洛夫同志的过错在于他不愿意抛弃旧的游击习气。说游击习气同历史上的一定时期相联系，这是正确的。他说：在乌克兰，我们没有专家也对付过来了。皮达可夫和布勃诺夫的错误也在于他们赞同这种游击习气。这一点我们已经谈过了。应该懂得，为苏维埃政权而举行起义时，游击战是必要的。但是，是否可以把为建立苏维埃政权而刚刚举行起义时期的国内条件和现在的条件相提并论呢？

当然是不可以的。而伏罗希洛夫同志却忘记了这一点,这样他就完全否定了他自己的提纲。这些游击习气的残余在一定的历史时期是必要的,现在则已到根除的时候了。他们所说的话表明,这些同志还没有摆脱游击习气。你们反对派的全部错误就在于,你们由于把自己的经验同这种游击习气连在一起,把那些永志不忘的英雄主义传统同这种游击习气连在一起,你们不想知道现在是另一个时期。现在,首要问题是应该有正规军,应该过渡到拥有军事专家的正规军。

你们在提纲中,一方面说:我们是赞成军事专家的;另一方面,又说要由集体指挥,你们自己否定了自己。你们说,军事专家经常叛变、投敌。难道我们在纲领草案中没有讲到他们满脑子是资产阶级世界观,而我们的任务就是消除任何反革命阴谋吗?这是大家都知道的。我奇怪的是你们竟从自己的小圈子看问题。你们说:我们英勇地保卫了察里津,这是真的。但是,你们既然带着这种思想走上讲台,向代表大会讲话,你们就是在破坏整个党的路线和整个党的纲领。你们在维护旧的游击习气。当你们提出完全是反对军事专家的提纲时,你们就是在破坏全党的整个策略。分歧的根源就在这里。但是,你们在谈到规定专制农奴制的纪律时提出的这些没有根据的指责,是毫无用处的。同时,戈洛晓金甚至说这种死教条正在毁灭我们。你们听听吧,这样来否定这种资产阶级的文化和技术,我真不知道该说什么才好。我们在纲领中说,要吸收军事专家,而你们则说,要利用他们。而且是在集体指挥之下来利用。不,不能这样。他们将负责指挥,我们将派自己的人同他们一道工作。而且我们凭经验知道,这一定会有成效。伏罗希洛夫同志竟然制造了这样的奇谈怪论,说破坏军队的是奥库洛夫。

这真是骇人听闻。奥库洛夫执行了中央的路线。奥库洛夫多次报告说,那里还有游击习气。他用客观事实证明了这一点。可以损失 6 万人,但是从我们总的路线来看,我们可以一下子付出 6 万人吗?(伏罗希洛夫插话:"可是我们击毙了多少呢?")我完全知道,你们击毙了很多。但是,伏罗希洛夫同志,不幸的正是你们把全部注意力都放在这个察里津上了。从英雄主义方面来看,这是个极其伟大的事。但是,从党的路线方面,从认清我们提出的任务方面来看,很明显,我们不能够一下子付出 6 万人的代价。如果那里有军事专家,有应该受到重视的正规军的话,可能不会付出这 6 万人。这是从游击方式的活动向正规军的历史性的过渡。在中央讨论过了几十次,而这里却有人说,所有这些都必须抛弃,必须往回退。这绝对不行。我们度过了游击活动时期。可能在某些地方,比如在西伯利亚吧,还将是游击活动时代。但在我们这里,这个时代已经结束。如果这里有人说要回到游击活动时代,那么我们就最坚决地说:永远永远不行!(鼓掌)

译自《列宁文集》俄文版第 37 卷
第 135—140 页

7

代表大会致匈牙利苏维埃共和国
政府的贺电[74]

（3月22日）

布达佩斯，匈牙利苏维埃共和国政府

俄国共产党第八次代表大会向匈牙利苏维埃共和国表示热烈的祝贺。我们代表大会深信，共产主义在全世界的胜利已为期不远。俄国工人阶级将用一切力量加紧帮助你们。全世界的无产阶级都聚精会神地注视着你们今后的斗争，他们不容许帝国主义者干预新生的苏维埃共和国。

国际共产主义共和国万岁！

载于1919年3月25日《人民言论报》第71号（匈牙利文）　　　译自《列宁全集》俄文第5版第38卷第186页

8

关于农村工作的报告

（3 月 23 日）

（长时间鼓掌）同志们，我应当表示歉意，我没能参加代表大会所选出的农村工作问题小组[75]的所有的会议。因此，一开始就参加该组工作的同志们的发言，也就是对我的报告的补充。该组终于拟定了一个提纲，交给了委员会，并且有人要向你们报告提纲的内容。我只想说说这个问题的一般意义，这个问题是怎样经过该组的努力而提到我们面前的，以及在我看来，这个问题现在是怎样提到全党面前的。

同志们，在无产阶级革命的发展中，我们有时把社会生活中某个最复杂最重要的问题提到首位，有时又把另一个最复杂最重要的问题提到首位，这是十分自然的。革命总是触动而且不能不触动最深刻的生活基础和最广大的群众，所以在革命时期，任何一个政党，任何一个甚至最接近群众的政府，也绝对不能**一下子**把握住生活的各个方面，这也是十分自然的。如果现在我们来讨论农村工作问题并特别注意中农状况，那么从整个无产阶级革命的发展来看，并没有什么奇怪和反常的地方。当然，无产阶级革命必须从解决两个敌对阶级即无产阶级和资产阶级之间的基本关系开始。基本任务是使政权转入工人阶级手中，保证工人阶级专政，推翻资产阶级，剥夺资产阶级权力的经济根源，这种根源无疑是阻挠整个社会主义建设事业的障碍。我们都了解马克思主义,所以从来不怀疑这样一个真理:在资本主义社会中,由于这个社会的经济结构本身的缘故,能起决定作用的,不是无产阶级,就是资产阶级。现在我们看到,许多以前是马克思主义者的人(例如孟什维克阵营中的人)硬说在无产阶级和资产阶级决战时期可能有**一般民主**的统治。完全和社会革命党人唱一个调子的孟什维克就是这样说的。好像资产阶级建立民主或者取消民主,并不是依怎样对自己有利而定的! 实际上却正是如此,所以在资产阶级和无产阶级斗争尖锐的时候就根本谈不上一般民主。令人惊讶的只是,这些马克思主义者或假马克思主义者(例如我们的孟什维克)多么迅速地就揭穿了自己的面目,多么迅速地暴露出自己的真实本性,即小资产阶级民主派的本性。

马克思一生中抨击得最多的是小资产阶级民主派的幻想和资产阶级的民主制度。马克思讥笑得最厉害的是关于自由平等的空话,因为这些空话掩盖了工人饿死的自由,掩盖了出卖劳动力的人和好像是在自由市场上自由平等地购买工人劳动等等的资产者之间的平等。马克思在他的所有经济学著作中都阐明了这点。可以说,马克思的整部《资本论》是专门阐明如下这个真理的:**资本主义社会的基本力量就是而且只能是资产阶级和无产阶级——资产阶**级是这个资本主义社会的建设者,领导者,推动者;无产阶级是这个社会的掘墓人,是唯一能够代替它的力量。在马克思的任何一部著作中,未必找得到一章不是阐明这个问题的。可以说,参加第二国际的各国社会党人都曾无数次地向工人赌咒发誓,说他们懂得这个真理。但是一到无产阶级和资产阶级真正为争夺政权而进行决战的时候,我们的孟什维克和社会革命党人以及全世界老社会党的领袖们却忘记了这个真理，纯粹机械地重复那些关于一般民主制度的庸俗论调。

在我国，有时人们为了使这些话听起来更"有分量"，往往说到"民主派的专政"。这简直是无稽之谈。我们从历史上明明知道，民主派资产阶级的专政不过是对起义工人的镇压。从1848年起，至少从1848年起就是这样，但个别例子在此以前也可找到。历史告诉我们，正是在资产阶级民主的条件下，广泛而自由地开展着无产阶级和资产阶级间的最尖锐的斗争。我们在实践中认识到这一真理是正确的。我们从来没有离开这个真理，从来没有忘记这个真理，正因为这样，在一切根本问题上，苏维埃政府从1917年10月起所采取的步骤都是很坚定的。只有一个阶级即无产阶级的专政才能解决同资产阶级争夺统治权的问题。只有无产阶级专政才能战胜资产阶级。只有无产阶级才能推翻资产阶级。只有无产阶级才能领导群众反对资产阶级。

但决不能由此得出结论说，在今后的共产主义建设中，由于资产阶级已被推翻，政权已经转到无产阶级手中，我们似乎可以不要中间分子参加了。这种说法是极端错误的。

自然，在革命（即无产阶级革命）开始时，革命家是把全部注意力放在主要的和基本的问题上：实行无产阶级统治，打败资产阶级来保证这个统治，保证资产阶级不能复辟。我们深深知道，资产阶级至今还占有优势，他们在其他国家内还有自己的财产，有时甚至在国内还握有大量金钱。我们清楚地知道，还有许多比无产者有经验的社会成分在帮助资产阶级。我们清楚地知道，资产阶级没有打消复辟的念头，没有停止恢复自己的统治的尝试。

但这还远不是一切。资产阶级最崇尚的原则是："哪里好，哪里就是祖国。"从金钱的意义上说,资产阶级始终是国际的,**资产阶级现时在世界范围内还比我们强大**。它的统治正在迅速崩溃,它看到了诸如匈牙利革命这样的例子(昨天我们很荣幸地把匈牙利革命的消息告诉了大家,今天我们又得到了证实这一点的消息),它已经开始懂得它的统治在动摇。它已经不能自由行动。但是现在,如果估计到全世界范围内的物质财富,就不能不承认资产阶级在物质方面还比我们强。

正因为这样,在过去,我们十分之九的注意力和实际活动都是而且应当是放在这个基本问题上:推翻资产阶级,建立无产阶级政权,根除资产阶级复辟的任何可能性。这是十分自然的、合理的、必需的,而且在这一方面我们已经做出许多成绩。

现在我们应当把其他阶层的问题提到日程上来。我们应当把整个**中农问题**提到日程上来,这是我们在农村工作问题小组中得出的共同结论,而且我们相信全党工作人员都会同意这一点,因为我们只不过把他们的经验总结一下罢了。

当然,总会有人不去考虑我国革命的进程,不去思索目前摆在我们面前的是什么任务,反而利用苏维埃政权的每一步骤来讥笑,进行所谓批评,像孟什维克和右派社会革命党人先生们那样。这些人至今还不了解,他们应当在我们和资产阶级专政之间作一选择。我们对于这些人多次容忍,甚至多次宽大,我们还要再一次提供机会让他们感受我们的这种宽大,但在不久的将来,我们就要结束这种容忍和宽大了。如果他们再不作出选择,我们就要十分严肃地向他们提议,叫他们到高尔察克那里去了。(鼓掌)我们并不期望这些人会表现出了不起的智能。(笑声)但是可以预期,这些人亲身尝到高尔察克的残暴滋味以后,定会懂得,我们有权要求他们在我们和高尔察克之间作一选择。如果说，在十月革命后的最初几个月中，有许多幼稚的人抱着愚蠢的想法，以为无产阶级专政是一种暂时的偶然现象，那么现在，甚至孟什维克和社会革命党人都一定懂得，在整个国际资产阶级的进攻所引起的斗争中，是有一种合乎规律的东西的。

　　实际上只有两种力量：资产阶级专政和无产阶级专政。谁读了马克思的著作而不懂得这点，谁读了一切伟大社会主义者的著作而不懂得这点，那他从来就不是社会主义者，他丝毫也不懂得社会主义，而只是自命为社会主义者罢了。对于这些人，我们给他们一个短短期限去考虑，要求他们解决这个问题。我所以提到这些人，是因为他们现在说，或者将来会说：“布尔什维克提出中农问题，是想讨好中农。”我深深知道，这类论据以及比这还要坏得多的论据在孟什维克报刊上有广大的地盘。我们唾弃这些论据，我们任何时候也不认为敌人的胡说有什么意义。这些一直在资产阶级和无产阶级之间跑来跑去的人可以要说什么就说什么。但我们走我们自己的道路。

　　决定我们道路的首先是对各种力量所作的阶级估量。在资本主义社会中，资产阶级和无产阶级间的斗争日益发展。只要这个斗争没有结束，我们就要集中力量把它进行到底。这个斗争现在还没有进行到底。在这个斗争中，已经取得许多成就。现在国际资产阶级已经不能为所欲为了。匈牙利发生了无产阶级革命就是最好的证明。可见，我们的农村建设已经超出一切为了夺取政权这一基本要求的范围。

　　这一建设经过了两个主要阶段。在 1917 年 10 月，我们**同全体农民一起**去夺取政权。这是资产阶级革命，因为农村中的阶级斗争还没有展开。我已经说过，农村中真正的无产阶级革命是在

1918年夏天才开始的。假使我们不掀起这个革命,我们的工作就会是不完全的。第一个阶段是在城市中夺取政权,建立苏维埃管理形式。第二个阶段是在农村中把无产阶级和半无产阶级分子分离出来,使他们同城市无产阶级团结起来反对农村资产阶级;这对于一切社会主义者来说都是基本的,不承认这一点,社会主义者就不成其为社会主义者了。这个阶段基本上也已结束。我们最初为此而建立起来的组织,即贫苦农民委员会,已经非常巩固,我们已有可能用正式选举出来的苏维埃代替它们,就是说,改组村苏维埃,使它成为阶级统治的机关,成为农村中的无产阶级政权机关。大家当然都知道,不久以前中央执行委员会通过了关于社会主义土地规划和向社会主义农业过渡的措施的法令,这些措施是从我国无产阶级革命的角度出发对过去阶段所作的总结。

主要的事情,即无产阶级革命的首要的基本的任务,我们已经做到了。正因为我们已经做到了这点,更复杂的任务,即**对中农的态度**问题,就提到日程上来了。谁以为提出这个任务,就好像我们政权的性质削弱了,无产阶级专政削弱了,就好像我们的基本政策改变了(即使是认为部分的改变,稍微的改变),谁这样想,谁就是完全不了解无产阶级的任务,完全不了解共产主义革命的任务。我相信,在我们党内不会有这样的人。我只是想提醒同志们,在工人政党之外是会有这种人的,他们要这样说,并不是从某种世界观出发,而只是为了破坏我们的事业,帮助白卫分子,简单地说,就是唆使中农反对我们,因为中农一直是动摇的,他们不能不动摇,而且在相当长的时期内还会动摇。为了唆使中农反对我们,他们会说:"看,他们讨好你们了! 可见他们重视你们的暴动了,他们动摇了",等等,等等。必须使我们所有的同志在思想上武装起来,反对这种煽动。我相信，如果我们现在能够从阶级斗争的观点提出这个问题，那我们的同志是会武装起来的。

十分明显，解决**怎样正确地确定无产阶级对中农的态度**这个基本问题是一个更加复杂而迫切的任务。同志们，从理论上看，这个问题对于马克思主义者并不困难，大多数工人都领会了这种理论。我在这里提醒一下，例如考茨基曾写了一本论土地问题的书，那时他还正确地阐述了马克思的学说，并被公认为土地问题的权威，他在这本书中谈到从资本主义到社会主义的过渡时说：社会主义政党的任务是**中立农民**，就是使农民在无产阶级和资产阶级的斗争中保持中立，使农民不去积极帮助资产阶级来反对我们。

在资产阶级统治的长时期内，农民总是拥护资产阶级政权，站在资产阶级方面。如果注意到资产阶级的经济力量和它的政治统治手段，这是可以理解的。我们不能指望中农立刻站到我们这方面来。但如果我们执行正确的政策，经过一个时期，这种动摇就会停止，农民就会站到我们这方面来。

同马克思一道奠定了科学马克思主义（即我们党时时刻刻特别是在革命时期所遵循的学说）基础的恩格斯，就已经把农民分为小农、中农和大农。这种分法直到现在还适合于大多数欧洲国家的实际情况。恩格斯说："甚至对于大农，也许不是到处都要用暴力镇压。"至于我们有朝一日可能对中农使用暴力（小农是我们的朋友）的想法，是任何一个有理智的社会主义者从来没有过的。恩格斯在1894年，在他逝世的前一年，即在土地问题提到日程上来时，就是这样说的。① 这个观点所表明的真理有时被人们遗忘了，

---

① 参看《马克思恩格斯文集》第4卷第507—531页。——编者注

但在理论上我们大家都是同意的。对于地主和资本家,我们的任务是完全剥夺。**但是对于中农,我们不容许采取任何暴力手段。**甚至对于富裕农民,我们也不能像对待资产阶级那样肯定地说:绝对剥夺富裕农民和富农。在我们党纲中是作了这种区分的。我们说:镇压富裕农民的反抗,镇压富裕农民的反革命阴谋。这不是完全剥夺。

我们对待资产阶级和对待中农的基本区别,就是完全剥夺资产阶级,同不剥削别人的中农结成联盟;这条基本路线在理论上是大家都承认的。但是在实践中并没有彻底遵守这条路线,在地方上,人们还没有学会遵守这条路线。当无产阶级推翻了资产阶级、巩固了自己的政权并从各方面着手建立新社会的时候,中农问题就提到第一位了。世界上任何一个社会主义者也不否认,建设共产主义在有大农业的国家和有小农业的国家是不同的。这是最初步最起码的常识。从这个常识中得出的结论是,我们愈接近共产主义建设的任务,我们就愈应当在一定程度上把主要注意力集中在中农身上。

许多事情取决于我们如何确定对中农的态度。这个问题在理论上已经解决,但我们深深体验到,根据自己的经验知道,问题在理论上的解决和实际的贯彻是有区别的。我们已经接近到法国大革命时出现的这种区别,那时法国国民公会颇有气魄地宣布了许多措施,但它没有实行这些措施的应有的支柱,甚至不知道实行这种或那种办法时应该依靠哪一个阶级。

我们处于无比幸运的环境。由于整整一世纪的发展,我们知道依靠什么阶级。但我们也知道,这个阶级的实际经验还非常不够。对工人阶级和工人政党来说,基本的一点是很清楚的:推翻资产阶级政权，把政权交给工人。但是**怎样做到呢**？大家都记得我们克服了哪些困难，犯了多少错误，才从工人监督工业进到工人管理工业。而这还是我们的阶级即我们经常接触的无产阶级内部的工作。现在我们要确定我们对一个新的阶级，对城市工人所不熟悉的阶级的态度。必须确定对这个没有一定的稳固的地位的阶级的态度。无产阶级绝大多数都赞成社会主义，资产阶级绝大多数都反对社会主义，——要确定这两个阶级间的关系是容易的。可是，当我们讲到中农这样一个阶层的时候，就会看到**这是一个动摇的阶级**。他们一方面是私有者，另一方面又是劳动者。他们是不剥削其他劳动者的。他们在数十年内受尽千辛万苦来保持自己的地位，亲身遭受地主和资本家的剥削，忍受一切苦痛，但同时他们又是私有者。因此，我们对待这个动摇的阶级是有很大困难的。根据我们一年多的经验，根据我们半年多在农村中进行的无产阶级工作，根据农村中已经发生的阶级分化，在这方面我们尤其应当切忌急躁，不要死搬教条，不要把我们正在制定而还没有制定出来的东西当做完善的东西。下面发言的人会向你们宣读农村工作问题小组选出的委员会所起草的决议，你们就会看到，在这个决议中，对这一点已严加告诫。

　　从经济上看，显然我们需要帮助中农。这在理论上是毫无疑问的。但是由于我们的习惯，由于我们的文化水平，由于我们可以派到农村去的文化和技术力量不够，由于我们处理农村问题往往软弱无力，于是我们的同志往往使用强迫手段，把整个事情搞坏。就在昨天，有一个同志交给我一本俄共（布尔什维克）下诺夫哥罗德委员会出版的《下诺夫哥罗德省党的工作手册》；在这本小册子里，例如在第41页上，我看见有这样一句话："特别税的法令就是要把全部负担放在富农、投机者和**全体中等农民**身上。"这些人真可以说是"弄懂了"！也许是印错了，但出这样的错是不能容许的！也许是工作太匆忙了，那正说明，在这种事情上任何匆忙都危害极大。也许是根本就没有弄懂，这是最坏的推测，是我不想加之于下诺夫哥罗德的同志的。很可能，这不过是一种疏忽罢了。**76**

在实践中常常发生一位同志在委员会内谈到的那样的事情。有一次，农民围住他，每个人都问："请你确定一下，我是不是中农？我有两匹马和一头奶牛。我有两头奶牛和一匹马"，等等。你们看，这个到各县去工作的鼓动员必须有一只准确的温度计，把它放到农民身上测量一下，然后告诉他是不是中农。要做到这一点，就必须知道这个农民的全部经营史以及他同下等户和上等户农民的关系，而这些我们都无法确切知道。

这里需要很多实际的本事，需要熟悉当地情况。这种本领我们还没有。承认这一点并没有什么难为情的，我们应当公开承认这一点。我们从来不是空想家，我们从来没有想用纯洁的共产主义社会中产生和培养出来的纯洁的共产党人的纯洁的手来建设共产主义社会。那是童话。我们要用资本主义的破砖碎瓦来建设共产主义，而且只有在反资本主义斗争中受过锻炼的那个阶级才能做到这一点。你们很清楚，无产阶级不是没有资本主义社会的缺点和弱点的。它为社会主义而斗争，同时也同本身的缺点作斗争。无产阶级优秀的先进的部分，既然几十年内在城市中进行了殊死的斗争，也就有可能在这个斗争中学到城市和首都生活中的全部文化，并在一定程度上已经接受了这种文化。你们知道，甚至在先进国家中，农村总是愚昧无知的。当然，我们会把农村的文化程度提高，但这是很多年的事情。我们这里的同志往往忘记了这一点，而地方上来的人的每一句话都向我们非常具体地表明了这一点，他们不是这里的知识分子，也不是机关人员（这些人的话我们听得很多了），他们是实际观察过农村工作的人。正是他们的话，对我们农村工作问题小组特别宝贵。我相信，他们的话现在对整个党代表大会也是特别宝贵的，因为这些话不是从书本上来的，不是从法令中来的，而是从生活中来的。

　　这一切都促使我们去把我们对中农的态度弄得尽量明确些。这是很困难的，因为**这种明确性在生活中是没有的**。这个问题不仅没有解决，而且要想**立刻一下子解决是办不到的**。有人说"用不着写这样多的法令"，并责备苏维埃政府，说它只会写法令，而不知道怎样实行这些法令。实际上这些人没有觉察到，他们是怎样滑到白卫分子方面去了。假使我们指望写上100个法令就可以改变农村的全部生活，那我们就是十足的傻瓜。但假使我们拒绝用法令指明道路，那我们就会是社会主义的叛徒。这些在实际上不能立刻完全实行的法令，在宣传上起了很大的作用。以前我们的宣传是讲大道理，现在**我们是通过工作来宣传了**。这也是一种宣传，但这是用行动作宣传，不过这不是某些出风头的人的单个行动，对这种人，我们在无政府主义和旧社会主义盛行的时代曾多次加以嘲笑。我们的法令是一种号召，但不是以往的那种号召："工人们，起来推翻资产阶级！"不是的，这是号召群众，号召他们采取实际行动。**法令，这是号召群众实际行动的指令**。重要的是这一点。即使这些法令有许多不合适的东西，有许多实现不了的东西，可是这些法令为实际行动提供了材料，而法令的作用在于使倾听苏维埃政权意见的那成百、成千、成百万人学会采取实际步骤。这是在农村社会主义建设方面的实际行动的尝试。如果我们这样看问题，我们就可以从法律、法令和决定中得到很多很多的东西。我们不会把它们当做无论如何要立刻一下子就实现的绝对的命令。

必须避免一切会在实际上助长某些违法乱纪现象的事情。有些野心家、冒险家已在某些地方混进我们的队伍，自称为共产党人，欺骗我们；他们钻进我们队伍来，是因为共产党人现在掌握政权，是因为比较老实的"公务"人员由于思想落后没有来我们这里工作，而这班野心家却毫无原则，极不老实。这些只图升迁的人，在地方上采取强迫手段，以为这是很好的办法。而实际上却有时会使农民们说："苏维埃政权万岁，但要**打倒康姆尼!**"（即共产主义）。这样的事不是捏造，而是来自实际生活，来自各地同志的报告。我们不应当忘记：任何过分，任何鲁莽急躁，都会造成莫大的害处。

我们曾经需要拼命跳跃，不管怎样要赶紧摆脱使我们遭到破产的帝国主义战争，需要拼命努力把资产阶级和要打倒我们的力量打垮。这一切是必需的，不这样，我们就不能胜利。但是，如果用同样的方式对待中农，那就是愚蠢，迟钝，毁灭我们的事业，只有别有用心的分子才会有意这样做。现在的任务完全不同。现在的任务已经不是像从前那样粉碎明显的剥削者的反抗，战胜他们，推翻他们。不是的，我们已经解决了这个主要任务，现在提到日程上的是更复杂的任务。在这里暴力毫无用处。**用暴力对待中农是极有害的**。中农是一个人数众多的、拥有千百万人的阶层。甚至在欧洲，那里任何地方的中农都没有这样大的力量，那里技术和文化、城市生活和铁路交通特别发达，那里最容易产生用暴力对待中农的思想，可是无论什么人，无论哪一个最革命的社会主义者，都没有主张用强制手段对待中农。

在夺取政权时，我们依靠了全体农民。那时全体农民有一个共同的任务,就是同地主作斗争。但是直到现在,农民对大农场还怀有成见。农民想:"如果有了大农场,那我又要当雇工了。"这种想法当然是错误的。但农民一想到大农场就咬牙切齿,就想起地主压迫人民的情景。这种感情还存在,还没有消失。

我们首先应当依据的真理,就是在这里采用暴力方法其实是什么也做不到的。这里的经济任务是完全不同的。这里没有那样一种顶层,把它削去之后还能留下整个基础,整个建筑物。这里没有城市有过的那种顶层,即资本家。**在这里采用暴力,就是葬送全部事业**。这里需要长期的教育工作。农民不仅在我国而且在全世界都是实际主义者和现实主义者,我们应当拿出具体的例子来证明"康姆尼"是最好的东西。当然,如果农村里出现了鲁莽的人,那是不会有任何好处的,他们从城里跑到农村去,去了以后,吹上一通,闹几次知识分子的有时是非知识分子的意气,等到吵翻了脸,就一走了事。这是常有的情形。这班人不会受人尊敬,只会引起讥笑,而且讥笑他们是完全应该的。

说到这个问题,我们应当指出,我们鼓励建立公社,但应把公社办好**以取得农民的信任**。在那之前,我们还是农民的学生,而不是农民的先生。再愚蠢不过的是,一些人对农业及其特点一窍不通,他们跑到农村去,只是因为听说公共经济好,只是因为厌倦城市生活而想到农村工作,并且认为自己在各方面都是农民的先生。**再愚蠢不过的是想在处理中农的经济关系方面采用暴力。**

这里的任务不是剥夺中农,而是照顾到农民生活的特殊条件,向农民学习向更好的制度过渡的方法,**决不可发号施令!** 这就是我们给自己定下的准则。(全场鼓掌)这就是我们在决议草案中所力图说明的准则,因为在这一方面,同志们,我们的确犯了不少错误。承认这一点没有什么不好意思。过去我们没有经验。同剥削者作斗争本身也是我们从经验中学来的。如果人们有时因此责难我们,那我们就说:"资本家先生们,这是你们自己的罪过。假使你们不这样野蛮地、这样疯狂地、这样无耻地拼命反抗,假使你们没有同全世界资产阶级结成联盟,那么,革命也就会采取比较和平的方式。"现在,打退了各方面的疯狂进攻之后,我们可以采取另一种方法,因为我们不是什么小组,而是领导千百万人的政党。千百万人不能一下子懂得方针的改变,因此对富农的打击往往落到了中农头上。这是不奇怪的。不过必须懂得,这是历史条件造成的,这种历史条件业已消失,新的条件以及对待这个阶级的新任务要求有新的心理状态。

我们关于农民经济的法令基本上是正确的。我们没有理由放弃其中任何一个法令或者对任何一个法令感到后悔。法令虽然是正确的,**如果强迫农民接受就不正确了**。在任何一个法令中都没有这样说过。这些法令是正确的,它们指出道路,号召人们采取实际措施。我们说"鼓励联合",我们是发出指令,这些指令应当经过多次试验,以便找到实行这些指令的最终**形式**。既然说必须自愿,那就是说,要说服农民,要通过实践说服农民。农民不会相信空话,他们这样做是很对的。要是他们一听到法令和鼓动传单的内容就相信,那倒不好了。假使这样可以改造经济生活,整个这种改造就是一钱不值的。首先要证明联合起来好些,要使人们真正联合起来而不吵架散伙,——要证明这样做有好处。农民是这样提问题,我们的法令也是这样提问题。如果我们以前不善于这样做,那没有什么可耻的,我们应当公开承认这一点。

我们暂且只是解决了对任何一次社会主义革命来说都是一项

基本的任务,即战胜资产阶级的任务。这个任务基本上已经解决了,虽然极其困难的半年方才开始,全世界帝国主义者在作最后的努力要掐死我们。现在我们可以毫不夸大地说,**他们自己已经懂得,这半年过去后,他们的事情就会毫无希望**。或者他们现在趁我们疲惫不堪的时候来打败我们这个国家,或者我们将不仅在我国一国获得胜利。在这半年中,粮食危机和运输危机空前加剧,帝国主义列强又想从几条战线上向我们进攻,我们的处境是非常困难的。但**这是最后一个艰苦的半年**。必须继续竭尽全力,去同进攻我国的外部敌人作斗争。

但是,说到农村工作的任务时,尽管困难重重,尽管我们的全部经验集中在直接镇压剥削者这一方面,我们应当记住而不要忘记,在农村中如何对待中农完全是另一种任务。

彼得格勒、伊万诺沃-沃兹涅先斯克和莫斯科的到过农村的觉悟工人都向我们讲述过这样的事:许多看来是无法消除的纠纷,许多看来是非常重大的冲突,一当通情达理的工人出来说话,就解决了或缓和了。这些工人说话不是用书本的腔调,而是用农民懂得的语言,不是像虽然不懂得农村生活却要发号施令的指挥官那样,而是像同志那样说明实际情况,激发农民的那种劳动者反对剥削者的感情。这种用同志态度解释问题所达到的结果,是俨然以指挥官或上司自居的成百上千的人所不能达到的。

这就是我们现在要提请你们注意的整个决议的精神。

在这个简短的报告中,我是想说明这个决议的原则方面,这个决议的一般的政治意义。我是想证明(我想我已经证明了)从整个革命的利益来看,我们的路线没有任何变动,没有任何改变。白卫分子及其帮凶现在和将来都会叫喊我们的路线有了改变。让他们叫喊吧。这影响不了我们。我们要最彻底地发展我们的任务。我们必须把注意力从镇压资产阶级的任务转到安排中农生活的任务上去。我们应当同中农和平相处。只有我们改进和改善了中农生活的经济条件，中农在共产主义社会里才会站到我们方面来。如果我们明天能够拿出 10 万台头等拖拉机，供给汽油，供给驾驶员（你们很清楚，这在目前还是一种幻想），那么中农就会说："我赞成康姆尼"（即赞成共产主义）。可是要做到这一点，首先必须战胜国际资产阶级，必须迫使它供给我们这些拖拉机，或者必须把我们的生产能力提高到能够自己制造这些拖拉机的程度。只有这样提出这个问题才是对的。

农民需要城市工业，没有城市工业，农民是不能生活的，而城市工业是在我们手里。如果我们正确地进行工作，农民就会感谢我们从城市里供给他们工业品、农具和文化。把这些东西带给他们的不是剥削者，不是地主，而是与他们一样的劳动同志，他们会非常重视这些同志，但他们是从实际上重视，只重视这些同志的实际帮助，却拒绝（这样做完全是对的）命令和自上而下的"训令"。

首先要帮助，然后是取得信任。如果把这件事情正确地进行下去，如果在县里，乡里，在征粮队里，在任何组织里，我们每个小组的每个步骤都很正确，如果能够根据这个观点来把我们的每个步骤都仔细地加以检查，那我们一定会取得农民的信任，只有那时，我们才能继续前进。现在我们应当给农民以帮助，给他们以忠告。这不是指挥官的命令，而是同志的忠告。这样做下去，农民是会完全拥护我们的。

同志们，这就是我们的决议的内容，在我看来，这应当成为代表大会的决议。如果我们通过这个决议，如果这个决议将决定我们党组织的全部工作,那我们定能完成摆在我们面前的第二个伟大任务。

　　怎样推翻资产阶级,怎样镇压资产阶级,这我们学会了,这是我们引以自豪的。怎样调整好与千百万中农的关系,用什么方法取得他们的信任,这是我们还没有学会的,这点我们应当公开承认。但是我们已经了解这个任务,我们已经提出这个任务,我们可以满怀信心、有把握、有决心地说:这个任务我们定会完成,那时社会主义就是绝对不可战胜的了。(长时间鼓掌)

载于1919年4月1日《真理报》
第70号

译自《列宁全集》俄文第5版
第38卷第187—205页

9

为反对关于停止讨论
农村工作报告的提案所作的发言

(3月23日)

同志们,我决不能同意上一位发言人的意见,因为我确信,你们无论如何在今天晚上是不能把工作带到农村中去的。我们委员会认为,我们在这个代表大会上讲话,并不是给这个小小的会场听的,而是给全国听的,全国不仅将阅读我们代表大会的决议,而且想知道党对农村工作关注到什么程度。因此,必须听听地方同志的发言。如果你们在这上面花费一小时或一个半小时,农村工作不会受到损失。因此,我代表委员会务请你们不要吝惜这一小时或一个半小时。那些做实际工作的人将要发表的意见当然不会给我们很多东西,但对于阅读报纸的全国来说,我们这几小时的工作是很有益处的。

载于1919年《俄国共产党(布尔什维克)第八次代表大会。速记记录(1919年3月18—23日)》一书

译自《列宁全集》俄文第5版第38卷第206页

10

关于对中农的态度的决议

（3 月 23 日）

关于农村工作问题,第八次代表大会坚持 1919 年 3 月 22 日通过的党纲的观点,并完全支持苏维埃政权业已实行的关于社会主义土地规划和向社会主义农业过渡的措施的法令,认为现时具有特别重要意义的是更正确地执行党对中农的路线,即更关心中农的需要,消除地方政权的违法乱纪行为,力求同中农妥协。

1. 把中农和富农混淆起来,把对付富农的办法在某种程度上用到中农身上,那就不仅是最粗暴地违反苏维埃政权的一切法令和全部政策,而且是最粗暴地违反共产主义的一切基本原则,这些原则指出:在无产阶级为推翻资产阶级而进行决战的时期,无产阶级和中农妥协是无痛苦地达到消灭任何剥削的条件之一。

2. 因为农业技术比工业落后(甚至在先进的资本主义国家里也是如此,俄国更不用说了),所以经济根底比较牢固的中农在无产阶级革命开始以后还会维持相当长的时期。因此,农村中苏维埃工作人员和党的工作人员的策略应当估计到和中农合作的长期性。

3. 党无论如何要使农村中全体苏维埃工作人员十分明确而深刻地认识到科学社会主义所确认的一条真理,即中农不属于剥削者,因为他们并不从他人劳动中取得利润。这样一个小生产者阶级,不会因为实行社会主义而受到损失,相反地,却会因为摧毁了资本的枷锁而获得很大好处,因为在任何共和国中,甚至在最民主的共和国中,资本都是千方百计地剥削他们的。

这样,苏维埃政权在农村中实行完全正确的政策,就能保证胜利了的无产阶级和中农结成联盟和实行妥协。

4.苏维埃政权的代表们鼓励中农成立各种协作社和农业公社,但是不应当容许在建立这些组织时有丝毫的强迫。只有那些由农民自己自由发起的、经他们实际检验确有好处的联合才是有价值的。在这件事上过分急躁是有害的,因为这只能加深中农对新事物的成见。

那些擅自使用直接的甚至哪怕是间接的强迫手段来使农民加入公社的苏维埃政权代表,都应当受到严格的追究,应当撤销他们在农村中的工作。

5.对于一切不根据中央政权法令的确切指示而任意进行征收的行为,都应当严加追究。代表大会坚决要求农业人民委员部、内务人民委员部、全俄中央执行委员会加强这方面的监督工作。

6.为了资本家的掠夺性利益而进行的四年帝国主义战争,在世界各国造成了极大的破坏,而在俄国特别严重,目前这种破坏状态使中农陷入了困难的境地。

注意到这种情况,苏维埃政权关于征收特别税的法令,与世界上所有资产阶级政府的一切法令不同,坚决把纳税的重担完全放在富农身上,放在战争期间发了横财的、人数不多的进行剥削的农民身上。而对中农征税则应非常适当,使他们完全有能力交纳而不感到过重。

党要求无论如何要减轻向中农征收的特别税,甚至不惜缩减税收总额。

7.社会主义国家应当大力帮助农民,主要是供给中农城市工业品,特别是改良农具、种子和各种物资,以提高农业经营水平,保证农民的劳动和生活。

既然目前的经济破坏不容许立刻完全实行这些措施,各级地方苏维埃政权就必须想出种种办法去实际帮助贫苦农民和中农,使他们渡过目前的难关。党认为国家为此拨出巨款是很必要的。

8.特别应当做到切实执行并彻底执行苏维埃政权的法律,这个法律要求国营农场、农业公社和一切类似的联合组织对周围的中农给予迅速的和全面的帮助。只有给予这种实际帮助,才能实现和中农的妥协。只有这样,才能取得并且一定会取得中农的信任。

代表大会要求全体党的工作人员必须立刻真正实现党纲土地问题部分所指出的一切要求,即:

(1)调整农民使用的土地(消除土地零散插花、狭长等等现象),(2)供给农民改良种子和人造肥料,(3)改进农民的牲畜品种,(4)推广农艺知识,(5)给农民以农艺指导,(6)由国营修理厂给农民修理农具,(7)建立农具租赁站、实验站、示范田等等,(8)改良农民田地的土壤。

9.国家应该从财政上和组织上广泛帮助农民合作组织,以提高农业生产,特别是进行农产品的加工,改良土壤,扶持手工业等等。

10.代表大会指出,无论党的各项决定或苏维埃政权的各项法令,从来没有离开过同中农妥协的路线。例如,在农村苏维埃政权建设这一极重要的问题上,当成立贫苦农民委员会时,曾发布了一项由人民委员会主席和粮食人民委员签署的通令,规定贫苦农民委员会中必须有中农的代表。在取消贫苦农民委员会时,全俄苏维埃代表大会又曾指示必须让中农的代表参加乡苏维埃。今后工农政府和共产党的政策在执行中也应当贯彻无产阶级和贫苦农民两者同中农妥协的精神。

载于 1919 年 4 月 2 日《真理报》
第 71 号

译自《列宁全集》俄文第 5 版
第 38 卷第 207—210 页

11

代表大会闭幕词

（3 月 23 日）

同志们，我们的议程进行完了。现在让我在代表大会结束的时候讲几句话。

同志们！我们是在艰难的时刻聚集在一起的，这不只因为我们失去了我们的优秀的组织者和实际的领导者雅柯夫·米哈伊洛维奇·斯维尔德洛夫。我们是在特别艰难的时刻聚集在一起的，还因为国际帝国主义毫无疑问是在拼命地作最后的尝试来消灭苏维埃共和国。可以肯定，来自东西两方的加紧进攻，一连串的白卫分子的暴动，以及几个地方拆毁铁路的尝试，显然都是协约国帝国主义者精心策划的并在巴黎决定下来的步骤。同志们，我们大家知道，经受了四年帝国主义战争的俄国，是在怎样困难的条件下重新拿起武器来抵抗帝国主义强盗的侵犯以保卫苏维埃共和国的。我们知道，这一战争是多么艰苦，它是怎样消耗着我们的力量。但我们也知道，我们所以能够以充沛的精力和高度的英雄主义来进行这场战争，只是因为在世界上第一次建立起了知道为什么而战的军队和武装力量，只是因为作出异常重大牺牲的工人和农民在世界上第一次清楚地意识到，他们是在保卫苏维埃社会主义共和国，保卫劳动者统治资本家的政权，保卫世界无产阶级社会主义革命的事业。

在这种困难情况下，我们用很短的时间完成了一件大事。我们通过了而且是一致地（像通过代表大会所有的重大决议一样）通过了纲领。我们深信，尽管它在文字上和其他方面有很多缺点，但它已作为总结世界无产阶级解放运动新阶段的纲领载入第三国际的史册。我们深信，在许多国家里（在那里，我们的盟友和朋友比我们知道的多得多），只要把我们的纲领翻译出来，世界无产阶级的一支部队俄国共产党究竟做了些什么的问题，就会得到最好的答复。我们的纲领将是最有力的宣传鼓动材料，工人们看了这个文件会说："他们是我们的同志，我们的兄弟，他们干的是我们的共同事业。"

同志们，我们在这次代表大会上也通过了其他一些极重要的决议。我们赞同建立第三国际，即在莫斯科成立的共产国际。我们在军事问题上取得了一致的意见。尽管起初像是有很大分歧，尽管在会上十分坦率地批评我们军事政策方面的缺点的许多同志的意见很不一致，但我们在委员会里终于很容易地作出了意见完全一致的决定。在这即将离开代表大会的时候，我们深信，我们的主要保卫者，即全国为之承受了无数牺牲的红军，将会看到全体代表和全体党员是最热情的绝对忠实于它的助手、领导者、朋友和战友。

同志们，我们在组织问题上所以这样容易地解决了摆在我们面前的许多问题，是因为党同苏维埃关系的历史已给所有这些问题的解决指出了途径。我们只须总结一下。在农村工作方面，我们在代表大会一致迅速通过的决议中，规定了一条路线来解决一个特别需要、特别困难而其他国家甚至认为无法解决的问题，即推翻了资产阶级的无产阶级怎样对待千百万中农的问题。我们大家相信，代表大会的这一决议将更加巩固我们的政权。我们正处于一个艰苦时期，帝国主义者正最后试图以武力推翻苏维埃政权，同时粮食的极端缺乏和运输的破坏一再把成百成千的人们以至千百万的人们置于极其艰难的境地；我们相信，在这样一个艰苦时期，我们所作出的决议和鼓舞着代表们的精神，将帮助我们经受住这种考验，将帮助我们度过这艰苦的半年。

我们相信，**这将是最后一个艰苦的半年**。日前我们在代表大会上宣布的匈牙利无产阶级革命胜利的消息，特别加强了我们的这一信心。在此以前，苏维埃政权仅仅在内部，在加入前俄罗斯帝国的各民族中间取得了胜利，在此以前，那些目光短浅、特别难于摆脱保守习气和老一套想法的人（尽管他们也属于社会党人阵营），以为只是俄国的特点才造成了这种向无产阶级苏维埃民主制的突然转变，以为这一民主制的特点也许就是沙皇俄国旧日的特点在凹凸镜中的反映。如果在此以前这种见解还能站得住脚，那么，现在它已彻底破产了。同志们，今天接到的消息给我们描绘出了一幅匈牙利革命的图景。根据今天的消息，我们知道，协约国向匈牙利提出了一个要求允许军队过境的极横蛮的最后通牒。妥协主义的资产阶级政府看到协约国想把它们的军队开过匈牙利，看到一场新战争的空前未有的灾难又要落到匈牙利身上，于是自行辞职，自动同共产党人谈判，同狱中的匈牙利同志谈判，并且自己承认，除了把政权交给劳动人民，没有别的出路。（鼓掌）

同志们！人们曾经说我们是掠夺者；在1917年底和1918年初，资产阶级和它的大批拥护者一味说我们的革命是"暴力"和"掠夺"；至今人们总是说布尔什维克的政权是靠暴力维持的（我们已一再证明这种说法是十分荒谬的）；如果说这种谬论在以前可以一再重复，那么现在，在匈牙利的例子面前，这种论调就不得不销声匿迹了。甚至资产阶级都已看到，除了苏维埃政权以外，不可能有别的政权。这个文化水平较高的国家中的资产阶级比10月25日前夜的我国资产阶级更清楚地看到，国家就要灭亡，愈来愈严重的考验落到人民身上，就是说，政权应当掌握在苏维埃手中，就是说，匈牙利的工人和农民、新的无产阶级的苏维埃民主制应当拯救国家。

同志们，匈牙利革命的困难是很大的。这一比俄国小的国家也许更容易被帝国主义者扼杀。但不管匈牙利面前肯定还有的困难多么大，在这里，除苏维埃政权的胜利以外，我们还取得了**道义上的胜利**。最激进最民主的妥协派资产阶级都承认，在最严重的危急关头，当一个被战争弄得疲惫不堪的国家面临新的战争威胁的时候，苏维埃政权是一种历史的必然；他们承认，在这样的国家里，除了苏维埃政权，除了无产阶级专政，不可能有别的政权。

同志们，在我们以前有许多革命家为俄国的解放献出了自己的生命。这些革命活动家大多数的遭遇是沉痛的。他们备受沙皇政府迫害，不幸没有看到革命的胜利。而我们比他们幸福得多。我们不仅看到我国革命的胜利，不仅看到它是怎样在空前未有的困难中巩固起来并创立了赢得全世界同情的新的政权形式，而且还看到俄国革命撒下的种子正在欧洲发芽生长。因此，我们绝对坚信，不管我们还会受到多么严重的考验，不管垂死的国际帝国主义野兽还会给我们带来多么巨大的灾难，但这只野兽必将死亡，社会主义必将在全世界取得胜利。（长时间鼓掌）

我宣布，俄国共产党第八次代表大会到此闭幕。

载于1919年4月2日《真理报》
第71号

译自《列宁全集》俄文第5版
第38卷第211—215页

给匈牙利苏维埃共和国政府的贺电

(1919 年 3 月 22 日)

　　我是列宁。我谨向匈牙利苏维埃共和国无产阶级政府，特别是向库恩·贝拉同志表示衷心的祝贺。您的祝贺我已转告俄国共产党布尔什维克代表大会。大家都很兴奋。我们将尽快地把第三国际即共产国际莫斯科代表大会的决议和关于军事形势的通报拍发给你们。布达佩斯和莫斯科之间建立经常的无线电联系是绝对必需的。

　　致共产主义敬礼，握手。

列　宁

载于 1919 年 3 月 23 日《人民言论报》第 70 号（匈牙利文）

译自《列宁全集》俄文第 5 版第 38 卷第 216 页

给库恩·贝拉的电报

(1919 年 3 月 23 日)

列宁致库恩·贝拉,发布达佩斯

请告诉我,为了使匈牙利新政府成为真正共产党人的政府,而不仅仅是普通社会党人的,即社会主义叛徒的政府,您有什么切实的保证?

共产党员是否在政府中占多数?什么时候召开苏维埃代表大会?社会党人承认无产阶级专政的实际表现是什么?

毫无疑问,在匈牙利革命的特殊条件下,生吞活剥地全盘照搬我们俄国的策略,会是一种错误,我必须告诫您防止这一错误,但是,我想知道,您认为切实的保证是什么。

为了确切知道是您本人在回答我,请告诉我,您最后一次到克里姆林宫来时,我和您是怎样谈论国民议会的。

致共产主义敬礼

列　宁

载于 1932 年《列宁全集》俄文
第 2、3 版第 24 卷

译自《列宁全集》俄文第 5 版
第 38 卷第 217 页

对一位专家的公开信的答复

（1919 年 3 月 27 日）

今天我收到这样一封信：

"'一位专家'给列宁同志的公开信

读了《消息报》上您那篇关于专家的报告以后，我压抑不住内心极度的愤怒。难道您不明白，任何一个正直的专家，只要他还有一点点自尊心的话，都不会为了您想给他保证的那种畜生式的幸福而去进行工作？难道您竟这样孤独地幽居在克里姆林宫里，看不见您周围的生活，看不出俄国专家有许多人虽然不是执政的共产党员，却是真正的劳动者，他们花费了极大的精力，既不是从资本家手中，也不是为了资本的目的，而是在同旧制度的那种不堪忍受的大学和学院生活条件的顽强斗争中获得了自己的专门知识。对他们来说，这种条件在共产党的政权下并没有得到改善（在我看来，这是与共产主义制度的概念不相符的）。这些人虽然出身于不同的阶级，却是真正的无产者，从他们自觉生活的第一步起，就以思想、言论、行动来替劳动弟兄服务，他们被你们统称为有瘟病的'知识分子'，你们唆使出身于旧巡警、巡官、小官员、小店主（省内很大一部分"地方政权"往往是由他们组成的）的没有觉悟的新党员反对他们，他们受辱受苦的全部惨状是难以形容的。经常不断的荒诞的检举和控告，毫无结果但却极端侮辱人的搜查，枪毙、征用和没收的威胁，对私生活最隐秘方面的干涉（驻在我任教的学校里的部队首长要我必须和妻子睡一张床），这就是高等学校的许多专家直到目前不得不在其中工作的环境。然而，所有这些'小资产者'并没有离开自己的岗位，他们神圣地履行着自己所担负的道义上的责任：不惜任何牺牲，为那些受领导者教唆侮辱他们、损害他们的人保存着文化和知识。他们懂得，不能把个人的不幸和痛苦同建设更好的新生活的问题混淆起来，正是这一点使他们过去和现在能够忍耐和工作下去。

但是，请您相信，在这些仅仅因为对于如何走到将来的社会主义制度和共产主义制度的想法与您和您的学生不同而被你们一古脑儿咒骂为资产者、反革命分子、怠工分子等等的人们当中，用您所梦想的代价是收买不到任何人的。有些'专家'为了保全性命会来靠近你们，但所有这些人都不会给国家带来好处。专家不是机器，不能一开动就工作起来。没有灵感，没有内心的激情，没有创造的欲望，不管你们出多高的报酬，任何一个专家都不会作出什么贡献。一个志愿者，只要是在尊敬他的同志和同事中间进行工作和创造，担任有学识的领导者，不受1919年入党的政委的监视和管制，就会贡献出一切。

如果您希望到你们那里去的不是追求薪金的'专家'，如果您希望有更多的正直的志愿者加入那些不顾在许多问题上与你们有原则的分歧，不顾你们的策略常常给他们造成备受侮辱的处境，不顾许多苏维埃机关的严重的官僚主义混乱现象（这些机关有时甚至扼杀最有生气的创举），现在正真心诚意地在某些地方同你们在一起工作的专家行列，——如果您希望这样，那么，首先要纯洁你们的党和政府机关，清除那些毫无良心的同路人，处置那些以共产主义旗帜为掩护，不是卑鄙地侵吞人民财产，就是愚蠢地进行荒唐的捣乱来破坏人民生活根基的损公肥私者、冒险家、走狗和强盗。

如果您想'利用'专家，那就不要收买他们，要学会尊敬他们，把他们当人看待，而不要把他们当做你们暂时需要的牲畜和工具。

M.杜克尔斯基

沃罗涅日农学院教授
中央国营制革工业企业管理局主席"

———

信写得很尖刻，好像又很真诚。想回答一下。

依我看来，在写信人身上毕竟是个人冲动占了上风，使他丧失了根据群众的观点和把事情真正连贯起来加以研讨的能力。

在他看来，我们共产党人是排斥专家，用各种坏字眼"咒骂"专家的。

事实并不是这样。

工人和农民推翻了资产阶级和资产阶级的议会制度，建立了苏维埃政权。现在不难看出，这并不是布尔什维克的"冒险"和"狂

妄举动"，而是两个具有世界历史意义的时代，即资产阶级时代和
社会主义时代，资本家议会制度时代和无产阶级苏维埃国家制度
时代的世界性交替的开始。一年多以前大部分知识分子不愿意看
到（一部分是看不到）这一点，这能归咎于我们吗？

　　怠工是知识分子和官员们发动的，他们大多是资产阶级和小
资产阶级。这种说法包含着阶级的鉴定、历史的评价，它可能正
确，也可能不正确，但绝不能把它当做诽谤或咒骂。工人和农民痛
恨知识分子的怠工是必然的，如果可以"归咎于"谁的话，那只能
"归咎于"资产阶级及其自觉和不自觉的帮凶。

　　假如我们"唆使"人们去反对"知识分子"，那就应当把我们绞
死。但是我们不仅没有唆使人民去反对他们，而且还用党的名义
和政权的名义宣传必须给知识分子以较好的工作条件。我至少从
1918年4月起就已经这样做了，不知道写信的人引证的是哪一号
《消息报》，但是，一个习惯于从事政治的人，即习惯于从群众的观
点而不是从个人的观点分析现象的人，听到有人说主张较高的工
资一定是卑鄙地或者居心叵测地想进行"收买"，他是会感到非常
奇怪的。希望可敬的写信者原谅我，但是，实在说，这使我想起了
"酸小姐"这个文学典型。

　　假定高工资是给予一伙特殊的、故意挑选出来的人，也就是
说，给予一伙以前由于一般社会原因而没有得到和不能得到较高
薪金的人，那还可以推想政府有"收买"这伙人的目的。但是，现在
指的是几十万（如果不是几百万的话）过去**一直**得到优厚薪金的
人，假如不是陷入疯狂的冲动，对一切都吹毛求疵，怎么会把在一
定时期内必须维持有所降低但仍然高于中等水平的工资的主张看
成是一种欺骗或者"侮辱"呢？

这是毫无道理的。不仅如此，写信人把驻在学校里的部队首长要求教授必须和他妻子睡一张床说成莫大的欺负和侮辱，那更是自己打自己的嘴巴。

第一，既然知识界人士要求丈夫和妻子各有一张床铺的愿望是合理的（这无疑是合理的），那么，为了实现这个愿望，就必须有高于中等水平的工资，写信的人不可能不知道，"平均"每个俄国公民还从来到不了一张床！

第二，那个部队首长在**这件事**上是否不对呢？如果没有粗暴、侮辱、嘲弄人的意思等等（**可能**有过，那是应该惩罚的），我再说一遍，如果**没有**这些，那么，在我看来，**他是对的**。士兵们疲惫不堪，几个月既没有见过床，大概也根本没有见过比较像样的过夜的地方。他们在闻所未闻的极端困难的条件下，捍卫着社会主义共和国，难道他们没有权利弄一张床作短时间的休息吗？不，士兵和他们的首长是对的。

我们反对把知识分子的一般生活条件一下子降低到中等水平，因此，我们反对把他们的工资降低到中等水平。但是一切都要服从于战争，为了让士兵们休息，知识分子应当挤一挤。这不是侮辱，而是正当的要求。

写信的人要求以同志的态度对待知识分子。这是正确的。我们也要求这样。我们的党纲正好直接而明确地提出了这个要求。另一方面，如果非党的知识分子，或者敌视布尔什维克的党派的知识分子，也同样明确地要求自己的伙伴以同志的态度对待疲惫的士兵，对待过度疲劳的、为几世纪的剥削所激怒了的工人，那么，体力劳动者和脑力劳动者互相接近这件事便会大有进展。

写信的人要我们纯洁我们的党和我们的政府机关，清除"那些混进来的毫无良心的同路人，那些损公肥私者、冒险家、走狗和强盗"。

　　这是正确的要求。我们早已提出并在实现这个要求。我们对于党内的"新手"不是放任不管的。代表大会甚至专门规定了重新登记[77]。我们现在和今后都会枪毙那些被捕获的强盗、损公肥私者和冒险家。但是，为了使清洗工作进行得更彻底更迅速，就需要真诚的非党知识分子在这方面协助我们。如果他们联合一些彼此熟识的人，以他们的名义号召大家在苏维埃机关中忠实地工作，用公开信的话说，就是号召大家"替劳动弟兄服务"，那么新社会制度分娩的痛苦就会大大缩短和减轻。

尼·列宁

1919 年 3 月 27 日

载于 1919 年 3 月 28 日《真理报》第 67 号

译自《列宁全集》俄文第 5 版第 38 卷第 218—222 页

俄共(布)中央关于派遣一批工人小组参加粮食和运输工作的决定草案[78]

（不晚于 1919 年 3 月 28 日）

鉴于粮食和运输危机加剧对共和国造成极端严重的威胁，俄共中央决定：

委托加米涅夫

季诺维也夫

斯大林三位同志

在粮食人民委员部和交通人民委员部以及中央执行委员会参加下组织一批有威望的工人小组和一些列车，去参加粮食工作和运输工作。

列　宁

载于 1933 年《列宁文集》俄文版第 24 卷

译自《列宁全集》俄文第 5 版第 54 卷第 413 页

关于推荐米·伊·加里宁为
全俄中央执行委员会主席候选人

在全俄中央执行委员会第十二次会议上的讲话

（1919年3月30日）

同志们！要找到一位真正能够代替雅柯夫·米哈伊洛维奇·斯维尔德洛夫同志的人，是一项极其困难的任务，因为一个人既要担任党的负责工作，熟悉党的历史，又要非常了解人，善于挑选合适的人才担任苏维埃的负责工作，这几乎是不可能的。党内在讨论候选人时一致认为，斯维尔德洛夫同志担负的各项工作不可能由一位同志包下来，因此必须委托一批领导集体分管这些工作，让它们每天开会研究，对各个部门进行领导。至于主席一职，应当这样提出问题：他应能体现党对农民的路线。

你们知道，在党的代表大会上所表明的我们对中农的态度，并不是我们总的政策的改变。第一项任务——镇压资产阶级——解决以后，必须完成对待中农方面的任务。如何对待中农的问题，在我国比在我们欧洲同志那里更加尖锐，因而我们应当让一位能够向大家表明我们关于对待中农的决议会得到切实贯彻的同志来领导苏维埃政权。

我认为，可以而且应当找到一位能把贯彻居领导地位的党对中农的路线完全当做自己的任务的同志。我们知道，在目前，做到上下通气是一项特别紧迫的任务。我们知道，交通很不方便，正在进行内战，内战有时不仅使个别省份，而且使很多地区同中央的联系都很差，在这种情况下，就需要特别重视上下通气的任务。

我们知道，如果我们找到一位既有切身经验又很熟悉中农生活的同志，我们就能够解决这一任务。我认为，你们今天在报上看到的候选人是符合这一切条件的。这就是加里宁同志。

这是一位从事党的工作将近二十年的同志；他本人就是特维尔省的一个农民，同农民经济有紧密的联系，并且经常在改善和加强这种联系。彼得格勒工人已经深信他具有善于同广大劳动群众相处的本领，当这些群众缺乏党的教育时，当宣传员和鼓动员不能以应有的同志的态度与群众相处时，加里宁同志总是成功地解决了这一任务。在目前，这是特别重要的。当然，全体中农及其一切优秀分子都在坚决地支持我们克服一切困难，消灭那些有极少数农村群众跟在后面跑的富农暴动。我们知道，在小农国家中，我们的主要任务是保证工人同中农结成牢不可破的联盟。我们在土地政策方面所采取的完全消灭地主土地占有制和坚决帮助中农的措施已经收到效果，因而中农的人数一年来增加了。但是地方上还往往任用一些不称职的行政人员。

滥用职权的情形是有的，但这不是我们的过错。我们知道，我们已经尽了一切努力来争取知识分子，但是，政治上的分歧把我们分开了。我们知道，资产阶级议会制的时代已经结束，全世界的工人都同情苏维埃政权，不管资产阶级怎样杀害无产阶级的领袖（像他们在德国所干的那样），苏维埃政权的胜利是不可避免的。全部经验必然使知识分子最终加入我们的队伍，而我们也一定会得到管理国家所需的人才。我们一定要把混进苏维埃政权的人赶走，而这是引起不满的原因之一，但我们不怕承认这种做法是正当的。我们必须大力同这种祸害作斗争。我们在党的代表大会上已坚决要求全体工作人员执行这一行动路线。

在谈到社会主义农业时，必须指出，我们认为要实现社会主义农业，只有同中农实行一系列同志式的妥协。我们必须尽可能多接近中农。

我们也知道，在革命时期做工作最多并完全致力于这一工作的同志，不善于很好地与中农相处，不善于不出差错地做到这一点，而他们所出的每个差错都被敌人利用，造成某种疑虑，使中农同我们的关系问题复杂化。

这就是为什么找到一位兼有我所谈的那些品质的同志是一件很重要的事情。我们要以我们的组织经验去帮助他，使中农把全苏维埃共和国的最高代表看做自己人，使我们党的决定，即关于必须善于与中农相处和一定要根据我们已有的经验去审查、研究和检验我们的每个步骤的决定，不致成为一纸空文。

我们知道，我们的同盟者的数目在增多，我们知道，在最近几个月内这一数目将会增加很多倍，但是现在这个担子还只是压在我们这个遭到严重破坏的非常穷困的国家身上。这是中农极难胜任的事情。需要接近并尽力帮助中农，需要让中农了解并用事实证明：我们要坚决贯彻我们党代表大会的决议。

这就是为什么要由加里宁同志这样的候选人来把我们大家团结起来。这样的候选人会以实际办法帮助我们在苏维埃政权最高代表和中农之间建立许多直接联系，会帮助我们接近中农。

这项任务不能一下子得到解决，但是我们相信我们应当作出的决定是正确的。我们知道，我们在这方面的实际经验很少。希望苏维埃共和国最高代表在我们大家的协助下,自己首先来取得这种经验,掌握全部知识,并且加以检验。我们可以相信,我们定会解决这项任务,俄国定将不仅成为坚决地实现了无产阶级专政和无情地镇压了资产阶级的模范国家(这一点我们已经做到了),而且成为依靠同志的支援和新经验完满地解决城市工人同中农的关系的模范国家,而这一点正是无产阶级革命彻底胜利的主要保证之一。

这就是我要向你们推荐加里宁同志做候选人的原因。

载于1932年《列宁全集》俄文第2、3版第24卷

译自《列宁全集》俄文第5版第38卷第223—226页

国防委员会关于
铁路员工粮食供应的决定草案[79]

(1919 年 3 月 31 日)

交通人民委员部向工人宣布,根据精确计算,在一个月运来 600 万普特的情况下,获得 25 俄磅是绝对有保证的。运来的数量还可以比这多得多。应尽全力增加修复机车的数量。此外,提高了劳动生产率的,可按全俄工会理事会的标准给予**奖金**。

载于 1933 年《列宁文集》俄文版
第 24 卷

译自《列宁全集》俄文第 5 版
第 38 卷第 412 页

留声机片录音讲话⁸⁰

（1919 年 3 月底）

1

悼念全俄中央执行委员会主席
雅柯夫·米哈伊洛维奇·斯维尔德洛夫同志

经常与斯维尔德洛夫同志一起工作的同志都特别清楚地知道，他的非凡的组织才能使我们获得了完全可以引为骄傲的东西。他使我们有了协调的、合理的、有组织的工作，这种工作是有组织的无产阶级群众所应该具有的，是完全符合无产阶级革命的需要的，没有这种工作就不可能取得胜利。雅柯夫·米哈伊洛维奇·斯维尔德洛夫同志在我们的记忆中将不仅是一个革命者忠于自己事业的象征，不仅是把冷静而熟练地处理实际工作、密切联系群众同善于领导群众结合起来的典范，而且是激励愈来愈多的无产阶级群众不断前进、直到取得共产主义革命彻底胜利的保证。

载于 1924 年 2—3 月《青年近卫军》
杂志第 2—3 期合刊

译自《列宁全集》俄文第 5 版
第 38 卷第 229 页

2

第三国际——共产国际

今年即 1919 年 3 月，在莫斯科召开了国际共产党人代表大会。这次代表大会建立了第三国际，即共产国际，这个国际是力求在世界各国建立苏维埃政权的全世界工人的联盟。

马克思创立的第一国际存在于 1864 年到 1872 年。英勇的巴黎工人的失败，著名的巴黎公社的失败，标志着第一国际的告终。第一国际是不会被人遗忘的，它在工人争取自身解放的斗争史上是永存的。它奠定了我们有幸正在建设的世界社会主义共和国大厦的基础。

第二国际存在于 1889 年到 1914 年，即存在到大战前。这段时期是资本主义最平稳最平静的发展时期，是没有大革命的时期。在这个时期内，很多国家的工人运动壮大了。但是，大多数工人政党的领袖却因为习惯于平静时期而丧失了从事革命斗争的能力。1914 年爆发了历时四年血染全球的战争，爆发了资本家瓜分利润、争夺对弱小民族统治权的战争，在这样的时候，这些社会党人却跑到本国政府方面去了。他们背叛了工人，帮助拖延这场大厮杀，成了社会主义的敌人，跑到资本家那里去了。

工人群众抛弃了这批社会主义叛徒。全世界开始进入革命斗争。战争表明资本主义已经完蛋。它就要被新制度所代替。社会主义这个老的字眼已被社会主义叛徒玷污了。

现在,仍然忠于推翻资本压迫事业的工人,把自己称为共产党人。共产党人同盟正在全世界成长起来。苏维埃政权已经在几个国家取得胜利。在不久的将来,我们就会看到共产主义在全世界的胜利,我们就会看到世界苏维埃联邦共和国的建立。

载于1924年2—3月《青年近卫军》
杂志第2—3期合刊

译自《列宁全集》俄文第5版
第38卷第230—231页

3

关于用无线电
同库恩·贝拉通话的通报

当库恩·贝拉同志在俄国做战俘时,我就已经同他很熟悉了,他曾不止一次地到我这里来谈论共产主义和共产主义革命的问题。因此,收到了关于匈牙利共产主义革命的通报并且是库恩·贝拉同志签署的通报以后,我们很想同他谈谈,并想更确切地知道有关这一革命的情况。关于匈牙利共产主义革命的第一批通报使人有些担忧:这是不是所谓的社会党人即社会主义叛徒们的骗局,是不是他们瞒过了共产党人,何况当时共产党人都在狱中。因此,在收到关于匈牙利革命的第一个通报的第二天,我就拍电报到布达佩斯,请库恩·贝拉亲自答话,我向他提出了一些问题,以证实是不是他本人,并且询问他关于政府的性质和政府的实际政策有哪些实在的保证。库恩·贝拉同志的答复十分令人满意,消除了我们的一切疑虑。原来是左派社会党人到监牢里去找库恩·贝拉商量组织政府的。新的政府完全由这些同情共产党人的左派社会党人以及中派分子组成,而右派社会党人,即可说是死硬的和不可救药的社会主义叛徒,则完全离开了党,而且没有带走一个工人党员。以后的通报证明,匈牙利政府的政策十分坚定,完全符合共产主义方针,我们最初是实行工人监督,以后才逐步实行工业社会化，而库恩·贝拉由于他的声望，由于他相信广大群众都拥护自己，立刻实施了一项法令，把过去按资本主义方式经营的匈牙利全部工业企业转变为公共财产。两天过后，我们完全相信，匈牙利革命已经极其迅速地一下子走上了共产主义轨道。资产阶级自己把政权拱手交给了匈牙利共产党人。资产阶级向全世界表明，当严重的危机到来的时候，当民族处于危险境地的时候，资产阶级不能管理国家。真正人民的、真正为人民爱戴的政权只有一个，这就是工兵农代表苏维埃政权。

　　匈牙利苏维埃政权万岁！

载于1924年2—3月《青年近卫军》
杂志第2—3期合刊

译自《列宁全集》俄文第5版
第38卷第232—233页

4

告 红 军 书

红军战士同志们！英国、美国和法国的资本家正在对俄国进行战争。他们要报仇，因为苏维埃工农共和国推翻了地主和资本家的政权，给世界各国人民作出了榜样。英国、法国和美国的资本家用金钱和军火来援助派军队从西伯利亚、顿河、北高加索进攻苏维埃政权的俄国地主，期望恢复沙皇政权，地主政权，资本家政权。不，这是不可能的。红军已经团结起来，奋起作战，把地主军队和白卫军官赶出了伏尔加河流域，夺回了里加，夺回了几乎整个乌克兰，正在迫近敖德萨和罗斯托夫。只要再努一把力，只要再同敌人打几个月，胜利就会是我们的了。红军所以有力量，因为它是自觉自愿地、同心协力地为农民的土地而战，为工农政权而战，为苏维埃政权而战。

红军是不可战胜的，因为它把千百万劳动农民同工人联合了起来，他们现在学会了斗争，建立了同志纪律，受到小的挫折不是士气低落，而是更加坚强，他们愈来愈勇敢地向敌人进攻，他们知道，敌人的彻底失败就在眼前了。

————

红军战士同志们！红军里的工农联盟是巩固的、紧密的和牢不可破的。富农和十分富有的农民企图组织反苏维埃政权的暴动,但他们的人数是微乎其微的。他们不可能使农民长期地经常地受欺骗。现在农民知道,他们只有同工人结成联盟才能战胜地主。在农村中,有时一些人自称为共产党人,其实他们是劳动人民的死敌和暴徒,他们怀着自私的目的依附我们的政权,招摇撞骗,为非作歹,欺压中农。工农政府下定了决心要同这些人作斗争,把他们从农村中清除出去。中农不是敌人,而是工人的朋友,是苏维埃政权的朋友。觉悟的工人和真正的苏维埃人,是把中农当做同志看待的。中农不像富农那样掠夺他人的劳动,靠他人发财;中农自己从事劳动,靠自己劳动过活。苏维埃政权一定要镇压富农,把不公正地对待中农的人从农村中清除出去,无论如何要实行工人同全体劳动农民(贫苦农民和中农)的联盟。

这一联盟在全世界日益发展。在各个地方,革命都在迫近,都在发展。最近,革命在匈牙利获得了胜利。那里建立了苏维埃政权——工人政府。各国人民也一定都会做到这一点。

红军战士同志们!你们要坚强不屈,紧密团结!奋勇前进,打击敌人!胜利是属于我们的。地主资本家的政权在俄国已被摧毁,在全世界也将被战胜!

3月29日

载于1924年2—3月《青年近卫军》杂志第2—3期合刊

译自《列宁全集》俄文第5版第38卷第234—235页

5

论 中 农

现在,摆在共产党面前的最主要的问题,最近这次党代表大会最注意的问题,就是中农问题。

十分自然,通常要提出的第一个问题是:什么是中农。

十分自然,党员同志们常常谈起,在农村中有人问他们什么人算是中农。对于这个问题我们的回答是:不剥削他人的劳动,不靠他人的劳动过活,丝毫不侵吞他人的劳动果实,自己从事劳动,靠自己劳动过活的人,就是中农。

过去这样的农民比现在少,因为在资本主义制度下,大多数农民都非常贫穷,而无论过去或现在,富农,即剥削者、富裕农民只占极少数。

自从土地私有制废除以后,中农就多起来了。苏维埃政权已下定决心无论如何要和中农建立完全融洽的关系。当然,中农不能马上就站到社会主义方面来,因为他们固守着已经习惯了的东西,小心谨慎地对待一切新事物,对任何号召他们做的事情总要先用事实、用实践加以检验,在没有确信有改变的必要时,决不改变自己的生活。

正因为这样,我们应该知道、记住和贯彻这样一点:下乡的工人党员必须设法同中农建立同志关系,必须记住,不剥削他人劳动的劳动者,就是工人的同志,我们能够而且应该同他们建立自愿的、完全真诚的、充分信任的联盟。共产主义政权所提出的任何措施,只应当看做对中农的一种忠告,一种提示,一种劝他们转向新制度的建议。

只有在实践中考验这些措施,检查它们的错误,避免可能犯的错误,同中农实行妥协,——只有这样共同努力,才能够保证工农联盟。这个联盟是苏维埃政权的主要力量和支柱。这个联盟将保证我们胜利完成社会主义改造事业,胜利完成战胜资本和消灭一切剥削的事业。

载于1924年2—3月《青年近卫军》
杂志第2—3期合刊

译自《列宁全集》俄文第5版
第38卷第236—237页

6

什么是苏维埃政权

　　什么是苏维埃政权？大多数国家还不愿意理解或不能够理解的这一新政权的实质是什么？日益吸引每个国家的工人的新政权的实质就在于：从前管理国家的总是富人或资本家，而现在却第一次由正是遭受过资本主义压迫的那些阶级而且是为数众多的人来管理国家。即使在最民主最自由的共和国里，只要还保留着资本的统治和土地的私有制，管理国家的总是极少数人，十分之九是资本家或富人。

　　在世界上，我们俄国第一次这样建立了国家政权：没有剥削者参加，只由工人和劳动农民组成群众组织——苏维埃，而全部国家政权都交给苏维埃。正因为这样，不管世界各国的资产阶级代表怎样诬蔑俄国，"苏维埃"这个字眼在世界各地不仅成了容易理解的字眼，而且成了通俗的字眼，成了工人和全体劳动者都喜爱的字眼。正因为这样，不管共产主义的拥护者在世界各国遭到怎样的迫害，苏维埃政权必然而且一定会在不久的将来在全世界取得胜利。

　　我们清楚地知道，在我们苏维埃政权机构中还有许多缺点。苏维埃政权并不是神丹妙药。它不能一下子治好过去的毛病，不能一下子消除文盲、不文明、野蛮战争的后果和掠夺性的资本主义的遗毒。但是它提供了过渡到社会主义的可能性。它使受压迫的人能够站立起来，能够逐渐地担负起对国家、经济和生产的整个管理。

苏维埃政权是劳动群众找到的走向社会主义的道路，所以，这条道路是正确的，是不可战胜的。

载于 1928 年 1 月 21 日《真理报》
第 18 号

译自《列宁全集》俄文第 5 版
第 38 卷第 238—239 页

7

怎样使劳动人民
永远摆脱地主资本家的压迫

劳动人民的敌人地主和资本家说：没有我们，工人和农民就活不下去。没有我们，就没有人来建立秩序，分配工作，强制人们劳动。没有我们，一切都要完蛋，国家也要垮台。我们被赶跑了，但是，经济破坏会使我们重新掌握政权。地主和资本家的这些话不能动摇、吓倒和欺骗工人和农民。军队中是必须有最严格的纪律的。但是，觉悟的工人也能够把农民联合起来，也能够利用旧的沙皇军官来为自己服务，建立一支战无不胜的军队。

红军已经建立了空前巩固的纪律，它不是用棍棒建立起来的，而是依靠工人和农民本身的觉悟、忠诚和自我牺牲精神建立起来的。

所以，要使劳动人民永远摆脱地主和资本家的压迫，要使地主和资本家的政权永远不能复辟，就必须建立一支红色的劳动大军。这支劳动大军只要有了劳动纪律，就将是不可战胜的。工人和农民应当证明而且一定会证明：他们能够在不要地主并反对地主、不要资本家并反对资本家的情况下，自己来正确地进行分工，树立起为共同利益而劳动的严格的纪律和忠实的态度。

劳动纪律，冲天干劲，自我牺牲的决心，农民同工人的紧密

联盟,这些就是能使劳动人民永远摆脱地主和资本家的压迫的
东西。

载于 1932 年《列宁全集》俄文　　　　　译自《列宁全集》俄文第 5 版
第 2、3 版第 24 卷　　　　　　　　　　第 38 卷第 240—241 页

8

论残害犹太人的大暴行

　　所谓反犹太主义,就是散播对犹太人的仇恨。当万恶的沙皇君主国临到末日的时候,它竭力唆使愚昧无知的工人和农民去反对犹太人。沙皇警察同地主资本家联合起来,一再制造反犹大暴行。地主和资本家竭力想把因穷困而受尽苦难的工人和农民的仇恨引导到犹太人身上去。在其他国家里,也往往可以看到,资本家煽起对犹太人的仇恨,来蒙蔽工人,使他们看不到劳动人民的真正敌人——资本。只有在地主资本家的盘剥造成了工人和农民的极度愚昧的地方,对犹太人的仇视才牢固地存在着。只有十分愚昧备受压抑的人,才会相信污蔑犹太人的谎言和诽谤。这是旧的农奴制时代的残余。在农奴制时代,神父强迫人们用柴堆烧死异教徒,农民处于被奴役的地位,人民遭到压制,忍气吞声。这种旧的农奴制的黑暗正在消逝。人民的眼睛亮了。

　　劳动人民的敌人并不是犹太人。工人的敌人是各国的资本家。犹太人中间有工人,有劳动者,他们占大多数。他们是和我们同样受资本压迫的兄弟,他们是我们共同为社会主义斗争的同志。和俄罗斯人以及其他民族一样,犹太人中间也有富农、剥削者、资本家。资本家们极力散播和挑起各教派、各民族、各种族工人之间的仇恨。不劳动的人是靠资本的力量和权力来支持的。富有的犹太人，和富有的俄国人以及各国的富人一样，彼此联合起来，蹂躏、压迫、掠夺和离间工人。

折磨和迫害犹太人的万恶的沙皇制度是可耻的。散播对犹太人的仇视的人，散播对其他民族的仇恨的人，是可耻的。

各民族的工人在推翻资本的斗争中的兄弟信任和战斗联盟万岁。

载于1924年2—3月《青年近卫军》
杂志第2—3期合刊

译自《列宁全集》俄文第5版
第38卷第242—243页

关于同中农的关系问题[81]

（1919 年 3 月底—4 月初）

争取中农的紧急措施**纲要**：

（1）**立即**减轻**向中农**征收的特别税。

（2）由党内派人（每个省委会派 3 名）专门去做**争取中农**的工作。

（3）由中央机关组成专门委员会（很多个）派到地方**去保护**中农。

（4）制定和批准加里宁视察计划。公布日期、地点、接见来访办法等。

（5）由**司法、内务、农业**等人民委员部派人参加视察（根据第 4 点和第 5 点）。

（6）在报刊上掀起一个运动。

（7）关于保护中农的《宣言》。

（8）检查（并废除）**强迫**加入公社的措施。

（9）从减轻对**中农**的征收和追交等方面检查**粮食**措施。

（10）特赦。

（11）"承认富农"。

（12）粮食和饲料的征收。

(13)承认手工业者和手艺人。

载于1933年《列宁文集》俄文版
第24卷

译自《列宁全集》俄文第5版
第38卷第413—414页

给全俄肃反委员会的电话

（1919 年 4 月 1 日）

根据全俄肃反委员会[82]报告，从彼得格勒得到消息：高尔察克、邓尼金和协约国所派的间谍试图炸毁彼得格勒的自来水厂。在地下室已发现炸药和定时炸弹，一支特遣队取走了这枚炸弹，准备销毁，但由于爆炸过早，队长被炸死，10 名红军战士被炸伤。

在某些地方，正试图炸毁桥梁和中断铁路交通。

还试图拆毁铁路，使红色莫斯科和彼得格勒得不到粮食供应。

社会革命党人和孟什维克正积极参加煽动罢工、煽动颠覆苏维埃政权的活动。

鉴于既得的情报，国防委员会命令采取最紧急的措施，以粉碎任何进行爆炸、毁坏铁路和煽动罢工的图谋。

国防委员会命令各级肃反委员会提高全体工作人员的警惕性，并将所采取的措施报告国防委员会。

国防委员会主席

弗·乌里扬诺夫（列宁）

载于 1919 年 4 月 2 日《全俄中央执行委员会消息报》第 71 号

译自《列宁全集》俄文第 5 版第 38 卷第 244 页

莫斯科工人和红军代表
苏维埃全会非常会议文献⁸³

（1919 年 4 月）

1

关于苏维埃共和国的国内外形势的报告

（4 月 3 日）

同志们！我这次作关于苏维埃共和国的国内外形势的报告，想从下列情况谈起：就在目前这几个月，随着春季的到来，我们的处境又变得非常困难了。我想，无论从内战的情况来看或者从同协约国作战的情况来看（这种情况在我讲到国际形势时还要谈到），我们即使采取最谨慎的态度，也可以说，正好过了一半的这半年，将是最后一个艰苦的半年，因为法国和英国的资本家今后无力再发动他们目前竭尽全力所展开的这种进攻了。而另一方面，我们的红军在乌克兰和顿河区所获得的、而且可以巩固下来的全部战果，将使国内形势根本好转，将使我们得到谷物和煤炭——粮食和燃料。可是现在，斗争还没有结束，乌克兰的收集粮食的工作还必须在极其困难的条件下进行，在现在这样一个春季泥泞时期，情况还是十分困难的。

我们不止一次说过,苏维埃政权的全部力量在于工人的信任和自觉态度。我们不止一次证明过,尽管包围我们的敌人和协约国派来的间谍(帮助这批间谍的,有那些也许不认为自己是帮凶但却在援助白卫分子的人)数目很多,尽管我们明明知道这里所讲的每一句话都会被他们歪曲,我们所讲的实情会被白卫分子的代理人听去,然而我们说:随他们去吧! 我们开诚布公地说真话会得到更大的好处,因为我们深信,即使这是一种沉痛的真话,只要讲清楚,任何一个觉悟的工人阶级代表、任何一个劳动农民都会从中得出唯一正确的结论。

他们终究会得出一个唯一可能的结论:我们的事业已临近全世界的胜利;尽管在四年的帝国主义战争和现在两年的骇人听闻的国内战争中,劳动群众筋疲力尽,忍饥挨饿,受尽折磨,处境十分艰难,尽管这种状况目前又进一步加剧,我们仍然有充分的把握不仅在俄国取得胜利,而且在全世界取得胜利。因此,今后四五个月虽然十分艰苦,但我们能够不断地战胜这些困难,从而向敌人表明,向全世界联合起来的资本家表明,他们进攻俄国是不会成功的。

然而毫无疑问,他们正是在目前,试图按照预定的计划,用武力从东西两面来消灭我们,以挽救垂危的克拉斯诺夫匪帮。昨天得到了马里乌波尔陷落的消息。这样,罗斯托夫就处于半包围状态了。总之,协约国正在尽一切努力来搭救克拉斯诺夫,趁今年春季给我们一个沉重的打击。他们无疑是按照同兴登堡达成的协议来行动的。一位从拉脱维亚来的同志讲到那里的同志已陷入怎样的境地。那里大部分地区遭受了莫斯科工人想象不到的灾难——一股股的军队袭击乡村,反复进行扫荡。现在德国人正在向德文斯克进犯,企图切断里加。他们从北面得到靠英国寄钱来维持的爱沙尼亚白卫分子的援助,同时被英、法、美三国的亿万富翁完全收买的瑞典人和丹麦人也派遣志愿兵援助他们。他们在国内以血腥的镇压手段削弱了斯巴达克派和革命者的运动,现正利用这一时机,按照我们十分清楚的总计划行动着。他们虽然感到自己奄奄一息,但他们还认为目前是一个十分方便的时机,可以趁此把一部分军队授予兴登堡,加紧从西面进攻受尽蹂躏和折磨的拉脱维亚,进而威胁我们。另一方面,高尔察克在东部节节胜利,这就为协约国的最后的和最猛烈的进攻准备了条件。

但是像任何时候一样,他们并不限于从外部进攻,他们还在我们国内进行活动,制造阴谋,组织暴动,投掷炸弹,试图炸毁彼得格勒的自来水厂(这些你们在报上都看到了),并在离萨马拉不远的地方拆毁了目前从东部给我们运粮的主要铁路。那里的一部分粮食损失了,被高尔察克抢去了。此外,他们还试图拆毁库尔斯克—哈尔科夫铁路,这条铁路正开始运送红军在顿涅茨煤田夺回的煤。如果我们把这一切综合起来看一看,我们就会明白,协约国、法国的帝国主义者和亿万富翁正在最后试图以武力击溃苏维埃政权。

孟什维克也好,右派社会革命党人和左派社会革命党人也好,直到现在都还不了解斗争正在走向终点,不了解这是你死我活的最无情的战争,因此,他们不是继续宣传罢工,就是宣传停止内战。不管怎样,他们是在帮助白卫分子。关于他们,我下面再谈,现在我只想讲明,情况确实很困难。

国际资本家想用一切力量在今年春天同我们决一死战。幸而这是国际资本主义这个风烛残年、病入膏肓的老头子的力量。但是不管怎样,目前纠集起来对付我们的军事力量还是非常雄厚的。

特别是高尔察克现在出动了自己所有的预备队。他那里有白卫志愿兵，有数量惊人的匪徒，又有英美大量武器弹药的支援。正因为如此，目前的局势要求我们清楚地意识到苏维埃共和国处境的困难。

我们相信，劳动群众是懂得为什么而战的。他们知道，这几个月将决定我国革命的命运，在颇大程度上也决定国际革命的命运；他们知道，资本家想摧毁苏维埃俄国的这种企图所以如此变本加厉，他们对我们的进攻所以如此猖狂，是因为他们知道自己国内存在着同样的敌人——布尔什维主义运动。这个运动在他们国内也正在迅速而不可遏止地发展起来。

什么东西使得我们的处境特别困难，迫使我们一次又一次地向所有觉悟的工人求援呢？那就是粮食和运输的困难。运输遭到了四年帝国主义战争的破坏，这次破坏的创伤在俄国这样落后的国家里，至今还没有痊愈，而且要治愈这些创伤，没有许多月甚至许多年的最顽强的工作，是不可能的。然而没有燃料，就无法工作。我们只是在最近才开始得到顿涅茨煤田的煤。你们知道，英国人在巴库夺去了我们的石油。他们劫走了里海的一部分船只，占领了格罗兹尼，使我们难于得到石油。而没有燃料，无论工业或铁路，都是动不起来的。我们必须全力以赴。

我们再一次地向全体同志说，必须把更多的力量投到粮食工作和运输工作中去。目前运输工作的情况是这样的：在俄国东部，在伏尔加河左岸，我们有几千万普特粮食，我们已经集中和收购到1 000—2 000万普特，可是我们不能把它运出来。高尔察克军队最近向前推进，占领了乌法，我军被迫撤退，因此我们损失了一部分粮食。这项损失是十分惨重的。我们在运输方面要作最大的努力。必须让工人们在每次集会上都向自己提出这样的问题：我们能拿什么支援运输工作？我们能不能用妇女代替男子工作，而把男子调到修理厂，或者调去支援铁路员工？这该怎样做，工人们是比较清楚的，他们知道应该把谁调去做什么专业工作。这对那些应该不断寻找新的支援办法的实际工作者来说，也是比较清楚的。我们希望，并且我们也相信，我们的交通人民委员部和粮食人民委员部近来已取得了一定的成绩。无论我们的敌人怎样诽谤，货运突击月（停止客运）已使情况有所好转。但是还要百倍地努力，才能取得更大的成就。昨天《消息报》登载了一些统计数字。我现在引几个主要的数字。3月初，平均每天有118车皮的食物运到莫斯科，其中有25车皮是谷物。3月底，平均每天运到209车皮的食物，其中有47车皮是谷物。这就是说，差不多增加了1倍。这就是说，采取这种停止客运的严峻措施是正确的。这就是说，我们援助了莫斯科、彼得格勒和整个工业区挨饿的居民。但是这还远非我们所能做到的一切。以后，泥泞时期完全到来时，日子还会困难得多，挨饿还会厉害得多。所以我们说，现在必须毫不懈怠地奋力工作。我们应当依靠的，主要不是知识分子工作人员，他们虽然到我们这边来做事，但他们中间毕竟有许多人是不适用的；我们应当依靠的是工人群众。

我们也必须注意到乌克兰的状况。在整个乌克兰被德国人占领、整个顿河区的处境十分艰苦的一年中，我们历尽了千辛万苦。现在我们的情况好转了。我们在乌克兰有25 800万普特谷物，其中1亿普特已在征收，然而全部问题在于乌克兰的农民被德国人和德国人的掠夺吓坏了。我听说，那里的农民被德国人吓得直到今天还不敢占用地主的土地，虽然他们知道这里苏维埃政权的状况。春耕时节已经到了。但是乌克兰的农民，由于亲身遭到德国人掠夺的种种惨祸，直到今天还很犹豫不决。应当指出，那里一直进行着游击战争。这种战争至今在南方还在进行。那里没有正规军。由于没有正规军，那里直到今天还没有取得完全的胜利。我们已经把我们的正规军调去了，但这还不够。还需要大大加强工作，因此，我应该告诉你们，每一次工人集会都应当明确地提出粮食问题和运输问题。我们必须在最近期间解决这样一个问题：如何改善当前的情况，如何利用我们今天所能利用的一切。

我们应当深刻了解，只有依靠工人阶级的力量，我们才能站稳脚跟，才能取得辉煌的胜利，因此，我们应当把我们无产阶级的一切优秀力量派往前线。我们应当把负责的工作人员派往前线。如果这里某个机关要受些不利的影响，我们当然会蒙受一定的损失，但是我们不会因此而灭亡；如果我们的军队缺少工人，我们是一定会灭亡的。我们的军队到现在还有团结不够紧密、组织不够健全的缺陷，在这方面，完全要靠工人帮助，要把全部希望寄托在他们身上。只有那些经历过整个斗争、能够把亲身的种种经历和苦难告诉大家的工人，才能够影响军队，才能使农民转变为有觉悟的、为我们所需要的战士。

所以，我们又来到这里，决定召集你们开一次会，向大家指出由于整个形势的困难而造成的运输上的困难。我们一直强调，还得坚持三四个月，我们才会取得完全的胜利。但这需要力量。哪里去找这些力量呢？我们看到，只有承担了我国经济破坏的全部后果的工人，只有由于斗争演变为白卫分子的进攻从而遭受巨大苦难和获得了丰富经验的工人，只有我们这些先进队伍，才能帮助我们！我们知道得很清楚，他们已经疲惫不堪，落在他们肩上的非人力所能及的工作已经把他们弄得筋疲力尽。这一切我们都知道,但现在我们还是向你们说,必须拿出一切力量,必须想办法聚集一切力量来进行革命,争取革命的光辉胜利。现在,最困难最艰苦的时期到了,我们应该采取革命者的行动。我们必须从劳动群众当中汲取力量。

昨天,莫斯科和全国工会运动中有威信的活动家在这里开会。会上大家一致认为目前必须吸收表现平平的人参加工作,而过去我们是一直认为他们不能胜任这种工作的。但是现在十分清楚,要替换疲惫不堪的工作人员,就需要让表现平平的人出来工作,但在这样做以前,必须由以往一直担任工作的人对他们加以指导。我们应当保存我们的力量,我们暂时应当用表现平平的工作人员来替换我们的负责工作人员。我们应当起用成千上万的这种工作人员。我们不必担心他们不能像有经验的工作人员那样做好自己的工作。把他们安置在负责的职位上,最初一个时候他们会犯错误,但这并不可怕。对我们来说,重要的是把他们调到重要的负责的岗位上去。他们会在那里发挥自己的力量,开展自己的工作,因为他们会有信心,他们会知道,他们后面站着一批在俄国已有一年经验的负责工作人员。他们知道,较有经验的同志在紧急关头会协助完成他们的任务。只要先进工人把新挑选的这部分工人调到重要的岗位上去,他们是能把事情办好的。我们可以毫无损失地做到这一点,因为这一广大阶层有无产阶级的本能,有无产阶级的觉悟和责任感。对他们是可以信赖的,可以说,在困难的时候他们是会帮助我们的。俄国的特点就是:在最困难的时候,它总有能够作为后备力量调上前去的群众,当旧的力量开始枯竭的时候,可以找到新的力量。不错,先进的工人是疲惫不堪了,表现平平的工人办事是会差些,但只要我们调动这些新的力量,加以指导,不让事情搞坏,那并不要紧,并不会有什么害处,我们也不会因此而葬送自己的事业。

在这种情况下,不能不提一提社会革命党人和孟什维克。近来,苏维埃政权开始查封他们的报纸,逮捕他们的人。有些工人同志看见这种情形,说道:"这样说来,过去那些布尔什维克——包括我在内——要我们对小资产阶级民主派作一定让步是不对的。既然今天我们要查封他们的报纸,逮捕他们,那当初我们何必让步呢?难道这叫一贯到底的吗?"

对这一点,我的答复如下。在俄国这样一个全由小资产阶级分子经营农业的国家里,没有小资产阶级阶层的援助,我们是无法长久坚持的。目前这个阶层不是顺着直路而是顺着弯路向目标前进。如果我追一个不走直路而走弯路的敌人,我要抓住他,我也得走弯路。用政治语言来说,小资产阶级群众是站在劳动和资本之间的,他们要挨上一百顿的痛打,才会明白必须弄清这样一个道理:或者是资产阶级专政,或者是工人阶级专政。谁估计到这一点,谁就了解了目前形势。而工人们是知道这一点的。经验和一系列的观察使他们深深懂得,只能有两种政权,或者是彻底的工人阶级政权,或者是彻底的资产阶级政权,中间道路是没有的,第三条道路是没有的。这一点工人阶级早就从罢工和革命斗争中懂得了。而小资产阶级不能一下子懂得这一点;生活中千百次的启示都不能使小资产阶级学会和习惯于这种思想,他们还在想同大资产阶级联合,因为他们不能了解,不要无产阶级专政,也不要资产阶级专政,这是不行的。

社会革命党人和孟什维克从高尔察克的经验中注意到和了解

到,民主派在最疯狂最激烈的斗争中,在外国的援助下,什么也没有做出来,这并不是偶然的。对他们发生作用的是两种力量,只有两种力量:或者是资产阶级专政,或者是工人阶级的政权和彻底专政。中间道路在任何地方都搞不出什么名堂,在任何地方都未曾有过什么结果。立宪会议也毫无结果,这点是社会革命党人、孟什维克和小资产阶级亲身体验到的。

社会革命党人和孟什维克说:"我们要离开高尔察克,要离开一切拥护他、拥护协约国干涉的人。"他们说这种话,不完全是虚伪的。这不完全是一种政治诡计。虽然其中有一部分人是在作这样的打算:"我们要蒙骗布尔什维克,目的只在使我们有机会恢复旧的一套。"我们料到了这种诡计,当然就采取了对付的办法。可是孟什维克和社会革命党人说这种话,不完全是虚伪的,不完全是施诡计,而是他们中间许多人的**信念**。在这许多人中间,我们看到不仅有一批文人,而且有技师、工程师等小资产阶级阶层。当孟什维克宣称他们反对协约国干涉的时候,我们曾建议他们来我们这里工作,他们欣然同意了我们的建议。但是现在我们惩治他们,惩治这些小资产阶级分子,也完全是正确的,因为这些分子的理解力迟钝到了极点。这一点无论在克伦斯基执政时期或在他们目前的行动中都暴露了出来。他们来我们这里做事以后说:"我们放弃了政治,我们乐意工作。"我们回答说:"我们需要孟什维克官员,因为这些人不是钻到我们这里、混进党内来加害于我们的盗窃国库分子和黑帮分子。"如果有人相信立宪会议,那我们对他们说:"先生们,你们不仅可以相信立宪会议,而且可以相信上帝,但是请你们做你们的工作,不要搞政治。"现在,他们中间愈来愈多的人知道,自己在政治上是很丢丑的,因为他们曾经叫嚷过苏维埃政权是一种只有野蛮的俄国才能臆造出来的怪东西。他们曾经说解散立宪会议是沙皇制度培育出来的野蛮人的行为。这种论调也在欧洲一再重复过。现在从欧洲传来的消息说，苏维埃政权正在全世界代替资产阶级立宪会议。这给所有来我们这里做事的知识分子上了一课。在我们这里工作的官员现在比半年前多了一倍。我们得到了比黑帮分子工作得好些的官员，这是一个胜利。当我们邀请他们来我们这里做事的时候，他们说："我怕高尔察克，我拥护你，但我不愿帮助你。我将以纯议员的身份发表议论，就好像我坐在立宪会议中一样，而你不许触犯我，因为我是民主主义者。"我们对这班谈论立宪会议的人说："如果你们还想长期谈论下去，那我们就要把你们送到高尔察克那里和格鲁吉亚去。"（鼓掌）论战开始了，合法的反对派产生了。我们不容许有反对派。全世界的帝国主义者正扼住我们的咽喉，力图靠军事进攻的莫大力量来征服我们，我们应当斗争，这是一场你死我活的斗争。如果你来这里帮助我们，那请吧！但如果你要办报纸，要煽动工人罢工，要使我们的红军战士因罢工而死在前线，要使我们工厂中成千上万的人因每一天的罢工而受苦挨饿（现在我们正为这些痛苦而焦急），那么，从立宪会议来看，你或许是对的，但是从我们的斗争，从我们肩负的责任来看，你是不对的，你不能帮助我们，你滚到格鲁吉亚去，滚到高尔察克那里去吧！不然你就坐牢！这我们会办到的。

同志们！我希望我们能一致通过将在会议结束前提出的决议，在这项决议中，我们打算作出必要的指示，这些指示是我想在报告中加以论证的。现在我想谈两个问题：中农状况和具有极大意义的国际问题。

关于中农，我们在党的代表大会上已经谈过了，并且决定了我们党对中农应采取怎样的路线。我们党挑选了一个至今同农村保持着联系的彼得堡工人，加里宁同志，来担任一项极重要的职务，即全俄中央执行委员会主席的职务，这个职务显得尤其重要，是因为这个职务以前一直是由具有非凡才能的组织家斯维尔德洛夫同志担任的。今天报上说，有一位姓加里宁的同志被社会革命党人杀害了。这不是那个加里宁。这说明，社会革命党人正在采用怎样的手段。米·伊·加里宁同志是特维尔省的中农，他每年都要访问特维尔省。中农是一个最大的阶层，这个阶层是在我国革命以后由于我们消灭了地主土地私有制而扩大的。农民已经体验到我们革命带来的好处，因为他们拿到了地主的全部土地，也正因为这样，中农的人数大大增加了。如果他们中间还有不满情绪，那我们认为这种不满是由上面造成的，应该知道，这种不满，在我们力量不足的情况下，是非常自然的。你们在首都知道，反对拖拉现象和文牍主义是多么困难。我们必须留用旧官员，因为没有别的人。对他们要改造，要教育，这就要花时间。我们能够把一些工人输送到粮食机关担任重要职务，可是在国家监察部里一直坐着无数旧官员，使我们受到拖拉现象和文牍主义的危害。我们要再派一些工人，让他们和专家一起参加监察工作，参加交通人民委员部的工作。我们就是这样同拖拉现象和文牍主义作斗争的。但就在这里，在莫斯科，这也要花很大的力气！农村的情况又怎样呢？在那里，一些自称为党员的人，往往是一些横行霸道的坏蛋。我们不得不经常同那些毫无经验的、把富农和中农混为一谈的工作人员进行斗争。所谓富农，就是靠他人的劳动过活、掠夺他人的劳动、利用他人的贫困谋私利的农民。所谓中农，就是不剥削他人、也不受他人剥削、靠自己的小经济和自己的劳动过活的农民。世界上从来没有一个社会主义者打算剥夺小业主的财产。小业主会长时期存在。在这方面，任何法令都不能起丝毫作用，在这方面需要等待，因为农民习惯于重视经验。只有当他们看到集体经济优越得多的时候，他们才会跟我们走。我们应该赢得他们的信任。应该同一切违法乱纪现象作斗争。我们只有靠城市工人的力量才能进行斗争，因为他们同农民有千丝万缕的联系，他们能够提供数十万的工作人员。我们清楚地知道，任命一些同志担任较高的职务也好，颁发各种通告和法令也好，都是无济于事的，而应该由各小组的工人自己来着手工作，因为他们同农村有特殊的联系。

我已经说过，工人首先应该以全力支援战争，其次应该通过联系来帮助中农，使敌人在农村进行任何猖狂进攻都会受到惩罚。应该指出，城市工人要像帮助自己的同志那样帮助中农，因为中农也是劳动者，只不过他们是在另一种环境下长大的，他们散居在愚昧无知的农村中，要挣脱这种境遇异常困难。我们应该知道，只要同志们坚持不懈，我们一定能和中农取得联系。极少数的农民将会投奔富农，将会举行暴动，这一点我们是知道的。如果有这种情况，那应该怎样促进和赢得中农的信任，应该怎样帮助他们反对一切违法乱纪的现象呢？如果说我们在这一方面做得很少，那不是我们的过错，而是反对资产阶级的斗争妨碍了我们。应该意识到这一点，每个工人应该提出这个问题，应该说：我们全体工人和中农是有联系的，我们要利用这种联系，要使每一个中农不仅从任命加里宁同志一事中看出我们的帮助，而且能从即使是小小的却是同志的忠告中，得到即使是小小的却是实实在在的帮助。这样，农民很快就会无比珍视这种帮助。他们应该懂得，为什么我们处境的困难妨碍我们帮助他们得到他们所需要的城市文化。农民需要城市产品,需要城市文化,我们应该把这些给他们。只有无产阶级给农民这种帮助,农民才会看到,工人的帮助与以前剥削者的帮助不同。帮助农民上升到城市的水平,这是每一个同农村有联系的工人应该给自己提出的任务。城市工人应该对自己说,在目前这个粮食情况特别紧张的春天,应该去帮助农民,如果每一个人能完成即使是这项工作的一小部分,那我们会看到,我们的大厦就不会只有一个漂亮的外表,我们就能够巩固苏维埃政权。因为农民说:"苏维埃政权万岁,布尔什维克万岁,打倒康姆尼!"他们是在咒骂那些办得很坏的、强加在他们头上的"康姆尼"。他们对于一切强加在他们头上的东西都是不信任的,而这种不信任是理所当然的。我们应该到中农中去,帮助他们,教育他们,但只是在科学和社会主义方面,而在农业方面,我们则应该向他们学习。这就是特别突出地提到我们面前的任务。

现在我们来谈谈国际形势问题。我说了,英、法、美帝国主义者正在最后试图扼住我们的咽喉,但他们是不会成功的。不管情况怎样严重,我们可以满怀信心地说,我们一定会战胜国际帝国主义。我们一定会战胜全世界的亿万富翁。我们能够战胜他们,这有两个原因。第一,因为这是一群野兽,他们彼此斗得很凶,继续互相厮咬,而没有觉察到他们已经到了深渊的边沿。第二,因为苏维埃政权在全世界不断发展。我们没有一天不在报纸上看到这方面的消息。今天我们看到美国报刊的无线电通讯社从里昂发出的电讯:十人委员会的与会者缩小了委员会,现在已由威尔逊、劳合-乔治、克列孟梭、奥兰多四人进行谈判[84]。但就是这四国的领袖也不能达成协议,因为英美不同意把采煤的利润让给法国。这是一群野兽,他们从世界各地掠夺了赃物,现在正争吵不休。这四个人在四人小组秘密商谈,为的是,上帝保佑,不致弄得议论纷纷,因为他们都是了不起的民主主义者,但是他们自己引起议论,拍出无线电报说他们不同意出让采煤的利润。有一个见过法国俘虏的法国同志告诉我,这些俘虏说:"以前人家对我们说,应该开往俄国去同德国人作战,因为德国人扼杀了我国。可是现在已经同德国停战了,我还去同谁作战呢?"关于这一点人们一句话也没有告诉他。向自己提出这样问题的人,每天几百万几百万地增加着。这些人经受过帝国主义战争的灾难,因此他们说:"我们打仗究竟为了什么呢?"如果说从前是布尔什维克的秘密传单使他们懂得了他们在为什么打仗,那么现在则是帝国主义者拍出的无线电报:英国不同意把采煤的利润让给法国。这样,用一位法国记者的话来说,他们从一个房间跳到另一个房间,枉费心机地试图解决问题。他们要决定给谁多一些,于是彼此厮打了 5 个月,他们已到了不能控制自己的地步,这群野兽会厮咬到只剩下各自的尾巴。我们说,我们所处的国际形势在最初是很不利的,他们甚至在几个星期内就能掐死我们,而现在他们分赃不均,开始内讧,因而我们的形势好转了。他们向士兵们许下诺言:只要打败德国,你们就能得到前所未有的好处。他们正在争论,向德国索取 600 亿还是索取 800 亿。这是一个非常重大、非常有趣的问题,尤其在向工人或农民讲这件事的时候,更是如此。但如果他们长期地争论下去,他们会连一个亿也拿不到。这才是最有趣的事情哩!

因此,我们说,苏维埃共和国所处的形势不是一天一天而是每时每刻都在好转,这丝毫没有夸大,这样说,甚至并不因为我们是社会主义者,而只是因为我们把反对我们的力量作了一个清醒的估计。敌人彼此不能和解。自从他们胜利以后,已经过去 5 个月了。然而他们还没有缔结和约。不久以前，法国议院通过了数亿新的军备拨款。现在，他们正在自掘坟墓，而且他们那里已经有了把他们放进坟墓并好好加以掩埋的人。（鼓掌）这是因为苏维埃运动正在各国发展起来。匈牙利的革命已经证明我们说过的话：我们进行斗争不仅是为了自己，而且是为了全世界的苏维埃政权；红军战士在这里流血不仅是为了挨饿的同志，而且是为了苏维埃政权在全世界的胜利。匈牙利的例子证明，这不仅仅是一种预见和诺言，这已是看得见摸得着的活生生的现实。

匈牙利革命的发生是异常独特的。那位叫卡罗伊的匈牙利克伦斯基自行辞职了，于是匈牙利的妥协派——孟什维克和社会革命党人——意识到，必须去到监狱找匈牙利的一位最优秀的共产党员库恩·贝拉同志。他们到了那里，对他说："该你来执政啦！"（鼓掌）资产阶级政府已经辞职了。资产阶级社会党人，即匈牙利的孟什维克和社会革命党人，并入了匈牙利布尔什维克党，组织了统一的政党和统一的政府。库恩·贝拉同志是我们的同志，是一位完全走过了俄国布尔什维主义的实际道路的共产党员。在我用无线电和他通话的时候，他说："我在政府中没有掌握多数，但我定能取得胜利，因为群众都拥护我。现在正在召开苏维埃代表大会。"这是一个具有世界历史意义的转变。

到目前为止，有人一谈到苏维埃俄国，总是向全欧洲的工人造谣说："那里没有什么政权，而不过是无政府状态，不过是一批好斗分子。"不久以前，法国的一位部长皮雄在谈到苏维埃俄国时宣称："这是无政府状态，这是暴徒、篡夺者！"德国的孟什维克向本国工人说："你们看看俄国——战争、饥荒、破产！你们要的社会主义就是这样的吗？"他们以此恐吓工人。然而匈牙利作出了以截然不同的方式诞生的革命的榜样。匈牙利无疑还得经历一场艰苦的同资产阶级的斗争,这是不可避免的。但是事实是,当英法帝国主义者这群野兽预察到匈牙利革命的时候,曾想扑灭它,不让它诞生。我们过去的处境所以困难,是因为我们要苏维埃政权诞生,就必须反对爱国主义。我们曾必须破除爱国主义,以签订布列斯特和约。这是一场极其激烈的、腥风血雨的斗争。邻国的资产阶级已经看出该由谁来管理了。除了苏维埃还有谁呢? 这就像当初国王、皇帝、公爵看到他们的政权衰微了,便说:"需要宪制,让资产阶级去管理吧!"如果国王衰老了,他能得一笔年金或者一个安乐窝。国王和皇帝在五六十年前的遭遇现在轮到全世界的资产阶级了。英法帝国主义者向匈牙利资本家提出了闻所未闻的要求,后者说:"我们不能作战。人民不会跟我们走,可是我们是匈牙利的爱国者,我们要抵抗。那应该有怎样的政权呢? 应该有苏维埃政权。"匈牙利的资产阶级向全世界承认了,它是自愿辞职的,世界上只有一种政权能够在艰难的时刻领导人民,这就是苏维埃政权。(鼓掌)正因为这样,匈牙利革命以与我们截然不同的方式诞生,也就向全世界表明了人们看俄国时所看不出的东西,即布尔什维主义是同代替旧议会的新的、无产阶级的、工人的民主分不开的。旧议会时期是工人受人欺骗、受资本主义奴役的时期。现在全世界的苏维埃政权正在代替旧资产阶级议会,赢得全体工人的同情,因为它是劳动者的政权,是千百万人自己统治、自己管理的政权。他们可能会像我们俄国那样管理得不好,但要知道我们是处于难以置信的困难条件下的。而在资产阶级不会这样疯狂反抗的国家里,苏维埃政权的任务会容易一些,它可以不用克伦斯基先生们和帝国主义者逼迫我们使用的暴力手段、流血手段来进行工作。我们今后也还会经历更困难的道路。让俄国比其他国家承担更大的牺牲吧。这是不足为奇的,因为我们接收下来的是一个烂摊子。其他国家则将通过其他的更人道的方式达到同样的目的,建立起苏维埃政权。这就是为什么匈牙利的例子将具有决定的意义。

人总是从经验中学习的。用言论来证明苏维埃政权的正确性是不行的。俄国一国的例子不是全世界工人都能理解的。他们知道在俄国有苏维埃,他们都拥护苏维埃,但他们被流血斗争的惨状吓住了。匈牙利的例子对无产阶级群众、对欧洲的无产阶级和劳动农民将具有决定的意义,这个例子表明,在困难关头,除了苏维埃政权以外,谁也不能管理国家。

我们记起了一个比喻,老人们常说:"孩子们长大成人了,我们可以死啦。"我们不打算死,我们正在走向胜利。但当我们看到成立了苏维埃政权的匈牙利这样的孩子时,我们说,我们不仅在俄国而且在国际范围内也完成了自己的事业,我们要经受住一切最严重的困难,以便获得完全的胜利,以便除俄罗斯和匈牙利苏维埃共和国之外,还再增添一个国际苏维埃共和国,而我们一定会看到它是怎样出现的。(鼓掌)

载于1919年4月9日和10日　　　译自《列宁全集》俄文第5版
《真理报》第76号和第77号　　　第38卷第245—262页

2

关于苏维埃共和国
国内外形势的报告的决议草案

（不晚于4月3日）

俄罗斯社会主义联邦苏维埃共和国的工人阶级和农民的代表会议宣告，苏维埃共和国进入了特别艰苦的一个月。协约国正在作最后的挣扎，妄图用武力来消灭我们。春季的粮食状况最为困难，运输遭到惨重破坏。

因此，我们只有拿出最大的力量才能拯救自己。胜利是可能的。匈牙利的革命终于证明，苏维埃运动正在西欧发展起来，它的胜利为期不远了。我们在全世界有许多盟友，比我们自己知道的要多。但是为了战胜敌人，还需要艰苦奋斗四五个月。

会议无情地谴责了左派社会革命党人①、孟什维克和右派社会革命党人，这些人在口头上拥护苏维埃政权，反对协约国的武装干涉，**行动上在帮助白卫分子**，因为他们煽动罢工，鼓吹停止内战（虽然我们曾向各国提议媾和！[85]），主张向自由贸易让步，等等。

---

① 第一页手稿没有保存下来。"左派社会革命党人"之前的文字按打字稿刊印。——俄文版编者注

会议向一切愿意在我们困难的斗争中帮助我们的孟什维克和社会革命党人宣告:我们要充分保证他们享有苏维埃共和国公民的自由。

但是会议宣布,要同那些**在行动上**妨碍我们的斗争而**帮助**白卫分子的孟什维克和社会革命党人,如《永远前进报》[86]和《人民事业报》[87]等政治性的文人集团,作无情的斗争。

会议号召所有工人、一切工人组织、全体劳动农民拿出一切力量来抗击苏维埃政权的敌人,保卫苏维埃政权,加强粮食和运输部门的工作。

1.吸收表现平平的人,即经验不如先进的工人和农民的工农分子,来接替疲惫不堪的先进分子的工作。

2.再加紧抽调先进分子和大批工作人员去做粮食工作、运输工作和军队工作。

3.大力吸收觉悟的工人和农民参加交通人民委员部和国家监察部的工作,以改进工作,根除官僚主义、拖拉现象和文牍主义。

4.从缺粮的城市发动尽可能多的力量支援农业、蔬菜业,到农村去,到乌克兰、顿河区等地去,以加强粮食的生产。

尽一切力量帮助中农,同中农经常身受其害的违法乱纪现象作斗争,给他们以同志的支持,解除那些不愿执行或不了解这项唯一正确的政策的苏维埃工作人员的职务。

5.同一切倦怠、畏缩、动摇的表现作斗争,千方百计地激励有这些表现的人振作起来,增强斗志,提高觉悟,加强同志纪律。俄国的工人阶级和农民忍受了不可胜数的苦难。最近几个月的苦难达到令人难以置信的地步。但会议宣称,工人的坚强意志并没有消沉,工人阶级坚守着自己的岗位,他们将克服一切困难,坚决捍卫住苏维埃社会主义共和国在俄国和全世界的胜利。

译自《列宁全集》俄文第 5 版
第 38 卷第 263—264 页

3

关于苏维埃共和国
国内外形势的报告的决议

（4月3日）

苏维埃共和国在先于一切民族而进行的艰苦的光荣的斗争中，进入了它成立以来的最艰苦的时期。今后几个月将是危急的几个月。协约国正在作最后的挣扎，要用武力来消灭我们。粮食状况万分紧张。运输遭到严重破坏。

我们只有拿出最大的力量才能拯救自己。然而胜利是完全可能的。匈牙利的革命终于证明，苏维埃运动正在欧洲迅速发展并将取得胜利。我们的盟友遍及世界各国，比我们所预料的要多。我们只要再坚持四五个月，就能取得完全的胜利，固然这几个月可能是最危险最痛苦的。在这样的日子里，自称为孟什维克、左派社会革命党人和右派社会革命党人的疯子和冒险家们，一面在口头上拥护苏维埃政权，抗议协约国的武装干涉，一面却煽动罢工，主张向自由贸易让步，鼓吹停止内战，而忘记了我们曾向各国提议媾和，忘记了我们的战争是正义的、合理的、不可避免的防御。显然，这种煽动是在最积极最有效地帮助那些拼命给我们造成灾祸的白卫分子。会议无情地谴责了这些暗藏的人民公敌。

会议向一切真正愿意在我们困难的斗争中帮助我们的孟什维

克和社会革命党人宣告：工农政权将给他们充分的自由，保证他们享有苏维埃共和国公民的一切权利。

会议宣布，目前苏维埃政权的任务是同那些实际上妨碍我们的斗争而帮助我们的死敌的孟什维克和社会革命党人，如《永远前进报》和《人民事业报》等政治性的文人集团，作无情的斗争。会议号召一切工人组织、全体无产者和劳动农民拿出一切力量来抗击苏维埃政权的敌人，保卫苏维埃政权，拿出一切力量来整顿粮食工作和运输工作。

为此会议认为：

（1）必须吸收表现平平的人，即经验不如先进的工人和农民的工农分子，来接替疲惫不堪的先进分子的工作。

（2）必须再加紧抽调先进分子和大批工人去做粮食工作、运输工作和军队工作。

（3）必须尽量吸收觉悟的工人和农民参加交通人民委员部和国家监察部的工作，以改进工作，根除文牍主义和拖拉现象。

（4）必须从缺粮的城市中发动尽可能多的力量到农村去支援农业、蔬菜业，到乌克兰、顿河区等地去，以加强粮食和其他农产品的生产。

（5）尽一切力量帮助中农，根除使中农经常身受其害的违法乱纪现象，给他们以同志的支持。不了解这项唯一正确的政策或不善于贯彻这项政策的苏维埃工作人员，应立即予以撤职。

（6）现在摆在日程上的是人人要同一切倦怠、畏缩、动摇的表现作斗争。必须激励人们，振作精神，增强斗志，提高觉悟，加强同志纪律。

俄国的工人阶级和农民忍受了令人难以置信的苦难。他们的苦难在近几个月更深重了。但会议宣称，工人的意志没有消沉，工人阶级仍像以前一样坚守着岗位，满怀信心地克服一切困难，坚决捍卫住苏维埃社会主义共和国在俄国和在全世界的胜利。

载于1919年4月4日《真理报》　　　　译自《列宁全集》俄文第5版
第73号　　　　　　　　　　　　　　第38卷第265—267页

关于批准俄共(布)中央
给乌克兰共产党(布)中央的指示的建议[88]

(1919 年 4 月 8 日)

我建议中央政治局各位委员签阅,并批准对乌克兰共产党及其中央的这些指示。火急。

列 宁

4 月 8 日

送中央组织局。速转乌克兰中央。①

译自《列宁全集》俄文第 5 版
第 54 卷第 413 页

---

① 这行字,大概是在草案获批准之后写在草案的白边上的。——俄文版编者注

为支援东线告彼得格勒工人书

(1919 年 4 月 10 日)

告彼得格勒工人同志们

同志们！东线的情况极度恶化。高尔察克今天占领了沃特金斯克工厂，布古利马即将陷落，看来，高尔察克还会向前推进。

情况十分危急。

我们今天在人民委员会里通过了一系列支援东线的紧急措施[89]，加强了鼓动工作。

我们请彼得格勒的工人**把一切都发动起来，动员一切力量**去支援东线。

到那里去的工人-士兵不但自己能吃饱，还能寄粮食接济自己的家属。而主要的是那里决定着革命的命运。

那里胜利了，**我们便可以结束战争**，因为**那时白卫分子再也得不到外援了**。在南方，我们已经接近胜利。只要南方没有获得完全胜利，就不能从南方抽调兵力。

所以大家都要支援东线！

工人、农民和红军代表苏维埃和工会应当拿出所有力量，把一切都发动起来，用各种方法支援东线。

同志们，我相信彼得格勒的工人定会给全国作出榜样。

致共产主义的敬礼

列　宁

1919 年 4 月 10 日于莫斯科

载于 1919 年 4 月 12 日《彼得格勒　　　　译自《列宁全集》俄文第 5 版
真理报》第 81 号　　　　　　　　　　　　第 38 卷第 268 页

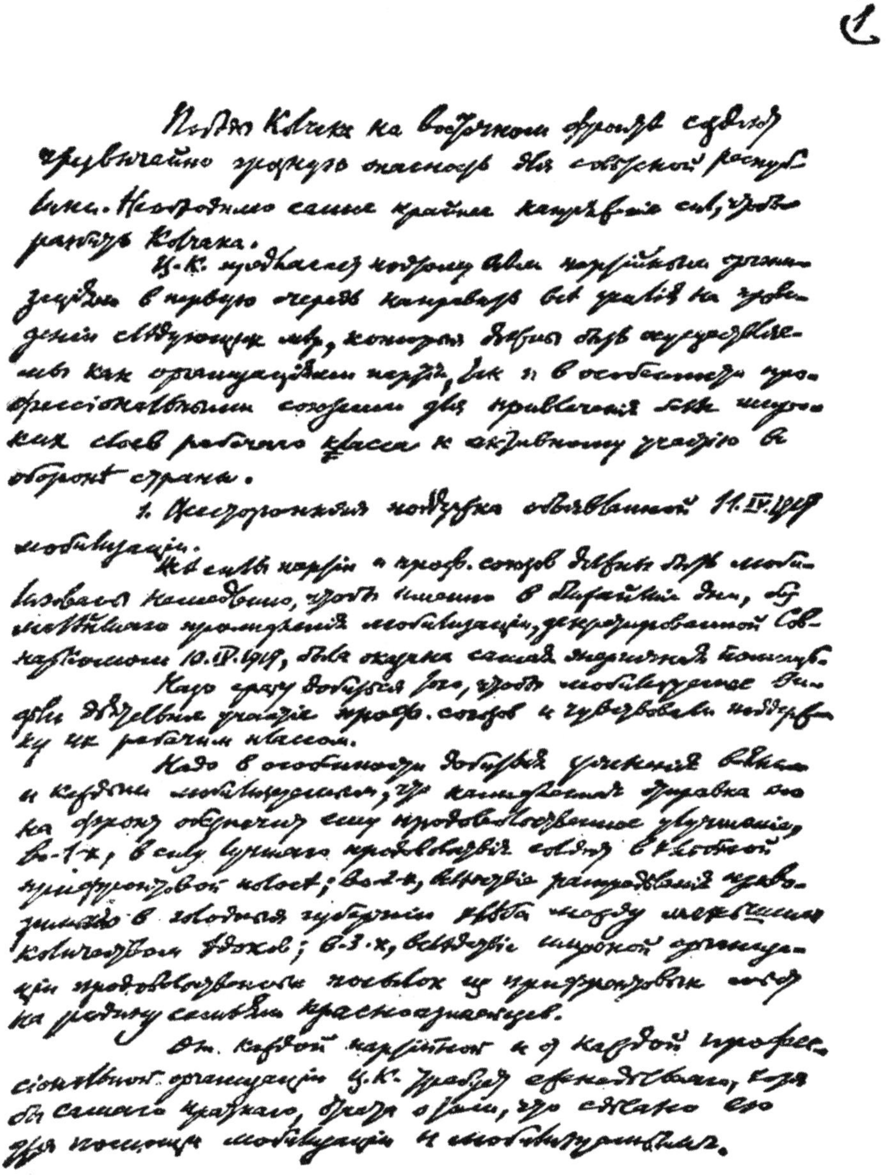

1

Победы Колчака на восточном фронте создают чрезвычайно грозную опасность для советской республики. Необходимо самое крайнее напряжение сил, чтобы разбить Колчака.

Ц.К. предлагает поэтому всем партийным организациям в первую очередь направить все усилия на проведение следующих мер, которые должны быть осуществляемы как организациями партии, так и в особенности профессиональными союзами для привлечения широких слоев рабочего класса к активному участию в обороне страны.

1. Всесторонняя поддержка объявленной 11.IV.1919 мобилизации.

Все силы партии и проф. союзов должны быть мобилизованы немедленно, чтобы именно в ближайшие дни, без малейшего промедления мобилизации, декретированной Совнаркомом 10.IV.1919, была оказана самая энергичная помощь.

Надо сразу добиться того, чтобы мобилизуемые видели деятельное участие проф. союзов и чувствовали поддержку их рабочим классом.

Надо в особенности добиться уяснения всем и каждому мобилизуемому, что немедленная отправка его на фронт обеспечит ему продовольственное улучшение, во-1-х, в силу лучшего продовольствия солдат в хлебной прифронтовой полосе; во-2-х, в силу распределения привозимого в голодные губернии хлеба между меньшим количеством едоков; в-3-х, в силу широкой организации продовольственных посылок из прифронтовой полосы на родину семьям красноармейцев.

От каждой партийной и от каждой профессиональной организации Ц.К. требует еженедельного, хотя бы самого краткого, отчета о том, что сделано ею для помощи мобилизации и мобилизуемым.

1919 年列宁《俄共(布)中央关于东线局势的提纲》手稿第 1 页

(按原稿缩小)

俄共(布)中央关于东线局势的提纲

(1919 年 4 月 11 日)

高尔察克在东线的胜利给苏维埃共和国造成了非常严重的威胁。必须竭尽全力粉碎高尔察克。

因此,中央委员会建议各级党组织首先要全力贯彻下列措施。这些措施不仅党组织要执行,而且工会更要执行,以便吸收工人阶级的更广泛的阶层积极参加国防工作。

1. 从各方面支持 1919 年 4 月 11 日宣布的动员。

党和工会的一切力量应当立刻动员起来,毫不拖延地在最近几天内对人民委员会 1919 年 4 月 10 日通过的动员令给予最有力的支持。

必须立即使应征者看到工会的积极参与,并感觉到工人阶级支持他们。

特别要使每个应征者明白,立即去前线可以改善他们的粮食供给,因为:第一,在临近前线的产粮地带,士兵有较充足的粮食;第二,运到饥荒省份的粮食将在较少的人中间进行分配;第三,正广泛组织寄粮工作,把粮食从临近前线的地区寄给红军战士的家属。

中央委员会要求每个党组织和工会组织,每星期作一次哪怕极简短的报告,说明他们做了哪些事来帮助动员工作和应征者。

2.在临近前线的地区,特别是在伏尔加河流域,应当把全体工会会员人人武装起来,武器不够时,动员他们用各种方式帮助红军,或弥补部队的减员等等。

有一些城镇,如在波克罗夫斯克,工会已自行作出决定,要立刻动员百分之五十的会员,这种举动应当成为我们的榜样。两个首都和各大工厂工业中心不应当落在波克罗夫斯克的后面。

各地的工会应以自己的人力和财力普遍对全体会员进行一次调查登记,凡是没有绝对必要留在本地的人,一律派往前线,投入保卫伏尔加河流域和乌拉尔边疆区的斗争。

3.应特别注意加强待应征者、已应征者和红军战士中间的鼓动工作。不要限于作报告、开群众大会等等通常的鼓动方式,要由工人分组地或单个地在红军战士中间进行鼓动工作,把各个兵营、红军部队和工厂分别包给这种由普通工人组成的、由工会会员组成的鼓动小组。工会应当进行检查,务使每个会员都参加挨户鼓动、散发传单、进行个别谈话等工作。

4.用妇女代替所有男职员。为此目的,对党员和工会会员重新进行一次登记。

为全体工会会员和全体职员单立登记卡,记上每人所做的支援红军的工作。

5.通过工会、工厂委员会、党组织、合作社等等,立刻成立地方的和中央的**援助红军委员会**或**协助委员会**。这些机关的地址应当公布。这些机关的情形应最广泛地通知居民。每个待应征者,每个红军战士,每个愿意去南方、去顿河区和乌克兰做粮食工作的人都应该知道,他在工农易于接近的援助红军委员会或协助委员会中可以得到忠告,得到指示,并便于同军事机关取得联系等等。

援助红军委员会的一个特殊任务应是协助做好**红军的供给**工作。如果改善了武器、服装等等的供给工作,我们就可以大大扩充军队。居民中还藏有不少可供军队使用的武器,工厂内存有不少为军队所必需的各种物资,必须迅速地把这些东西找出来,送到军队中去。主管军队供给事宜的军事机关应当取得居民及时的、广泛的和积极的帮助。必须用全力执行这个任务。

6. 必须通过工会广泛吸收非农业省份的农民特别是青年农民参加红军队伍,成立在顿河区和乌克兰一带活动的征粮队和征粮军。

这种工作可以而且应当大大开展起来,这既可以帮助两个首都和非农业省份的挨饿的居民,也可以加强红军的力量。

7. 在目前状况下,党对孟什维克和社会革命党人的方针是这样的:凡有意无意帮助高尔察克的人,一律关进监狱。我们在自己的劳动人民共和国中,不能容忍那些不以实际行动帮助我们反对高尔察克的人。但是在孟什维克和社会革命党人中间也有愿意帮助我们的人。对这种人应当鼓励,给以实际工作,主要是让他们在后方从技术上帮助红军,同时对他们的工作要进行严格的检查。

中央委员会要求所有的党组织和工会都用革命精神从事工作,不要限于老一套办法。

我们能够战胜高尔察克。我们能够迅速而彻底地战胜他,因为我们在南方的节节胜利以及逐日好转而有利于我们的国际形势,能保证我们取得最后胜利。

只要调动起一切力量,发挥出革命干劲,高尔察克是会被迅速

粉碎的。伏尔加河流域、乌拉尔、西伯利亚是可以而且应当守住和
夺回的。

俄国共产党（布）中央委员会

载于 1919 年 4 月 12 日《真理报》 译自《列宁全集》俄文第 5 版
第 79 号和《全俄中央执行委员会 第 38 卷第 271—274 页
消息报》第 79 号

在全俄工会中央理事会全会上关于工会在支援东线的动员工作中的任务的报告[90]

（1919 年 4 月 11 日）

1

报　　告

同志们，你们当然都看了今天公布的非农业省份的动员令，我没有必要在这样的会议上来多谈颁布这项法令的原因，因为不言而喻，你们从报上已经很清楚地知道，由于高尔察克在东线的胜利，我们的处境突然变得非常困难了。

你们知道，根据这种军事状况，政府的一切指令早就要求把主力集中南线。的确，在南线，克拉斯诺夫匪军集中了很大的兵力，真正反革命的哥萨克（在 1905 年以后，他们仍同从前一样是拥护君主制的）的老巢极为牢固，没有南线的胜利，就根本谈不上巩固中央的苏维埃无产阶级政权。由于协约国帝国主义者正是企图从南方、从乌克兰实行进攻，想把乌克兰变为反对苏维埃共和国的据点，南线对于我们来说是更加重要了，因此，我们对于在安排一切军事任务时曾把主要注意力和主要兵力放在南线这一点用不着后悔。我认为，我们在这方面并没有错。占领敖德萨的最近消息和今天占领辛菲罗波尔和叶夫帕托里亚的消息都说明，这一在整个战争中起主要决定作用的地区的敌人已被肃清了。

你们都很清楚，继四年帝国主义战争之后进行的国内战争使我们花了多大的气力，群众是多么疲惫，打了两年内战的工人所遭受的牺牲是多么惨重。你们知道，我们是在极度紧张的情况下作战的。因此，把一切力量集中于南线就大大削弱了东线。我们不能增援东线。东线的军队遭到了空前未有的困苦和牺牲。他们已经打了好几个月，许多工作同志来电说，前方作战的红军战士忍受的困苦已经达到无以复加的地步。结果是东线的兵力过于疲惫。而高尔察克则借助于沙皇纪律即棍棒纪律动员了西伯利亚农民。他开除了在前线作过战的士兵，把作为领导者的军官和整个反革命资产阶级集中到军队中来。高尔察克依靠他们，最近在东线上取得了胜利，威胁伏尔加河流域，使我们不得不说，我们要拿出大量兵力才能击退高尔察克。这些力量只能从非农业省份拿出来，因为我们不能从南方抽调兵力，那样做我们就不能在南方彻底打败主要的敌人。

在南方和顿河取得胜利后，由于国际形势的变化，我们总的形势正在日益好转。现在，没有一天不传来关于国际形势日趋好转的消息。

三个月以前，英、法、美三国的资本家不仅看来是一支巨大力量，而且确实是一支巨大力量，如果当时他们能够把自己的巨大物质力量用来反对我们，他们当然是能打垮我们的。他们本来能够做到这一点。现在我们清楚地看到，他们没有做到而且也不能做到了。最近他们在敖德萨的失败清楚地说明，不管帝国主义者的物质力量多么雄厚,纯粹从军事上看,他们对俄国的进攻已经彻底失败了。要是注意到欧洲中部出现了苏维埃共和国,以及苏维埃形式的发展的不可抑制,十分冷静地观察了形势之后,可以毫不夸大地说,我们在国际范围内的胜利是完全有把握的。

事情如果仅仅这样,我们就可以绝对放心地说话了,可是注意到最近高尔察克的胜利,就不得不指出,要打垮他的军队,我们还得加紧奋斗几个月。毫无疑问,光用老办法是完不成这个任务的。我们在苏维埃政权成立以来的一年半内所使用的办法很一般化,有时甚至很保守,以致大大消耗了工人阶级先进分子的精力。我们看到,工人阶级中某些阶层是太疲劳了,斗争是非常艰难的,但是现在情况已经简单明显得多了。甚至不拥护苏维埃政权而自认为是政界中相当了不起的大人物的人也看得很清楚,我们在国际范围内的胜利是有把握的。

由于高尔察克的胜利,我们还得在国内战争中经历一个艰苦的时期。因此我们认为,正是全俄工会中央理事会这样一个团结广大无产阶级群众的最有威信的组织,应该提出一系列最有力的措施,帮助我们在几个月内彻底结束战争。这是完全可能的,因为我们所处的国际形势正在好转,我们在这方面是有充分把握的。目前欧美后方的情况对我们极为有利,这是我们在五个月以前梦想不到的。可以说,威尔逊和克列孟梭先生们是存心帮我们的忙,每天都有电报传来消息,说这些先生在闹纠纷,争执不下,这表明他们斗得不可开交了。

可是,我们的事业在国际范围内的胜利愈明显,俄国的地主资本家和逃往乌拉尔以东的富农的反抗也就愈疯狂,愈剧烈。这帮坏家伙拼命挣扎。你们当然已经从报上的消息注意到,白卫分子在乌法造成的恐怖达到了何种程度；毫无疑问，这些资产阶级白卫分子正在下最后的赌注。资产阶级拼命挣扎，指望以最猛烈的进攻迫使我们从有决定意义的南线抽走一部分兵力。我们决不这样做，我们公开向工人们说，这意味着必须一再动员我们东部的力量。

现在让我向你们提出一些实际措施。在我看来，要执行这些措施，工会必须重新配置力量，明确规定新的任务，我认为，从我刚才简略叙述过的情况来看，采取这些措施是必要的。这一点大家都已知道，没有必要再进一步说明。根据最冷静的推断，在目前情况下，我们能够在几个月内结束国内的和国际范围的战争。但是，在这几个月内必须极紧张地进行工作。应当向工会提出的第一个任务是：

"1. 从各方面支持1919年4月11日宣布的动员。

党和工会的一切力量应当立刻动员起来，毫不拖延地在最近几天内对人民委员会1919年4月10日通过的动员令给予最有力的支持。

必须立即使应征者看到工会的积极参与，并感觉到工人阶级支持他们。

特别要使每个应征者明白，立即去前线可以改善他的粮食供给。因为：第一，在临近前线的产粮地带，士兵有较充足的粮食；第二，运到饥荒省份的粮食将在较少的人中间进行分配；第三，正广泛组织寄粮工作，把粮食从临近前线的地区寄给红军战士的家属……"

当然，关于粮食情况，我在这里只是简单地提了一下，但是你们都了解，这是我们内部的主要困难，如果不能把动员工作同向临

近前线的产粮地区迅速推进联系起来,同在那里(而不是在这里)
组建军队的工作联系起来,那动员是没有希望的,也就是说,不能
指望动员会成功。但是现在,做到这一点的可能性是存在的。动
员主要是在非农业省份、在工人农民最挨饿的地方进行。我们能
够把他们首先调到顿河去,现在整个顿河州都在我们手里,同哥萨
克的斗争早就在进行了,在那里能够改善前方部队的给养,不仅能
够直接地改善,而且能把粮食寄给家属。这方面我们已经采取了
一些步骤,准许每月寄两次粮食,每次 20 磅。在这方面已经商量
好了。这样一来,去年实行过的一普特半制度[91]的优待办法,就可
用更为广泛的办法,用寄粮食接济红军战士家属的办法来代替了。

开展这种活动,我们就能把支援前线和改善最缺粮的主要非
农业区的粮食情况结合起来。当然,除了开往顿河流域,也要开往
伏尔加河流域,目前敌人在伏尔加河流域给了我们极其沉重的打
击,使得伏尔加河左岸即东部已经收购到的几百万普特粮食都损
失了。那里的战争简直就是争夺粮食的战争。工会的任务就是不
要使这次动员像通常那样,而要把它同工会对苏维埃的帮助结合
起来。在我念过的那个提纲中,这一点讲得有些不够具体。我认
为,进行这种全面帮助时,首先应当采取一系列的示范措施,然后
制定具体指示和实际计划:工会应当如何发动一切力量来帮助这
次动员,使这次动员不仅是军事上粮食上的措施,而且是极重大的
政治步骤,使它成为工人阶级的事情,使工人阶级认识到,我们在
几个月内就能结束战争,因为在国际范围内我们一定会有新的同
盟者。这只有无产阶级的组织,只有工会才能做到。这样的实际
措施,我无法一一列举。我认为,只有工会本身才能做到。只要它
们考虑到当地的特点,按实际情况办事,它们就能完成这一任务。

我们的责任就是给工人阶级基本的政治指示,要他们重新团结起来并认清这个真理,这个真理是非常痛苦的,因为它会带来新的困难,但同时它也指出一个能在短时期内克服困难的切实可行的办法。我们要加紧把工人运送到南部产粮区去,以增强那里的力量,假使白卫分子和地主的军队指望用他们在东部的胜利来迫使我们放松南方,那我认为他们这种打算一定会落空,我坚信我们既不放松南方,又要支援东部。敌人抛弃了在前线作过战的士兵(害怕他们),搜罗了西伯利亚青年,动员了西伯利亚农民。这是敌人最后的一张王牌,最后的一点兵源。他们得不到帮助,他们没有有生力量。协约国也无能为力,不能支援他们。

因此,我要请工会运动的代表们特别注意这个问题,务使动员不按旧方式进行。这次动员应当成为工人阶级的最重大的政治运动,即不仅是军事和粮食方面的运动,而且是极其重大的政治运动。只要非常清醒地从战争因素和阶级关系来考虑问题,任何人都不会怀疑在最近几个月内就能解决问题。为做到这一点,工会不能局限在旧的工作框框内。在旧框框内行动,是完成不了这个任务的。这里需要新的规模。不仅要像工会工作者那样活动,而且要像解决苏维埃共和国根本问题的革命家那样活动,这里所指的根本问题就是我们在十月革命时期所解决的关于结束帝国主义战争和开始社会主义建设的问题。现在,工会应当像革命家那样,广泛地进行活动,不局限于旧框框,来解决结束俄国国内战争的实际问题。战争很快就会结束,但还有极大的困难。其次:

“2. 在临近前线的地区,特别是在伏尔加河流域,应当把全体工会会员人人武装起来,武器不够时,动员他们用各种方式帮助红军,或弥补部队的减员等等……

3.应特别注意加强待应征者、已应征者和红军战士中间的鼓动工作。不要限于作报告、开群众大会等等通常的鼓动方式,要由工人分组地或单个地在红军战士中间进行鼓动工作,把各个兵营、红军部队和工厂分别包给这种由普通工人组成的、由工会会员组成的鼓动小组。工会应当进行检查,务使每个会员都参加挨户鼓动、散发传单、进行个别谈话等工作。"

当然,我们现在已在一定程度上抛弃了我们党还在受迫害时或为夺取政权而斗争时所采用的鼓动方法。国家政权使我们有了巨大的国家机构,依靠这种国家机构,我们的鼓动工作走上了新的轨道。一年半以来,鼓动工作有了另一种规模,然而,在帝国主义战争造成的并为国内战争加重了的经济破坏的状况下,在俄国许多省份遭到侵略的极端困难条件下,我们的鼓动工作远没有达到应有的要求。与从前相比,它创造了奇迹,但它还做得不够,还做得不彻底。目前对广大工农群众的鼓动工作是做得极少的。因此,不能局限在旧框框内,无论如何不能因现时有苏维埃国家机构来进行这一工作而产生依赖思想。如果我们有这种依赖思想,我们就完成不了任务。在这方面应当想想过去,应当更注意发挥个人主动性,应当说,只要大大发挥这种个人主动性,我们一定会比从前做更多的工作,因为现在虽然大多数工人已经感到疲倦,但是工人阶级依靠自己的本能抓住了任务的根本点。甚至那些从政治思想上看就根本不愿意把情况搞清楚、用铁甲遮住自己而不了解现实的孟什维克和社会革命党人都已明白,这是全世界旧的资产阶级制度和新的苏维埃制度之间的斗争。自从德国革命显露出真面目以后,自从它的政府在大多数社会爱国主义者的支持下刚刚屠杀了无产阶级的优秀领袖以后,自从苏维埃政权在欧洲几个国家取得了胜利以后，问题实际上已经解决了。问题是这样摆着的：或者是苏维埃政权，或者是资产阶级的旧制度。这实际上已在历史过程中得到了解决。工人的本能解决了问题，必须把这种本能化为巨大的鼓动力量。

我们无法增多粮食，我们无法使职业鼓动员和知识分子增加10倍，因为我们没有，我们做不到这点。但是我们可以向广大的工人群众说：今天的你们，已不是昨天的你们。如果你们用个别鼓动的方法从事工作，你们有这样多的人一定会取得胜利。

我们要尽力使这一动员不是普通的动员，而是最后决定工人阶级命运的真正进军，我们要使工人阶级意识到，我们要在最近几个月内进行最后的斗争，这不是诗歌中所描写的而是名副其实的最后的斗争，因为现在我们已不仅仅是同白卫分子较量实力了。

在一年的战争中，我们实际上是同国际帝国主义进行较量的。有一个时期德国人要扼杀我们，但是我们知道，德国人是被束缚着的，因为英法帝国主义者用一只手抓住了他们。有一个时期英国人和法国人出来反对我们；他们的双手是自由的。如果他们在1918年12月就向我们冲过来，那我们是挡不住的，可是如今我们在艰苦的几个月中已经领教过他们，知道他们的资产阶级制度是腐朽透顶的。他们的精锐部队甚至在乌克兰的起义部队面前也只有退却。由此可见，我们的论断是十分清楚的，工人阶级已经本能地感觉到，最后的战斗就要来临，最近几个月内就要解决：我们究竟是取得彻底胜利，还是继续经受新的困难。

我把现在已经拟就的其他几项措施念一下：

"4.用妇女代替所有男职员。为此目的，对党员和工会会员重新进行一次登记……

5. 通过工会、工厂委员会、党组织、合作社等等,立刻成立地方的和中央的**援助红军委员会**或**协助委员会**。这些机关的地址应当公布。这些机关的情形应最广泛地通知居民。每个应征者,每个红军战士,每个愿意去南方,去顿河区和乌克兰做粮食工作的人都应该知道,他在工农易于接近的援助红军委员会或协助委员会中可以得到忠告,得到指示,并便于同军事机关取得联系等等。

援助红军委员会的一个特殊任务应是协助做好**红军的供给**工作。如果改善了武器、服装等等的供给工作,我们就可以大大扩充军队。居民中还藏有不少可供军队使用的武器,工厂内存有不少为军队所必需的各种物资,必须迅速地把这些东西找出来,送到军队中去。主管军队供给事宜的军事机关应当取得居民及时的、广泛的和积极的帮助。必须用全力执行这个任务。"

我想谈谈按我们的军事任务来分的几个不同的时期。我们曾经像现在乌克兰的同志一样,是用非正规的游击式的起义来解决我们面临的第一个军事任务的。乌克兰的战争与其说是战争,不如说是游击运动和自发起义。这造成很大的流动性和极端的混乱,因此,要利用存粮是一个无比困难的任务。那里没有任何旧机构。甚至我们的政权从斯莫尔尼宫时期继承下来的那种对我们害多利少的非常坏的机构也没有。可是为什么乌克兰没有这种机构呢?因为乌克兰仍处于游击活动和自发起义的时期,还没有任何一个阶级(包括无产阶级在内)的稳定的政权所具有的正规军。我们是经过了非常困难的几个月才建立起正规军的。

在供给方面,我们已经设立了一些专门机构。我们在供给工作中适当地利用了专家,把他们置于党的监督之下。现在我们在各地都有了主管供给事宜的军事机关。在极度紧张的关头到来的

时候,我们说:我们决不再回到旧时的游击主义时代去,我们已经
吃够了它的苦头,我们号召工人们到现存的有组织的机关中去,到
红军的正规供给机关中去。大部分工人是能够这样做的。你们知
道,在收集和运送物资等等方面,情况非常混乱。必须在供给方面
帮助红军。军事人员对我们说,只要动员到大批的士兵就好办了,
就可以马上根本解决东线问题。这方面最大的阻碍是供给不足。
在帝国主义战争和国内战争造成的经济破坏的情况下,这是一点
也不奇怪的。但是,这要求我们领会和了解新的形势和新的任务。
一年前我们已开始建立正规机关,但这还不够,还需要靠群众运
动,靠工人阶级的巨大毅力来协助这些正规机关。我们有了一个
使工会可以做到这一点的大体方案。能够做到这一点的只有工
会,因为工会同生产最接近,领导着千百万工人中的大多数群众。
这一任务要求在最近几个月内改变一下工作的速度和性质。这样
我们就有把握在几个月内取得完全的胜利。

　　"6.必须通过工会广泛吸收非农业省份的农民特别是青年农
民参加红军队伍,成立在顿河区和乌克兰一带活动的征粮队和征
粮军。

　　这种工作可以而且应当大大开展起来,这既可以帮助两个首
都和非农业省份的挨饿的居民,也可以加强红军的力量。"

　　我已经说过,我们的粮食任务是同军事任务有联系的,你们都
很明白,我们不能不把这两个任务联系起来。必须把它们联系起
来。把两者分开,一个任务也不能完成。

　　"7.在目前状况下,党对孟什维克和社会革命党人的方针是这
样的:凡有意无意帮助高尔察克的人,一律关进监狱。我们在自己
的劳动人民共和国中,不能容忍那些不以实际行动帮助我们反对

高尔察克的人。但是在孟什维克和社会革命党人中间也有愿意帮助我们的人。对这种人应当鼓励,给以实际工作,主要是让他们在后方从技术上帮助红军,同时对他们的工作要进行严格的检查……"

这里我们应当指出,最近我们经受了特别严重的和痛苦的考验。你们知道,孟什维克和社会革命党人的领导集团是这样看问题的:"不管怎样,我们希望一直做议员,我们要对布尔什维克和高尔察克分子进行同样的谴责。"我们应当对他们说:对不起,现在我们顾不得议会。我们正被人扼住咽喉,正在进行最后的斗争。我们不来同你们开玩笑。如果你们举行罢工,你们就是对工人阶级犯下了滔天罪行。任何一次罢工都使我们付出成千上万红军战士的生命。这点我们是一下子就能看出的。中断图拉的枪械生产,就是杀害成千的农民和工人;夺去我们图拉的若干工厂,就是夺去成千工人的生命。我们说:我们在战斗,我们在献出最后的力量,我们认为这场战争是唯一正义的合理的战争。我们在我国和全世界燃起了社会主义火焰。谁要稍微阻挠这一斗争,我们就要同他作无情的斗争。谁不和我们站在一起,谁就是反对我们。有些人,我们知道,在孟什维克中间是有这种人的,他们不能了解或不愿了解俄国发生的事情,他们还不相信:如果在俄国是这些"坏的"布尔什维克造成了这种革命,那么德国革命的诞生还要痛苦得多。那里的民主共和国是什么呢?德国的自由是什么呢?这是杀害无产阶级的真正领袖卡尔·李卜克内西、罗莎·卢森堡和其他数十个人的自由。谢德曼分子企图以此挽回自己的失败。显然,他们是不能管理国家的。自从11月9日起,这种自由在德意志共和国存在5个月了。在这段期间,政权的代表不是谢德曼分子就是他们的帮凶。但是你们知道,他们那里的倾轧愈来愈激烈。这个例子表明,只能或者是资产阶级专政,或者是无产阶级专政;中间道路是没有的,这一点很明显,例如从我们今天在《法兰克福报》[92]上所读到的就可以看出来。该报说,匈牙利的例子证明,我们不能不走向社会主义。匈牙利证明,资产阶级自愿地把政权交给了苏维埃,因为他们知道,国家处在严重的危急关头,除了苏维埃,没有谁能挽救它,没有谁能率领人民走这条艰难的求生之路。有些人摇摆于新旧之间,他们说:虽然我们在思想上不承认无产阶级专政,但是我们要在保留自己的信念的条件下帮助苏维埃政权,因为我们知道,激烈的战争需要人们毫不迟疑地投入战斗。对这种人我们回答说:如果你们想搞政治,把政治了解为你们可以在疲惫不堪、受尽折磨的群众面前自由批评苏维埃政权,而看不到你们是在帮助高尔察克,那我们就要同你们进行无情的斗争。要一下子掌握和实现这条路线是不容易的。我们对他们不能只采取一条路线。我们说:你们可以搞你们的政治,但是我们要把你们送到监狱去,或者送到那些收容你们的国家去。我们要把几百个孟什维克送给那些国家。最后,你们也许想对自己说:我们要帮助苏维埃政权,不然还得有几年的大灾大难,到头来还是苏维埃政权取得胜利。对于这些人要尽量给予帮助,给予实际工作。这个政策不像只有一面的政策那样容易地一下子掌握,但是我确信,任何一个工人,只要他在实际上看到艰苦的战争是什么,红军的供给是什么,每一个红军战士在前线遭受的苦难是什么,他是会很好懂得政策上的这些教训的。因此,我请你们通过这个提纲,并把工会的全部力量用来尽量坚决尽量迅速地实现这个提纲。

2

回 答 问 题[93]

我没有掌握关于图拉的具体材料,关于这个问题,我不能讲得像前面几位同志那样有把握。但是,我知道《永远前进报》的政治面貌。它在煽动罢工,它纵容我们的敌人孟什维克煽动罢工。有人问我有没有证据。我回答说:如果我是律师,是辩护士,或者是议员,那我有责任来证明。可是我既不是律师、辩护士,也不是议员,所以我不准备这样做,而且也没有必要这样做。就假定孟什维克中央比那些在图拉煽动罢工而被公开揭露的孟什维克好一些——我甚至不怀疑孟什维克中央的一部分核心委员要好些——但是在政治斗争中,当白卫分子扼住你的咽喉的时候,难道还能来区分这一点吗?难道还能顾到这一点吗?事实就是事实。即使他们没有纵容,他们对右派孟什维克的态度也是软弱的。这还用解释吗?右派孟什维克鼓动罢工,而马尔托夫或其他人则在自己的报上斥责这些右派分子。这使我们学到了什么呢?我们收到一张纸条,上面写着:我也斥责,但是……(喊声:“怎么办呢?”)要像布尔什维克党那样不是在口头上而是在行动上站稳自己的立场。国外的宣传难道没有利用这里所有的孟什维克的行为吗?伯尔尼代表会议难道没有支持所有那些说布尔什维克是篡夺者的帝国主义者吗?我们说,你们是在高尔察克匪帮正在打击我们,使成千上万红军战士遭到牺牲，而全世界帝国主义者又在对这个国家施加压力的时候采取这种立场的。也许两年以后我们战胜高尔察克的时候，我们会来研究这个问题，但是决不是在现在。现在应当战斗，以便在几个月内战胜敌人，你们知道，敌人是要把工人置于何等境地的。你们从伊瓦先科沃的例子[94]可以知道这一点，同时你们也知道高尔察克正在干些什么。

3

总 结 发 言

同志们！有一位代表反对派发言的人在决议案中要求我们看看我国的宪法。我听了以后，想了想，是不是这位发言人把我国的宪法同谢德曼的宪法弄混了呢？谢德曼和各民主共和国答应给全体公民以一切自由。这一点资产阶级共和国已向人们答应了好几百年了。你们知道，这些资产阶级共和国已到了怎样的地步，它们在世界范围内已遭到了怎样的破产。绝大多数工人都站在共产党人这边来了，世界上已经创造出"苏维埃派"这一在俄国没有过的名词，我们可以说，无论我们走到哪一个国家，只要说出"苏维埃派"这个词，大家就会了解我们，就会跟我们走。宪法第23条规定：

"俄罗斯社会主义联邦苏维埃共和国为了整个工人阶级的利益，对利用权利来危害社会主义革命利益的个人和集团，得剥夺其一切权利。"

我们不随便许以自由，相反地，我们在宪法（它已经译成德、英、意、法等文字）中直截了当地声明，社会党人如果利用自由来危害社会主义革命的利益，掩饰资本家的自由，我们就要剥夺他们的自由。可见援引这个宪法，在字面上也对不上号。我们公开声明过，在过渡时期，在激烈斗争的时期，我们不但不随便许以自由，反而预先说，我们将剥夺那些妨碍社会主义革命的公民的权利。这由谁来判断呢？由无产阶级来判断。

这里有人想把问题扯到议会斗争的基础上去。我一向说，议会制是很好的，不过现在已不是议会制的时代了。洛佐夫斯基同志看到政府说处境困难，便说：在这里，居民就应当提出几十项要求。"想当年"所有的议员都是这样，可是现在不是那种时候了。我知道我们的缺点多得很，知道匈牙利苏维埃政权会比我们好些。可是，当动员期间有人对我们说，人们在接二连三地提出建议，那我们来争论一番吧，我就说，采用旧议会制是不行的，觉悟的工人已经把它抛弃了。问题不在这里。

我们曾经规定了我们的基本路线是同反对我们的富农和富人进行阶级斗争。在这一斗争有了保证以后，我们提出：现在对中农应当制定出一个更为正确的方针。这是一件很困难的工作。在万分危急的关头，你们应当帮助现在这样的苏维埃政权。在这几个月里，我们不会有任何改变。这里没有也不可能有什么中间道路。用人为的议会手段制造中间道路，就等于站在模棱两可的立场上。发言人说全体农民都反对我们，——这是一种"小小的"夸大，实际上是在唆使左派社会革命党人和孟什维克来反对我们。绝大多数人都知道，绝大多数农民是拥护我们的。农民第一次得到了苏维埃政权。甚至极小一部分农民群众举行暴动的口号也是："拥护苏维埃政权，拥护布尔什维克，打倒康姆尼。"我们说：这将是一场顽强的斗争，因为知识分子向我们怠工。在我们要利用的分子中，坏的比好的多。既然好的知识分子离开了我们，就只有用坏的。

罗曼诺夫同志提出了一项决议案，在他的同志们被捕以后，他自己通过了这个决议。他们说："我们为所有的人要求自由……"

(列宁念决议案)后来工人复工了,但是这一来我们损失了几千个工作日,在东线有几千个红军战士、工人和农民牺牲了。

到底是把几十个、几百个有罪或无罪、自觉或不自觉的煽动者关进监狱去好呢,还是损失成千上万的红军战士和工人好呢？我可以冷静而断然地说,前者好。让人家去责备我侵犯自由、罪该万死吧！我可以认罪,只要工人的利益得以保全。在人民很疲惫的时候,觉悟的人应当帮助人民熬过这几个月。在敖德萨打胜仗的不是我们。认为我们打了胜仗,那就可笑了。我们占领了敖德萨是因为他们的士兵不愿作战。我接到北线拍来的一份电报,上面说:"请把英国俘虏送到前线。"同志们在会上讲,英国人哭着说:我们不愿回军队。这是什么意思呢？这就是说,他们的军队不愿作战。他们比我们强十倍,然而他们不愿作战。

因此,当有人对我们说,你们许下了很多诺言,但是一点也没有履行时,我们回答说,我们已经履行了主要的诺言。我们曾许诺说,我们要进行一场定将成为世界革命的革命,这场革命就进行了,而且现在已经牢牢地站住脚,使得国际形势对我们非常有利。这一主要诺言我们已经履行了,绝大多数觉悟的工人显然是了解这一点的。他们了解,战胜全世界资本家的日子离我们只有几个月了。在这几个月中,有些人疲倦了,该怎么办呢,是愚弄他们、煽动他们呢,还是相反,帮助疲倦的人们度过这决定整个战争命运的几个月？你们可以看到,我们在南方要不了几个月,就会完全结束战争,把军队调到东部,因此协约国——英、法、美事实上已经失败了。在敖德萨他们曾经有1万军队,有舰队,——这就是当时的情况。这里问题不在于议会制,也不在于让步。我们没有答应让步,也不准备让步。这里问题在于:当人民被战争弄得筋疲力尽、饥荒严重的时候，觉悟的无产阶级、觉悟的工人的任务是什么呢？能不能听任别人利用人民的疲惫呢？这将是对人民的愚弄。如果我们说停止战争，不觉悟的群众是会赞成的，而觉悟的工人则会说：你可以在几个月内结束战争。应当使疲倦的人振作起来，帮助他们，引导他们前进。同志们自己会看到，一个觉悟的工人是可以带动几十个疲倦的人前进的。我们这样讲，也要求这样做。无产阶级专政就在于一个阶级带领另一个阶级前进，因为无产阶级的组织性比较强，团结比较紧，觉悟比较高。没有觉悟的人最容易上各种圈套，他们疲倦了，什么都会同意，而觉悟的人则说：必须熬过去，因为再过几个月我们就会在全世界取得胜利。问题就是这样摆着的。我认为现在不是进行议会争论的时候，应该再接再厉，争取在这几个月内获得胜利，而且是获得最后的胜利。

载于1932年《列宁全集》俄文
第2、3版第24卷

译自《列宁全集》俄文第5版
第38卷第275—296页

昂利·吉尔波《战时法国的
社会主义和工团主义》小册子序言

（1919 年 4 月 13 日）

　　吉尔波同志的小册子写得非常及时。应当把战时各国的社会主义运动和工会运动史写出来，供世界各国参考。这一历史极其明显地表明，工人阶级在缓慢地但是不断地向左转，向革命思想和革命行动方面转。一方面，这一历史揭示了第三国际即共产国际的深远根源和准备过程，这一过程在每个民族内部因历史特点而有所不同。必须知道第三国际的深远根源，才能了解第三国际产生的必然性以及各国社会党走向第三国际的途径的不同。

　　另一方面，战时社会主义运动和工会运动史向我们表明，资产阶级民主和资产阶级议会制已开始崩溃，从资产阶级民主到苏维埃民主即无产阶级民主的转变已经开始。还有很多很多的社会党人无论如何也不能理解这一极伟大的具有世界历史意义的更替，他们被保守的锁链束缚着，庸俗地崇拜现有的和昨天的东西，对垂死的资本主义的历史在各国引起的变化像市侩般的盲目无知。

　　吉尔波同志担负起了写战时法国社会主义运动和工会运动史概论的任务。他明白而确切地列举了事实，使读者具体地看到了社会主义史上的伟大转变的开始。可以确信，**吉尔波**的小册子不仅会在一切觉悟的工人当中得到广泛的传播，并且会促使人们写出很多类似的小册子来阐明其他国家的战时社会主义和工人运动史。

尼·列宁

1919 年 4 月 13 日于莫斯科

载于 1919 年彼得格勒出版的昂利·吉尔波《战时法国的社会主义和工团主义运动（历史概论）。1914 — 1918 年》一书（法文版）

译自《列宁全集》俄文第 5 版第 38 卷第 297—298 页

在莫斯科苏维埃指挥员第一期训练班的讲话

（1919年4月15日）

简 要 报 道

列宁同志记起了一位德国将军的话：要是士兵知道他们为什么而战，战争就不会有了。现在却不是这样。摆在红军面前的是一项伟大而确定的任务——解放工人阶级。我们的工农红军在日益成长壮大。这种成长决定于工人和农民对自己目的的深刻认识。现在，我们在东线屡遭挫折，但无论如何我们要挡住高尔察克，要打垮他，而且我们一定会打垮他。克拉斯诺夫匪帮一再给苏维埃俄国造成严重的局势，可是尽管有整个资产阶级世界的支持，他们还是被打垮了，而且不久就会被彻底歼灭。我们能取得这些胜利，全靠工人和农民的觉悟。你们接受了区委员会的红旗，就应该坚定而有信心地高举红旗前进。每天都有消息说，不是在那里就是在这里升起了解放的红旗。你们亲眼看到了匈牙利苏维埃共和国、苏维埃巴伐利亚和第三国际即共产国际的成立，你们很快就会看到世界苏维埃联邦共和国的成立。

世界苏维埃联邦共和国万岁！

红军万岁！

红色指挥员万岁！（热烈鼓掌）

载于 1919 年 4 月 17 日《真理报》　　　　译自《列宁全集》俄文第 5 版
第 83 号　　　　　　　　　　　　　　　　第 38 卷第 299—300 页

第三国际及其在历史上的地位

（1919 年 4 月 15 日）

"协约国"帝国主义者封锁俄国，把苏维埃共和国看做传染病的发源地，竭力使它与资本主义世界隔绝。这些夸耀本国制度的"民主精神"的人，由于仇恨苏维埃共和国而失去了理智，竟没有察觉到怎样把自己变成了可笑的人物。不妨想一想，这些先进的、最文明的和"民主的"国家，武装到了牙齿，在军事方面称霸全球，却像害怕火那样，害怕从一个受到严重破坏的、饥饿的、落后的、据他们说甚至是半野蛮的国家散播出来的**思想传染病**！

单是这个矛盾就擦亮了各国劳动群众的眼睛，帮助我们揭露了克列孟梭、劳合-乔治、威尔逊等帝国主义者及其政府的虚伪。

但是，不仅是资本家因仇恨苏维埃而失去理智，而且他们之间互相争吵，互相掣肘对我们都有帮助。他们彼此商定了一种用沉默进行抵制的大阴谋，他们极端害怕传播关于苏维埃共和国的一切真实消息，特别是害怕传播它的正式文件。但是，法国资产阶级的主要报纸《时报》[95]却刊载了在莫斯科建立第三国际即共产国际的消息。

为了这点，我们应向法国资产阶级的主要报纸，向法国沙文主义和帝国主义的这位领袖表示极崇高的谢意。我们很想给《时报》写一封公函，感谢它这样成功、这样巧妙地帮助了我们。

从《时报》如何根据我们的无线电讯来编成自己的消息,可以十分清楚地看出这家富人的报纸的动机。它本想挖苦威尔逊,刺他一下:看,您是在同什么样的人谈判!这些遵照富人的意旨来舞文弄墨的聪明人没有觉察到:他们拿布尔什维克来恐吓威尔逊,在劳动群众看来,就是替布尔什维克作广告宣传。再说一遍,我们应向法国百万富翁们的报纸表示极崇高的谢意!

第三国际是在这样一种国际环境中成立起来的:不管"协约国"帝国主义者或德国的谢德曼之流、奥地利的伦纳之流这类资本主义的奴才颁布何种禁令,玩弄何种卑鄙手腕,都不能阻碍全世界工人阶级听到关于这个国际的消息并同情这个国际。这种环境是由各地迅速发展的无产阶级革命造成的。这种环境是由劳动群众中间的**苏维埃**运动造成的,苏维埃运动已发展成为真正的**国际**运动了。

第一国际(1864—1872年)奠定了工人国际组织的基础,使工人做好向资本进行革命进攻的准备。第二国际(1889—1914年)是无产阶级运动的国际组织,这个运动当时是向**横的**方面发展,因此,革命的水平不免暂时降低,机会主义不免暂时加强,而终于使第二国际遭到可耻的破产。

第三国际实际上是在1918年创立的,那时,由于多年来特别是战争期间同机会主义和社会沙文主义作了斗争,许多国家都已成立了共产党。第三国际是1919年3月在莫斯科举行的第一次代表大会上正式成立的。这个国际最突出的特点、它的使命就是执行和实现马克思主义的训诫,实现社会主义和工人运动历来的理想;这个特点一下子就显示出来了,因为新的国际即第三个"**国际工人协会**"**现时就开始**在一定程度上**与苏维埃社会主义共和国**

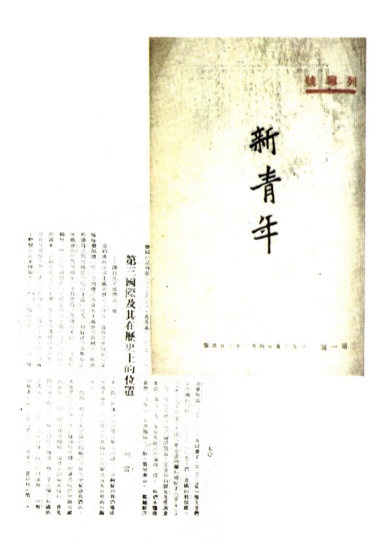

1925年4月22日《新青年》第1号封面和该刊所载
列宁《第三国际及其在历史上的地位》一文的中译文

联盟相吻合了。

第一国际为国际无产阶级争取社会主义的斗争奠定了基础。

第二国际是为这个运动在许多国家广泛的大规模的开展准备基础的时代。

第三国际接受了第二国际的工作成果，清除了它的机会主义的、社会沙文主义的、资产阶级和小资产阶级的脏东西，并**已开始实现无产阶级专政**。

领导世界上最革命的运动即无产阶级推翻资本压迫的运动的政党的国际联盟，现在有了空前巩固的基地：有了几个**苏维埃共和国**，它们在国际范围内体现着无产阶级专政，无产阶级对资本主义的胜利。

第三国际即共产国际的世界历史意义在于，它已开始实现马克思的一个最伟大的口号，这个口号总结了社会主义和工人运动历来的发展，表现这个口号的概念就是无产阶级专政。

这个天才的预见，这个天才的理论正在变为现实。

无产阶级专政这个拉丁词现在不仅译成了现代欧洲各民族的语言，而且译成了世界上所有的语言。

世界历史的新时代开始了。

人类已在摆脱最后一种奴隶制：资本主义奴隶制即雇佣奴隶制。

人类正在摆脱奴隶制，第一次走向真正的自由。

为什么第一个实现了无产阶级专政、成立了苏维埃共和国的国家竟是欧洲最落后的国家之一呢？我们这样说是不会错的：正是俄国的落后和它向最高形式的民主制的"飞跃"（即越过资产阶级民主而达到苏维埃民主即无产阶级民主）之间的矛盾，正是这个矛盾成了西欧人理解苏维埃的作用特别难或特别慢的原因之一（除社会主义运动大多数领袖受到机会主义习惯和庸人偏见的束缚这个原因以外）。

全世界的工人群众本能地领会到了苏维埃是无产阶级斗争的工具和无产阶级国家的形式。但是为机会主义所腐蚀的"领袖们"还继续崇拜资产阶级民主，把它叫做一般"民主"。

无产阶级专政的实现首先表明了俄国的落后和它**越过**资产阶级民主的"飞跃"之间的"矛盾"，这难道奇怪吗？假使历史让我们**不通**过许多矛盾而实现**新式**民主，那倒是奇怪了。

任何一个马克思主义者，甚至任何一个懂得现代科学的人，如果有人问他"各个不同的资本主义国家平衡地或谐和均匀地过渡到无产阶级专政是否可能"，他的回答一定是否定的。在资本主义世界中从来没有而且不会有什么平衡，什么谐和，什么均匀。在每个国家的发展中，都是有时是资本主义和工人运动的这一方面、这一特征或这一类特点特别突出，有时是另一方面、另一特征或另一类特点特别突出。发展过程从来都是不平衡的。

当法国实现伟大的资产阶级革命、促使整个欧洲大陆走向历史上新的生活时，资本主义比法国发达得多的英国竟成了反革命同盟的首领。而当时的英国工人运动却英明地预示了未来马克思主义中的许多东西。

当英国发生世界上第一次广泛的、真正群众性的、政治上已经成型的无产阶级革命运动即宪章运动[96]的时候，欧洲大陆发生的革命大都是软弱的资产阶级革命，而在法国却爆发了无产阶级和资产阶级之间的第一次伟大的国内战争。资产阶级在不同的国家用不同的手段把无产阶级队伍各个击破了。

英国，照恩格斯的说法，是资产阶级同资产阶级化的贵族一起造成了极端资产阶级化的无产阶级上层的典型国家。[①] 从无产阶级的革命斗争来看，这个先进的资本主义国家竟落后了几十年。法国工人阶级在 1848 年和 1871 年先后两次举行了反资产阶级的英勇起义，对世界历史作出了重大贡献，在这两次起义中，法国无产阶级的力量好像是用尽了。这以后，即从 19 世纪 70 年代起，工人运动国际中的领导权转到了在经济上比英法都落后的德国。而到 20 世纪第二个十年，当德国在经济方面超过了英法两国的时候，领导德国马克思主义工人政党这个全世界的模范政党的，已是一小群十足的恶棍和卖身投靠资本家的最卑鄙的坏蛋，是从谢德曼和诺斯克到大卫和列金这些工人出身的替君主制和反革命资产阶级效劳的最可恶的刽子手。

世界历史始终不渝地走向无产阶级专政，但它所走的远不是平坦笔直的大道。

当卡尔·考茨基还是个马克思主义者，还没有因为主张与谢德曼之流保持统一、拥护资产阶级民主、反对苏维埃民主即无产阶级民主而变成马克思主义的叛徒的时候，他曾在 20 世纪初写了《斯拉夫人和革命》这篇文章。在这篇文章中，他指出由于某种历史条件，国际革命运动的领导权可能转入斯拉夫人的手中。

果然如此。革命无产阶级国际中的领导权暂时（自然只是在一个短时期内）转到俄国人手中去了，正像它在 19 世纪各个不同的时期中曾先后掌握在英国人、法国人和德国人的手中一样。

我屡次说过：与各先进国家相比，俄国人**开始**伟大的无产阶级

---

① 参看《马克思恩格斯文集》第 10 卷第 165 页。——编者注

革命是比较容易的,但是把它**继续**到获得最终胜利,即完全组织起社会主义社会,就比较困难了。

我们开始这个革命比较容易,有下列几个原因。第一,沙皇君主国在政治上的非常落后(就 20 世纪的欧洲来说)使得群众的革命冲击力量异常强大。第二,俄国的落后使得无产阶级反对资产阶级的革命与农民反对地主的革命独特地结合了起来。我们在 1917 年 10 月就是这样开始革命的,不然,我们就不会那样容易取得胜利。马克思在 1856 年谈到普鲁士时,就已指出无产阶级革命有与农民战争独特地结合起来的可能①。布尔什维克从 1905 年初起,就坚持无产阶级和农民的革命民主专政的思想。第三,1905 年革命使工农群众受到了非常多的政治教育,既使他们的先锋队了解了西欧社会主义运动的"最新成就",又使他们自己懂得了革命**行动**的意义。没有 1905 年的"总演习",1917 年的二月资产阶级革命和十月无产阶级革命都是不可能的。第四,俄国的地理条件使它比其他国家更能长久地对抗资本主义先进国家的军事优势。第五,无产阶级同农民的特殊关系便利了从资产阶级革命过渡到社会主义革命,便利了城市无产者去影响农村半无产的贫苦劳动阶层。第六,罢工斗争的长期锻炼和欧洲群众性工人运动的经验,有助于**苏维埃**这种特殊的无产阶级革命组织形式在深刻而迅速尖锐化的革命形势下产生出来。

以上所述当然是不完备的。但暂时可以就列举这几点。

苏维埃民主即无产阶级民主已在俄国产生。与巴黎公社比起来,它是具有世界历史意义的第二步。无产阶级和农民的苏维埃

---

① 参看《马克思恩格斯文集》第 10 卷第 131 页。——编者注

共和国成了世界上第一个稳固的社会主义共和国。作为一种**新的国家类型**，它是不会灭亡的。它现在已经不是孤立的了。

要继续社会主义建设工作，要把这种工作进行到底，还需要做很多很多的事情。文化程度较高、无产阶级的比重和影响较大的国家所建立的苏维埃共和国，只要走上无产阶级专政的道路，就有一切可能超过俄国。

破产的第二国际正在死去，活活腐烂着。它实际上是替国际资产阶级当奴仆。这是真正的黄色国际。它的最大的思想领袖，如考茨基之流，都颂扬**资产阶级**民主，把它称为一般"民主"，甚至更愚蠢更荒唐地称为"纯粹民主"。

资产阶级民主已经过时，正如第二国际已经过时一样，虽然当必须在这种资产阶级民主范围内训练工人群众的时候，第二国际曾做过历史上必要的有益的工作。

最民主的资产阶级共和国从来都是而且不能不是资本镇压劳动者的机器，资本政权的工具，资产阶级的专政。资产阶级民主共和国许诺并且宣告政权属于大多数人，但是它从来没能实现过，因为存在着土地和其他生产资料的私有制。

资产阶级民主共和国中的"自由"实际上是**富人**的自由。无产者和劳动农民可以而且应当利用这种自由来准备力量，以推翻资本，消灭资产阶级民主，但是在资本主义制度下，劳动群众照例是不能**实际**享受民主的。

苏维埃民主即无产阶级民主在世界上第一次把**民主**给了群众，给了劳动者，给了工人和小农。

世界上还从来没有过像苏维埃政权那样的属于**大多数人**的国家政权，**实际上**属于大多数人的政权。

这个政权压制剥削者及其帮手的"自由"，剥夺他们实行剥削的"自由"、发饥荒财的"自由"、恢复资本权力的"自由"、勾结外国资产阶级来反对本国工农的"自由"。

让考茨基之流去维护这种自由吧。这是只有马克思主义的叛徒、社会主义的叛徒才做得出来的。

第二国际的思想领袖如希法亭和考茨基之流的破产，最清楚地表现在他们完全不能理解苏维埃民主即无产阶级民主的意义，它同巴黎公社的关系，它的历史地位以及它成为无产阶级专政形式的必然性。

德国"独立的"（请读做市侩的、庸人的、小资产阶级的）社会民主党的机关报《自由报》[97]在 1919 年 2 月 11 日第 74 号上，登载了《告德国革命无产阶级》这篇宣言。

这篇宣言是由党的执行委员会和"国民议会"即德国"立宪会议"的整个党团签字发表的。

这篇宣言斥责谢德曼之流力图取消**苏维埃**，而提议把苏维埃与立宪会议（别开玩笑吧!）**结合起来**，给予苏维埃一定的国家管理权，让它在宪法中占一定的地位。

把资产阶级专政和无产阶级专政调和起来，统一起来! 这是多么简单! 这是多么了不起的庸人思想!

不过可惜的是，在俄国克伦斯基执政时期，这种思想已经由联合起来的孟什维克和社会革命党人这些自命为社会主义者的小资产阶级民主派试验过了。

谁读了马克思的著作而不懂得在资本主义社会中，在每一个紧急关头，在每一次严重的阶级冲突发生时，都只能或者是资产阶级专政或者是无产阶级专政，谁就是对马克思的经济学说和政治学说都一窍不通。

　　但是要把 2 月 11 日的这篇极美妙、极滑稽的宣言内所充满的经济政治谬论尽行揭露，就需要对希法亭和考茨基之流的把资产阶级专政与无产阶级专政和平结合起来的了不起的庸人思想专门作一次分析。这一点只好留待另文①去做了。

1919 年 4 月 15 日于莫斯科

载于 1919 年 5 月《共产国际》杂志
第 1 期

译自《列宁全集》俄文第 5 版
第 38 卷第 301—309 页

---

　　①　见本卷第 379—388 页。——编者注

在莫斯科枢纽站
铁路员工代表会议上的讲话

(1919 年 4 月 16 日)

同志们,我们都知道,目前我国正处在一个艰苦的时期。为了击退反革命和国际帝国主义的最后一次进攻,我们不得不宣布动员。现在必须由劳动群众亲自来积极协助,这次动员才能顺利完成。

同志们,你们当然都清楚地了解,战争造成了多么大的困难,它要求我们忍受多么大的牺牲,尤其是国家面临着粮食的困难和战争造成的运输破坏的现在。由于这个缘故,劳动群众在这次战争中受到的苦难现在更加深重了。

但是,我们有充分的根据来设想和断定,我们的情况已经好转,我们一定会战胜一切困难。我们不哄骗自己。我们知道,我们的敌人,即公然同俄国资本家一起行动的英法美三国资本家,正在作颠覆苏维埃政权的最后尝试。我们看到,地主和资本家的代表们早就在巴黎磋商了。我们知道,他们一天比一天更强烈地希望苏维埃政权垮台。但是我们也看到,直到现在,打败德国已经 5 个月了,他们还不能缔结和约。为什么呢?因为他们为了瓜分肥肉,彼此正在争吵:把土耳其给谁,把保加利亚给谁,怎样掠夺德国,英国得哪一块,法国和美国又得哪一块,向德国人究竟索取几百亿赔款。很明显，他们从德国那里一定得不到什么，因为这个国家已被战争弄得民穷财尽，而劳动群众正愈来愈坚决地反对资产阶级政府的压迫。

同志们，我们因此确信，现在由于高尔察克在东线的胜利，俄国和外国的资本家又燃起了一线希望。但是，即使高尔察克获得局部的胜利，他们要在苏维埃俄罗斯共和国实现自己的希望也是办不到的。

我们知道，协约国在战胜德国以后，仍然拥有资本，拥有几百万军队，拥有天下无敌的舰队。在德国战败以后，他们完全有可能立即把这一切力量用来征服苏维埃俄罗斯共和国。协约国帝国主义者在俄国南部的所作所为(在黑海登陆，占领敖德萨)，矛头都是指向苏维埃政权。

然而在 5 个月以后的今天，情况怎样呢？难道说他们没有百万军队的兵力，没有舰队吗？为什么他们在装备很坏的乌克兰工农军队面前不得不退却呢？

因为他们的军队从内部瓦解了。我们得到的消息说明了这一点。这些消息已经得到证实。资本家为了瓜分利润进行了四年战争，不能不受到惩罚。以前他们把一切罪过推在威廉身上，现在，打败威廉之后，他们无法继续作战了。我们知道，在军事方面，协约国过去比我们强大得多，严格说来，现在也比我们强大得多，但同时我们说，他们在侵略我们的战争中打输了。这不仅是我们的想象，这不仅是我们的热望，这是乌克兰的事变证明了的事实。协约国不能作战了，因为各国都被战争弄得疲惫不堪，受尽苦难，人人都已明白，继续战争不过是为了保存资本压迫劳动者的权力。协约国至今还在拖延必然要缔结的对俄和约，为了缔结这个和约，我们已经采取了一系列的步骤，甚至提议缔结一个条件对我们极为苛刻的和约。我们知道，甚至苛刻的财政条件也比继续这种夺去工农优秀儿女生命的战争要好上万倍。帝国主义国家知道他们不能同我们作战。他们知道动员了几万西伯利亚青年农民的高尔察克的运动是怎么一回事。高尔察克不敢用在前线作过战的士兵，他知道他们不会跟他走，他是用棍棒纪律和欺骗来控制青年的。

正因为如此，虽然我们的处境更困难了，我们还是满怀信心地说：我们能够在几个月内结束这场战争，协约国将不得不同我们缔结和约。他们依靠高尔察克，他们指望粮食困难会使苏维埃政权覆灭，而我们说：这是不会的。的确，我们的粮食情况并不好；我们知道更大的困难正在到来，但我们还是说：我们的情况远不像去年那样坏；去年春天，粮食和运输方面的破坏所造成的困难要严重得多。

1918年上半年，我们的粮食机关只收购了2 800万普特粮食，下半年却收购了6 700万普特。在上半年，困难总是比较大，饥荒总是比较厉害。去年，整个乌克兰受德国统治，在顿河区，克拉斯诺夫从德国人那里得到几十车皮的军事装备，捷克斯洛伐克军占领了伏尔加河流域，当时的粮食情况真是坏到了极点。

现在除了俄罗斯社会主义苏维埃共和国以外，还有其他的社会主义苏维埃共和国。拉脱维亚社会主义苏维埃共和国最近巩固了自己的地位；进攻异常迅速的德国军队已开始瓦解，德国士兵说，他们再也不去为恢复贵族政权而打仗了。被佩特留拉分子占领了一个短时期的乌克兰现在已经全境解放，红军正向比萨拉比亚前进。我们知道，苏维埃共和国的国际地位在逐日巩固，而且可以说是在逐时巩固。你们都知道，匈牙利也成立了苏维埃政权，成立了苏维埃共和国,在协约国想掠夺匈牙利的阴谋暴露以后,资产阶级下台了,而工人们上台了。

现在,由于乌克兰的收复,由于顿河区的苏维埃政权的巩固,我们的力量增强了。现在我们可以说,我们有了产粮区,有了从顿涅茨煤田取得燃料的可能。我们相信,虽然最困难的几个月已经到来,虽然粮食危机更加严重,我们的运输备遭破坏,然而我们一定会渡过这次危机。乌克兰有大量的存粮和余粮,不过很难一下拿到,因为那里至今存在着游击习气,那里的农民被德国人的野蛮统治吓坏了,不敢夺取地主的土地。乌克兰建设的最初几步,也像我们苏维埃政权在斯莫尔尼宫的那个时期一样,是很困难的。

我们至少应当把3 000名铁路员工和俄国北方饥荒地区的一部分农民派到乌克兰去。乌克兰政府已经通过了一项法令,来精确分配目前可以拿到的1亿普特粮食的征收任务。

据悉,顿涅茨煤田的一个区,有100万普特粮食,这批粮食离铁路不超过10俄里。

这些就是我们去年没有而现在有了的储备和资源。这说明,只要我们在短期内拿出全部力量,再过几个月我们就能结束战争。我们在南方拥有决定性的优势。协约国(法国人和英国人)打了败仗,已经发现他们手中的一点点兵力不能同苏维埃共和国作战了。他们所散布的诬蔑我们的谣言烟消云散了;关于布尔什维克靠暴力推翻政府、靠暴力维持的鬼话,谁也不相信了。现在大家都知道苏维埃共和国正在日益巩固。

我们现在号召你们参军,因为这次动员关系到战争的整个命运。我们有充分的根据说,这次动员将会有利于我们的事业,帝国主义者由于自己日益削弱,将不得不同我们缔结我们所提出的和约。

同志们，正因为这样，苏维埃政权决心拿出一切力量，动员主要是非农业省份的工人和农民。我们预计，在各条战线迅速推进的情况下，这次动员就一定能改善粮食状况，因为饥荒最严重的非农业省份的人口减少了，成千上万被派往前线（我们是在盛产粮食的吃得很饱的地区作战）的人，不仅自己能够吃饱，而且可以通过邮寄，使留在后方的家属立即得到接济，而且接济的粮食不少于过去实行一普特半制度的时候，甚至还要多些。

战争能否迅速结束，我们想阻止高尔察克前进并彻底歼灭高尔察克的希望能否实现，都与这次动员有关。为了确保盛产粮食的地区，我们不准备调动快要最后战胜克拉斯诺夫残余匪帮的南线部队。顿河州几乎已被我们全部占领，北高加索有更多的粮食，有更多的存粮，我们只要不削弱南线，一定可以得到这些粮食。

同志们，我们是第一次在世界上进行这样的战争，在这次战争中，工人和农民知道、感觉到并且看到战争的负担无比沉重，他们在一个被帝国主义者紧紧包围的国家（像被包围的要塞）中忍饥挨饿，然而他们懂得作战是为了土地和工厂。一个民族，只要它的大多数工人和农民都知道、感觉到并看到，他们正在捍卫自己的政权，即苏维埃政权，劳动者的政权，他们正在捍卫这样一种事业，这一事业的胜利将保证他们和他们的子孙能够享用一切文化财富和人类劳动的一切成果，——只要有了这样的条件，这个民族就是永远不可战胜的。同志们，我们相信，这次动员将比以往几次进行的好得多；它会得到你们的支持；除了经常在会上讲话的鼓动员以外，你们每一个人，你们的每一个熟人，都会成为鼓动员，都会到自己的同志那里去，到工厂工人和铁路员工那里去，清清楚楚地向他们解释,为什么目前需要拿出一切力量并在几个月内消灭敌人。群众自己会挺身而起,只要人人都成为鼓动员,就能形成一支不可摧毁的力量,保证苏维埃共和国不仅在俄国而且在全世界取得胜利。

载于 1919 年 4 月 23 日《真理报》
第 85 号

译自《列宁全集》俄文第 5 版
第 38 卷第 310—315 页

同高尔察克作斗争

在莫斯科工厂委员会和工会代表会议上的讲话

（1919 年 4 月 17 日）

报　道

　　列宁同志在生动有力的演说中号召莫斯科无产阶级直接参加反对高尔察克的斗争。列宁同志说，高尔察克最近的一次进攻无疑是协约国帝国主义列强暗中策划的。昨天接到的斯图契卡同志的来电证明，边区白卫分子的一切活动都是受协约国指使的，电报上说：德国人在库尔兰已经停止进攻，但是拉脱维亚苏维埃政府不能同他们达成和平协议，因为法、英、美三国要求德国人留在库尔兰继续作战；将军们准备服从战胜国的命令，但是士兵们坚决拒绝作战。协约国的最后一张牌输掉了。南方的胜利表明，协约国已无力同我们作战，正确些说，他们已失去控制自己的军队的能力。协约国在南方的冒险结束了，他们从敖德萨逃跑时进行了极其无耻的抢劫。责备我们实行掠夺和暴力的"文明的"协约国，蛮横无理地从敖德萨劫走了我们的全部商船，使和平居民陷于饥饿的境地。这是帝国主义因计划破产而采取的报复行为。我们肃清了南线和克里木战线的敌人，现在就要肃清顿河战线的敌人了。根据最新消息，我们离新切尔卡斯克只有 40 俄里了。我们的胜利已有保证了。

高尔察克在协约国指使下实行的进攻,其目的在于诱使我军离开南线,使南方的白卫军残余和佩特留拉分子能够恢复元气,但他们的这种打算是不会得逞的。我们决不会从南线抽调一团一连。

我们要为东线征集新军,因此我们宣布了动员。这将是最后的一次动员,它将使我们能够消灭高尔察克,就是说,能够结束战争,永远地结束战争。

这一次是在非农业省份即只在工业省份进行动员。在拟定动员计划时,我们不仅顾到军事利益,而且顾到农业和粮食方面的利益。我们从饥荒省份抽出人来送到产粮区。这一次动员将大大缓和两个首都和北方各省的粮食危机。我们给所有已应征者一项权利:每月可以给自己的家属寄两次粮食。这就使工人能够从上前线的亲人那里得到粮食。根据邮电人民委员的报告,粮食的邮寄大大改善了城市的供应,一天运到的粮食包裹就有 37 车皮之多。这种办法收到的效果,无疑会比去年试行的"一普特半制度"的效果更巨大,更显著。

动员计划是考虑和拟定得很正确的,但是要使动员顺利完成,就不应该采用官僚的方式。应当记住,这次动员起着决定性的作用,必须用一切力量来完成它。每一个觉悟的男女工人应该直接参加动员工作。仅仅开会是不够的,需要进行个别鼓动,应该普遍访问所有待应征者,应该使每个人认识到,战争的结局决定于他的勇敢、决心和忠诚。

无产阶级革命正席卷世界各国;协约国事实上放弃了对俄国内政的公开的军事干涉,因为他们已控制不了他们那些本能地同情俄国革命的军队。他们害怕自己的士兵和工人，设法使他们不受俄国革命的影响。最近，各协约国甚至不准许报纸报道布尔什维主义胜利的消息。意大利已设立了关卡，连俄国去的私人信件也被扣留。列宁同志谈到，他几天前接到了意大利著名的社会党人莫尔加利写来的一封信。这个人在齐美尔瓦尔德代表会议上是非常温和的。这封信像在沙皇时代的党内通信一样，写在一些小纸片上，用秘密方法辗转寄来。莫尔加利在这封密信中写道："我代表意大利党向俄国同志和苏维埃政权致以最热烈的敬礼。"（热烈鼓掌）大家知道，匈牙利的资产阶级政府是自愿辞职，自愿把库恩·贝拉同志从监狱中释放的。库恩·贝拉同志是匈牙利的共产党员军官，他曾在俄国被俘，并曾同俄国共产党人一道积极进行斗争，参加过去年 7 月对左派社会革命党人暴动的镇压。这位备受迫害、诽谤和侮辱的匈牙利布尔什维克，现在事实上是匈牙利苏维埃政府的领导者。匈牙利与俄国相比，是一个小国，但是匈牙利革命在历史上所起的作用也许比俄国革命更大。这个有文化的国家吸取俄国革命的全部经验，坚决实行社会化，并在更好的基础上，更有计划更成功地建造社会主义的大厦。

正当我们可以满怀信心地说国际帝国主义的事业永远地遭到失败的时候，来自东部、来自疯狂残暴的高尔察克白卫匪帮的危险却在向我们逼近了。应该消除这一危险。消灭了高尔察克，我们就能永远结束战争。觉悟的无产阶级必须拿出一切力量，必须人人参加动员工作。觉悟的男女工人应该利用每一个空闲的日子和每一个空闲的小时进行个别鼓动。我们不需要紧张很久，只要有几个月，也许几个星期就行了，而且这将是最后的一次，因为我们的胜利已经肯定无疑了。

载于 1919 年 4 月 18 日《全俄中央
执行委员会消息报》第 84 号

译自《列宁全集》俄文第 5 版
第 38 卷第 316—319 页

在全俄共产主义学生
第一次代表大会上的讲话[98]

（1919 年 4 月 17 日）

我很高兴地向你们祝贺。我不知道你们代表多少省份,也不知道你们是从哪里来的。重要的是,青年们,共产主义的青年们,组织起来了。重要的是,青年在集合起来学习建设新的学校了。现在你们有了新的学校。讨厌的、官办的、可恨的、同你们无关的旧式学校已经不存在了。我们的工作是长期的。我们所向往的未来社会,完全是由工作者组成的、不应有任何区别的社会,是需要很长时期才能建设起来的。现在我们只是为这个未来社会奠定基石,至于建设,则有待于你们将来长大以后去努力。你们现在要量力而行,不要去做那些力不胜任的工作,要在年长的人们指导下工作。让我再一次祝贺你们的代表大会,祝你们在工作中获得各种成就。

载于 1923 年莫斯科—彼得格勒青年近卫军出版社出版的弗·伊·列宁（乌里扬诺夫）《关于青年问题的演说论文集》

译自《列宁全集》俄文第 5 版第 38 卷第 320 页

对国防委员会关于加强
军事防御工作的决定的意见[99]

(不晚于 1919 年 4 月 21 日)

中央和地方的各人民委员部中,凡非绝对必要的部门和能向军队和后方提供有用人员从事战争、供给、宣传等工作的部门,均应暂停工作三个月或大幅度压缩编制。

载于 1933 年《列宁文集》俄文版第 24 卷

译自《列宁全集》俄文第 5 版第 54 卷第 414 页

在告匈牙利国际主义者书上加的附言[100]

（1919年4月23日）

我完全赞同号召书，相信各条战线上的匈牙利无产者不会看不到，只要为国际无产阶级利益再奋斗几个月，胜利就将属于我们——这将是决定性的和可靠的胜利。

列 宁

载于1960年莫斯科出版的克拉特和康德拉季耶夫《并肩战斗的兄弟》一书

译自《列宁全集》俄文第5版第54卷第414页

向巴伐利亚苏维埃共和国致敬[101]

(1919 年 4 月 27 日)

感谢你们的祝贺,同时也衷心祝贺巴伐利亚苏维埃共和国的成立。恳请你们更经常更具体地告诉我们:你们采取了什么措施同资产阶级刽子手谢德曼之流作斗争?各市区的工人和仆人苏维埃是否已经建立?工人是否已经武装起来?资产阶级是否已被解除武装?库存的衣服和其他物品是否已被用来迅速而广泛地救济工人,特别是救济雇农和小农?资本家在慕尼黑的工厂和财产以及慕尼黑郊区的资本主义农场是否已被没收?小农的押金和地租是否已经取消?雇农和粗工的工资是否已提高一两倍?是否已把所有印刷所和纸张没收,用来印刷通俗的传单和群众性的报纸?是否已实行用六小时工作、用两三小时管理国家的制度?是否已使慕尼黑的资产阶级住得挤些而使工人迅速迁入富人的住宅?是否已把所有银行拿到手里?是否扣留了资产阶级的人质?是否给工人规定了比资产阶级更多的口粮?是否已动员每个工人来担任保卫工作和郊区农村的思想宣传工作?只要发挥工人苏维埃、雇农苏维埃以及与两者不同的小农苏维埃的主动性,最迅速最广泛地实行诸如此类的措施,你们的地位一定会巩固起来。必须向资产阶级征收特别税,必须立即用一切办法使工人、雇农和小农的境况得到真正的改善。

致以最崇高的敬礼并祝你们胜利。

列　宁

载于 1930 年 4 月 22 日《真理报》
第 111 号

译自《列宁全集》俄文第 5 版
第 38 卷第 321—322 页

在红场上的三次讲话

（1919 年 5 月 1 日）

采 访 记 录

1

（列宁同志在游行队伍中一出现，就引起了经久不息的欢呼）列宁同志首先向莫斯科无产阶级和全世界无产阶级祝贺，然后把去年和今年五一节的庆祝情况作了对比。这一年来，政治情况发生了大大有利于苏维埃政权的变化。去年五一节，我们还受到德帝国主义的威胁。现在它已被击溃和彻底粉碎了。

庆祝无产阶级节日的情况不仅在我国有了改变。在一切国家中，工人们都走上了同帝国主义作斗争的道路。不仅在苏维埃俄国，而且在苏维埃匈牙利和苏维埃巴伐利亚，解放了的工人阶级都在自由地、公开地、胜利地庆祝自己的节日。同时今天可以满怀信心地说：不仅在红色的莫斯科、红色的彼得格勒和布达佩斯，而且在所有巨大的无产阶级中心，那些不是出来散步而是出来显示自己力量的工人们，都在谈论苏维埃政权的意义和即将到来的无产阶级的胜利。

列宁同志进而谈到英法帝国主义的威胁，他说：既然乌克兰少数起义部队的活动就使英法帝国主义不得不退出乌克兰的战场，那么，在团结一致的苏维埃俄国、匈牙利和巴伐利亚的力量面前，它们是完全支持不住的。敖德萨和克里木的放弃表明，英法的士兵不愿同苏维埃俄国作战，而我们胜利的保证也就在这里。

弗·伊·列宁谈到了加米涅夫同志的来电，说塞瓦斯托波尔的法国军队已全部肃清。列宁说，今天在解放了的塞瓦斯托波尔的上空已飘扬着无产阶级的红旗，他们在庆祝自己从帝国主义强盗压迫下获得解放的节日。（长时间欢呼。"乌拉"声经久不息。）

列宁同志谈到高尔察克的威胁时说，根据前线的最新消息我们可以断定，战胜高尔察克的日子就要到来了。几十万战士正开往前线去彻底消灭高尔察克匪帮。

最后，列宁同志表示深信苏维埃政权将在全世界取得最后胜利，并高呼："国际苏维埃共和国万岁！共产主义万岁！"

载于1919年5月3日《全俄中央执行委员会消息报》第93号

译自《列宁全集》俄文第5版第38卷第323—324页

2

列宁同志说,在场的不满 30—35 岁的人,大多数都能看到离我们还很远的共产主义的繁荣。

列宁同志指着孩子们说,现在参加劳动解放节的孩子们将能充分享受革命者用劳动和牺牲换来的果实。

我们的子孙会把资本主义制度时代的文物看做奇怪的东西。他们很难设想,日用必需品的贸易怎么会掌握在私人手里,工厂怎么会属于个人所有,一个人怎么能剥削另一个人,不劳动的人怎么能生存。直到现在,人们还像讲神话一样来谈论我们的孩子们将要看到的东西,但是,同志们,现在你们已经清楚地看到,由我们奠基的社会主义社会的大厦并不是空想。我们的孩子们会更加奋勉地建设这座大厦。(热烈鼓掌)

载于 1919 年 5 月 2 日《莫斯科苏维埃消息晚报》第 230 号

译自《列宁全集》俄文第 5 版第 38 卷第 325 页

3

在斯捷潘·拉辛纪念碑
揭幕典礼上的讲话

　　(热烈鼓掌)同志们,今天我们同渴望推翻资本统治的全世界无产者一起庆祝五一节。这个洛布台[102]使我们想起,劳动群众在压迫者的枷锁下遭受了多少世纪的折磨和苦难,因为资本的权力离开暴力和凌辱就无法维持,但这种暴力和凌辱即使在过去也引起了起义。这个纪念碑就是纪念一位起义农民的代表人物的。他为了争取自由,就在这个台上献出了头颅。俄国的革命者在反对资本的斗争中付出了很大的牺牲。牺牲的是无产阶级和农民的优秀人物,是争取自由的战士,但他们争取的不是资本所主张的自由,不是经营银行、私人工厂和进行投机的自由。打倒这种自由。我们要的是真正的自由,这种自由只有在社会成员都成为工作者的时候才能实现。要争取这种自由必须付出很多劳动,很多牺牲。我们要竭尽全力来达到这一伟大的目标,实现社会主义。(热烈鼓掌)

载于1919年5月2日《莫斯科　　　　　译自《列宁全集》俄文第5版
苏维埃消息晚报》第230号　　　　　　第38卷第326页

人民委员会经济委员会
关于改善工人生活状况的决定草案[103]

(1919 年 5 月 2 日)

(1)加强对工人子女的实物救济。

(2)拨出一定的库存,迅速清点,低价配售给没有起码现金收入的最贫困的工人。

(3)房租也如此。

载于 1933 年《列宁文集》俄文版第 24 卷

译自《列宁全集》俄文第 5 版第 54 卷第 414—415 页

在全俄社会教育
第一次代表大会上的讲话[104]

（1919 年 5 月）

1
贺　词

（5 月 6 日）

同志们，我怀着非常高兴的心情向社会教育代表大会表示祝贺。当然，你们并不期望我的讲话会像了解情况和专门研究教育问题的前一位发言人卢那察尔斯基同志讲的那样，深入问题的实质。请允许我只讲几句祝贺的话，并谈谈我在人民委员会多少接触到你们直接从事的工作时所稍微观察到和思考到的一些问题。我相信，未必找得到一个苏维埃工作部门，能够像社会教育那样，在一年半中就获得了这样巨大的成绩。毫无疑问，我们大家在这个部门进行工作要比在其他部门容易些。在这里，我们过去是在排除种种旧障碍。在这里，工农群众特别迫切地要求获得知识、自由教育和自由发展，工作比较容易适合他们的这种要求。因为如果说依靠群众强大的压力，我们已经容易地清除了摆在他们道路上的外部障碍，摧毁了把我们拖入帝国主义战争并使俄国遭到这次战争造成的最大困苦的历史性的资产阶级制度,如果说我们容易地摧毁了外部障碍,那么我们非常突出地感到十分艰巨的工作是重新教育群众,组织和训练群众,普及知识,同我们接受下来的愚昧、不文明、粗野等遗产作斗争。在这里,完全要用另外的方法进行斗争。在这里,只有靠先进阶层的长期的有成效的工作和坚持不懈的影响(这种影响是大受群众欢迎的),可是我们常常感到惭愧,没有尽到自己的力量。我觉得,在这些初步措施中,在推广社会教育即自由的、不受旧的框框和俗套限制的、为成年人所欢迎的教育的事业中,我们起初曾不得不首先同两种障碍作斗争。这两种障碍是我们从资本主义旧社会那里继承来的,这个社会直到现在还用千万条绳索和链条束缚着我们,把我们拖向后退。

第一个缺点,这就是来自资产阶级知识分子的人为数很多,他们往往把按照新方式建立起来的工农教育机关看做自己在哲学方面或文化方面进行个人臆造的最方便的场所,往往把最荒谬的矫揉造作的东西冒充为某种新东西,并且在纯粹的无产阶级艺术和无产阶级文化的幌子下,抬出某种超自然的和荒谬的东西。[105](鼓掌)不过在初期这是很自然的,是情有可原的,不能归罪于广泛的运动;我希望,我们终究会摆脱而且一定会摆脱这种状况。

第二个缺点,这也是资本主义的遗产。广大的小资产阶级劳动群众在追求知识、摧毁旧东西的时候,不能带来任何起组织作用和有组织的东西。在人民委员会提出动员识字的人和成立图书馆司的问题时,我曾作了一些观察,根据这些粗浅的观察我得出结论说,这方面的情况是不好的。当然,在贺词中照例是不大讲坏事情的。我希望你们摆脱这种俗套,如果我向你们谈到我所看到的某些不好的现象,请你们不要埋怨我。当我们提出动员识字的人的问题时，就让人特别清楚地看到，我国革命取得了辉煌的胜利，但是它没有立刻超出资产阶级革命的范围。它让现有的力量有发展的自由，而这些现有的力量乃是小资产阶级的力量，它们的口号仍然是"人人为自己，上帝为大家"。这个可恶的资本主义口号，除了导致高尔察克的统治和旧资产阶级复辟以外，不会有任何别的结果。看看我们在扫除文盲方面所做的工作吧，我认为在这方面做得很少，而我们在这方面的总任务，就是要懂得需要无产阶级分子的组织性。问题不在于停留在纸上的可笑的辞藻，而在于现在必须向人民提出一些迫切的办法，使每一个识字的人都觉得自己有义务教会几个不识字的人。我们的法令已对这点作了明文规定[106]。然而在这方面几乎什么也没有做出来。

当我在人民委员会接触到另一个问题即图书问题时，我曾说，人们经常抱怨我们的生产落后，书籍太少，不能出版足够数量的书籍，这都是事实。我现在还说，这都是事实。的确，我们没有燃料，工厂停工，纸张很少，因而我们不能得到书籍。这都是真的，但除此之外，我们未能掌握我们现有的书籍，这也是事实。我们在这方面仍然苦于农民的幼稚和无知；农民夺取了贵族老爷的藏书，跑回家中，唯恐有人把图书夺走，因为他还不能认识到，可以进行合理的分配，公家的东西不是一种令人可恨的东西，它是工人和劳动者的公共财产。这不能怪不开展的农民群众，而且从革命发展的观点来看，这是完全合乎情理的，这是一个必经的阶段；一个农民只会把图书拿回家去，秘密地藏起来，不可能有其他的做法，因为他不懂得全国的图书可以集合在一起，不了解我们将有足够的书籍来满足识字的人的求知欲并使不识字的人识字。现在必须同破坏行为的残余、混乱状态、可笑的本位主义的争吵作斗争。这应当是我们的主要任务。我们应当把动员识字的人扫除文盲这一简单而迫切的事情着手做起来。我们应当利用现有的书籍,着手建立有组织的图书馆网来帮助人民利用我们现有的每一本书,应当建立一个有计划的统一的组织,而不是建立许多平行的组织。这件小事情反映出我国革命的基本任务。如果革命不解决这项任务,如果革命不走上建立真正有计划的统一的组织的道路,来代替俄国的混乱状态和荒谬现象,那么这个革命将始终是资产阶级革命,因为走向共产主义的无产阶级革命的基本特点也就在这里;至于资产阶级,则只满足于摧毁旧东西,给农民经济以自由,而农民经济,如在以往的一切革命中一样,是产生资本主义的。

　　既然我们叫做共产党,我们就应当懂得,只有现在,当我们清除了外部障碍、摧毁了旧制度的时候,在我们面前才第一次真正地和彻底地提出了真正无产阶级革命的第一个任务——把亿万人民组织起来。在这方面进行了一年半的实验之后,我们总该走上一条正确的道路,来战胜那些一直使我们身受其苦的不文明、愚昧和粗野的现象。(热烈鼓掌)

载于1919年5月7日《真理报》　　译自《列宁全集》俄文第5版
第96号　　　　　　　　　　　　第38卷第329—332页

2
关于用自由平等口号欺骗人民

（5 月 19 日）

　　同志们，大概你们中间有些人希望我今天谈谈目前形势，但是，请允许我今天不谈这个问题，而来回答几个极为重要的政治问题，当然，这不仅是理论问题，而且是摆在我们面前的实际问题。这些问题表明整个苏维埃革命阶段的特点，这些问题最能引起争论，最能引起以社会党人自居的人们的攻击，最能引起以民主派自居并特别喜欢责备我们和到处责备我们违背民主制的人们的疑虑。我觉得，这些一般性的政治问题，在目前一切宣传和鼓动中，在一切敌视布尔什维主义的出版物中，几乎经常遇到，甚至天天遇到；当然，这种出版物同所有资产阶级报刊的一味撒谎、诬蔑和谩骂比起来，要稍微高明一点。如果我们把这种稍微高明一点的出版物拿来看看，那我认为，关于民主同专政的关系、革命阶级在革命时期的任务、向社会主义过渡的任务以及工人阶级和农民的关系等基本问题，构成了当前一切政治性争论的最主要的内容。也许你们觉得，说明这些问题有些离开当前的急务，但是我认为，说明这些问题应该是我们总的主要的任务。当然，在这个短短的报告中，我根本不能奢望涉及所有这些问题。我只从中选几个问题，就这几个问题谈一谈。

一

我所要谈的问题,第一个是关于任何革命、任何向新制度过渡的困难的问题。一些以社会党人和民主派自居的人对布尔什维克大肆攻击,我认为《永远前进报》和《人民事业报》这两个文人集团就是这类人的典型,这两家报纸被查封,在我看来是完全正当的,有利于革命的,这两家报纸的代表在攻击中经常采取理论性的批评,它们被我们的政权机关认定是反革命的刊物,它们攻击我们是一件很自然的事情。如果你们仔细看看这个阵营对布尔什维主义的攻击,那你们就会看到,在许多责难中常常有这样的说法:"劳动者们,布尔什维克答应给你们面包、和平与自由;但是,他们既没有给你们面包,也没有给你们和平与自由,他们欺骗了你们,他们背弃了民主。"关于背弃民主这一点,后面将要专门谈到。我现在来谈这种责难的另一方面:"布尔什维克答应给你们面包、和平与自由,而事实上布尔什维克所给的却是继续战争,是特别残酷特别激烈的斗争,是协约国即所有最文明最先进的国家的一切帝国主义者和资本家反对受苦受难的、落后的和疲惫的俄国的战争。"我再说一遍,这些责难,你们会在上面所说的每一种报纸上看到,你们会在资产阶级知识分子(当然,他们认为自己不是资产阶级知识分子)的每一次谈话中听到,你们会不断地在庸人们的每一次讲话中听到。我请你们考虑的正是这类责难。

是的,布尔什维克进行了反对资产阶级的革命,用暴力推翻了资产阶级政府,打破了资产阶级民主的一切传统习惯、诺言和训诲,为了镇压有产阶级而进行了最激烈的暴力的斗争和战争。我们这样做,是为了让俄国和全人类摆脱帝国主义的大厮杀,是为了结束一切战争。是的,布尔什维克为此进行了革命,当然,他们从来没有想放弃这个基本的主要的任务。同样毫无疑问,正是谋求摆脱这种帝国主义的大厮杀、摧毁资产阶级统治的行动引起了所有文明国家对俄国的进军。因为法国、英国和美国的政治纲领就是这样的,尽管它们坚决保证放弃武装干涉。尽管劳合-乔治、威尔逊、克列孟梭之流作了这样的保证,尽管他们坚决保证放弃武装干涉,但是我们大家知道,这是谎言。我们知道,从敖德萨和塞瓦斯托波尔撤走的而且是被迫撤走的协约国军舰正封锁着黑海沿岸一带,甚至还向克里木半岛上有他们的志愿兵活动的刻赤一带进行轰击。他们说:"我们不能把这块地方交给你们。即使志愿兵对付不了你们,我们也不会把克里木半岛上这块地方让出来,不然你们就会控制亚速海,切断我们同邓尼金联系的通路,使我们无法支援我们的朋友。"另一方面,又向彼得格勒展开攻势,昨天我们的一艘雷击舰就同敌人的四艘雷击舰打了一仗。这就是武装干涉,难道还不清楚吗?难道在这里参加战斗的不是英国的舰队吗?难道在阿尔汉格尔斯克,在西伯利亚不是发生了同样的情形吗?整个文明世界现在都在反对俄国,事实就是这样。

试问,我们号召劳动者进行革命,答应给他们和平,却引起了整个文明世界向软弱落后和筋疲力尽的俄国进军,这是我们自相矛盾还是那些无耻地责难我们的人同民主和社会主义的基本概念相矛盾?问题正在这里。为了向你们从理论上一般地提出这个问题,我来打个比方。我们谈的是革命阶级,是人民的革命政策,我请你们拿一位革命家来看看。就拿车尔尼雪夫斯基来说吧,让我们来评价一下他的活动。一个愚昧无知的人会怎样评价他的活动

呢？他大概会说："哼，那有什么可说的，还不是自讨苦吃，流落西
伯利亚，一事无成。"你们看，这是一个典型的例子。如果我们不知
道这种评论是谁说的，那我们会说："说这种话的人至少是极端愚
昧，他那样闭塞无知，不能结合一连串的革命事件来理解个别革命
家活动的意义，也许不能怪他；要不然说这种话的人就是拥护反动
派的坏蛋，有意吓唬劳动者，使他们不敢革命。"我所以拿车尔尼雪
夫斯基作例子，是因为那些以社会党人自居的人，不管他们属于哪
个派别，在这里，在对这位革命家的评价上，是不会有重大分歧的。
大家都会同意这样的看法：如果评价一位革命家，只看到他遭到的
那些在表面上是无益的、往往是无结果的牺牲，而不顾他的活动内
容，以及他的活动同以前和以后的革命家的联系，如果这样来评价
他的活动的意义，那么，这不是闭塞无知和愚昧透顶，就是有意暗
中维护反动派的利益，为压迫、剥削和阶级压迫作辩护。在这一点
上是不会有什么分歧的。

　　我现在请你们放下个别革命家来看看整个民族整个国家的革
命。只有所有的或至少几个最主要的先进国家都进行革命的时
候，革命才能获得最后胜利，难道有哪一个布尔什维克在什么时候
否认过这一点吗？我们向来都是这样说的。难道我们说过单靠把
刺刀往地上一插就能摆脱帝国主义战争吗？我故意使用在克伦斯
基时代我们（我本人和我们所有的同志）在决议、讲话和报纸上经
常使用的这句话。我们说过，战争决不是靠把刺刀往地上一插就
能结束的；倘若有抱着这种想法的托尔斯泰主义者，那就应该可怜
他们的神经失常，有什么办法呢，跟他们是谈不出什么名堂的。

　　我们说过，要摆脱这场战争就得进行革命战争。我们从1915
年就是这样说的，以后在克伦斯基时代也这样说过。当然，革命战

争也是战争，也同样是艰难的流血的、痛苦的事情。它一旦成为世界规模的革命，就必然引起同样的世界规模的反抗。因此，现在，当世界上一切文明国家都在向俄国进军的时候，听到那些完全愚昧无知的庄稼汉为此而责备我们不履行诺言，我们是不会感到奇怪的，我们会说：跟他们没有什么好谈的。他们十分愚昧无知，我们不能责备他们。事实上，怎能要求一个十分愚昧无知的农民懂得存在着不同的战争，懂得有正义的战争和非正义的战争，有进步的战争和反动的战争，有先进阶级进行的战争和落后阶级进行的战争，有巩固阶级压迫的战争和推翻阶级压迫的战争呢？要知道这一切，就必须懂得阶级斗争，懂得社会主义原理，懂得哪怕是一点点革命史。对于一个愚昧无知的农民，我们是不能这样要求的。

　　但是，一个以民主派、社会党人自居，要公开登台演讲的人，不管他怎样称呼自己，不管是称做孟什维克、社会民主党人、社会革命党人、真正的社会党人或是伯尔尼国际[107]的拥护者——各种称号多得很，称号是不值钱的——如果这种人责备我们说："你们许诺和平，却引起了战争！"那该怎么回答他呢？能不能设想，他像一个无知的农民那样愚昧，连各种不同的战争都不能区分呢？能不能设想，他竟不懂得帝国主义战争同我们的战争的区别，不知道帝国主义战争是掠夺性的战争而且现在已被彻底揭穿呢（在凡尔赛和约[108]缔结之后，只有根本不能进行判断和思考的人或者完全瞎了眼睛的人才会看不出这场战争从双方来说都是掠夺性的战争）？能不能设想，还有哪个识字的人，竟不懂得掠夺性的战争同我们的战争的区别，不懂得我们的战争所以具有世界规模，是因为世界资产阶级知道这是一场同他们的决战呢？我们没有根据作这种种设想。所以我们说，任何一个人，不管他想把自己称做什么样的民主派或社会党人,只要他这样或那样、直接或间接地在人民面前责备我们,说布尔什维克许以和平,现在却拖长国内战争,拖长这个艰难的战争,痛苦的战争,那他就是资产阶级的拥护者。我们就要这样来回答他,并且要像反对高尔察克那样来反对他。这就是我们的回答。这就是问题的所在。

《人民事业报》的先生们惊讶地说:"但是要知道,我们也是反对高尔察克的;这样迫害我们,是多么惊人的不公平。"

先生们,很遗憾的是,你们不愿想通这个问题,也不想知道可以从中得出一定结论的普通政治常识。你们硬说你们反对高尔察克。就拿《永远前进报》和《人民事业报》来说吧,就拿这一类的庸人言论、这些在知识分子中大量存在并占上风的情绪来说吧。我认为:你们中间任何一个人,只要在人民面前这样责备我们,他就是高尔察克分子,因为他不懂得,在我们粉碎了的帝国主义战争和我们招来的国内战争之间,存在着任何一个识字的人都知道的起码的基本的差别。我们从未向人民隐瞒过我们正在冒这种风险。我们竭尽全力要在这次国内战争中战胜资产阶级,铲除阶级压迫的根源。从来没有而且不可能有一种革命,保险不要进行长期的、艰苦的、可能充满重大牺牲的斗争。谁不能识别在一切有产者、一切反革命阶级反对革命的情况下为了革命胜利而在革命斗争中遭到的牺牲,谁不能把这种牺牲同掠夺者、剥削者的战争所带来的牺牲区别开来,谁就是极端愚昧无知的人,关于这样的人,应该说,需要让他学学起码常识,而在受社会教育之前,还得先进小学;要不然他就是最险恶的高尔察克式的伪善者,不管他怎样称呼自己,不管他用什么称号把自己掩饰起来。而对布尔什维克的这种责难乃是最常见最"流行的"责难。这些责难的确与广大劳动群众有关,因为愚昧无知的农民是很难懂得这一点的。不管进行战争是为的什么，他们都同样受苦。所以我一点也不奇怪，如果我在愚昧无知的农民中间听到这样的反应："我们为沙皇打过仗，为孟什维克打过仗，现在又要为布尔什维克打仗。"这我一点也不奇怪。的确，战争毕竟是战争，战争就要带来无穷无尽的惨重牺牲。"沙皇说，这是为了自由和解放；孟什维克说，这是为了自由和解放；而现在布尔什维克也这样说。大家都这样说，叫我们怎样分辨呢！"

的确，这对于愚昧无知的农民来说，也许是无法分辨的。这样的人还应该学习起码的政治常识。但是，对于那种满口"革命"、"民主"、"社会主义"词句的人，对于那种自以为使用这些字眼就懂得这些字眼的人，能够说些什么呢？如果他不想变成政治骗子，他就不能用这样的概念去骗人，因为两个强盗集团所进行的战争和被压迫阶级起来反对一切掠夺行为的战争之间的差别，是起码的根本的主要的差别。问题不在于哪个政党、哪个阶级、哪个政府为战争辩护，而在于这个战争的内容是怎样的，它的阶级内容是怎样的，哪个阶级在进行战争，这个战争体现着什么样的政治。

二

对我们目前这个由于革命而必然出现的艰难困苦时期作了估计后，现在我来谈谈在一切辩论和一切疑虑中也常常发生的另一个政治问题，这就是关于同帝国主义者结成同盟的问题，同帝国主义者结成联盟、达成协议的问题。

你们在报纸上大概看到过社会革命党人沃尔斯基的名字，也许还看到过另一个社会革命党人斯维亚季茨基的名字，他们近来也在《消息报》上写文章,发表自己的宣言,认为自己恰恰是别人无法指责他们参与高尔察克叛乱的社会革命党人,因为他们离开了高尔察克,吃过高尔察克的苦头,他们靠拢我们,帮助我们反对高尔察克。这是事实。但是,请你们仔细看看这些公民的议论,仔细看看他们是怎样估价同帝国主义者结成同盟、同帝国主义者结成联盟或达成协议的问题的。在我们的肃反当局抄获了他们所写的东西以后,为了正确判断他们同高尔察克叛乱的关系,我曾经看过他们的文件,了解了一下他们的言论。这无疑是社会革命党人中两位较好的人物。在他们所写的东西中,我看到了这样的话:"恕我直言,有人等待我们悔悟,认为我们将要悔悟。我们不会悔悟什么的,永远不会!我们没有什么可悔悟的!有人责备我们,说我们同协约国、同帝国主义者结成同盟、达成协议。而你们布尔什维克呢,难道你们没有同德帝国主义者达成协议吗?那布列斯特和约又是什么呢?难道布列斯特和约不是同帝国主义达成的协议吗?你们同德帝国主义在布列斯特达成协议,我们同法帝国主义达成协议,——我们彼此彼此,我们没有什么可悔悟的!"

当我想起我所提到的两家报纸时,当我要把从庸人的谈话中得到的印象加以总结时,我总是碰到我在上述两人及其同道者的文件中所发现的那种言论。你们也一定会常常碰到这种言论。这是一种不能置之不理的基本的政治言论。因此,我请你们分析分析这种言论,并从理论上加以考虑。这种言论有什么作用呢?究竟是他们对呢还是我们对?他们说:"我们这些民主派,社会党人,曾同协约国结成同盟,你们则同威廉结成同盟,缔结了布列斯特和约,——我们没有什么可以互相责备的,我们彼此彼此。"我们说:谁不是在口头上而是在实际上表明自己同协约国达成协议来反对布尔什维克革命，谁就是高尔察克分子。尽管他们千万次地否认这一点，尽管他们本人离开了高尔察克并向全体人民声明他们反对高尔察克，但是从他们的老根来看，从他们的言论和行为的全部内容和所起的作用来看，他们仍然是高尔察克分子。谁对呢？这是革命的基本问题，应当加以考虑。

为了把这个问题弄清楚，让我来打个比方，这次不是拿一个革命家而是拿一个普通人来打比方。假定一群匪徒包围了你的汽车，把手枪对准你的脑袋。假定你就把金钱和武器交给了匪徒，让他们把汽车开走。这是怎么回事呢？你把金钱和武器交给了匪徒，这是事实。现在假定另外一位公民把武器和金钱交给了匪徒，而目的是为了入伙，和这些匪徒一起抢劫和平的公民。

两种场合都是达成了协议。至于协议是不是记载下来了，是不是讲出来了，这是无关紧要的。一种情况是一个人默默地把自己的手枪、武器和金钱交出来。协议的内容是很清楚的。他对匪徒说："我把手枪、武器和金钱给你，你让我结束这次同你的幸遇吧"（笑声），协议达成了。也可能有另一种情况：一个人默默地达成协议，把武器和金钱交给匪徒，目的是为了能同他们一起抢劫别人，然后自己分得一部分赃物。这也是一种默默地达成的协议。

我问你们，难道能找到一个识文断字的人会区别不了这两种协议吗？你们一定会说，如果真能找到，那大概也是个白痴，因为他不能区别这两种协议，他说："你把武器和金钱交给了匪徒，那你就不要再怪谁有强盗行为；既然如此，你有什么权利怪别人有强盗行为呢？"如果你们遇到这样一个识文断字的人，你们一定会认为，或者1 000人中至少有999人会认为，他是一个神经失常的人，同这样一个人不仅不能谈政治问题，甚至也不能谈刑事问题。

我现在请你们从这个例子进而把布列斯特和约和同协约国达成的协议比较一下。布列斯特和约是怎么一回事呢？这难道不是那些反对我们的匪徒在我们真诚提议媾和、要各国人民推翻**本国**资产阶级的时候所施加的暴力吗？如果我们要先去推翻德国资产阶级,那是可笑的！我们向全世界揭露了这个条约,指出它是最富有掠夺性和强盗性的条约,斥责了它,甚至拒绝立即签订这个和约,指望得到德国工人的帮助。当暴徒把手枪对准我们的太阳穴时,我们说:请把武器和金钱拿去吧,我们以后再用别的方法同你们算账。我们知道德帝国主义还有另外一个敌人,那就是德国工人,只有瞎了眼睛的人才看不到这一点。能不能把我们同帝国主义达成的这个协议和民主派、社会党人、社会革命党人(可不是闹着玩的,这些称号愈激进就愈响亮)同协约国达成的对付本国工人的协议相提并论呢？要知道,这个问题过去是这样摆着,现在也是这样摆着的。要知道,现在还侨居欧洲的那一部分最有影响的全欧洲闻名的孟什维克和社会革命党人至今还同协约国订有协议。这种协议是不是签了字,我不知道,大概没有签字,聪明人干这些事是会不声不响的。但是,既然人家把他们捧出来,发给他们护照,用电报向全世界发出消息,说今天发表演说的是阿克雪里罗得,明天是萨文柯夫或阿夫克森齐耶夫,后天是布列什柯夫斯卡娅,那就很清楚,这种协议是有的。虽然这是默契,难道这就不是协议吗？难道这种同帝国主义达成的协议也和我们的一样吗？表面上是一样的,正如一个人把武器和金钱交给匪徒,从表面上看,是和任何类似行为一样的,如果不管其目的和性质如何,不管是何情况,不管我把金钱和武器交给匪徒是为的什么,是我受匪徒袭击,不把手枪交给他们就要被打死,因而我把手枪和金钱交给他们以求解脱呢，还是我明明知道匪徒们要去行劫而想同他们分赃呢。

"当然，我说这就是使俄国摆脱暴徒的专政，我无疑是个民主派，因为我拥护大家都知道的西伯利亚或阿尔汉格尔斯克的民主制，我自然是在为召开立宪会议而斗争。不该怀疑我有什么不好的地方，如果说我为匪徒们，为英、法、美三国帝国主义者效劳，那我也是为了民主、立宪会议和民权制度的利益呀，是为了使各个劳动阶级团结一致，为了打倒暴徒、篡夺者、布尔什维克呀！"

当然，目的是极其崇高的。但是，一切搞政治的人难道没有听说过，判断政策不是根据声明，而是根据实在的阶级内容？你是在为哪个阶级服务呢？如果你同帝国主义者达成协议，那你是不是参与了帝国主义的强盗行为呢？

我在《给美国工人的信》[①]中曾顺便指出，在18世纪革命的美国人民争取从英国的奴役下解放出来时，在他们进行解放战争（这是人类历史上最早的最伟大的真正的解放战争之一，是人类历史上少有的真正的革命战争之一）时，争取解放的伟大的美国革命人民就曾经同当时在美洲、在美国人民家门口拥有殖民地的西班牙和法国帝国主义强盗们达成协议。美国人民同这些强盗结成联盟，击败了英国人，得到了解放。世界上有哪个识文断字的人，你们是否见过有哪个社会党人、社会革命党人、民主派代表（或者叫什么别的名称，直到孟什维克），竟敢公开责备美国人民，说他们违背了民主、自由等等原则呢？这样的怪人还没有生出来。可是现在我们这里出现了这样的人物，他们给自己安上了这些称号，甚至自以为应该和我们待在一个国际里，说布尔什维克建立自己的共

---

① 见本版全集第35卷第47—63页。——编者注

产国际,而不愿参加伯尔尼那个老的、美好的、共同的、统一的国际,纯粹是布尔什维克在捣乱,布尔什维克显然是一些捣乱分子!

确实有这样一些人,他们说:"我们没有什么可悔悟的,你们同威廉达成协议,我们同协约国达成协议,我们彼此彼此!"

我可以断言:假使这些人有起码的政治常识,那他们就是高尔察克分子,不管他们本人怎样否认,不管他们本人怎样厌恶高尔察克叛乱,不管他们本人怎样吃过高尔察克的苦头,甚至已转到我们这方面来了。这些人就是高尔察克分子,因为不能设想他们会不懂得两种协议的差别,一种是在全部革命史上被剥削阶级在同剥削者作斗争中常常被迫达成的协议,一种是我们的那些所谓民主派、所谓"社会主义的"知识分子中最有威信的代表过去和现在所达成的协议。这些人有一部分在昨天,有一部分在今天同国际帝国主义强盗们达成协议,来反对他们所说的本国劳动阶级的**一部分**。这些人就是高尔察克分子,对他们只能采取像觉悟的革命者对待高尔察克分子的态度,不容许采取任何别的态度。

三

我现在来谈下一个问题。这就是对待一般民主的态度问题。

我已经指出,民主派和社会党人常常以民主为借口替他们所持的与我们相反的政治立场辩解,这是一种最为流行的辩护方式。你们当然都知道,第二国际的思想领袖、至今还是伯尔尼国际的一员的考茨基是欧洲文坛上持这种观点的最坚决的代表人物。他说:"布尔什维克选择了一种违反民主的方法,布尔什维克选择了专政的方法,因此他们的所作所为都是不对的。"这种论调在所有的出版物和我提到的那两家报纸上经常地千万次地出现过。整个知识界也经常重复这种论调，有时普通百姓也在自己的议论中有意无意地重复这种论调。"民主，这是自由，这是平等，这是由多数人作决定；有什么能高于自由、高于平等、高于多数人的决定呢！既然你们布尔什维克违背了这一点，甚至还无耻地公开说，你们既高于自由平等，又高于多数人的决定，那我们把你们叫做篡夺者和暴徒，请你们不要惊讶，也不要埋怨！"

我们对此丝毫也不感到惊讶，因为我们最希望弄清真相，我们只指望劳动者的先进部分真正认清他们的地位。是的，我们在自己的纲领中，在党纲中，过去和现在都一直讲，我们决不让自己受自由平等和多数人的意志这类漂亮口号的欺骗，我们要像对待高尔察克的帮凶那样，对待那些把自己称为民主派、纯粹民主和彻底民主的拥护者而又直接或间接地把民主和无产阶级专政对立起来的人。

请分析分析看，分析一下是必要的。那些真正纯粹的民主派的罪过是在于他们宣传纯粹民主、维护纯粹民主而反对篡夺者呢，还是在于他们站在有产阶级那边，站在高尔察克那边？

我们先来分析自由。不用说，对于任何革命，无论是社会主义革命或是民主主义革命，自由都是一个非常非常重要的口号。可是我们的纲领声明，自由如果同劳动摆脱资本压迫相抵触，那就是骗人的东西。我想，你们任何一个读过马克思著作的人，甚至任何一个只要读过一本叙述马克思学说的通俗读物的人都会知道：马克思恰恰是把他一生的很大一部分时间、很大一部分著作和很大一部分科学研究用来嘲笑自由、平等、多数人的意志，嘲笑把这一切说得天花乱坠的各种边沁分子，用来证明这些词句掩盖着被用来压迫劳动群众的商品所有者的自由、资本的自由。

我们对任何人都说,在事情已经发展到推翻全世界或者至少一个国家的资本权力的时候,在被压迫的劳动阶级彻底打倒资本、彻底消灭商品生产的斗争已提到首位的历史关头,在这种政治形势下,谁要是大谈一般"自由",谁要是为了这种自由而反对无产阶级专政,谁就不过是帮助剥削者,谁就是拥护剥削者,因为正像我们在自己的党纲中所直接声明的那样,自由如果不服从于劳动摆脱资本压迫的利益,那就是骗人的东西。从纲领的表述方式来看,这也许是多余的,但是从我们的全部宣传和鼓动来看,从无产阶级斗争和无产阶级政权的基本原则来看,这却是最根本的东西。我们很清楚,我们必须同全世界的资本作斗争,我们很清楚,全世界的资本担负过创造自由的任务,它推翻了封建的奴隶制,创造了资产阶级的自由,我们很清楚,这是一个有世界历史意义的进步。我们声明,我们根本反对资本主义,既反对共和制资本主义,又反对民主制资本主义,也反对自由资本主义;当然,我们知道,它一定会打着自由的旗号来反对我们。因此我们回答了它。我们认为必须在自己的纲领中给予回答:任何自由,如果它同劳动摆脱资本压迫的利益相抵触,那就是骗人的东西。

也许不可能是这样的吧? 也许自由同劳动摆脱资本压迫不相抵触吧? 请你们看看你们到过的、或者至少从书本上知道的所有那些西欧国家吧。每一本书都说它们的制度是最自由的制度,现在法、英这些西欧文明国家和美国都打着这面旗帜,"为了自由"而反对布尔什维克。现在我们很少得到法国报纸,因为我们被团团围住了,但是可以从无线电中收到消息,天空毕竟是霸占不了的,我们可以截获外国的无线电讯。就在最近几天,我有机会看到法国强盗政府发出的无线电报,说什么法国反对布尔什维克,支持他们的敌人,是一如既往信奉它所固有的"崇高的自由理想"。这是我们随时随地都遇到的,这是他们在论战中反对我们的基本论调。

他们把什么叫做自由呢? 这些文明的法国人、英国人、美国人,他们把诸如集会自由叫做自由。他们的宪法总是写着:"全体公民有集会自由。"他们说:"你们看,这就是自由的内容,这就是自由的基本表现。而你们布尔什维克呢,却破坏了集会自由。"

我们回答说:是的,英国、法国、美国的先生们,你们的自由如果同劳动摆脱资本压迫的利益相抵触,那就是骗人的东西。文明的先生们,你们忘记了一件小事情,忘记了你们的自由是写在**把私有制法定下来**的宪法上的。问题的实质就在这里。

与自由并列的是财产,在你们的宪法中正是这样写着的。至于你们承认集会自由,这比起封建制度、中世纪制度、农奴制度来,当然是一大进步。这是一切社会主义者都承认的,因为他们正是利用这种资产阶级社会的自由来教育无产阶级怎样推翻资本主义的压迫的。

但是,你们的自由只是纸上的自由,而不是事实上的自由。这就是说,如果在大城市中有像这样的大厅,那是属于资本家和地主的,例如叫做"贵族会议"厅。俄罗斯民主共和国的公民们,你们可以自由集会,但这是私有财产,对不起,请你们要尊重私有财产,否则你们就是布尔什维克、罪犯、强盗、掠夺者、捣乱分子。而我们则说:"我们要把这颠倒过来。我们先要把这座'贵族会议'大厦变成工人组织的大厦,然后再谈集会自由。"你们责备我们破坏自由。而我们认为,任何自由,如果它不服从于劳动摆脱资本压迫的利益,那就是骗人的东西。在一切资产阶级共和国的宪法中所载的集会自由都是骗人的东西,因为就是在文明国家里,冬季毕竟还没有消灭、气候还没有改造过来,集会需要有会场,而好的建筑都是私有财产。所以我们先要没收好的建筑,然后再谈自由。

我们说,让资本家有集会自由,那是对劳动者的极大犯罪,那是让反革命分子有集会自由。我们对资产阶级知识分子先生们和拥护民主的先生们说,你们责备我们破坏自由,这是胡说! 当你们的伟大的资产阶级革命家1649年在英国、1792—1793年在法国举行革命时,他们并没有让君主派有集会自由。法国革命所以叫做大革命,是因为它不像1848年的很多革命那样优柔寡断、半途而废、流于空谈,因为它是一个推翻和彻底镇压了君主派的实实在在的革命。我们现在也会同样地对待资本家先生们,因为我们知道,要使劳动者从资本的压迫下解放出来,就必须剥夺资本家的集会自由,就必须取消或削减他们的"自由"。这有利于劳动摆脱资本压迫,这有利于真正自由,到那时建筑物再不属于个别家族,再不属于某个地主、资本家或某个股份公司。当这一切实现的时候,当人们都忘记公共建筑物可能是谁的财产的时候,我们才会主张完全自由。当世界上只有工作者的时候,当人们不会再想到当一名非工作者的社会成员的时候(这样的日子不会很快到来,资产者和资产阶级知识分子这班先生们的罪过就在于延缓它的到来),我们才主张人人有集会自由,而现在实行集会自由,就是让资本家,让反革命分子有集会自由。我们正在同他们作斗争,我们正在给他们以反击,所以我们声明,我们要剥夺这种自由。

我们在投入战斗——这就是无产阶级专政的内容。以为只要说服大多数人,只要把社会主义社会的美好远景描绘出来,大多数人就会拥护社会主义的那种天真的、空想的、虚构的、机械的和书生气的社会主义的时代已经过去了。拿这些童话供自己和别人消遣的时代已经过去了。承认阶级斗争的必要性的马克思主义说：人类只有经过无产阶级专政，才能达到社会主义。专政，这是一个残酷的、严峻的、血腥的、痛苦的字眼，这样的字眼是不能随便乱讲的。社会主义者提出了这样的口号，是因为他们知道，除非进行殊死的无情的斗争，剥削阶级是不会投降的，它将用各种好听的字眼来掩盖自己的统治。

集会自由——还有什么能比这个字眼更崇高更美好的呢！没有集会自由，劳动人民的发展及其觉悟的提高能够想象吗？没有集会自由，人道的原则能够想象吗？但是，我们说，英国和北美合众国宪法上的集会自由是骗人的东西，因为它会在向社会主义过渡的整个时期束缚劳动群众的手脚，因为我们很清楚，资产阶级将用一切办法来推翻这个一开始就很不寻常很"怪诞的"政权。在那些考虑过阶级斗争和稍微具体而明确地想到起义工人对资产阶级的态度的人看来，只能是这样。资产阶级已在一个国家内被推翻，但还没有在一切国家内被推翻，正因为它还没有完全被推翻，它现在才以更为狂怒的姿态投入战斗。

正是在资产阶级被推翻以后，阶级斗争才具有最尖锐的形式。所以那些用资产阶级既被推翻就万事大吉的说法来自欺欺人的民主派和社会党人是毫无用处的。事情只是开始，而不是完结，因为资产阶级直到今天还不相信它已被推翻，而且在十月革命前夜，它和蔼可亲地嘲笑过我们；米留可夫嘲笑过，切尔诺夫嘲笑过，新生活派也嘲笑过。他们嘲笑说："好吧，布尔什维克先生们，请你们组阁吧，你们亲自掌握一两个星期政权看看，——你们会帮我们一个大忙的！"要知道，社会革命党人切尔诺夫这样写过，米留可夫在

《言语报》[109]上这样写过,半孟什维克的《新生活报》也这样写过。他们所以嘲笑,是因为他们认为事情并不严重。现在他们看到事情严重了,认为"民主共和国"是自己的护身甲的英、法、瑞士的资产者先生们现在也看到并意识到事情严重了,所以他们大家都在武装起来。你们最好能够看一看自由瑞士的情形,那里的每个资产者都在武装起来,建立白卫军,因为他们知道,问题已经关系到他们能不能保持特权,使千百万人继续处于雇佣奴隶地位。现在斗争具有世界规模了,因此任何一个用"民主""自由"的字眼来反对我们的人,都是站在有产阶级一边,都是欺骗人民,因为他不懂得,自由和民主直到现在都是**有产者的**自由和民主,对无产者来说不过是残羹剩饭。

当劳动者受资本奴役、为资本做工而被压得喘不过气来的时候,集会自由是什么呢? 是骗人的东西。要使劳动者获得自由,首先必须战胜剥削者的反抗;既然我遭到整个阶级的反抗,那很清楚,我不能向这个阶级许诺自由、平等和由多数人作决定。

四

谈了自由以后,现在我来谈平等。在这里,问题还更深奥。在这里,我们要涉及一个引起很大分歧的、更严重的、更迫切的问题。

革命在自己的进程中把一个个剥削阶级相继打倒。它首先打倒了君主制,把平等仅仅理解为要有选举出来的政权,要有共和国。革命向前发展,打倒了地主,你们知道,当时反对中世纪制度、反对封建制度的全部斗争,是在"平等"的口号下进行的。不分等级，一律平等，百万富翁和穷光蛋也一律平等，——载入史册的法国大革命时期的最伟大的革命家都是这样讲，这样想，这样真心认为的。反对地主的革命是在平等的口号下进行的，那时人们把百万富翁和工人应有同样的权利叫做平等。革命又向前发展了，它说，"平等"（我们在自己的纲领中是没有专门谈到这一点，但我们总不能没完没了地重复。这一点就同我们谈到自由时所说的一样清楚）如果同劳动摆脱资本的压迫相抵触，那就是骗人的东西。这是我们说的，而且这是千真万确的真理。我们说，实行目前那种平等的民主共和国是虚伪的，是骗人的，在那里没有实现平等，也不可能有平等；妨碍人们享受这种平等的，是生产资料、货币和资本的私有权。富人房产的所有权可以一下子夺过来，资本和生产工具也可以较快地夺过来，但是要把货币的所有权拿过来，你试试看吧。

要知道，货币是社会财富的结晶，是社会劳动的结晶，货币是向一切劳动者征收贡赋的凭证，货币是昨天的剥削的残余。这就是所谓货币。能不能想法一下子把货币消灭呢？不能。还在社会主义革命以前，社会主义者就说过，货币是不能一下子就废除的，而我们根据切身的经验也可以证实这一点。要消灭货币，需要很多技术上的成就，更困难得多和重要得多的是组织上的成就。而在货币消灭之前，平等始终只能是口头上的、宪法上的，每个有货币的人都有事实上的剥削权利。我们没有做到一下子废除货币。我们说，目前货币还保留着，而且在从资本主义旧社会向社会主义新社会过渡的时期，还要保留一个相当长的时间。平等如果同劳动摆脱资本压迫的利益相抵触，那就是骗人的东西。

恩格斯说得万分正确：平等的概念如果与消灭阶级**无关**，那就是一种极端愚蠢而荒谬的偏见①。资产阶级的教授们企图用平等这个概念来证明我们想使一个人同其他的人平等。他们企图用他们自己捏造的这种无稽之谈来责备社会主义者。但是他们由于自己无知,竟不知道,社会主义者,即现代科学社会主义的创始人马克思和恩格斯曾经说过,如果不把平等理解为消灭阶级,平等就是一句空话。我们要消灭阶级,从这方面说,我们是主张平等的。但是硬说我们想使所有的人彼此平等,那就是无谓的空谈和知识分子的愚蠢的捏造,这些知识分子有时装腔作势,玩弄字眼,然而毫无内容,尽管他们把自己称为作家,有时称为学者,或者称为别的什么人。

所以我们说:我们要争取的平等就是消灭阶级。因此也要消灭工农之间的阶级差别。这正是我们的目的。工农之间还有阶级差别的社会,既不是共产主义社会,也不是社会主义社会。当然,从一定的意义上来解释社会主义这个字眼,是可以把这种社会叫做社会主义社会的,但这是一种诡辩,是字眼上的争论。社会主义是共产主义的第一阶段,争论字眼是没有必要的。有一点很清楚:只要工农之间的阶级差别还存在,我们就不能无所顾忌地谈论平等,以免为资产阶级张目。农民是宗法制时代的阶级,是由几十年几百年的奴隶制培植起来的阶级;农民在这整个期间一直是**小业主**,起初从属于其他阶级,后来在形式上是自由和平等的,但都是**私有者和食物的占有者**。

现在我们要谈的这个问题,在我们的敌人中间引起了最多的责难,在没有经验和缺乏思考的人们中间造成了最多的怀疑,同时

---

① 参看《马克思恩格斯文集》第 9 卷第 113 页。——编者注

也最容易把我们同那些想以民主派和社会党人自居的人分开,他们埋怨我们,说我们不把他们看做民主派和社会党人,而把他们叫做资本家的拥护者。也许由于愚昧无知,但他们确实是资本家的拥护者。

就农民的生活习惯、生产条件、生活条件、经济条件来看,农民的地位是这样的:他是半劳动者,半投机者。

这是事实。当货币、交换还没有消灭的时候,你们就跳不出这个事实。要消灭货币和交换,就需要无产阶级多年的稳固统治,因为只有无产阶级才能战胜资产阶级。有人对我们说:"你们是平等的破坏者,你们不仅破坏了同剥削者的平等——这一点我也许还愿意同意,一个社会革命党人或孟什维克说这种话时,他自己也不知道他说的是什么——而且破坏了工农之间的平等,破坏了'劳动民主派'的平等,你们是罪犯!"我们回答说:"是的,我们破坏了工农之间的平等,并且肯定地说,你们主张这种平等,你们就是高尔察克的拥护者。"不久以前我在《真理报》上看到格尔曼诺夫同志写的一篇漂亮的文章,其中引证了最"社会主义的"孟什维克社会民主党人之一舍尔公民的提纲[110]。这个提纲是在我们的一个合作社机关中提出的。这样的提纲真该刻在木牌上,挂在每一个乡执行委员会里,并在末尾写上:"此人是高尔察克分子"。

我清楚地知道,这位舍尔公民及其同伙会因此把我叫做诽谤者,或者说得更坏些。可是,我要请那些学过政治经济学入门和政治常识的人仔细地分析一下谁是谁非。舍尔公民说:苏维埃政权的粮食政策和整个经济政策根本行不通,要先逐渐地然后广泛地转到粮食自由贸易,保证私有财产。

我认为,这就是高尔察克的经济纲领和经济原则。我肯定地说,凡是读过马克思著作的人,特别是读过《资本论》第1章的人,哪怕只是读过考茨基叙述马克思学说的通俗读物《卡尔·马克思的经济学说》的人,都一定会认为:确实,当无产阶级反对资产阶级的革命正在进行的时候,当地主和资本家所有制正在被推翻的时候,当被四年的帝国主义战争弄得满目疮痍的国家正在闹饥荒的时候,粮食贸易自由就是资本家的自由,就是恢复资本权力的自由。这是高尔察克的经济纲领,因为高尔察克不是悬在空中的。

只是谴责高尔察克迫害工人、甚至拷打那些同情布尔什维克的女教师,那是十分愚蠢的。这是庸俗地维护民主,这样控诉高尔察克是愚笨的。高尔察克现在正用一切方法进行活动。但是,他在经济上靠什么来支持呢? 他靠贸易自由来支持,他为贸易自由而斗争,所有的资本家都**因此**而拥护他。你们说:"我已经离开了高尔察克,我不是高尔察克分子。"这当然使你很光彩,但这并不能证明你有一个能够判断事物的头脑。我们这样回答这些人,丝毫也没有伤害那些认清高尔察克是一个暴徒而离开了他的社会革命党人和孟什维克的面子。但是,这样的人,如果在一个同高尔察克进行殊死搏斗的国家里,继续为"劳动民主派的平等"而斗争,为粮食贸易自由而斗争,那也就是高尔察克分子,不过他还不懂这个道理,想不通这个问题。

高尔察克(不管他叫高尔察克还是邓尼金,不管军装如何不同,实质都一样)是靠占领一个盛产粮食的地区之后,在那里准许粮食贸易自由和**恢复资本主义的自由**来维持的。在过去的一切革命中都有过这样的情形,如果我们放弃无产阶级专政,实行民主派、社会革命党人、左派孟什维克、直到无政府主义者(名称多得很)这班先生们的这种"自由"和"平等",那么,在我们这里也会有这样的情形。目前在乌克兰每一个县里都有一个匪帮，每个匪帮都起一个称号，一个比一个自由，一个比一个民主。

把工农平等奉献给我们的是"劳动农民利益的维护者"，他们大半是社会革命党人。另外的人，像舍尔公民那样，虽然学过马克思主义，但是毕竟不懂得，在从资本主义到社会主义的过渡时期中，工农平等是不可能的；应该指出，许诺这种平等的人就是在发展高尔察克纲领，虽然他们并没有了解这一点。我可以肯定地说，任何一个人，只要稍微考虑一下国家的具体条件，特别是一个遭到完全破坏的国家的具体条件，就会明白这个道理。

那些硬说我国现在处于资产阶级革命时期的"社会党人"经常责备我们，说我们的共产主义是消费者的共产主义。有些人补充说，这是士兵的共产主义。他们自以为高人一等，自以为高过这种"低下的"共产主义。这纯粹是一些玩弄字眼的人。他们看书，读书，反复背诵，但是一点也不懂得书中的意思。这样的学者是有的，他们甚至是极有学问的人。他们在书中看到社会主义是生产的最高发展。考茨基甚至现在还一直在重复这一点。我前两天看了一份我们偶尔得到的德国报纸，上面谈到了德国最近一次的苏维埃代表大会。[111]考茨基在大会上作了报告，他在报告中强调指出（不是他本人，而是他的太太，因为他病了，他的太太替他宣读报告）社会主义是生产的最高发展，没有生产，无论资本主义还是社会主义都不能维持下去，可是德国工人不懂得这一点。

可怜的德国工人！他们正在同谢德曼和诺斯克作斗争，同刽子手作斗争，竭力要推翻仍以社会民主党人自居的刽子手谢德曼和诺斯克的政权，他们认为正在进行国内战争。李卜克内西被杀害了，罗莎·卢森堡被杀害了。俄国的一切资产者说（这曾登载在叶卡捷琳诺达尔报纸上):"就应该这样对付我国的布尔什维克!"报纸上就是这样登的。懂事的人都很清楚,整个国际资产阶级都主张这样做。应当进行自卫。谢德曼和诺斯克在进行反对无产阶级的内战。战争毕竟是战争。德国工人认为,现在正处于内战时期,其余一切问题都是次要的。首先应该使工人有饭吃。考茨基却认为这是士兵的或消费者的共产主义。应该发展生产!……

哦,聪明绝顶的先生们!但是在一个被帝国主义者所掠夺所破坏的国家里,在一个没有煤、没有原料、没有工具的国家里,你们怎么能发展生产呢?"发展生产"!不过,我们人民委员会或国防委员会每次开会都在分配残存的几百万普特的煤或石油,我们很苦恼,每个委员只拿到残存的一点物资,感到不够,不得不决定关闭某些工厂,不得不使某些工人失业,——这是一个令人苦恼的问题,但是只能这样做,因为没有煤。煤在顿涅茨煤田,由于德寇的侵犯,煤被毁掉了。请你们看看比利时和波兰,这是个典型现象,到处都同样呈现出帝国主义战争的后果。这就是说,失业和饥饿现象还要存在很多年,因为有些被淹的矿井过许多年也是恢复不起来的。可是有人对我们说:"社会主义就是提高生产率。"可爱的先生们,你们读书,写书,但是丝毫不懂得书中的内容。(鼓掌)

从资本主义社会在和平时期会以和平方式过渡到社会主义的观点来看,我们除了提高生产率,当然不会有其他更迫切的任务。不过应当加上"假使"二字。**假使**社会主义会以和平方式产生,资本家老爷们也是不愿意让它这样产生的。这样说还有点不够。假使连战争也没有,资本家老爷们也还是会采取种种办法制止这种和平发展的。伟大的革命,即使像法国大革命那样以和平方式开始,也是以反革命资产阶级所发动的疯狂战争而告终。如果从阶级斗争的观点来看待这个问题，而不是从自由、平等、劳动民主派和多数人的意志这一套市侩的空谈，即孟什维克、社会革命党人这类"民主派"用以款待我们的愚蠢的市侩空谈来看，情况也只能是这样。以和平方式发展到社会主义是不可能的。而在目前这个时期，在帝国主义战争之后，来谈什么和平发展，是很可笑的，特别是在一个经济遭到破坏的国家里。拿法国来说。法国是个战胜国，然而那里的粮食生产减少了一半。在英国，我从英国的资产阶级报纸上看到，人们说："我们现在是乞丐了。"而在一个经济遭到破坏的国家里竟责备共产党人使生产陷于停顿！说这种话的人，尽管再三自称是伯尔尼国际的领袖，他不是十足的白痴，就是工人的叛徒。

在一个经济遭到破坏的国家里，第一个任务就是拯救劳动者。全人类的首要的生产力就是工人，劳动者。如果他们能活下去，我们就能拯救**一切**，恢复**一切**。

我们还要忍受许多年的贫困，许多年的倒退，向野蛮方面的倒退。帝国主义战争使我们倒退，使我们向野蛮方面倒退。如果我们能够拯救劳动者，拯救人类的主要生产力——工人，我们就能挽救一切，如果我们不能拯救工人，我们就会灭亡；因此，再说一遍，谁在这个时候大喊消费者的和士兵的共产主义，鄙视别人，自以为高过这些布尔什维克共产党员，他就一点也不懂得政治经济学，只会抓住书中的一些引文，像一个脑袋里似乎装着引文卡抽屉的学者一样，随时可以把引文抽出来，可是一旦遇到书中没有谈到的新情况，就束手无策，从抽屉里抽出恰恰不该抽出的引文来。

在国家遭到破坏的时候，我们主要的基本的任务就是维护工人的生命，**拯救工人**，而工人之所以会死亡，是因为工厂停工，工厂之所以停工是因为没有燃料，是因为我们的生产完全不合理，工业同原料产地隔绝。全世界都是如此。俄国棉纺织厂需要的原料，要从埃及和美国运来，再近也要从土耳其斯坦运来，当反革命匪帮和英国军队占领了阿什哈巴德和克拉斯诺沃茨克的时候，请你们从土耳其斯坦运运看！当铁路无法运输，遭到破坏，没有煤陷于停顿的时候，请你们从埃及从美国运运看！

必须拯救工人，虽然他们现在不能工作。如果我们能拯救工人，熬过这几年，我们就能拯救国家、社会和社会主义。如果我们不能拯救，我们就会倒退，退回到雇佣奴隶制去。关于社会主义的问题就是这样摆着的，这个社会主义不是从那些迷恋于和平方式的、自称为社会民主党人的傻瓜的幻想中产生出来的，而是从现实中，从激烈的极端残酷的阶级斗争中产生出来的。这是事实。为了拯救工人，应当不惜牺牲一切。我们就是从这个观点出发的。有人走来对我们说："我们主张劳动民主派的平等，而你们共产党人甚至不让工人和农民平等"；那我们回答说：工人和农民作为劳动者是平等的，但饱腹的粮食投机商和挨饿的劳动者是不平等的。正因为如此，我们的宪法才说工人和农民是不平等的。

你们说，他们应该是平等的吧？那让我们来衡量一下，计算一下。拿60个农民和10个工人来说。60个农民有余粮。他们衣衫褴褛，但是他们有粮食。而10个工人呢，在帝国主义战争结束之后，他们衣衫褴褛，受尽折磨，没有粮食、燃料和原料。工厂停工。怎么样，你们认为他们是平等的吗？60个农民有决定的权利而10个工人应当服从吗？好一个平等、劳动民主派的统一和由多数人作决定的伟大原则！

他们就是这样对我们说的。我们回答说："你们是一些小丑，因为你们用一些动听的话来回避和掩盖饥饿的问题。”

请问你们：在一个经济遭到破坏、工厂停工的国家里，如果农民不把余粮拿出来，挨饿的工人是不是有服从多数农民的决定的权利呢？如果用其他方法不行，他们有没有甚至用暴力取得这些余粮的权利呢？请直截了当地回答吧！可是一拿出问题的实质，他们就转弯抹角和支吾搪塞了。

各国的工业都遭到破坏，而且这种状况将继续好几年，因为烧掉工厂或淹没矿井是轻而易举的事情，炸毁车厢、捣毁机车也是轻而易举的事情，任何一个傻瓜，不管他是德国军官或法国军官，做这种事都是很能干的，特别是他有了进行爆炸、射击等等的优良装备的时候；然而恢复却是一件很困难的事情，这需要好多年的时间。

农民是一个特殊阶级，作为劳动者，他们是资本主义剥削的敌人，但同时他们又是私有者。农民千百年来受到的熏染就是，粮食是他的，他可以随便出卖。他认为，这是我的权利，因为这是我的劳动，我的血汗。要很快改变他的心理是不可能的，这是一个长期艰巨的斗争过程。谁以为用一个说服另一个，另一个说服第三个的办法就可以过渡到社会主义，他至少是三岁小孩子，要不然就是政治骗子，而大多数在政治讲台上讲演的人，当然是属于后一类的。

问题是这样摆着的：农民习惯于自由买卖粮食。在我们摧毁了资本主义机关之后，发现还存在着一种支持资本主义的势力，这就是习惯势力。我们愈坚决地摧毁一切支持资本主义的机关，而另一种支持资本主义的势力即习惯的势力就表现得愈明显。干得好，机关是能一下子打碎的，但是不管干得怎样好，习惯是永远不能一下子打破的。我们把全部土地交给了农民,把农民从地主土地占有制下解放了出来,摧毁了束缚他们的一切,但是,他们仍然认为自由出卖粮食是"自由",必须按照固定价格交售余粮是不自由。农民愤慨地说,这是怎么一回事,干吗要"交售";特别是在我们的机构还很糟的时候,他们更是这样说,而机构很糟,是因为整个资产阶级知识界都站在苏哈列夫卡[112]那边。显然,这种机构应该依靠那些正在学习、即使是忠诚老实也至少要学几年才学得会的人,只要他们没有学会,我们的机构还是糟的,有时甚至会有各种自称为共产党人的骗子混进来。这种危险威胁着任何一个执政的党,威胁着任何一个胜利了的无产阶级,因为既不能一下子摧毁资产阶级的反抗,也不能一下子建立起完善的机构。我们很清楚,粮食人民委员部的机构还很糟。不久以前,对非农业省份的工人的食物供应情况作了科学的统计调查。原来他们的一半粮食是从粮食人民委员部那里得到的,另一半是从投机商那里得到的,前一半占他们全部购粮支出的十分之一,后一半占十分之九。

一半粮食是由粮食人民委员部收集和供给的,当然在收集上有些缺点,但它是按照社会主义方式而不是按照资本主义方式收集的。收集这一半粮食是靠战胜了投机商,而不是靠同投机商做交易,这样做有利于挨饿的工人,而牺牲了社会上的其他一切利益,其中包括孟什维克、社会革命党人之流的先生们所夸耀的那种形式上"平等"的利益。诸位先生,你们死守着你们的"平等"吧,而我们则要跟被我们从饥饿中拯救出来的挨饿的工人在一起。不管孟什维克怎样责备我们破坏"平等",事实却是这样的:我们在空前未有的难以置信的困难条件下解决了粮食任务的一半。所以我们说,如果60个农民有余粮,而10个工人在挨饿,那应该谈的就不是一般"平等"和"劳动者的平等",而是60个农民必须无条件地服从10个工人的决定,把余粮交给他们,即使贷给他们也好。

全部政治经济学(如果从中学到一点什么的话)、全部革命史、整个19世纪全部政治发展史都告诉我们,农民不是跟工人走,就是跟资产者走。他们不能走别的道路。当然,这种说法在某些民主派听来也许是不堪入耳,因为他们认为我是出于马克思主义者的恶意诬蔑农民。农民占多数,他们是劳动者,竟不能走自己的道路!为什么呢?

要是你们不知道为什么,我就奉劝这样的先生们去读一读马克思的政治经济学入门,读一读考茨基对马克思学说的叙述,去想一想18世纪和19世纪任何一次大革命的发展和19世纪任何一个国家的政治史吧。它会告诉你们为什么。资本主义社会的经济是这样的:能够成为统治力量的只有资本或打倒资本的无产阶级。

在这个社会的经济中,其他的力量是没有的。

农民是半劳动者,半投机者。农民是劳动者,因为他们用血汗挣来粮食,他们受地主、资本家和商人剥削。农民是投机者,因为他们出卖粮食这种必需品,谁要没有这种必需品,甚至要拿出全部财产去换它。饥饿是无情的,为了买到粮食,花一千卢布也可以,花多少也可以,甚至付出全部的财产。

这不是农民的过错,农民的经济条件是这样的:他生活在商品经济中,生活了几十年几百年,习惯于用自己的粮食换取货币。习惯不是一下子改得了的,货币不是一下子能消灭的。要消灭货币,必须组织好亿万人的产品分配,——这是很多年的事情。所以只要商品经济存在,只要挨饿的工人和隐藏余粮的饱腹的农民同时存在,工农利益在一定程度上的对立就会存在,谁用"自由"、"平等"和"劳动民主派"的空谈来回避这个生活中产生的实际对立,他至少是一个空谈家,往坏处说则是一个拥护资本主义的伪君子。如果资本主义战胜了革命,那是它利用农民的愚昧无知,收买他们,用恢复自由贸易引诱他们的结果。孟什维克和社会革命党人事实上是站在资本主义方面来反对社会主义的。

高尔察克、邓尼金和所有俄国白卫分子的经济纲领就是自由贸易。他们是懂得这一点的,舍尔公民不懂得这一点,并不是他们的过错。生活中的经济事实并不因某个政党不懂得它们就会改变。资产阶级的口号就是自由贸易。有人竭力欺骗农民说:"照老样子生活下去不是更好吗?难道靠自由出卖农业劳动来生活不是更好吗?什么比这更公平呢?"自觉的高尔察克分子是这样说的,从资本的利益来看,他们是说得对的。为了恢复俄国资本权力,需要依靠传统——依靠农民的偏见而反对他们的理智,依靠自由贸易的旧习惯——需要用暴力镇压工人的反抗。别的出路是没有的。从资本的观点来看,高尔察克分子是对的,他们在自己的经济和政治纲领中说得头头是道,懂得从何开头从何结尾,懂得农民的自由贸易和对工人的残暴枪杀之间的联系。联系是有的,虽然舍尔公民不了解这种联系。粮食自由贸易是高尔察克分子的经济纲领,枪杀成千上万的工人(如在芬兰)是实现这个纲领的必要手段,因为工人不会白白放弃他们已获得的果实。联系是密切的,而那些一点不懂经济科学和政治的人,那些由于自己市侩的懦怯心理而忘记了社会主义原理的人,即孟什维克和"社会革命党人",竟企图用"平等"、"自由"的空谈使我们忘记这种联系,他们大喊大叫,说我们破坏"劳动民主派"内部的平等原则,说我们的宪法是"不公平的"。

几个农民的票等于一个工人的票，这是不公平吗？

不，这在必须打倒资本的时代是公平的。我知道你们的公平概念是从哪里来的。你们的这些概念是从昨天的资本主义时代来的。商品所有者、他的平等、他的自由，——这就是你们的公平概念。这是小资产阶级偏见的小资产阶级残余，这就是你们所谓的公平、平等和劳动民主派。在我们看来，公平应该服从于打倒资本的事业。除了无产阶级同心协力而外，用其他办法是不能打倒资本的。

能不能使千百万农民一下子就巩固地联合起来去反对资本、反对自由贸易呢？由于经济条件的限制，你们不能做到这一点，即使农民十分自由并有高得多的文化。这是办不到的，因为这需要其他的经济条件，需要多年的准备。那么，谁来进行这种准备呢？不是无产阶级就是资产阶级。

农民由于自己在资产阶级社会中所处的经济地位，必然是或者跟工人走，或者跟资产阶级走。**中间道路是没有的**。他们可能动摇不定，糊里糊涂，耽于幻想，他们也可能发牢骚，讲怪话，咒骂无产阶级的"狭隘的"代表和资产阶级的"狭隘的"代表，说无产阶级和资产阶级都是少数。可以咒骂他们，可以高谈多数，高谈你们劳动民主派的广泛性和普遍性，高谈纯粹民主。要讲多少话都可以。但这些话只是掩盖一个事实：农民不是跟工人走，就是跟资产阶级走。中间道路是没有的，也是不可能有的。而在工人挨饿、工业停顿这样极端困难的历史转变时期，那些**不**是按照较公平的价格而是按照**"自由的"**价格，按照资本主义的和生意人的价格**帮助工人**得到粮食的人，不管他们本人怎样替自己否认，不管他们怎样真心地相信他们是在诚心诚意地实行自己的纲领,他们都是在实行高尔察克分子的纲领。

五

现在我来谈我所要谈的最后一个问题,这就是关于革命的失败和胜利的问题。我曾经向你们提到考茨基,作为老而腐朽的社会主义的主要代表,他是不懂得无产阶级专政的任务的。他责备我们说,按多数人意志作出的决定才是能够保证和平结局的决定。靠专政作出的决定是一种用军事手段作出的决定。就是说,如果你们用军事手段得不到胜利,你们就会被打败,被消灭,因为内战不是俘虏人,而是消灭人。被吓倒的考茨基就是这样"吓唬"我们的。

这是十分正确的。这是事实。我们证实这种看法是对的。这是用不着说的。国内战争是比其他任何战争都更严重更残酷的战争。在历史上,自古罗马的国内战争起,一直都是如此,因为国际战争总是以有产阶级之间的勾结而告结束,唯有在国内战争中,被压迫阶级才集中全力来彻底消灭压迫阶级,消灭这个阶级存在的经济条件。

我要问你们,有些"革命家"用革命可能遭到失败来吓唬开始了的革命,这样的"革命家"有什么用处呢?过去、现在和将来都没有而且不可能有不冒失败危险的革命。所谓革命,就是极端残酷的殊死的阶级斗争。阶级斗争是不可避免的。或者是根本放弃革命,或者是承认同有产阶级斗争是所有革命中最残酷的斗争。在这一点上,在多少有些觉悟的社会党人中间,是没有观点上的分歧的。当我分析了考茨基所写的这些东西的全部叛卖性之后,我在一年以前写道(这是去年9月的事情):即使明天帝国主义者把布尔什维克的政权推翻，我们一点也不会为我们夺取了政权而后悔。① 任何一个代表劳动群众利益的觉悟工人都不会为这一点而后悔，都不会怀疑我们的革命毕竟是胜利了。因为革命把严重打击剥削制度的先进阶级推向前进，革命就是在胜利。在这种情况下，革命即使遭受失败，它也是胜利的。看起来这可能像是玩弄字眼，但是为了说明这是事实，且让我们举一个历史上的具体例子。

拿法国大革命来说吧。它被称为大革命不是没有道理的。这次革命给本阶级，给它所服务的那个阶级，给资产阶级做了很多事情，以至整个19世纪，即给予全人类以文明和文化的世纪，都是在法国革命的标志下度过的。19世纪在世界各地只是做了一件事情，就是实行了、分别地实现了、继续完成了伟大的法国资产阶级革命家们所开创的事业，这些革命家是为资产阶级的利益服务的，不过他们没有意识到这一点，他们被自由、平等、博爱的词句蒙蔽了。

我们的革命一年半来为我们所服务的那个阶级，为无产阶级所做的事情，要比伟大的法国革命家们所做的事情多得多。

他们支持了两年，后来在联合起来的欧洲反动势力的打击下灭亡了，在全世界的联军的打击下灭亡了，这些反动势力打败了法国革命家，在法国恢复了正统的合法的君主——那个时代的罗曼诺夫，恢复了地主的统治，在漫长的数十年中扼杀了法国的一切革命运动。虽然如此，法国大革命还是胜利了。

任何一个自觉地对待历史的人都会说，法国革命虽然被粉碎了，但它毕竟是胜利了，因为它为全世界奠立了曾是无法消灭的资产阶级民主、资产阶级自由的基石。

---

① 参看本版全集第35卷第295页。——编者注

一年半来,我们的革命为无产阶级,为我们所服务的那个阶级,为我们奋斗的目的,为打倒资本统治所做的事情,要比法国革命为本阶级所做的事情多得多。所以我们说,即使出现某种最坏的情况,即使明天有某个幸运的高尔察克把所有的布尔什维克都斩尽杀绝,那革命还是胜利了。我们的话可以从下列一点得到证明:这次革命建立的新的国家组织,在全世界工人阶级中已经取得道义上的胜利,现在就已经得到全世界工人阶级的支持。当时伟大的法国资产阶级革命家在斗争中遭到灭亡,是因为他们孤军奋斗,没有得到其他国家的支持。当时欧洲所有国家尤其是先进的英国都起来反对他们。现在我们的革命仅仅经过布尔什维克政权一年半的统治,就使它所创立的新的国家组织即苏维埃组织成了全世界工人所理解、所熟悉、所欢迎的组织,成了他们自己的组织。

我已向你们证明,要摆脱资本主义,无产阶级专政是不可避免的,是非有不可的,是绝对必需的。专政固然非有暴力不可,但它并不仅仅意味着暴力,它还意味着比先前的劳动组织更高级的劳动组织。因此,我在代表大会开幕的简短贺词中强调了这一基本的、起码的、最简单的**组织**任务,因此,我极其无情地敌视一切知识分子的臆造、一切"无产阶级文化"。我现在拿组织常识来反对这些臆造。分配粮食和煤时,要爱惜每一普特煤和每一普特粮食,——这是无产阶级纪律的任务。这不是农奴主用棍棒来维持的纪律,也不是资本家用饥饿来维持的纪律,而是同志的纪律,工人联合会的纪律。解决了这个起码的最简单的组织任务,我们就一定会胜利。因为摇摆于工人和资本家之间的农民,那时一定会完全跟我们走。而现在,农民不知道,他应该跟着他还不相信但又不能否认他们在实行一种没有剥削的较为公平的劳动制度(在这种制度下,"自由"买卖粮食就是危害国家的罪行)的人走呢,还是跟着那些照旧许以似乎意味着劳动自由的粮食贸易自由的人走。如果农民看到无产阶级建设自己的政权时善于建立秩序(农民需要秩序,希望有秩序,在这一点上农民是对的,虽然农民这种追求秩序的意愿还和许多模糊的东西、许多反动的东西、许多偏见分不开),农民在多次动摇之后,终于会跟工人走的。农民不可能简单地、轻易地、一下子就摆脱旧社会而走向新社会。他们知道,他们从旧社会得到"秩序"的代价是劳动者破产,是劳动者沦为奴隶。他们不知道,无产阶级能不能给他们秩序。对于闭塞、愚昧、散漫的农民不能要求过高。他们不相信任何言论,不相信任何纲领。他们不相信言论倒很好,要不然他们就摆脱不了各种欺骗。他们只会相信行动,相信实际经验。要向他们证明,你们,联合起来的无产阶级,无产阶级的国家政权,无产阶级专政,善于分配粮食和煤,不糟蹋一普特粮食和一普特煤,能够使每一普特余粮和每一普特余煤都不拿去做投机买卖,不为那些苏哈列夫卡的英雄们所利用,而是拿来作公平的分配,供给挨饿的工人,甚至在工厂停工、工人失业的时候拿来援助他们。一定要证明这一点。这是无产阶级文化和无产阶级组织的基本任务。在没有经济根基的情况下,可以使用暴力,但历史注定它是要失败的。但依靠先进阶级,依靠社会主义制度、秩序和组织的更高原则,是可以使用暴力的。**那时暴力也可能暂时遭到失败,但它是不可战胜的。**

如果无产阶级的组织能向农民表明:制度是正确的,劳动和粮食的分配是公平的,对每一普特粮食和每一普特煤是爱惜的;我们工人能够靠同志的纪律,联合组织的纪律来实现这一切;我们用暴力进行斗争,只是为了保护劳动的利益,只是向投机者而不是向劳动者要粮食;我们要同中农、同劳动农民妥协;我们准备把我们现在所能给予的一切都给他们,——如果农民看到了这一切,农民同工人阶级的联盟,农民同无产阶级的联盟就会是牢不可破的。我们现在正朝这方面去做。

我有点离开了本题,现在应该回到本题上来。目前在所有国家中,已经不像我们不久以前只是重复而不懂得"义和团"这个名词那样,把"布尔什维克"和"苏维埃"看做怪诞的字眼了。现在"布尔什维克"和"苏维埃"这两个名词由世界各种语言重复着。觉悟的工人都看到各国资产阶级每天怎样在千百万份报纸上诬蔑苏维埃政权,他们正从这种谩骂中学习。我最近看了几份美国报纸。我看到一个美国牧师的演说,他说,布尔什维克是一些缺德的人,他们实行共妻,他们是强盗,是掠夺者。我也看到美国社会主义者的回答:他们以五分钱一份推销俄罗斯苏维埃共和国宪法,推销这个不实行"劳动民主派的平等"的"专政"的宪法。他们是援引这些破坏劳动民主派的统一的"篡夺者"、"强盗"、"暴徒"的宪法中的一条来回答的。这里顺便谈一下,当欢迎布列什柯夫斯卡娅的时候,纽约一家最大的资本家报纸在布列什柯夫斯卡娅到达的那天用特大号的字登着:"欢迎老夫人到来!"美国社会主义者转载了这条消息说:"她是主张政治民主的,美国工人们,你们是不是因为资本家赞扬她而感到惊讶呢?"她是主张政治民主的。为什么他们要赞扬她呢?因为她反对苏维埃宪法。美国的社会主义者说:"你们看,这一条是从这些强盗的宪法中引来的。"他们引来引去总是那一条:凡是剥削他人劳动的人,没有选举权和被选举权。我们宪法中的这一条是全世界都知道的。苏维埃政权正是由于它公开地讲一切服从于无产阶级专政,苏维埃政权是新类型的国家组织,它才博得了全世界工人的同情。这种新的国家组织的产生是极其困难的，因为要战胜起瓦解作用的小资产阶级的散漫性是一件极其困难的事情，这比镇压地主暴徒或资本家暴徒困难千万倍，但这对于建立没有剥削的新组织来说，又有益千万倍。当无产阶级的组织解决了这个任务的时候，社会主义就会获得最终胜利了。社会教育和学校教育的全部活动都应该服从于这个目的。尽管条件异常艰苦，尽管社会主义革命在世界上首先发生在一个文化水平很低的国家里，但是苏维埃政权得到了其他国家工人的承认。"无产阶级专政"是一个拉丁词，以前任何一个劳动者听到它时，都不懂得是怎么一回事，不懂得怎样实现它。现在这个词已由拉丁文译成现代的各种语言了，现在我们已经表明，无产阶级专政就是苏维埃政权，在这种政权下，工人们自己组织起来，他们说："我们的组织高于一切；任何一个非劳动者，任何一个剥削者都没有权利参加这个组织。这个组织要全力以赴达到一个目的，就是推翻资本主义。任何虚伪的口号，任何'自由'、'平等'之类的偶像，都骗不了我们。我们既不承认自由、平等，也不承认劳动民主派，如果它们同劳动摆脱资本压迫的利益相抵触的话。"我们已把这一点载入苏维埃宪法，并已博得全世界工人对这部宪法的同情。他们知道，不管新制度的诞生多么困难，不管个别的苏维埃共和国所遭到的考验甚至失败是多么严重，但是世界上没有任何力量能把人类拖向后退。（热烈鼓掌）

载于1919年莫斯科出版的尼·列宁《在全俄社会教育第一次代表大会上的两次讲话（1919年5月6—19日）》一书

译自《列宁全集》俄文第5版第38卷第333—372页

《关于用自由平等口号欺骗人民》
出版序言

(1919 年 6 月 23 日)

5 月 19 日我在社会教育代表大会的讲话中分析的关于平等特别是工农平等的问题,无疑是现时最尖锐最"迫切的"一个问题,因为它触到了小资产者、小业主、小商品所有者、各种庸人和十分之九的知识分子(其中包括孟什维克和社会革命党的知识分子)的根深蒂固的偏见。

否认工农平等!请想想,这是多么吓人的事情!当然,资本家的一切朋友,资本家的一切奴才,首先是孟什维克和社会革命党人,都竭力抓住这件事情来"刺激"农民,"煽动"农民,唆使他们反对工人和共产党员。这种事情是不可避免的,但这种事情既然是以谎言为基础,也就必定遭到可耻的失败。

农民是稳重踏实的人,是讲求实际的人。给他们解释问题,要实际,要用浅显常见的例子。怎样才算公平呢?是有余粮的农民不顾工人挨饿,把余粮藏起来,等待粮价暴涨呢,还是掌握在工人手中的政权不按投机价格,不按生意人价格,不按掠夺性的价格,而按国家规定的固定价格来收购全部余粮?

问题就是这样摆着的。全部实质就在这里。可是像孟什维克和社会革命党人那样为资本家效劳,为恢复资本家的独裁而卖力的各种骗子们,却想用"平等"、"劳动民主派的统一"等等言词来"规避"这个实质。

农民必须进行选择:

或者是赞成粮食自由贸易,——这就是赞成粮食投机,赞成富人有发财的自由,穷人有破产和挨饿的自由,赞成恢复地主和资本家的独裁,赞成破坏农民同工人的联盟。

或者是赞成把余粮按固定价格卖给国家,即卖给统一的工人政权,——这就是赞成农民同工人结成联盟来彻底消灭资产阶级,消除资产阶级政权复辟的任何可能性。

只能二者择一。

富裕农民即富农定会选择前者,想碰碰运气,同资本家和地主联合起来反对工人,反对贫苦农民,但这种农民在俄国只会是少数。大多数农民一定会赞成同工人结成联盟来反对恢复资本家政权,反对"富人有发财的自由",反对"穷人有挨饿的自由",反对用"平等"(拥有余粮的饱食者同挨饿者的平等)之类的花言巧语来掩盖这种万恶的资本主义的"自由"(饿死的自由)。

我们的任务就是同孟什维克和社会革命党人用"自由""平等"的响亮的美丽的词句所布置的狡猾的资本主义骗局作斗争。

农民们!摘下披着羊皮的豺狼的假面具吧,他们唱着关于"自由"、"平等"和"劳动民主派的统一"的甜蜜歌曲,其实是以此维护地主压迫农民的"自由",维护有钱的资本家同工人或半饥饿的农民的"平等",维护藏匿余粮的饱食者同那些因战争的破坏而挨饿和失业的工人的"平等"。这些披着羊皮的狼是劳动者最凶恶的敌人,尽管他们叫做孟什维克、社会革命党人或非党人士,实际上都是资本家的朋友。

"工人和农民作为劳动者是平等的,但饱腹的粮食投机商和挨饿的劳动者是不平等的。""我们进行斗争,只是保卫劳动的利益,是向投机者而不是向劳动者要粮食。""我们要同中农、同劳动农民妥协。"——这就是我在那次讲话中谈到的,这就是问题的**实质**,这就是为"平等"的响亮词句所搅混的地道的真理。绝大多数农民都知道这是真理,都知道**工人的国家**同投机者和富人作斗争,竭力帮助劳动者和穷人,而**地主的国家**(在沙皇统治下)**和资本家的国家**(在最自由最民主的共和国中)则随时随地在一切国家**帮助富人掠夺劳动者**,帮助投机者和富人靠穷人的破产来发财。

任何一个农民都知道这个真理。所以大多数农民愈觉悟,就会愈迅速愈坚决地作出自己的选择:赞成同工人结成联盟,赞成同工人政府妥协,反对地主的国家或资本家的国家;赞成苏维埃政权,反对"立宪会议"或"民主共和国";赞成同布尔什维克共产党员妥协,反对支持资本家、孟什维克和社会革命党人!

* * *

对于"有教养的"先生们,对于民主派、社会党人、社会民主党人等等,我们则要说:在口头上你们都承认"阶级斗争",实际上你们恰好在阶级斗争特别尖锐的时候把阶级斗争忘记了。忘记阶级斗争就是倒向资本,倒向资产阶级,反对劳动者。

谁承认阶级斗争,谁就应当承认在资产阶级共和国中,即使在最自由最民主的共和国中,"自由"和"平等"只能表现为而且从来就表现为**商品所有者**的平等和自由,**资本**的平等和自由。马克思在他的所有著作中,特别是在《资本论》(你们**在口头上**都是承认这本书的)中,千百次地阐明了这一点,嘲笑了对"自由和平等"的抽象理解,嘲笑了看不到这一点的边沁分子的庸人,揭示了这些抽象概念的物质根源。

在资产阶级制度下（就是说只要土地和生产资料的私有制继续存在），在资产阶级民主下，"自由和平等"只是一种形式，实际上是对工人（他们在形式上是自由的和平等的）实行**雇佣奴隶制**，是**资本具有无限权力**，是资本压迫劳动。这是社会主义的起码常识，可是"有教养的"先生们，你们竟把这个起码常识也忘记了。

从这个起码常识中可以得出结论，在无产阶级革命时代，当阶级斗争发展为内战的时候，只有傻瓜和叛徒才会用空谈"自由"、"平等"和"劳动民主派的统一"来支吾搪塞。事实上，一切都是由无产阶级同资产阶级斗争的结局来决定的，而中间的、中等的阶级（包括全体小资产阶级，因而也包括全体"农民"）必然动摇于两个阵营之间。

问题在于这些中间阶层归附哪一个主力——无产阶级还是资产阶级。绝**不可能有另一种情形**，谁读了马克思的《资本论》而不懂得这一点，谁就是丝毫不懂得马克思的学说，丝毫不懂得社会主义，谁实际上就是盲目地跟着资产阶级跑的庸人和市侩。谁懂得这一点，谁就不会让自己受"自由"和"平等"的空谈所欺骗，谁就会想到和谈到**实际问题**，就是说，会想到和谈到那些使农民同工人**接近**，使他们结成反对资本家的**联盟**，使他们达成反对剥削者、富人和投机者的**协议**的具体条件。

无产阶级专政不是阶级斗争的结束，而是阶级斗争在新形式下的继续。无产阶级专政是取得胜利、夺得政权的无产阶级进行阶级斗争，来反对已被打败但还没有被消灭、没有绝迹、没有停止反抗、反而加紧反抗的资产阶级。无产阶级专政是劳动者的先锋队——无产阶级同人数众多的非无产阶级的劳动阶层（小资产阶级、小业主、农民、知识分子等等)或同他们的大多数结成的特种形式的阶级联盟，是反资本的联盟，是为彻底推翻资本、彻底镇压资产阶级反抗并完全粉碎其复辟企图而建立的联盟，是为最终建成并巩固社会主义而建立的联盟。这是在特殊环境中，即在激烈的内战环境中形成的特种联盟，这是社会主义的坚定的拥护者和其动摇的同盟者的联盟，有时则是社会主义坚定的拥护者和"中立者"的联盟(那时，联盟就由斗争协定变为中立协定)，这是在经济、政治、社会地位、精神各方面互不相同的阶级的联盟。只有腐朽的"伯尔尼"国际即黄色国际的腐朽的英雄们，如考茨基和马尔托夫之流，才能用"自由"、"平等"和"劳动民主派的统一"等一般词句，即用商品经济时代思想行囊中的只言片语来支吾搪塞，而不去研究这种联盟的具体形式、条件和任务。

尼·列宁

1919 年 6 月 23 日

载于 1919 年莫斯科出版的尼·列宁《在全俄社会教育第一次代表大会上的两次讲话(1919 年 5 月 6—19 日)》一书

译自《列宁全集》俄文第 5 版第 38 卷第 373—377 页

给乌克兰人民委员会的电报

（1919 年 5 月 8 日）

送：基辅

拉柯夫斯基

抄送：安东诺夫、波德沃伊斯基、加米涅夫、越飞

党中央讨论了顿巴斯和马内奇河的近乎灾难的危急局势，紧急建议基辅国防委员会务必用一切力量加速并加强对顿巴斯的军事援助，任命一批优秀的同志每天严密监督这项工作的执行，特别要迅速而普遍地动员敖德萨、叶卡捷琳诺斯拉夫、尼古拉耶夫、哈尔科夫、塞瓦斯托波尔的工人去增援南线，并规定由波德沃伊斯基和安东诺夫两人负责对付马赫诺匪帮。要知道，不迅速占领罗斯托夫，革命就不免要遭到毁灭。

中央委员会

列 宁[①]

载于 1942 年《列宁文集》俄文版
第 34 卷

译自《列宁全集》俄文第 5 版
第 38 卷第 378 页

---

① 在列宁的手稿上还有斯大林和克列斯廷斯基的签字。——俄文版编者注

对告德国工人和
不剥削他人劳动的农民书
草稿的补充[113]

（1919 年 5 月 11 日）

全世界无产者日益同情苏维埃政权，他们愈来愈相信，能够使劳动摆脱资本压迫，使各民族摆脱敌视和战争，使人类摆脱疯狂的帝国主义的专横的，只有苏维埃政权，只有劳动者自己的政权，而不是资产阶级议会制（即使是最民主的共和国的资产阶级议会制）。

这一信念一定会给自己开辟道路。各国的工人日益相信，不同资产阶级割断联系，不战胜他们，不推翻他们的政权，不无情地镇压剥削者的反抗，便不能摆脱帝国主义和战争。这一点只能从自己国内做起。俄国的苏维埃制度已得到全世界工人群众的同情，除了剥削者及其走狗以外，现在大家都认为只有苏维埃政权是救星。我们俄国的工人和农民所以赢得这种信任，是因为我们同我国资产阶级割断了联系，推翻了资产阶级，镇压了他们的反抗，从劳动人民当中赶走了像孟什维克和社会革命党人那样直接和间接同帝国主义资产阶级、克伦斯基等等勾结在一起的叛变社会主义的领袖。

只要德国工人们容忍社会主义的叛徒、恶棍和资产阶级的走狗谢德曼之流及其整个政党掌握政权，那就谈不到拯救德国人民。在这种情况下，德国人民实际上依然是（在各种"社会主义"辞藻的掩盖下，在各种"民主"和"共和国"的粉饰下）资产阶级的奴隶和**资产阶级罪行的参与者**，正如参加"伯尔尼"国际即黄色国际的协约国"社会党人"（他们以虚伪的善良愿望、最空洞的美好词句或对威尔逊的恭维等等来回答协约国的暴行）依然是社会主义的叛徒、恶棍和法英美资产阶级的暴行和罪行的参与者一样。

德国工人同社会主义的叛徒谢德曼之流及其政党决裂是不可避免的。德国工人同颓废、不彻底、无思想、无气节的所谓"独立党"（他们昨天依赖谢德曼之流，今天又不敢坚决主张全部政权归苏维埃）决裂是不可避免的。资产阶级可以杀害成百的领袖和成千的工人，但是它不能制止这种决裂。

载于1949年《布尔什维克》杂志　　译自《列宁全集》俄文第5版
第1期　　　　　　　　　　　　第38卷第379—380页

中央关于军事统一的指示草案[114]

(1919 年 4 月底和 5 月 15 日之间)

鉴于：

(1)俄罗斯联邦必须同乌克兰、拉脱维亚、爱沙尼亚、立陶宛和白俄罗斯各兄弟苏维埃共和国结成联盟，进行自卫，抗击共同的敌人世界帝国主义及其所支持的黑帮、白卫反革命势力；

(2)这次战争取得胜利的必要条件是统一指挥红军的一切部队，最严格地集中管理各社会主义共和国的一切人力和资源，特别是所有军事供给机构，以及铁路运输，因为铁路运输是战争中极其重要的物质因素，不仅对完成各次战役而且对红军的武器、被服和粮食的供给都有头等意义；

俄共中央确认：

(1)在整个社会主义自卫战争期间，把红军的供给事宜全部交由俄罗斯联邦国防委员会和其他中央机关统一领导，是绝对必要的；

(2)在整个社会主义自卫战争期间，把各兄弟社会主义共和国境内的铁路运输和铁路网归由俄罗斯联邦交通人民委员部统一领导和管理，是绝对必要的；

(3)在各兄弟苏维埃共和国设立独立的红军供给机关和独立的交通人民委员部是同国防利益不相容的；在战争期间，必须把这些机构改组为俄罗斯联邦红军供给机关和俄罗斯联邦交通人民委员部的下属机关,由俄罗斯联邦红军中央供给机关和俄罗斯联邦交通人民委员部直接管理和全权管辖;

(4)一切有关红军供给、铁路运输或铁路网管理的法令,凡同俄罗斯联邦调整红军供给、铁路运输和铁路网管理的决议和法令相抵触的,均应予以撤销。

列宁　斯大林

载于 1941 年莫斯科出版的《1919 年彼得格勒英雄保卫战文件汇编》一书

译自《列宁全集》俄文第 5 版第 38 卷第 400—401 页

在莫斯科县工农代表苏维埃
第五次（非常）代表大会上的讲话[115]

（1919 年 5 月 17 日）

（俄国和国际无产阶级的领袖弗·伊·列宁走进大厅。有人开始鼓掌，接着掌声响成一片，经久不息。迸发出欢呼声："世界无产阶级的领袖万岁！"）

同志们！我们所处的这个时期非常困难、非常艰苦。我们不得不关闭某些工厂，不得不调用伏尔加河区舰队来保证前线的需要，但是已发生了转折。

列宁在简短生动的讲话中描述了各条战线的形势。他在指出高尔察克和其他匪帮日益土崩瓦解的原因，以及其他国家无产阶级革命运动日益高涨的原因时，揭穿了帝国主义侵略者力图阻挠我们在东线进攻的一些花招。他提出的任务是，竭尽全力使我们的进攻一刻也不停顿下来。这是最后的艰苦的半年。国际形势对我们来说从来没有像现在这样好。

列宁同志在谈到俄共对中农的态度问题时论证说，首先的任务是消灭大的强盗，消灭银行家、工厂主、地主，其次才是同小的强盗，同富农即准地主作坚持不懈的持久的斗争。列宁论证说，千百万的人数众多的中农不属于剥削者，所以他们能够而且应当是我们在建设社会主义国家这项十分艰苦的斗争中的朋友和战友。他指出，只有通过劳动农民和工人的联盟，才能保卫住社会革命的果实…… 同工人结成联盟,对农民来说比同任何人结成联盟的好处都要多,因此,有觉悟的农民一定会同工人结成联盟。列宁长时间和详细地阐明了为什么组织建设工作和革命斗争的全部重担落在了无产阶级的肩上。农民由于分散,其眼界暂时还不能超出他们的农舍村落,他们认识不到有组织的集体建设和斗争的必要性。知识分子有的由于因循守旧,有的由于资产阶级习惯、教育和倾向,有的由于不相信可以对国家进行社会主义改造,他们便逃避建设,而且甚至有意识地进行反抗,怠工,从而拖延解放事业。

现在已经是劳动人民为了全人类的利益必须全力以赴的时刻。列宁还谈到了部分脱离农民并引起农民敌对的共产党员的错误和违法乱纪现象,出现这种情况有时是由于工作负担过重,由于地方上做不到及时监督,有时则是由于参加负责工作的青年同志缺少训练,而有时也确实是由于那些包藏祸心的家伙怀着显然自私的目的钻进了党的队伍。但是,正在采取措施,纪律和教育正在加强。

列宁谈到工业领域较快地整顿好的原因在于无产阶级的组织性和生产资料的集中,与此相反,农业部门的条件则不是这样的;那里缺乏必要数量和质量的生产资料、拖拉机等等,那里需要向愚昧无知、因循守旧作异常顽强持久的斗争,需要有示范农场,需要组织合作社、协作社、公社等等。

列宁很快地结束讲话,他号召大家要坚韧不拔地长期工作,要极其严肃地对待提出的各项任务;他在经久不息的掌声中离开了代表大会会场。

译自《列宁文集》俄文版第 37 卷
第 150—151 页

关于专家工资的决定草案

1919 年 5 月 23 日

1919 年 5 月 23 日人民委员会直属委员会会议通过的决议：

1. 超过 3 000 卢布的工资额，由各人民委员部的部务委员会规定，同时通知劳动人民委员和国家监察人民委员，并呈报人民委员会批准。

2. 各人民委员部务必在一周内提出月薪超过 3 000 卢布的所有职员的名单。

3. 各人民委员部务必在一周内提出必须付给 3 000 卢布以上的高级专家和杰出的组织者的名单。

各人民委员部部务委员会应当说明每个人的情况：(1)保证他是某一方面的专家；(2)他担负着或者能够担负哪一项杰出的组织工作。

4. 在 6 月 15 日按 3 000 卢布和 3 000 卢布以上的标准领薪的，将仅限于工资额已经人民委员会批准的人员。

5. 人民委员会批准工资额的期限，从报批之日算起，不得超过一周。

6. 报告人为列宁和克拉辛。

7. 阿瓦涅索夫务必在明天，即 5 月 24 日，向人民委员会呈报有关支付 3 000 卢布以上工资(但不是付给高级专家的)的提纲或原则。

　　请打印 6—7 份。

载于1945年《列宁文集》俄文版
第35卷

译自《列宁全集》俄文第5版
第38卷第381—382页

普遍军训节讲话[116]

（1919 年 5 月 25 日）

简 要 报 道

今天我们庆祝劳动人民的普遍军训节。

到目前为止，军事一直是资本家地主阶级剥削无产阶级的一种工具，到目前为止，整个欧洲的资本家政权还靠资产阶级军官所统率的旧军队的残部来支持。但是，一旦工人拿起枪杆子，开始建立自己的庞大的无产阶级军队，开始教育士兵，使他们知道为什么而战，使他们保卫工人、农民和工厂，不让地主和资本家重掌政权，那时，资产阶级的这个最牢固的支柱就会倒坍。

今天的节日表明我们已经取得了怎样的成就，表明工人阶级内部正在成长着怎样的新生力量。看到今天这次检阅，我们相信苏维埃政权已经赢得世界各国工人的同情，相信国际战争将代之以国际苏维埃共和国的兄弟联盟。

我向你们介绍一位匈牙利同志，萨穆利·蒂博尔，他是匈牙利苏维埃共和国的军事委员。

匈牙利无产阶级万岁！

国际共产主义革命万岁！

载于 1919 年 5 月 27 日《全俄中央执行委员会消息报》第 113 号

译自《列宁全集》俄文第 5 版第 38 卷第 383 页

向匈牙利工人致敬

（1919 年 5 月 27 日）

同志们！我们从匈牙利苏维埃活动家那里得到的消息，使我们感到欢欣鼓舞。匈牙利的苏维埃政权成立以来不过两个多月，但从组织程度方面说，匈牙利的无产阶级看来已经超过了我们。这是可以理解的，因为匈牙利居民的一般文化水平较高，其次，产业工人在全体居民中所占的比重也大得多（现时匈牙利有 800 万人口，300 万集中在布达佩斯），最后，匈牙利过渡到苏维埃制度即无产阶级专政比我国容易得多，和平得多。

最后这一点特别重要。欧洲大多数社会党领袖，无论是社会沙文主义派或考茨基派的领袖，都死死抱着几十年来较为"和平"发展的资本主义和资产阶级议会制所养成的纯粹市侩的偏见，根本不可能懂得苏维埃政权和无产阶级专政。无产阶级不把这些领袖抛弃，不把他们赶走，就不能完成自己的具有世界历史意义的解放使命。这班人完全或部分地相信了资产阶级关于俄国苏维埃政权的谎言，不善于把体现在苏维埃政权中的新的无产阶级民主、劳动者的民主、社会主义民主同资产阶级民主从本质上区别开来，他们奴隶似地崇拜资产阶级民主，把它叫做"纯粹民主"或一般"民主"。

这些死死抱着资产阶级偏见的盲人，不懂得从资产阶级民主到无产阶级民主、从资产阶级专政到无产阶级专政是一个具有世界历史意义的转变。他们把俄国苏维埃政权及其发展史的某些特点同苏维埃政权的国际意义混为一谈。

匈牙利的无产阶级革命甚至使盲人也重见光明。匈牙利过渡到无产阶级专政的形式与俄国截然不同：资产阶级政府自动辞职，工人阶级的统一、社会主义的统一立刻**在共产主义纲领上**恢复起来。苏维埃政权的实质现在表现得更加明显了，现在除了苏维埃政权以外，除了无产阶级专政以外，世界上任何地方不可能有一种政权是得到以无产阶级为首的劳动者拥护的。

这个专政必须采取严酷无情和迅速坚决的暴力手段来镇压剥削者即资本家、地主及其走狗的反抗。谁不了解这一点，谁就不是革命者，就应该取消他的无产阶级领袖或顾问的资格。

但是无产阶级专政的实质不仅在于暴力，而且主要不在于暴力。它的主要实质在于劳动者的先进部队、先锋队、唯一领导者即无产阶级的组织性和纪律性。无产阶级的目的是建成社会主义，消灭社会的阶级划分，使社会全体成员成为劳动者，消灭一切人剥削人现象的基础。这个目的不是一下子可以实现的，这需要一个相当长的从资本主义到社会主义的过渡时期，因为改组生产是一件困难的事情，因为根本改变生活的一切方面是需要时间的，因为按小资产阶级和资产阶级方式经营的巨大的习惯势力只有经过长期的坚忍的斗争才能克服。所以马克思说，无产阶级专政的整个时期是从资本主义到社会主义的过渡时期①。

在整个过渡时期中，反抗这个变革的，有自觉进行反抗的资本

---

① 参看《马克思恩格斯文集》第 3 卷第 445 页。——编者注

家及其在资产阶级知识分子中为数众多的走卒，也有往往是不自觉地进行反抗的大批过分拘守小资产阶级习惯和传统的劳动者（包括农民在内）。这些阶层的动摇是不可避免的。农民作为劳动者，倾向于社会主义，更愿意要工人专政而不要资产阶级专政。农民作为粮食出售者，倾向于资产阶级，倾向于自由贸易，就是说，要退到"惯常的"、旧有的、"历来的"资本主义去。

要使无产阶级能**引导**农民和一切小资产阶级阶层前进，就必须有无产阶级专政，必须有一个阶级的政权，必须有这个阶级的组织性和纪律性的力量，必须有这个阶级的以资本主义文化、科学、技术的一切成果为基础的集中的实力，必须以无产阶级感情体会一切劳动者的心理，并在农村或小生产中的涣散的、不够开展的、政治上不够稳定的劳动者面前具有威信。在这里，像市侩化的社会沙文主义者和考茨基派所喜好的那样，空谈一般"民主"，空谈"统一"或"劳动民主派的统一"，空谈一切"劳动者的""平等"等等，是无济于事的。空谈只能蒙蔽眼睛，蒙蔽意识，巩固资本主义、议会制、资产阶级民主制的因循守旧的习气。

消灭阶级要经过长期的、艰难的、顽强的**阶级斗争**。**在推翻资本权力以后，在破坏资产阶级国家以后，在建立无产阶级专政以后**，阶级斗争**并不是消失**（如旧社会主义和旧社会民主党中的庸人所想象的那样），而只是改变它的形式，在许多方面变得更加残酷。

无产阶级应当进行阶级斗争去镇压资产阶级的反抗，去反对小资产阶级的因循守旧和犹豫动摇，以捍卫自己的政权，巩固自己的组织影响，"中立"那些害怕离开资产阶级而很不坚定地跟着无产阶级走的阶层，巩固新的纪律即劳动者的同志纪律，加强劳动者与无产阶级的牢固联系，把他们紧紧团结在无产阶级周围，用这种新的纪律、这种新的社会联系基础去代替中世纪的农奴制的纪律，代替资本主义制度的饥饿纪律，"自由"雇佣奴隶制的纪律。

要消灭阶级，就需要一个阶级的专政时期，一个被压迫阶级的专政时期，这个阶级不仅能推翻剥削者，不仅能无情地镇压剥削者的反抗，而且能在思想上与全部资产阶级民主观念，与关于自由平等的一切市侩空谈决裂(实际上，马克思早已指出，这种空谈意味着**商品所有者**的"自由平等"，即**资本家和工人**的"自由平等")。

不仅如此。有能力用自己的专政来消灭阶级的，只有这样一个被压迫阶级，它被几十年反对资本的罢工斗争和政治斗争教育、联合、培养和锻炼出来，它吸取了城市的、工业的、大资本主义的全部文化，有决心和本领来捍卫这种文化并保存、发展其全部成果，使之为全体人民、全体劳动者所享用，它经受得住历史所必然加在那些与过去决裂而大胆开拓通向新的未来的道路的人们身上的一切重担、考验、苦难和巨大牺牲，它的优秀分子十分仇恨和鄙弃一切市侩的庸俗的东西，十分仇恨和鄙弃这些在小资产阶级、小职员和"知识分子"身上表现得很突出的品质，它"经过了劳动学校的锻炼"而善于使一切劳动者和诚实的人尊重自己的劳动能力。

匈牙利的工人同志们！你们一下子就在真正无产阶级专政的纲领上把一切社会主义者联合起来了，你们给世界树立了比苏维埃俄国更好的榜样。现在你们面前摆着一个极有希望但极困难的任务，就是要在反协约国的艰苦战争中支持下去。希望你们坚定不移。如果在昨天加入你们无产阶级专政的社会主义者中间或在小资产阶级中间有人表现动摇，你们就要无情地制止这种动摇。枪毙，这是胆怯者在战争中应得的命运。

你们进行着唯一合理的、正义的和真正革命的战争，这是被压迫者反对压迫者的战争，劳动者反对剥削者的战争，争取社会主义胜利的战争。全世界工人阶级中的一切正直的人都是站在你们一边的。世界无产阶级革命一月比一月地接近了。

希望你们坚定不移！胜利是属于你们的！

列 宁

1919 年 5 月 27 日

载于 1919 年 5 月 29 日《真理报》第 115 号

译自《列宁全集》俄文第 5 版第 38 卷第 384—388 页

伯尔尼国际的英雄们

（1919年5月28日）

在《第三国际及其在历史上的地位》①（载于1919年5月1日《共产国际》杂志[117]俄文版第1期第38页）一文中，我指出了陈腐的"伯尔尼"国际的代表在思想上破产的一个突出表现。这些反动的不懂得无产阶级专政的社会主义理论家的破产，表现于德国"独立"社会民主党人建议把资产阶级议会同苏维埃政权凑合、联合、结合起来。

旧国际最著名的理论家考茨基、希法亭、奥托·鲍威尔之流，不了解他们的建议是把资产阶级专政同无产阶级专政结合起来！这些曾因宣传阶级斗争和阐述阶级斗争必然性而获得声誉、赢得工人同情的人，在为社会主义而斗争的最紧要的关头却不了解，他们企图把资产阶级专政同无产阶级专政结合起来就是完全放弃阶级斗争学说，完全背弃这个学说，实际上投奔到资产阶级营垒。这听起来似乎不可思议，但这是事实。

真是稀罕，我们现时在莫斯科竟能收到相当多的（虽然是零散的）外国报纸了，于是也就可能稍微详细地（当然是极不完全地）追溯到"独立的"先生们在当代最主要的理论问题和实际问题上动摇的历史。这就是专政（**无产阶级的**）同民主（**资产阶级的**）或者苏维

---

① 见本卷第289—297页。——编者注

埃政权同资产阶级议会制的关系问题。

考茨基先生在他的《无产阶级专政》(1918年维也纳版)这本小册子中写道:"苏维埃组织是当代最重要的现象之一。它在我们正去迎接的资本同劳动的大决战中将起决定的作用。"(考茨基的小册子第33页)接着他加上一句话说,布尔什维克犯了错误,把苏维埃由"**一个阶级的战斗组织**"变成了"**国家组织**",从而"**破坏了民主**"。(同上)

在《无产阶级革命和叛徒考茨基》这本小册子(1918年彼得格勒和莫斯科版)中,我详尽地分析了考茨基的这一论断,并指出它的内容就是完全忘记了马克思主义的国家学说的基本原则。[①] 因为国家(任何国家,包括最民主的共和国在内)无非是一个阶级镇压另一阶级的机器。称苏维埃为**阶级**的战斗组织,而否认它有权变为"国家组织",这就是**在实际上背弃社会主义的起码原则**,宣扬或维护**资产阶级镇压无产阶级的机器**(**即资产阶级民主共和国,资产阶级国家**)的不可侵犯性,在事实上投奔到资产阶级营垒。

考茨基的立场的荒谬是如此突出,要求建立苏维埃政权的工人群众的进攻是如此有力,以致考茨基和考茨基派不得不支吾搪塞,可耻地退却,因为老老实实地承认错误他们是办不到的。

1919年2月9日在德国"独立"(独立于马克思主义而完全依赖于小资产阶级民主派)社会民主党的机关报《自由报》(《Freiheit》)上,出现了希法亭先生的一篇文章,他**已经**要求把苏维埃变为国家组织,但要它同资产阶级议会、同"国民议会"**并存**共

_____

① 　见本版全集第35卷第258—264页。——编者注

处。1919 年 2 月 11 日,在告德国无产阶级书中,"独立"党**全党**采用了这一口号(当然,考茨基先生也采用了,他收回了他在 1918 年秋天所发表的声明)。

企图把资产阶级专政同无产阶级专政结合起来,就是完全背弃了马克思主义和社会主义,就是忘记了俄国孟什维克和"社会革命党人"的经验,他们在 1917 年 5 月 6 日至 1917 年 10 月 25 日(俄历)做过"试验",企图把苏维埃作为"国家组织"同**资产阶级**国家制度凑合起来,但在这次试验中遭到了可耻的失败。

在"独立党人"的党代表大会上(1919 年 3 月初),全党站到了把苏维埃同资产阶级议会制美妙地结合起来的立场。但是,1919 年 4 月 13 日《自由报》第 178 号(《附刊》)报道说:"独立党人"党团在苏维埃第二次代表大会上提出了一项决议案:

"苏维埃第二次代表大会立足于苏维埃制度之上。因此,德国的政治和经济结构应以苏维埃组织为基础。工人代表苏维埃是劳动居民在政治、经济生活各方面的当然代表机关。"

此外,这个党团还向代表大会提出了一个"指示"(Richtlinien)草案,其中说:

"苏维埃代表大会握有全部政权……　凡从事社会必需的和有益的工作而不剥削他人的人,不分性别,都有选举苏维埃代表和被选为苏维埃代表的权利……"

由此我们可以看到,"独立的"领袖原来是一批完全受无产阶级最落后部分的庸俗偏见支配的可怜市侩。1918 年秋天,这班领袖借考茨基之口根本拒绝把苏维埃变为国家组织。1919 年 3 月他们放弃了这一立场,而尾随在工人群众后面。1919 年 4 月他们推翻了自己的代表大会的决定,完全转到了共产党人的"全部政权归苏维埃"的立场。

这样的领袖是没有多大价值的。如果领袖代表的不是走在先锋队前面而是落在它后面的、最落后的那部分无产阶级的情绪,那就不需要领袖了。既然这些领袖这样毫无气节地改变自己的口号,他们也就是一文不值的。对他们不能寄予信任。他们将**永远**是工人运动的累赘和负担。

他们中间一位最"左的"多伊米希(Däumig)先生,在党的代表大会上发表了如下的言论(见 3 月 9 日《自由报》):

> "……多伊米希说,任何东西都不能使他同共产党人的'全部政权归工人代表苏维埃'的要求分开。但他要反对共产党实际奉行的盲动主义,反对他们不教育群众而对群众曲意逢迎。盲动主义的分散活动不可能推进……"

德国人称之为盲动主义的,就是俄国老革命家在 50 年前所说的"闪击"、"爆发",即组织一些小小的阴谋、暗杀、暴动等等。

多伊米希先生责备共产党人实行"盲动主义",这只能证明他在"曲意逢迎",对小资产阶级的庸俗偏见采取奴才式的讨好态度。这类先生由于在群众面前胆小怕事,重复着"时髦的"口号,**而不了解群众的革命运动**,他们的"左的词句"是一钱不值的。

德国正掀起汹涌澎湃的自发的罢工运动浪潮。1905 年俄国的罢工运动达到了世界空前的高度,看来德国无产阶级斗争的空前高涨和发展已超过了当时的俄国。在这样的运动面前说"爆发",就等于沦为不可救药的庸人,沦为庸俗偏见的奴才。

以多伊米希为首的庸人先生们,大概正在幻想着一种把群众**一下子十分有组织地**发动起来的革命(如果说他们头脑中还有一点点革命思想的话)。

这样的革命是没有的,也是不可能有的。如不把千百万劳动群众和他们的绝大多数置于受压迫、闭塞、贫困、愚昧之中，资本主义就不成其为资本主义。不通过革命在斗争进程中把从未触动过的群众发动起来，资本主义就不会垮台。自然的爆发在革命的发展中是不可避免的。没有这种爆发的革命一次也未曾有过，而且也不可能有。

说共产党人纵容自发性，这是多伊米希先生的谎话，这同我们从孟什维克和社会革命党人那里多次听到的谎话一模一样。共产党人**不纵容自发性，不主张零星的爆发**。共产党人教导群众发起有组织的、整体的、协同的、适时的、成熟的行动。多伊米希、考茨基等先生的无聊的诽谤是推翻不了这一事实的。

可是这些庸人不能了解为什么共产党人认为——而且十分正确地认为——自己的职责是**同斗争着的被压迫群众在一起**，而不是同那些站在一旁胆小地等待的市侩英雄们在一起。群众既然进行斗争，在斗争中就不免要犯错误，共产党人**始终同群众在一起**，发现错误，向群众进行解释，加以改正，不断地使自觉性战胜自发性。同逐渐在斗争过程中摆脱错误的斗争群众在一起，比同站在一旁等待"完全胜利"的知识分子、庸人、考茨基派在一起要强得多，——这就是多伊米希这班先生所不能了解的真理。

对他们更坏的是，他们在世界无产阶级革命史上是胆小的市侩，反动的抱怨者，昨天的谢德曼们的奴仆，今天的"社会和平"的说教者，不管这种说教是隐藏在把立宪会议同苏维埃结合的幌子下，还是隐藏在正颜厉色地谴责"盲动主义"的幌子下，反正都是一样。

在用反动的市侩的抱怨来代替马克思主义方面打破纪录的是考茨基先生。他老是一个调门：痛惜现在，埋怨哭泣，吓唬自己，鼓吹调和！这位愁容骑士[118]平生所写的都是阶级斗争和社会主义，但到了阶级斗争极端尖锐的关头，到了社会主义的前夕，我们这位聪明人却茫然若失，嚎啕大哭，露出十足的庸人的原形。在维也纳的社会主义叛徒奥斯特尔利茨、伦纳、鲍威尔之流所办的报纸第98号上(1919年4月9日《工人报》[119]维也纳上午版)，考茨基第一百次甚至是第一千次大发牢骚了。

他哭泣着说："……经济思维和经济见解已被一切阶级置之脑后……　长期的战争已使广大无产阶级阶层惯于完全忽视经济条件而坚信暴力的万能……"

这就是我们这位"十分博学的"人的两个"论点"！"崇拜暴力"和破坏生产，——这就是他不分析**现实**的阶级斗争条件而大发那种屡见不鲜、自古有之的市侩牢骚的原因。他写道："我们曾期望革命将是无产阶级阶级斗争的产物……革命由于俄国和德国的统治制度在军事上的破产而到来了……"

换句话说，这位聪明人"期望"和平的革命！这是多么美妙啊！

但是考茨基先生已慌乱到这种地步，他竟忘记了，在他过去还是马克思主义者的时候，他曾说战争十分可能成为革命的导火线。而现在，我们这位"理论家"却不去冷静地大胆地分析战争**必然**使革命形式发生怎样的变化，反而痛惜自己已经破灭的"期望"！

"……广大无产阶级阶层忽视经济条件！"

多么可怜的胡说！这种市侩的调子在克伦斯基时代的孟什维克报纸上我们是多么熟悉啊！

经济学家考茨基忘记了，在一个国家被战争弄得民穷财尽而濒于灭亡的时候，首要的、基本的、根本的"经济条件"是**拯救工人**。只有工人阶级得救，不致饿死，不致毁灭，被破坏的生产才能恢复。

而要拯救工人阶级，就需要无产阶级专政，这是防止将战争的一切重担和后果加在工人身上的唯一手段。

经济学家考茨基"忘记了"，分担失败的后果的问题是由**阶级斗争**决定的，在一个受尽折磨的、破产的、挨饿的、垂危的国家的环境中，阶级斗争**不可避免地**要改变自己的形式。这种阶级斗争已不是为了生产中的份额，不是为了进行生产（因为生产停顿，没有煤，铁路遭到毁坏，战争打乱了人们的生活，机器破旧不堪，如此等等），而是**为了免于饥饿**。只有那些傻瓜（尽管是十分"博学的"）才会在这种场合"谴责""消费者的、士兵的"共产主义，才会妄自尊大地以生产重要性教训工人。

当务之急是拯救工人。资产阶级想保持自己的特权，想把战争的一切后果加在工人身上，这就是要使工人饿死。

工人阶级想免于饥饿，就必须彻底粉碎资产阶级，**首先**保证消费，即使是最起码的消费，因为不这样，就**无法维持**半饥半饱的生活，就**不能坚持**到可以重新开始生产的时候。

吃得饱饱的资产者对着饥肠辘辘、饿得软弱无力的工人说："想想生产吧！"而考茨基则打着"经济科学"的招牌，重复着资本家的这种调子，完全成了资产阶级的奴才。

工人说：让资产阶级也过一过半饥半饱的生活，使劳动者能恢复过来，**不致死亡**。"消费者的共产主义"是拯救工人的条件。为了拯救工人，要不惜任何牺牲！资本家每人半磅，工人每人一磅，——这就是免于饥饿、免于破产的办法。保证忍饥挨饿的工人的消费是恢复生产的基础和条件。

蔡特金针对考茨基说得十分对，说他

"正在滚向资产阶级政治经济学。生产是为了人，而不是

相反……"[120]

独立的考茨基先生在抱怨"崇拜暴力"时，暴露了他也完全是受小资产阶级偏见支配的。还在1914年，布尔什维克就指出帝国主义战争将变为国内战争，那时考茨基先生默不作声，同宣称这一预见（和这一口号）是"丧失理智"[121]的大卫之流待在一个党内。考茨基丝毫不了解帝国主义战争变为国内战争的必然性，这本来是他自己不了解，现在却硬说国内战争中斗争的双方不了解！难道这不是反动市侩的愚蠢的标本吗？

但是，如果说在1914年不了解帝国主义战争必然要变为国内战争，**不过**是市侩的愚蠢，那么现在，在1919年，这就是更坏的东西了。这是背叛工人阶级。因为无论在俄国、芬兰、拉脱维亚、德国或匈牙利，国内战争都已成为**事实**。考茨基在其以前的著作中曾千百次承认，阶级斗争必然变为内战的历史时期是有的。这个时期已经来到，而考茨基却跑进了动摇懦怯的小资产阶级的营垒。

"……鼓舞着斯巴达克派的精神，实质上是鲁登道夫精神……　斯巴达克派不仅会葬送自己的事业，而且会加强多数派社会党人的暴力政策。诺斯克是斯巴达克派的对头……"

考茨基的这几句话（摘自他的发表于维也纳《工人报》的论文）真是愚蠢、卑鄙、无耻到了极点，不值一提。一个党容忍这班领袖，就是腐败的党。考茨基先生所属的伯尔尼国际，从考茨基的这几句话看来，只配评价为黄色国际。

————

为了开开心，我们还把哈阿兹先生在《论阿姆斯特丹国际》一文中的论断（1919年5月4日《自由报》）引来。哈阿兹先生夸耀他就殖民地问题提出了一个决议案，按照这个决议案，"根据国际的建议……而组织起来的民族同盟，其任务是：**在社会主义实现之前……**"（请注意这一点！）"……管理殖民地，首先照顾土著居民的利益，然后照顾参加这个民族同盟的所有民族的利益……"

这不真是妙论吗？按照这位聪明人的决议案，**在社会主义实现之前，管理殖民地**的将不是资产阶级，而是某个善良的、公正的、美妙的"民族同盟"！！实际上这同粉饰最丑恶的资本主义的伪善有什么区别呢？这还是伯尔尼国际的"左派"分子……

————

为了使读者能够把哈阿兹、考茨基之流的大作的全部愚蠢、卑鄙和丑恶同德国的现实情况作一个更鲜明的对照，我还要作一点引证。

大名鼎鼎的资本家瓦尔特·拉特瑙发表了《新国家》（Der neue Staat）一书。这本书写成于1919年3月24日。它的理论价值等于零。但瓦尔特·拉特瑙作为观察家不得不承认说：

"……我们这个诗人和思想家的民族，又兼任着（im Nebenberuf）庸人的角色……"

"……现在有理想主义的只是极端的君主派和斯巴达克派……"

"不加粉饰的真理就是：我们正走向专政，无产阶级的或御用军队的专政。"（第29、52、65页）

这位资产者，看来也自以为是不从属于资产阶级的"独立"人物，正像考茨基、哈阿兹两位先生自以为是不从属于市侩和庸人的"独立"人物一样。

但是瓦尔特·拉特瑙比卡尔·考茨基高出两头，因为后者一味抱怨,胆小地躲避"不加粉饰的真理",而前者则直截了当地承认它。

1919 年 5 月 28 日

载于 1919 年 6 月《共产国际》杂志　　　译自《列宁全集》俄文第 5 版
第 2 期　　　　　　　　　　　　　　　第 38 卷第 389—398 页

国防委员会关于
动员苏维埃职员的决定草案[122]

(不晚于 1919 年 5 月 31 日)

第 1 条　对苏维埃机关中所有 18 岁至 45 岁〔最好宽一些,因为有一部分要免予动员〕的男职员实行为期 4 个月(自 6 月 15 日至 10 月 15 日)的动员。由妇女代替他们或者暂时减少一部分工作。

第 1 条附注　只有病人和绝对不能由别人代替的人(不超过 10%),经特别委员会批准,才可免予动员。

第 2 条　已应征者受军事部门调遣。于……日报到。

第 3 条　已应征者互作连环保,倘有投敌或逃跑或拒不执行任务等情况,以其家属为人质。

第 4 条　已应征者尽可能由具有不同专长的人编成人数不多的小组,使每个小组都能在后方和前线担负部队的组建、渡河、供给等方面的一定任务。

第 5 条　每个待应征者都应备有一套从中央执行委员会书库等处领取的最必要的宣传鼓动性小册子和传单,负责向士兵和居民宣讲,履行此项义务的情况每周汇报一次。

第 6 条　每个待应征者应在应征后立即,不超过……天,按照专门拟定的提纲详细填写本人文化程度、过去的职务或过去的工作、住过的一些地址、懂哪些外语等等。

载于 1933 年《列宁文集》俄文版
第 24 卷

译自《列宁全集》俄文第 5 版
第 54 卷第 415—416 页

谨 防 间 谍！

（1919 年 5 月 31 日）

消灭间谍！

白卫分子向彼得格勒的进攻很清楚地证明，白卫分子在临近前线的一切地区，在每个大城市，都有广大的间谍组织来策动叛变，炸毁桥梁，在后方暴动，暗杀共产党员和工人组织的优秀分子。

大家都应当坚守自己的岗位。

无论何处都要加倍警惕，想出各种办法，最严格地侦查和捉拿一切间谍和白卫阴谋分子。

铁路员工和一切部队中的政治工作人员特别要加倍警惕。

所有觉悟的工农都应当挺身捍卫苏维埃政权，都应当起来同间谍和白卫卖国者作斗争。每一个人都要担任警卫工作，并且同党委员会、肃反委员会、苏维埃工作人员中最可靠最有经验的同志建立不断的、按军事方式组织起来的联系。

工农国防委员会主席　**弗·乌里扬诺夫（列宁）**

内务人民委员　**费·捷尔任斯基**

载于 1919 年 5 月 31 日《真理报》第 116 号

译自《列宁全集》俄文第 5 版第 38 卷第 399 页

工农国防委员会关于征召商业、工业、运输业工人和职员服兵役的法令

（1919 年 5 月 31 日）

兹宣布，作为补充动员，征召商业、工业和运输业工人和职员服兵役。征召手续、期限和数量由共和国革命军事委员会、最高国民经济委员会主席团和全俄工会中央理事会商定。①

载于 1919 年 6 月 15 日《全俄中央执行委员会消息报》第 128 号

译自《列宁全集》俄文第 5 版第 54 卷第 416 页

---

① 在法令打字稿的上方列宁签了字并作了批示："不公布"。——俄文版编者注

俄共（布）中央关于
彼得格勒战线的决定草案

（1919 年 6 月 10 日）

中央决定：

1. 彼得格勒战线是首要的。调配军队等等应以此为准。

2. 从东线撤下一个师，$\frac{2}{3}$ 调到彼得格勒，$\frac{1}{3}$ 调到南线。

3. 委托组织局采取一系列最有力的紧急措施，赶紧把共产党员从苏维埃工作部门（中央的和地方的）调出来做军事工作，特别是做大后方和接近前线的后方的军事工作（制止开小差，办军粮，管仓库，加速动员等等）。

4. 给国防委员会和人民委员会以同样的委托。

部分发表于 1941 年

全文载于 1950 年《列宁全集》
俄文第 4 版第 29 卷

译自《列宁全集》俄文第 5 版
第 38 卷第 402 页

附　　录

俄共（布）纲领草案的材料

（1919 年 2—3 月）

1

委员会已完成的党纲经济部分的
条文和待研究的问题的笔记

（2 月 23—25 日）

遗留问题:农业

产品分配

货币和银行

财政

劳动保护。

44　(7)劳动纪律

45　(8)"专家"。

载于1930年《列宁文集》俄文版
第13卷

译自《列宁全集》俄文第5版
第38卷第405页

2

党纲中经济部分第二条的提纲

（2月23—25日）

草　稿　一

(1)工会，工会的主要作用

(2)把工会变为管理机关

(3)教育群众。

草　稿　二

(1)加强同志纪律

(2)克服资本主义的习惯

(3)重新教育群众

(4)群众的实际经验

(5)工会作为主要的机关

(6)工会参加生产管理

(7)工会的劳动教育。

载于1930年《列宁文集》俄文版
第13卷

译自《列宁全集》俄文第5版
第38卷第406页

3

党纲中关于土地问题的条文的提纲

（2月23—25日）

---

(1)废除**私有制**，社会化法令和3——集体化

(2)农村的社会主义方向

(3)提高生产力

　　＋(3)**城市和农村**

(4)农村的依靠力量和三个集团。

载于1930年《列宁文集》俄文版
第13卷

译自《列宁全集》俄文第5版
第38卷第407页

4

党纲中关于
法院条文的惩治部分的要点

（2 月 25 日以前）

（1）扩大缓刑的百分比

（2）扩大舆论谴责的百分比

（3）以监外强迫劳动代替监禁

（4）以教育设施代替监狱

（5）实行同志审判会[123]（对军队和工人中的某几类人）。

载于 1930 年《列宁文集》俄文版　　　　　译自《列宁全集》俄文第 5 版
第 13 卷　　　　　　　　　　　　　　　　第 38 卷第 408 页

5

党纲中国民教育方面条文的补充草案

（3 月 20 日）

补充：

（1）关于对青年和成年人
　　实行综合技术教育

对成年人：
发展职业教育，并向综合技术
教育过渡

（2）（孩子们）在学校的课外活动

（3）托儿所及其他

（4）有关第 6 条＋工会

（5）用本民族语言讲授。

载于 1930 年《列宁文集》俄文版
第 13 卷

译自《列宁全集》俄文第 5 版
第 38 卷第 409 页

6

新党纲的特点

（2月）

工作的复杂性。

新的类型。

有些条不是为纲领而写的。

不完善。

号召……

经验（我们应深思熟虑）

向欧洲介绍。

载于1930年《列宁文集》俄文版
第13卷

译自《列宁全集》俄文第5版
第38卷第410页

俄国共产党(布尔什维克)纲领

1919 年 3 月 18—23 日党的第八次代表大会通过

1917 年 10 月 25 日(11 月 7 日)的十月革命在俄国实现了无产阶级专政,无产阶级在贫苦农民即半无产阶级的支持下开始建立共产主义社会的基础。德国和奥匈帝国的革命的发展进程,各先进国家无产阶级革命运动的高涨,这一运动的苏维埃形式即旨在直接实现无产阶级专政的形式的推广,这一切表明,世界无产阶级共产主义革命的纪元已经开始。

这种革命是目前在大多数文明国家里占统治地位的资本主义发展的必然结果。对于资本主义和资产阶级社会的本质,我们的旧党纲曾用如下的表述作了正确的(如果不算社会民主党这个不确切的名称)说明:

"这个社会的主要特点是以资本主义生产关系为基础的商品生产,在资本主义生产关系下,最重要的和很大部分的生产资料和商品流通手段归一个人数不多的阶级所有,绝大多数的居民却是无产者和半无产者,他们由于自己的经济地位不得不一直出卖或定期出卖自己的劳动力,即受雇于资本家,并以自己的劳动为社会的上层阶级创造收入。

资本主义生产关系的统治范围随着下列情况而日益扩大:技术的不断改进提高大企业的经济作用,同时使独立的小生产者受到排挤,一部分变成无产者,其余部分在社会经济生活中的作用日益缩小,某些地方还使他们在或大或小的程度上陷入完全地、明显地、深深地依附于资本的地位。

此外,上述的技术进步又使企业主能够在商品的生产和流通过程中愈来愈多地使用妇女和儿童的劳动。另一方面,既然这种技术进步使企业主对工人的活劳动的需要相对减少,劳动力也就必然供过于求,因此雇佣劳动愈来愈依附资本,雇佣劳动受剥削的程度不断提高。

各资产阶级国家内部的这种状况和它们在世界市场上日趋尖锐的相互竞争,使产量不断增加的商品愈来愈难找到销路。在相当尖锐的工业危机(接着危机而来的是相当长的工业停滞时期)中表现出来的生产过剩,是资产阶级社会中生产力发展的必然后果。危机和工业停滞时期又使小生产者更加陷于破产,使雇佣劳动更加依附资本,并更加迅速地引起工人阶级状况的相对恶化,而且有时是绝对恶化。

这样一来,意味着劳动生产率提高和社会财富增长的技术改进,在资产阶级社会却使社会不平等加剧,使有产者和无产者贫富更加悬殊,使愈来愈多的劳动群众的生活更无保障,失业和各种苦难加剧。

但是,随着资产阶级社会所固有的这一切矛盾的增长和发展,被剥削劳动群众对现状的不满也在增长,无产者的人数在增加,他们的团结在增强,他们同剥削者的斗争日益尖锐。同时,技术改进使生产资料和流通手段集中起来,使资本主义企业中的劳动过程社会化,于是日益迅速地造成以共产主义生产关系代替资本主义生产关系即进行社会革命的物质条件,这种革命是无产阶级阶级运动的自觉体现者国际共产党的全部活动的最终目的。

　　无产阶级的社会革命以生产资料和流通手段的公有制代替私有制,有计划地组织社会生产过程来保证社会全体成员的福利和全面发展,将消灭社会的阶级划分,从而解放全体被压迫的人类,因为它将消灭社会上一部分人对另一部分人的一切形式的剥削。

　　这个社会革命的必要条件就是无产阶级专政,即由无产阶级夺取可以用来镇压剥削者的一切反抗的政权。国际共产党以使无产阶级能够完成其伟大历史使命为己任,把无产阶级组织成一个同一切资产阶级政党相对立的独立的政党,领导无产阶级各种形式的阶级斗争,向无产阶级揭示剥削者的利益同被剥削者的利益之间的不可调和的对立,并向他们阐明行将到来的社会革命的历史意义和必要条件。同时,国际共产党还向其余一切被剥削劳动群众指出,他们在资本主义社会中的处境是毫无希望的,必须进行社会革命才能摆脱资本的压迫。工人阶级政党,即共产党,号召一切被剥削劳动者阶层参加自己的队伍,因为他们正在站到无产阶级的立场上来。”

　　资本的积聚和集中过程消灭着自由竞争,在 20 世纪初造成了下列情况:资本家的强大的垄断同盟——辛迪加、卡特尔、托拉斯建立起来,在全部经济生活中具有决定的意义;银行资本与大量集中的工业资本融合在一起;资本加紧向外国输出。最富裕的国家已把全世界的领土瓜分完毕,包罗整个整个资本主义列强集团的托拉斯开始从经济上瓜分世界。这个使资本主义国家间的斗争不可避免地日益尖锐化的金融资本时代,就是帝国主义时代。

　　由此不可避免地要发生帝国主义战争,发生争夺销售市场、投资范围、原料和劳动力的战争,即争夺世界霸权和对弱小民族的统治权的战争。1914—1918年的第一次帝国主义大战就是这样的战争。

整个世界资本主义的发展达到了非常高的程度;国家垄断资本主义代替了自由竞争;银行以及资本家的同盟准备了一个对产品的生产和分配过程实行社会调节的机构;资本主义垄断组织的发展引起了物价的高涨和辛迪加对工人阶级压迫的加重,工人阶级受到帝国主义国家的奴役,无产阶级的经济斗争和政治斗争遭到巨大困难;帝国主义战争造成惨祸、灾难和破产,——这一切都使资本主义的崩溃和向更高的社会经济类型的过渡成为不可避免。

帝国主义战争不仅没能由公正的和约而结束,而且根本没能由资产阶级政府缔结一个稍许稳定的和约而告终。在资本主义现已达到的发展阶段上,帝国主义战争必然变为而且我们眼看着正在变为无产阶级领导的被剥削劳动群众反对资产阶级的国内战争。

无产阶级日益猛烈的进攻,特别是他们在一些国家内的胜利,使剥削者的反抗加剧,而且促使他们建立新形式的国际资本家联合组织(国际联盟等等),这种联合组织正在世界范围内组织对各国人民的经常剥削,目前正在加紧直接镇压各国无产阶级的革命运动。

这一切必然会使一些国家的国内战争同无产阶级国家进行自卫的和被压迫民族反对帝国主义列强压迫的革命战争结合起来。

在这种情况下,和平主义、在资本主义下的国际裁军、仲裁法庭等口号,不仅是反动的空想,而且是公然欺骗劳动人民,其目的是解除无产阶级武装,诱使他们放弃解除剥削者武装的任务。

只有无产阶级共产主义革命才能把人类从帝国主义和帝国主义战争所造成的绝境中解救出来。不论革命有什么样的困难，可能遭到什么样的暂时失利，不论反革命掀起什么浪潮，无产阶级的最终胜利是不可避免的。

世界无产阶级革命的这种胜利要求先进国家的工人阶级彼此充分信任，结成最紧密的兄弟联盟，采取尽可能一致的革命行动。

要实现这些条件，必须同在正式的社会民主党和社会党的上层占上风的、对社会主义进行资产阶级歪曲的派别毫不犹豫地彻底决裂，并与之进行无情的斗争。

一方面，进行这种歪曲的是机会主义和社会沙文主义（口头上的社会主义，实际上的沙文主义）派别；这个派别总是利用、而在1914—1918年帝国主义战争时期更是利用保卫祖国这个骗人口号作掩饰，保卫本国资产阶级掠夺者的利益。这个派别的形成，是由于先进的资本主义国家掠夺殖民地民族和弱小民族，这样资产阶级便能靠这种掠夺来的超额利润使无产阶级的上层分子处于特权地位，从而把他们收买过来，保证他们在平时过上小康的市民生活，并让这个阶层的首领来为自己服务。机会主义者和社会沙文主义者作为资产阶级的奴仆，是无产阶级的直接的阶级敌人，特别是现在，当他们同资本家勾结在一起用武力来镇压本国和外国的无产阶级革命运动的时候。

另一方面，对社会主义进行资产阶级歪曲的是“中”派，这一派在一切资本主义国家中都有，它动摇于社会沙文主义者和共产党人之间，坚持与前者保持统一，试图复活已经破产的第二国际。只有新成立的第三国际即共产国际（俄国共产党是它的一支队伍）才是无产阶级解放斗争的领导者。由于在许多国家特别是在德国原社会党内的真正的无产阶级分子组成了共产党,这个国际实际上已经建立,1919年3月在莫斯科召开的第一次代表大会上则是正式宣告成立。日益获得各国无产阶级群众的同情的共产国际,不仅在名称上回复到马克思主义,而且正以它的全部政治思想内容和全部行动来实现马克思的革命学说,把资产阶级机会主义的歪曲清除干净。

俄共为了更具体地阐明无产阶级专政的任务,使之适应以居民中的小资产阶级阶层在人数上占优势为主要特点的俄国情况,现将这些任务规定如下:

在一般政治方面

1. 资产阶级共和国,甚至以全民意志、全民族意志或超阶级意志等口号来标榜的最民主的资产阶级共和国,由于存在着土地和其他生产资料的私有制,实际上必然还是资产阶级专政,是一小撮资本家剥削和镇压占大多数的劳动者的机器。与此相反,无产阶级的即苏维埃的民主,把正是受资本主义压迫的阶级——无产者和半无产者贫苦农民——即居民中的大多数人的群众性组织,变成由地方到中央、由下至上的整个国家机构持久的和唯一的基础。因而,苏维埃国家也就实现了比任何地方都广泛得多的地方自治和区域自治,没有任何一个政权机关是由上级任命的。党的任务就是要不倦地切实地全部实现这种更高类型的民主制,这种民主制为了正确地行使自己的职能,要求不断地提高群众的文化水平、组织性和主动性。

2. 同掩饰自己国家阶级性的资产阶级民主相反,苏维埃政权公开承认:在社会划分为阶级的现象以及因此而产生的任何国家政权没有完全消失之前,任何一个国家都不可避免地具有阶级性。苏维埃国家,就其实质来说,是为了镇压剥削者的反抗,所以苏维埃宪法毫不犹豫地剥夺剥削者的政治权利,其出发点是:任何自由,如果同劳动摆脱资本压迫这一点相抵触,那就是欺骗。无产阶级政党的任务,就是一方面要坚定不移地镇压剥削者的反抗,并在思想上同认为资产阶级的权利和自由是绝对的那种根深蒂固的偏见作斗争,同时要解释清楚,剥夺政治权利并对自由作各种限制,只有作为制止剥削者维护或恢复自己特权的一种暂时办法,才是必要的。将来,随着人剥削人的客观可能性的消失,这些暂时办法也将没有必要存在,因而党将努力缩小它们的范围,直至把它们完全废除。

3. 资产阶级的民主只限于在形式上普及政治权利和自由,例如:一切公民都有集会、结社和出版的权利。然而,在实际上,当局的实践,以及劳动人民所受的经济奴役(这是主要的),总是使劳动人民在资产阶级民主制度下不可能稍微广泛地享受到这些权利和自由。

相反地,无产阶级的民主不是在形式上宣布权利和自由,而首先是和主要是让居民中曾受资本主义压迫的那些阶级即无产阶级和农民能实际享受权利和自由。为此,苏维埃政权剥夺资产阶级的房屋、印刷所、纸库等等,并将它们全部交给劳动人民及其组织支配。

俄共的任务是吸引日益众多的劳动群众来运用民主权利和自由,并扩大劳动群众运用民主权利和自由的物质条件。

4. 资产阶级的民主几世纪以来一直宣扬:人们不分性别、宗教、种族和民族,一律平等。但是资本主义无论在什么地方都不允许真正地实现这种平等,而在它的帝国主义阶段,则使种族压迫和民族压迫达到极其厉害的程度。苏维埃政权是劳动人民的政权,只有它才能够在一切生活领域中破天荒第一次彻底地实现这种平等,直到完全消灭妇女在婚姻和一般家庭权利上的不平等现象的最后痕迹。在目前,党的任务主要是进行思想教育工作,彻底消灭过去的不平等现象或成见的一切痕迹,在无产阶级和农民的落后阶层中尤其要进行这一工作。

党不只限于使妇女获得形式上的平等权利,而且尽力使她们摆脱那些旧时家务的物质重担,方法是用家务公社、公共食堂、洗衣站、托儿所等等来代替。

5.苏维埃政权保证工农劳动群众比在资产阶级民主和议会制下有更大的可能用最容易最方便的方式来选举和罢免代表,同时也就消灭议会制的缺点,特别是立法权和行政权分立、代表机关脱离群众等缺点。

苏维埃国家还用下述办法使国家机构同群众接近,即选举单位和国家的基层组织不按地域划分,而按生产单位(工厂)划分。

党的任务是:在进行这方面的一切工作时,应以劳动群众在实践中日益严格、日益充分地实现民主制为基础,特别是通过实行公职人员负责制和工作报告制的办法,使政权机关进一步接近劳动群众。

6.资产阶级的民主违背自己的宣言,把军队变成有产阶级的工具,使军队脱离劳动群众,并同劳动群众对立起来,使士兵不能或难于行使政治权利;而苏维埃国家则在工人和士兵的权利完全平等和利益一致的基础上,把他们团结在自己的机关——苏维埃中。党的任务,就是要保护和发展工人和士兵在苏维埃中的团结,巩固武装力量同无产阶级和半无产阶级组织的紧密的联系。

7.城市工业无产阶级是劳动群众中最集中、最团结、最觉醒、经受斗争锻炼最多的部分,它在整个革命中的领导作用,表现在苏维埃的产生,也表现在苏维埃发展成为政权机关的全部过程。我们的苏维埃宪法反映了这一点,保留了工业无产阶级比农村中较为散漫的小资产阶级群众的某种优越地位。

俄共应当解释,由于以社会主义原则组织农村比较困难而历史地形成的这些优越地位,是暂时性的,同时党也应当始终不渝地利用工业无产阶级的这种地位,来消除资本主义在工人中间培养起来的那种狭隘行会利益和狭隘职业利益,使最落后最散漫的农村无产者和半无产者群众以及中农群众同先进工人更紧密地联合起来。

8.只有依靠苏维埃国家组织,无产阶级革命才能一下子打碎和彻底摧毁旧的、资产阶级的、官吏的、法官的国家机构。但是,由于广大群众的文化水平不够高,被群众推荐到重要岗位上来的工作人员缺乏必要的管理技能,在困难的条件下不得不匆忙地吸收旧专家参加工作,一批最先进的城市工人被调去担任军事工作,官僚主义就在苏维埃制度内部部分地复活起来。

俄共在与官僚主义进行最坚决的斗争时,坚持采取下列措施来彻底消灭这一祸害:

(1)必须吸收苏维埃的每个委员来担负一定的国家管理工作;

(2)不断变换他们的工作,以便能逐渐接触所有的管理部门;

(3)逐渐把所有的劳动人民毫无例外地吸收来参加国家管理工作。

彻底而全面地实行这些措施(这是沿着巴黎公社曾经走过的

道路向前迈进了一步),并且在提高劳动人民文化水平的同时简化管理机关的职能,将导致国家政权的消灭。

民族关系方面

9. 俄共在民族问题方面以下列原则为指针：

(1)把各民族无产者和半无产者联合起来共同进行推翻地主和资产阶级的革命斗争的政策提到首要地位。

(2)为了消除被压迫国家的劳动群众对压迫国的无产阶级的不信任,必须取消任何民族集团的一切特权,实行各民族完全平等,承认殖民地和不享有平等权利的民族有国家分离的权利。

(3)为了同样的目的,党主张按照苏维埃类型组织起来的各个国家实行联邦制的联合,作为走向完全统一的一种过渡形式。

(4)对于谁是民族分离的意志的代表者这一问题,俄共持历史的和阶级的观点,考虑到该民族处于它的历史发展的哪一阶段：是从中世纪制度进到资产阶级的民主,还是从资产阶级的民主进到苏维埃的即无产阶级的民主,等等。

在任何情况下,曾经是压迫民族的那些民族的无产阶级,对待被压迫民族或没有充分权利的民族的劳动群众的民族感情残余,必须特别慎重,特别注意。只有实行这种政策,才能为国际无产阶级不同民族的成员真正稳固的、自愿的团结一致创造条件,许多民族苏维埃共和国在苏维埃俄罗斯周围团结起来的经验,正表明了这一点。

军 事 方 面

10. 党在军事方面的任务可表述为下列要点：

(1)在帝国主义瓦解和国内战争扩大的时期,既不可能保持过去的旧军队,也不可能在所谓超阶级的或全民族的基础上建立新军队。红军是无产阶级专政的工具,它必然具有鲜明的阶级性质,即完全由无产阶级和接近无产阶级的半无产的农民阶层组成。只有在阶级消灭以后,这类阶级军队才能变为全民的社会主义的民兵。

(2)必须最广泛地使所有无产者和半无产者学习军事,并在学校内开设相应的课程。

(3)对红军的军事训练和教育工作是以阶级团结和社会主义教育为基础的。因此,除军事首长外,还必须设政治委员,由可靠的、具有忘我精神的共产党员担任,并在每一个部队中成立共产党支部,以建立内部思想的联系和自觉的纪律。

(4)与旧军队的制度相反,必须尽可能缩短纯粹兵营训练的时间,使兵营接近于军事学校和军事政治学校的形式,尽可能使新编的部队与工厂、工会、贫苦农民组织保持密切的联系。

(5)年轻的革命军队,只有依靠从觉悟的工农出身的指挥人员——起初即使是下级指挥人员——的帮助,才能具有必要的组织联系和稳固性。因此,训练最有能力和毅力的并忠于社会主义事业的士兵担任指挥职务,是建军的最重要的任务之一。

(6)必须广泛利用和运用最近这次世界大战的作战经验和技术经验。因此,必须广泛吸收过去受过旧的军队训练的军事专家参加组织军队的工作和军队作战的指导工作。而把对军队的政治领导和对指挥人员的全面监督集中于工人阶级手中,则是进行这种吸收工作的必要条件。

(7)选举指挥人员这种要求,对于资产阶级的军队曾有过重大的原则意义,在资产阶级的军队里,指挥人员是作为对士兵进行阶级管辖(通过士兵再来管辖劳动群众)的工具被挑选和训练出来的;而对阶级的工农红军来说,这种要求就完全失去了它的原则意义。革命的阶级军队需要把选举和任命尽可能结合起来,这仅仅是出于实际的考虑,并视已经达到的部队编制水平、团结程度和有无指挥干部等等而定。

司 法 方 面

11. 无产阶级民主派掌握全部政权并彻底废除资产阶级的统治机关——旧式法院以后,抛弃"法官由人民选举产生"这个资产阶级民主的公式,而提出"法官完全由劳动者从劳动者中选举产生"的阶级口号,并把这个口号贯彻到整个法院组织中去,同时,使男女无论在选举法官或履行法官职务上都享有平等的权利。

为了吸引最广大的无产阶级和贫苦农民群众来行使司法权,应实行由经常更换的临时的法院陪审员参加审判的制度,并吸引群众性的工人组织工会等来编制名册。

苏维埃政权建立了统一的人民法院,以代替以前那些数不尽的各种体制的多级法院,简化了法院的组织,从而使它成为居民绝对易于接近的机关,并消除了办案中的任何拖拉现象。

苏维埃政权废除了已被推翻的政府的法律以后,委托苏维埃选任的法官实现无产阶级的意志,运用无产阶级的法令,在没有法令或法令不完备时,则遵循社会主义的法律意识。

在惩罚方面,这样组织起来的法院已根本改变了惩罚的性质:广泛地实行缓刑,以社会的谴责作为处罚的办法,以保持自由的强制劳动代替剥夺自由,以教养机关代替监狱,并为采用同志审判会的办法提供可能性。

俄共主张沿着这条道路进一步发展法院,应当力求使全体劳动居民人人被吸引来履行法官的职责,并且以一套教养性质的办法来最终代替惩罚办法。

国民教育方面

12. 在国民教育方面,俄共给自己提出的任务是:把 1917 年十月革命时开始的事业进行到底,即把学校由资产阶级的阶级统治工具变为完全消灭社会阶级划分的工具,进行社会的共产主义改造的工具。

在无产阶级专政时期,即为使共产主义的完全实现成为可能而准备条件的时期,学校不仅应当传播一般共产主义原则,而且应当对劳动群众中的半无产者和非无产者阶层传播无产阶级在思想、组织、教育等方面的影响,以培养能够最终实现共产主义的一代人。现时这方面最迫切的任务是进一步发展已为苏维埃政权所确定的下列有关学校及教育方面的基本原则:

(1)对未满 17 岁的男女儿童一律实行免费的义务的普通教育和综合技术教育(从理论上和实践上熟悉各主要生产部门)。

(2)建立学龄前的教育机关网:托儿所、幼儿园、日间托儿所等等,以改善社会教育和解放妇女。

(3)完全实现统一的劳动学校的各项原则:以本族语言讲课,男女儿童同校,使学校绝对成为世俗的,即摆脱任何宗教影响的学校,使教育和社会生产劳动紧密结合,培养共产主义社会的全面发展的成员。

(4)由国家供给全体学生膳食、服装、鞋子、教材和教具。

（5）培养具有共产主义思想的新的教育工作者骨干。

（6）吸引劳动居民积极参加教育事业（发展"国民教育委员会"，动员识字的人等等）。

（7）国家从各方面帮助工农自学自修（建立社会教育机关网：图书馆、成人学校、民众文化馆、国民大学、训练班、讲座、电影院、艺术工作室等等）。

（8）对17岁以上的人广泛开展同普通综合技术知识有联系的职业教育。

（9）使高等学校的课堂对一切希望学习的人，首先是对工人广泛开放；吸引能在高等学校教书的人参加高等学校的教学工作；消除科学的新生力量与教研室之间的一切人为的障碍；为了使无产者和农民有实际可能享受高等教育，对学习者给以物质保证。

（10）同样必须开放在剥削劳动者劳动的基础上所创造的、过去一直为剥削者所专有的一切艺术宝库，并使这些宝库为劳动人民所享受。

（11）开展最广泛的共产主义思想的宣传工作，并为此利用国家政权的机构和资财。

宗教关系方面

13. 在对待宗教方面，俄共并不满足于已经颁布了教会同国家分离、学校同教会分离的法令，即不满足于资产阶级民主制在自己纲领中提出的、但由于资本同宗教宣传有多种多样的实际联系而在世界任何地方也没有彻底实行过的那些措施。

俄共所遵循的信念是：只有在群众的所有社会经济活动中实

现了计划性和自觉性,才能随之完全消除宗教偏见。党力求彻底
摧毁剥削阶级和宗教宣传组织之间的联系,使劳动群众真正从宗
教偏见中解放出来,并组织最广泛的科学教育和反宗教的宣传工
作。同时必须注意避免对信教者的感情有丝毫伤害,因为这种伤
害只会加剧宗教狂。

经 济 方 面

1. 坚持不懈地把已经开始并已在主要方面基本上完成的对资
产阶级的剥夺,把变生产资料和流通手段为苏维埃共和国的财产
即全体劳动者的公共财产的工作继续下去并进行到底。

2. 要以大力提高全国生产力作为决定苏维埃政权全部经济政
策的主要点和基本点。由于国家遭到极严重的破坏,应当使一切
都服从于一个实际目的——立即尽一切力量增加居民最必需的产
品的数量。每一个与国民经济有关的苏维埃机关的工作成绩,都
应当以这方面所获的实际结果来衡量。

同时必须首先注意下列几点:

3. 帝国主义经济的解体为苏维埃建设初期所留下的遗产是,
生产组织和生产管理方面的某种混乱状态。这就更加迫切地提出
一个根本的任务——按照一个全国性的计划把全国所有经济活动
最大限度地联合起来;使生产最大限度地集中起来,即把一个部门
或若干有关部门的生产联合起来,把它集中在一些最好的生产单
位,并迅速地完成经济任务;使全部生产机构保持最大的协调一
致,合理地和节省地使用国内一切物质资源。

这里必须注意扩大与其他各民族的经济合作和政治联系,同
时力求同它们当中那些已经实行苏维埃制度的民族制定统一的经

济计划。

4. 对于小工业和手工业,必须用国家向手工业者订货的方法广泛地加以利用;把手工业和小工业列入供应原料和燃料的总计划,同时在单个的手工业者、手工业劳动组合、生产合作社和小企业联合成较大的生产单位和工业单位的条件下,给他们以财政上的支持;用给予经济优惠的办法来鼓励这类联合,给予这种优惠的目的是,结合其他办法使手工业者不致向往变成小工业家,并促进这些落后的生产形式无痛苦地过渡到较高的、机械化的大工业。

5. 社会化工业的组织机构应当首先依靠工会。工会必须逐渐摆脱行会的狭隘性,变成包括本生产部门的大多数劳动者并且逐渐地包括全体劳动者的大规模的产业联合组织。

根据苏维埃共和国的法律和已有的实践,工会已经成为一切地方的和中央的工业管理机关的参加者,工会应当做到把作为统一经济整体的全部国民经济的全部管理切实地集中在自己手中。工会在用这样的方法保证中央国家管理机关、国民经济和广大劳动群众之间的密切联系的同时,应当广泛地吸引后者直接参加经济管理。工会参加经济管理并吸收广大群众参加这一工作,同时也就是防止苏维埃政权经济机关官僚化的主要方法,并且为对生产的结果实行真正的人民监督提供了可能性。

6. 为了有计划地发展国民经济,必须最大限度地利用国家现有的全部劳动力,在各个不同的地区以及各个国民经济部门中对劳动力实行正确的分配和重新分配,这应当是苏维埃政权的经济政策方面的最近时期的任务。苏维埃政权只有与工会紧密结合起来才能实现这个任务。苏维埃政权应当在工会的参加下,比以前更广泛更有步骤地动员所有一切有劳动能力的居民都来担任一定的社会工作。

7. 在资本主义的劳动组织解体的情况下，只有依靠劳动者的同志纪律、他们最高限度的主动性、责任心和对劳动生产率的互相严格监督，全国的生产力才能恢复和发展，社会主义生产方式才能巩固。

要达到这一目的，就需要坚持不懈地有系统地重新教育群众，进行这项工作现在比较容易了，因为群众看到资本家、地主和商人确被消灭，并从切身的实际经验中确信他们的物质生活水平完全取决于他们本身劳动的纪律性。

在建立新的社会主义纪律这项工作中，工会应当起最主要的作用。它在打破陈规旧套时，应当为实现这一目的采取并在实践中试验各种各样的办法，例如：建立报告工作的制度，规定生产定额，实行特设的工人同志审判会，等等。

8. 发展生产力这一任务还要求立即广泛地和全面地利用资本主义遗留给我们的科学技术专家，尽管他们大多必然浸透了资产阶级的世界观和习惯。党认为，由这一阶层有组织的怠工而引起的对他们进行尖锐斗争的时期已经结束了，因为这种怠工行为大体上已经被克服了。党应当与工会组织紧密结合，执行自己原有的路线：一方面，对这个资产阶级阶层不作丝毫政治让步，无情地镇压他们的各种反革命阴谋，另一方面，也要无情地反对那种貌似激进实则是不学无术的自负，好像劳动者不向资产阶级专家学习，不利用他们，不经过同他们共事的长期锻炼，也能战胜资本主义和资产阶级制度。

苏维埃政权力求使任何劳动的报酬一律平等，力求实现完全的共产主义，但在目前只是采取最初步骤从资本主义向共产主义过渡的时候，不能给自己提出立刻实现这种平等的任务。因此，在一定的时间内仍要给专家们较高的报酬,使他们工作得比以前不是坏些而是好些,为了同一目的,也不能取消鼓励成绩优良的工作特别是组织工作的奖励制度。

同样,必须造成一种环境,使资产阶级专家同觉悟的共产党员所领导的普通工人群众手携手地同志般地共同劳动,从而促使被资本主义分开的体力劳动者和脑力劳动者互相了解和接近。

9.苏维埃政权已经采取一系列的发展科学和使科学接近生产的办法:建立一整套新的实用科学研究所、试验室、实验站,并进行试验性生产,以检验新的技术方法、新的改进和发明,计算和组织所有科学方面的人力和物力,等等。俄共支持这些办法,尽力使这些办法进一步向前发展,并为科学工作与提高全国生产力相联系创造最良好的条件。

农 业 方 面

10.苏维埃政权在完全废除了土地私有制以后,已着手实现一系列旨在组织社会主义大农业的办法。其中最重要的办法是:(1)建立国营农场(即社会主义大农场);(2)支持共耕社和协作社;(3)无论谁的土地,凡未播种的,一律由国家组织播种;(4)由国家动员一切农艺人才来大力提高农业经营水平;(5)支持农业公社——农民经营公共大经济的完全自愿的联合。

俄共认为,这些措施是使绝对必须提高的农业劳动生产率得以提高的唯一方法,因此俄共力求尽可能完满地实现这些措施,把它们推广到国内较落后的地区,并在这方面采取进一步的办法。

俄共特别主张:

(1)由国家大力支持从事农产品加工的农业合作社;

（2）广泛实行土壤改良制；

（3）通过农具租赁站广泛地、有计划地供给贫苦农民和中农以农具。

俄共考虑到小农经济还将长时存在，因此力求实现旨在提高农民经济生产率的一系列办法。这些办法是：（1）调整农民使用的土地（消除土地零散插花、狭长等等现象）；（2）供给农民改良种子和人造肥料；（3）改进农民的牲畜品种；（4）推广农艺知识；（5）给农民以农艺指导；（6）由国营修理厂给农民修理农具；（7）建立农具租赁站、实验站、示范田等等；（8）改良农民田地的土壤。

11. 鉴于城乡对立是农村经济和文化落后的最深刻的原因之一，而在目前危机如此深重的时代，这种对立已使城市和乡村面临衰退和灭亡的直接危险，俄共认为消灭这种对立是共产主义建设的根本任务之一，同时认为除一般措施以外，必须广泛地有计划地吸引产业工人参加农业方面的共产主义建设，扩大苏维埃政权为此而成立的全国性的"工人协助委员会"的活动等等。

12. 俄共在全部农村工作中仍然是依靠农村无产者阶层和半无产者阶层，首先把他们组织成为独立的力量，建立农村党支部、贫苦农民组织、农村无产者和半无产者的特种工会等等，尽量使他们接近城市无产阶级，使他们摆脱农村资产阶级和小私有者利益的影响。

俄共对富农即对农村资产阶级的政策是坚决反对他们的剥削意图，镇压他们对苏维埃政策的反抗。

俄共对中农的政策是逐步地有计划地吸引他们参加社会主义建设工作。党的任务是把他们同富农分开，关心他们的需要，把他们吸引到工人阶级方面来，用思想影响的办法而决不用镇压的办法来克服他们的落后性,在一切触及他们切身利益的问题上力求同他们妥协,在确定社会主义改造的方式方面向他们让步。

分 配 方 面

13. 在分配方面,苏维埃政权现时的任务是坚定不移地继续在全国范围内用有计划有组织的产品分配来代替贸易。目的是把全体居民组织到统一的消费公社网中,这种公社能把整个分配机构严格地集中起来,最迅速、最有计划、最节省、用最少的劳动来分配一切必需品。

现存的一般市民和工人合作社,是最大规模的消费者的组织,也是资本主义的历史所充分准备好了的群众性的分配机构,这种合作社应当作为消费公社及其联合组织的基础。

俄共认为,这样按共产主义原则进一步发展合作机构而不把它抛弃,在原则上是唯一正确的,因此应当有步骤地继续贯彻自己的政策:责成全体党员在合作社内工作,同时在工会的帮助下,以共产主义的精神指导合作社,发挥参加合作社的劳动居民的主动性和纪律性,力争使全体居民都加入合作社,并使这些合作社合并为一个自上而下全国统一的合作社;最后,也是最主要的,是要始终保证无产阶级对其他劳动阶层的影响占有优势,并在各地试行种种办法,以促进和实现从旧的资本主义类型的小资产阶级合作社向无产者和半无产者所领导的消费公社的过渡。

金融和银行方面

14. 俄国苏维埃政权避免了巴黎公社所犯的错误,立即掌握了国家银行,然后把私营商业银行收归国有,并着手把收归国有的银行、储金局、国库同国家银行合并，从而建立起苏维埃共和国统一的人民银行的骨架，使银行由金融资本的经济统治中心和剥削者的政治统治工具变成工人政权的工具和经济变革的杠杆。俄国共产党的目的是把苏维埃政权所开始的工作继续贯彻到底，因此它把下列原则提到首位：

(1)整个银行业由苏维埃国家实行垄断；

(2)通过把银行机构变成苏维埃共和国的统一核算和公共簿记机关的办法，根本修改和简化银行业务手续。随着把有计划的公有经济组织起来，这将导致银行的消灭，使银行变为共产主义社会的一个会计中心。

15.在从资本主义向共产主义过渡的初期，共产主义的产品生产和分配还未完全组织起来，因此消灭货币是不可能的。在这种情况下，居民中的资产阶级分子能够继续利用仍是私人财产的纸币来投机、发财和掠夺劳动者。俄共将依靠银行国有化，竭力实行一系列扩大非现金结算范围、为消灭货币作准备的办法，如必须把货币存入人民银行，实行使用收支手册，以支票及短期领物证代替货币，等等。

财 政 方 面

16.在已经开始的把资本家被剥夺的生产资料公有化的时期内，国家政权不再是凌驾于生产过程之上的寄生机关；它开始变为直接履行国家经济管理职能的组织，因而国家的预算便成为整个国民经济的预算。

在这些条件下，只有正确进行国家有计划的产品生产和分配，才能实现收支平衡。至于在过渡时期如何抵偿国家的直接开支，俄共将坚决主张把曾是历史上所必需的和在社会主义革命初期也是合法的向资本家派款的办法,改为征收累进所得税和财产税的办法。由于对有产阶级广泛实行剥夺,这种税收将自行失去作用,所以,国家的开支应当依靠把各种国家垄断组织的一部分收入直接变为国家收入的办法来抵偿。

住宅问题方面

17. 苏维埃政权力求解决战时特别尖锐的住宅问题,因此剥夺了资本主义房产主的所有房屋,把这些房屋交给了市苏维埃,让大批的工人由城郊搬到了资产阶级的房屋中居住;把其中最好的一部分交给了工人组织,这些房产的维修费用由国家担负;开始供给工人家庭以家具,等等。

俄共的任务是按照上述方针办事,绝不触犯非资本家房产的利益,并尽一切力量来改善劳动群众的居住条件;消灭旧街区的人口稠密和不卫生现象,拆除不适用的住宅,改建旧住宅,修建适合于工人群众新生活条件的新住宅,使劳动者合理地分散到各处居住。

劳动保护和社会保障方面

随着无产阶级专政的确立,第一次有可能完全实现社会主义政党在劳动保护方面的最低纲领。

苏维埃政权经过立法手续实行了并在《劳动法典》中明文规定了:所有劳动者的工作日最长为 8 小时,对未满 18 岁者,对在特别有害健康的生产部门工作的人,以及在地下工作的矿工,工作日不得超过 6 小时;所有劳动者每周都应有 42 小时的连续休息;作为通例,禁止加班加点;禁止使用童工及未满 16 岁的少年;禁止一切女工和未满 18 岁的男工做夜工、或在特别有害健康的部门中做工以及加班加点;妇女产前产后各给假 8 周,工资照付,医疗服药均予免费;并让哺乳的女工每隔三小时有一次至少半小时的喂奶时间,发给哺乳的母亲额外补助金;由工会委员会选出劳动检查和卫生检查组织。

苏维埃政权通过立法手续对于一切不剥削他人劳动的劳动者实行了充分的社会保障,凡丧失劳动能力的人以及——世界上破天荒第一次——遭到失业的人,都由雇佣者和国家给予生活保障。同时这一工作完全由被保障者自行管理,并有工会的广泛参加。

此外,苏维埃政权在某些方面已超过了最低纲领,在同一《劳动法典》中规定工人组织得参与解决工人的雇用及解雇问题;凡连续工作不少于一年者给假一个月,生活费照付;由国家按照工会制定的各类工资等级表调整工资;一定的机关,即苏维埃和工会所属的劳动力的计算和分配部门,负责为失业者安排工作。

但由战争引起的极大破坏和世界帝国主义的进攻,迫使苏维埃政权不得不采取下述通融办法:在非常情况下,容许加班加点,但一年仅限 50 天;允许 14 岁至 16 岁的少年参加劳动,限定工作日为 4 小时;暂时将为期一个月的休假改为两星期;夜间工作时间增加到 7 小时。

俄共应当广泛地进行宣传工作,使劳动者自己积极参加有效地实现劳动保护的一切措施,为此必须:

(1)加强组织和扩大劳动监察工作,其方法是在工人中挑选和培养积极分子;并把这一工作推广到小工业和家庭工业中去;

(2)把劳动保护推广于一切种类的劳动(建筑工人、水陆运输工人、仆人和农业工人）；

(3)彻底解除幼年人的工作，并进一步缩短少年工人的工作日。

此外，俄共应给自己提出以下任务：

(1)今后，在劳动生产率普遍提高时，要确立至多6小时的工作制，而不减少劳动报酬，劳动者应另抽出两小时用于学习工艺理论和生产理论以及实际学习管理国家的技术和军事技术，不再另付报酬；

(2)实行对提高劳动生产率的奖励制度。

在社会保障方面，俄共不仅对战争及自然灾害的受害者，而且对那些因不正常的社会关系而遭受损害的人们，都要组织广泛的国家救济，坚决与各种寄生行为和懒汉思想进行斗争，并规定自己的任务就是要使每一个脱离劳动正轨的人回到劳动生活中去。

人民保健事业方面

俄共认为，首先采取以预防疾病蔓延为目的的广泛的保健和卫生措施是自己在人民保健事业方面工作的基础。无产阶级专政已经提供了条件，可以实行一系列在资产阶级社会范围内不能实现的保健和医疗措施，如：使制药业、大的私营医疗机构、疗养地国有化，实行医务人员的劳动义务制，等等。

根据这一点，俄共认为自己的最近任务是：

(1)坚决实行有利于劳动者的广泛的卫生措施，如：

(a)改善居住区的卫生状况（保护地面、空气和水）；

(b)根据科学的卫生原则建立公共食堂；

(c)采取预防传染病发展和蔓延的办法；

(d)制定卫生方面的法令；

(2)防治社会疾病(结核病、花柳病、酒精中毒等)；

(3)保证人人都享受免费的、合格的医疗和药物。

译自《列宁全集》俄文第 5 版
第 38 卷第 417—446 页

注　释

1 指列宁于 1917 年 4 月 4 日，即他回国后第二天，在出席全俄工兵代表苏维埃会议的布尔什维克代表的会议上和布尔什维克与孟什维克代表的联席会议上的讲话。这两个会议都是在彼得格勒苏维埃所在地塔夫利达宫召开的。列宁在这两个会议上宣读了他的《四月提纲》（见本版全集第 29 卷第 113—116 页）。——1。

2 社会革命党人是俄国最大的小资产阶级政党社会革命党的成员。该党是 1901 年底—1902 年初由南方社会革命党、社会革命党人联合会、老民意党人小组、社会主义土地同盟等民粹派团体联合而成的。成立时的领导人有马·安·纳坦松、叶·康·布列什柯-布列什柯夫斯卡娅、尼·谢·鲁萨诺夫、维·米·切尔诺夫、米·拉·郭茨、格·安·格尔舒尼等，正式机关报是《革命俄国报》(1901—1904 年)和《俄国革命通报》杂志(1901—1905 年)。社会革命党人的理论观点是民粹主义和修正主义思想的折中混合物。他们否认无产阶级和农民之间的阶级差别，抹杀农民内部的矛盾，否认无产阶级在资产阶级民主革命中的领导作用。在土地问题上，社会革命党人主张消灭土地私有制，按照平均使用原则将土地交村社支配，发展各种合作社。在策略方面，社会革命党人采用了社会民主党人进行群众性鼓动的方法，但主要斗争方法还是搞个人恐怖。为了进行恐怖活动，该党建立了事实上脱离该党中央的秘密战斗组织。

在 1905—1907 年俄国第一次革命中，社会革命党曾在农村开展焚烧地主庄园、夺取地主财产的所谓"土地恐怖"运动，并同其他政党一起参加武装起义和游击战，但也曾同资产阶级的解放社签订协议。在国家杜马中，该党动摇于社会民主党和立宪民主党之间。该党内部的不统一造成了 1906 年的分裂,其右翼和极左翼分别组成了人民社会党和最高纲领派社会革命党人联合会。在斯托雷平反动时期,社会革命党经历了思想上、组织上的严重危机。在第一次世界大战期间,社会革命党的大多数领导人采取了社会沙文主义的立场。1917 年二月革命后,社会革命党中央实行妥协主义和阶级调和的政策,党的领导人亚·费·克伦斯基、尼·德·阿夫克森齐耶夫、切尔诺夫等参加了资产阶级临时政府。七月事变时期该党公开转向资产阶级方面。社会革命党中央的妥协政策造成党的分裂,左翼于 1917 年 12 月组成了一个独立政党——左派社会革命党。十月革命后,社会革命党人(右派和中派)公开进行反苏维埃的活动,在国内战争时期进行反对苏维埃政权的武装斗争,对共产党和苏维埃政权的领导人实行个人恐怖。内战结束后,他们在"没有共产党人参加的苏维埃"的口号下组织了一系列叛乱。1922年,社会革命党彻底瓦解。——1。

3 伯尔尼的著名的钦差大臣们是指 1919 年 2 月各社会沙文主义和中派政党伯尔尼代表会议所委派的一个访问苏维埃俄国的委员会。在这个问题上充当中间人的德国谢德曼政府外交部,于 1919 年 2 月 19 日致电苏俄说,该委员会是为了了解苏俄的政治、经济情况而前去访问的。参加该委员会的有:弗·阿德勒或奥·鲍威尔、卡·考茨基、鲁·希法亭、让·龙格、阿·韩德逊、托马佐(阿根廷),另外还有一个芬兰代表和一个意大利代表。苏维埃俄国外交人民委员部在同一天作了答复。复电是列宁起草的,其中说:"虽然我们认为伯尔尼代表会议并不是社会主义的,也丝毫不能代表工人阶级,但我们还是准许你们所提到的委员会到俄国来,并保证该委员会能了解到各方面的情况,因为我们今后准许任何一个以了解情况为目的的资产阶级委员会到俄国来。"复电中还询问,苏维埃共和国的代表可否访问有公民参加该委员会的各个国家。这一询问没有得到答复。伯尔尼的著名的钦差大臣们后来也没有成行。——3。

4 布列斯特和约是 1918 年 3 月 3 日苏维埃俄国在布列斯特-里托夫斯克同德国、奥匈帝国、保加利亚和土耳其签订的条约,3 月 15 日经全俄苏维埃第四次（非常）代表大会批准。和约共 14 条，另有一些附件。根据和约，苏维埃共和国同四国同盟之间停止战争状态。波兰、立陶宛全部以及白俄罗斯和拉脱维亚部分地区脱离俄国。苏维埃俄国应从拉脱维亚和爱沙尼亚撤军，由德军进驻。德国保有里加湾和蒙海峡群岛。苏维埃军队撤离乌克兰、芬兰和奥兰群岛，并把阿尔达汉、卡尔斯和巴统各地区让与土耳其。苏维埃俄国总共丧失 100 万平方公里土地（含乌克兰）。此外，苏维埃俄国必须复员全部军队，承认乌克兰中央拉达同德国及其盟国缔结的和约，并须同中央拉达签订和约和确定俄国同乌克兰的边界。布列斯特和约恢复了对苏维埃俄国极其不利而对德国有利的 1904 年的关税税率。1918 年 8 月 27 日在柏林签订了俄德财政协定，规定俄国必须以各种形式向德国交付 60 亿马克的赔款。布列斯特和约是当时刚建立的苏维埃政权为了摆脱帝国主义战争，集中力量巩固十月革命取得的胜利而实行的一种革命的妥协。这个和约的签订，虽然使苏维埃俄国受到割地赔款的巨大损失，但是没有触动十月革命的根本成果，并为年轻的苏维埃共和国赢得了和平喘息时机去巩固无产阶级专政，整顿国家经济和建立正规红军，为后来击溃白卫军和帝国主义的武装干涉创造了条件。1918 年德国十一月革命推翻了威廉二世的政权。1918 年 11 月 13 日，全俄中央执行委员会宣布废除布列斯特和约。——3。

5　协约国（三国协约）是指与德、奥、意三国同盟相对立的英、法、俄三国帝国主义联盟。这个联盟的建立，始于 1891—1893 年缔结法俄同盟，中经 1904 年签订英法协定，而由 1907 年签订英俄协定最终完成。在第一次世界大战期间先后有美、日、意等 20 多个国家加入。十月革命后，协约国联盟的主要成员——英、法、美、日等国发动和组织了对苏维埃俄国的武装干涉。——4。

6　指巴黎和会。
　　巴黎和会是第一次世界大战的战胜国为制定同战败国的和约而召开的会议，于 1919 年 1 月 18 日开幕。参加会议的共 27 国，其中可以参加一切会议的所谓"享有整体利益"的交战国只有美、英、法、意、日五国。苏维埃俄国未被邀请出席会议。德国及其盟国在和约草案拟定后才准许参加会议。帝国主义战胜国为了分赃,即掠夺战败国,在会上进行了激烈的斗争。和会的主要参加者讨论了扼杀俄国苏维埃政权的计划。巴黎和会还通过了成立国际联盟的决定,批准了《国际联盟章程》,这一章程写入和约,成为它们的组成部分。巴黎和会所制定的几个和约是:1919年6月28日同德国签订的凡尔赛和约,1919年9月10日同奥地利签订的圣热尔曼条约,1919年11月27日同保加利亚签订的纳伊条约,1920年6月4日同匈牙利签订的特里亚农条约,1920年8月10日同土耳其签订的塞夫勒条约。——5。

7 《泰晤士报》(《The Times》)是英国最有影响的资产阶级报纸(日报),1785年1月1日在伦敦创刊。原名《环球纪事日报》,1788年1月改称《泰晤士报》。——5。

8 左派社会革命党人是俄国小资产阶级政党社会革命党的左翼,于1917年12月2日(15日)组成了独立的政党,其领袖人物是玛·亚·斯皮里多诺娃、波·达·卡姆柯夫和马·安·纳坦松。

左派社会革命党人这一派别在第一次世界大战中形成,1917年七月事变后迅速发展,在十月革命中加入了军事革命委员会,参加了武装起义。在全俄苏维埃第二次代表大会上,左派社会革命党人在社会革命党党团中是多数派。当右派社会革命党人遵照社会革命党中央的指示退出代表大会时,他们仍然留在代表大会中,并且在议程的最重要的问题上和布尔什维克一起投票。但是在参加政府的问题上,他们拒绝了布尔什维克的建议,而同孟什维克国际主义派一起要求建立有社会革命党、孟什维克和布尔什维克参加的所谓"清一色的社会党人政府"。左派社会革命党人在长期犹豫之后,为了保持他们在农民中的影响,决定参加苏维埃政府。经过布尔什维克和左派社会革命党人的谈判,1917年底有7名左派社会革命党人加入了人民委员会,而左派社会革命党人也保证在自己的活动中实行人民委员会的总政策。

左派社会革命党人虽然走上和布尔什维克合作的道路,但是反对无产阶级专政,在建设社会主义的一些根本问题上同布尔什维克有分歧。1918年初,左派社会革命党人反对签订布列斯特和约,在同年3月苏维埃第四次(非常)代表大会批准布列斯特和约后退出了人民委员会,但仍留在中央执行委员会和其他苏维埃机关中。左派社会革命党人也反对苏维埃政权关于在企业和铁路部门中建立一长制和加强劳动纪律的措施。1918年夏天,随着社会主义革命在农村中的展开和贫苦农民委员会的建立,左派社会革命党人中的反苏维埃情绪开始增长。1918年6月24日,左派社会革命党中央通过决议,提出用一切可行的手段来"纠正苏维埃政策的路线"。接着,左派社会革命党人于1918年7月6日在莫斯科发动了武装叛乱。这次叛乱被粉碎之后,全俄苏维埃第五次代表大会通过决议,把那些赞同其上层领导路线的左派社会革命党人从苏维埃中除出去。左派社会革命党的很大一部分普通党员甚至领导人并不支持其领导机构的冒险主义行动。1918年9月,一部分采取同布尔什维克合作立场的左派社会革命党人组成了民粹派共产党和革命共产党。这两个党的大部分党员后来参加了俄共(布)。20年代初,左派社会革命党不复存在。——7。

9 克伦斯基币指以亚·费·克伦斯基为首的俄国临时政府在1917年8月23日(9月5日)下令发行的纸币,其面额有20卢布和50卢布两种。这种纸币发行后,通货膨胀达到1卢布仅相当于战前6—7戈比。克伦斯基币在十月革命后仍继续使用,于1922年停止流通。——9。

10 关于修筑北方大铁路(从鄂毕河经科特拉斯到彼得格勒和摩尔曼斯克的铁路)的问题,早在俄国十月社会主义革命前就曾在一些报刊上和学会中进行过讨论。十月革命后,苏维埃俄国由于遭到第一次世界大战和外国武装干涉的破坏,不可能靠自己的力量修筑这条铁路。为了发展生产力,苏维埃政府认为可以用租让的办法吸收私人资本从事这项工程的建设。画家A.A.波里索夫和挪威籍人爱德华·甘内维格于1918年声明愿意承租。1919年2月4日,人民委员会讨论了这一问题,对列宁的决定草案稍加补充后予以通过。在草案的手稿中,最后一句话看来在送人民委员会秘书处以前被列宁删去。租让合同后来没有签订。——12。

11　指斯巴达克派的领袖卡·李卜克内西和罗·卢森堡被杀害一事。

斯巴达克派(国际派)是德国左派社会民主党人的革命组织,第一次世界大战初期形成,创建人和领导人有卡·李卜克内西、罗·卢森堡、弗·梅林、克·蔡特金、尤·马尔赫列夫斯基、莱·约吉希斯(梯什卡)、威·皮克等。1915年4月,卢森堡和梅林创办了《国际》杂志,这个杂志是团结德国左派社会民主党人的主要中心。1916年1月1日,全德左派社会民主党人代表会议在柏林召开,会议决定正式成立组织,取名为国际派。代表会议通过了一个名为《指导原则》的文件,作为该派的纲领,这个文件是在卢森堡主持和李卜克内西、梅林、蔡特金参与下制定的。1916年至1918年10月,该派定期出版秘密刊物《政治书信》,署名斯巴达克,因此该派也被称为斯巴达克派。1917年4月,斯巴达克派加入了德国独立社会民主党,但保持组织上和政治上的独立。斯巴达克派在群众中进行革命宣传,组织反战活动,领导罢工,揭露世界大战的帝国主义性质和社会民主党机会主义领袖的叛卖行为。斯巴达克派在理论和策略问题上也犯过一些错误,列宁曾屡次给予批评和帮助。1918年11月,斯巴达克派改组为斯巴达克联盟,12月14日公布了联盟的纲领。1918年底,联盟退出了独立社会民主党,并在1918年12月30日—1919年1月1日举行的全德斯巴达克派和激进派代表会议上创建了德国共产党。——12。

12　指M.M.克茹茨的发言。他谈到了布列斯特和约签订后波罗的海舰队遇到的困难。——14。

13　指100亿卢布一次性特别革命税。征收这一税款的法令是1918年10月30日全俄中央执行委员会会议通过的。按照这项法令,一次性特别税主要由富农和城市资产阶级负担。中等阶层只负担一小部分。对城乡贫民以及以工资或不超过1500卢布的退休金为唯一生活来源的人免征。1919年4月9日全俄中央执行委员会通过了在征收特别税方面对中农实行优待的补充法令。根据这个法令,对于交纳低额税款的公民不再继续征收。——15。

14　关于准备币制改革的问题是列宁1917年12月在《关于实行银行国有

化及有关必要措施的法令草案》(见本版全集第33卷)中提出的。1918年春天,列宁制定了币制改革计划,目的是建立稳定的苏维埃通货,消灭由于战争和沙皇政府及资产阶级临时政府所造成的通货膨胀。币制改革的具体的准备工作也在列宁的直接领导下开始进行。但是由于进行反对外国武装干涉者和国内反革命的战争,实施战时共产主义政策,币制改革在当时未能实现。苏联的第一次币制改革是根据列宁的原则在1922—1924年实行的。——16。

15　耕地委员会是根据人民委员会1919年1月28日的法令成立的机构,直属农业人民委员部。这个法令规定,一切适宜耕种而尚未利用的土地统由国家支配,用来播种谷物;全部收获归粮食人民委员部掌握,并应主要分配给工厂工人。耕地委员会负责领导这项工作。参加耕地委员会的有农业人民委员部、最高国民经济委员会、粮食人民委员部和全俄工会中央理事会的代表。委员会并有权邀请有关部门的代表和专家参加它的会议。——17。

16　指工人协助委员会。

　　　工人协助委员会即工人协助组织社会主义农业生产委员会,是根据全俄中央执行委员会批准的《关于社会主义土地规划和向社会主义农业过渡的措施的条例》,于1919年2月设立的,直属农业人民委员部。委员会的任务是:派遣有组织经验的工人到省、区的国营农场管理局和各个国营农场;协助组织农业工会;吸收工业无产阶级参加农业工作;协助国营农场装置各种技术设备,以满足国营农场及其附近的农民的需要。委员会由农业人民委员部的代表和全俄工会理事会的代表组成。1921年,工人协助委员会和全俄中央军事粮食局合并为一个机构——全俄工会中央理事会农业粮食局。——17。

17　农业公社是苏俄当时农业生产合作的一种形式,主要在以前地主和寺院的土地上建立。在农业公社里,所有生产资料(包括建筑物、小农具、牲畜等)以及土地使用一概实行公有化。农业公社社员的消费及生活服务也完全建立在公共经济基础上,社员个人没有副业。农业公社内不按劳动而按人口进行分配。——18。

18 共耕社是苏俄当时农业生产合作的形式之一。在共耕社里,集体劳动只限于耕地和播种,其余农活由农民个人分别完成。共耕社社员保有农具和自己那份土地上的产品的私有权。有时小的村社全社改行共同耕地和播种,就成了共耕社。——18。

19 人民委员会《关于停止客运以向中心城市运送粮煤的决定》,于1919年3月8日通过,公布于1919年3月11日的《真理报》。——18。

20 这是列宁在彼得格勒省农业工人第一次代表大会上就组织农业工会问题发表的讲话和对代表们提出的问题的回答。这次代表大会于1919年3月11—13日在彼得格勒举行,有各农业组织的代表约200人出席。大会听取和讨论了有关农业政策的报告,通过了农业工会章程,选举了理事会。

　　这次代表大会实现了列宁早在1917年夏季就提出的关于必须建立农业工会的想法(见本版全集第30卷第349—353页)。列宁在代表大会上的讲话中所表达的关于成立统一的全俄农业工会的愿望,很快也得到了实现。1919年6月,在莫斯科召开了全俄农业工作者第一次代表大会,成立了全俄农业工会。这个工会于1920年吸收林业工会加入,改名为全俄农林工会。——20。

21 指列宁1918年10月同《曼彻斯特卫报》记者 M.菲力浦斯·普莱斯的谈话。——21。

22 指1872年英国农业工人约瑟夫·阿尔奇创建全国农业工会一事。1872年底,该工会有会员10万左右,在争取提高农业工人工资方面取得一些成功。70年代中期,在农业生产萧条的影响下,该工会的作用下降;1894年瓦解。——21。

23 《关于社会主义土地规划和向社会主义农业过渡的措施的条例》是在1918年12月举行的全俄土地局、贫苦农民委员会和公社第一次代表大会的决议基础上制定的,由全俄中央执行委员会于1919年2月通过,并发表在2月14日《全俄中央执行委员会消息报》上。列宁直接参加了制定该条例的工作,并给全俄中央执行委员会为此设立的专门委员会作过报告。条例在土地国有化的基础上规定了一系列向社会主义农业过渡的措施(见《苏维埃政权的土地政策(1917—1918年)》1954年俄文版第417—431页)。——24。

24　这是列宁1919年3月13日在彼得格勒市工人、水兵和红军战士万人大会上的讲话。大会是在民众文化馆的歌剧厅举行的。因听众过多,列宁又在民众文化馆的休息厅讲了一次。——28。

25　乌克兰苏维埃共和国是1917年12月成立的。1918年2月德奥军队侵入乌克兰,4月底乌克兰全境被占领。在赶走了侵略者及其帮凶以后,苏维埃政权在乌克兰恢复。1919年3月在哈尔科夫举行的乌克兰苏维埃第三次代表大会通过了乌克兰苏维埃社会主义共和国第一部宪法。——28。

26　指参加共产国际第一次代表大会的一些外国代表访问彼得格勒时的讲话。1919年3月8日,代表大会的一些代表到达彼得格勒。当天晚上俄共(布)彼得格勒市第九次代表会议开幕。共产国际代表大会的代表弗·普拉滕(瑞士)、昂·吉尔波(法国)等在会上讲了话。次日,彼得格勒工人和红军代表苏维埃为共产国际第一次代表大会的召开举行隆重的庆祝大会。共产国际代表大会的德国、法国、奥地利、塞尔维亚、芬兰、瑞典和瑞士代表在会上讲了话。——33。

27　波舍霍尼耶原为俄国北部一个偏僻的县城。自俄国作家米·叶·萨尔蒂科夫-谢德林的小说《波舍霍尼耶遗风》问世后,波舍霍尼耶即成为闭塞落后的穷乡僻壤的同义语。——33。

28　列宁在这里说的是1919年3月6日他在全俄中央执行委员会、莫斯科苏维埃、俄共(布)莫斯科委员会、全俄工会中央理事会、莫斯科工会和工厂委员会联合庆祝共产国际成立大会上的讲话(见本版全集第35卷第507—512页)。——33。

29　《苏维埃政权的成就和困难》于1919年由彼得格勒工人和红军代表苏

维埃出了单行本,加有副标题:《1919年3月13日在彼得格勒一个大会上的讲话》。《列宁全集》俄文第2、3版编者将副标题删去,认为小册子稿本是由列宁1919年3月12日在彼得格勒苏维埃所作的关于人民委员会对外对内政策的报告和1919年3月13日在彼得格勒民众文化馆群众大会上所作的讲话合并整理而成的,而且小册子是在收到列宁的修改稿以前出版的。列宁的修改稿至今没有找到。——35。

30　无论他们怎样坐,他们都不配当音乐家出自俄国作家伊·安·克雷洛夫的寓言《四重奏》。这则寓言说:猴子、熊、驴子和山羊表演四重奏,它们演奏得不成调子,却归咎于自己没有坐对位置。正当它们在怎样安排座位问题上争吵得不可开交的时候,一只过路的夜莺向它们指出:"要当音乐家,必须有熟练的技巧和灵敏的耳朵,而诸位嘛,不管怎样调换座位,都别指望当音乐家。"——37。

31　酸小姐一词是指惯于矫揉造作、装腔作势的女子,有时也用来比喻目光短浅、思想庸俗的人。这个词最早见于俄国作家尼·格·波米亚洛夫斯基的中篇小说《小市民的幸福》。——47。

32　这里说的主要是俄共(布)党内在使用资产阶级专家问题上发生的分歧。"左派共产主义者"以及一部分在红军中工作的党员激烈反对列宁关于必须吸收资产阶级专家参加经济建设和国防工作的观点。"左派共产主义者"认为在经济建设中使用资产阶级专家就是用"依靠有经验的资本主义专家的帮助……来取代依靠工人阶级的主动精神",并把在军队中使用资产阶级专家说成是实际上"恢复旧军官和沙皇将领的指挥权"。阿·扎·卡缅斯基在《早就是时候了》(载于1918年12月25日《真理报》第281号)一文中要求在军队中清除专家,说"红军中不应留下任何反革命的遗迹,何况是彰明较著的反革命鼓舞者"。反对使用资产阶级专家也是党的第八次代表大会期间的"军事反对派"的主要错误之一。——52。

33　贫苦农民委员会(贫委会)是根据全俄中央执行委员会1918年6月11日《关于组织贫苦农民和对贫苦农民的供应的法令》建立的,由一个乡或村的贫苦农民以及中农选举产生。根据上述法令,贫苦农民委员会的任务是:分配粮食、生活必需品和农具;协助当地粮食机构没收富农的余粮。到1918年11月,在欧俄33省和白俄罗斯,共建立了122 000个贫苦农民委员会。在许多地方,贫苦农民委员会改选了受富农影响的苏维埃,或把权力掌握在自己手里。贫苦农民委员会的活动超出了6月11日法令规定的范围,它们为红军动员和征集志愿兵员,从事文教工作,参加农民土地(包括份地)的分配,夺取富农的超过当地平均份额的土地(从富农8 000万俄亩土地中割去了5 000万俄亩),重新分配地主土地和农具,积极参加组织农村集体经济。贫苦农民委员会实际上是无产阶级专政在农村中的支柱。到1918年底,贫苦农民委员会已完成了自己的任务。根据1918年11月全俄苏维埃第六次(非常)代表大会的决定,由贫苦农民委员会主持改选乡、村苏维埃,改选后贫苦农民委员会停止活动。

　　有组织地同农村进行商品交换,是根据人民委员会1918年3月26日《关于为加强粮食采购而组织商品交换的法令》于1918年春季开始的。按照这项法令,用工业品交换粮食的工作,由粮食人民委员部机关负责。法令还规定,必须吸收贫苦农民参加组织商品交换,办法是把拨出供交换粮食的商品交给区乡组织掌握,以便进一步在穷苦居民间进行分配。1918年6月11日全俄中央执行委员会颁布的《关于组织贫苦农民和对贫苦农民的供应的法令》以及1918年8月5日颁布的《关于产粮地区实行义务商品交换的法令》,也都规定了工业品分配的阶级原则;商品首先并按优惠条件供应贫苦农民。——56。

34 东方面军司令、左派社会革命党人米·阿·穆拉维约夫的叛变和1918年7月左派社会革命党在莫斯科的叛乱有密切关系。根据叛乱者的计划,穆拉维约夫负责发动东方面军的军队反对苏维埃政权,在同捷克斯洛伐克军汇合后向莫斯科进军。穆拉维约夫于7月10日由方面军司令部所在地喀山率领一支将近千人的部队进抵辛比尔斯克,声称不承认布列斯特和约,并通电人民委员会、德国大使馆、捷克斯洛伐克军司令部对德宣战,自称为"抗德集团军总司令"。受他蒙蔽的部队占领了邮局、电报局和电台,包围了执行委员会大楼和红军辛比尔斯克军队集群的司令部,逮捕了包括第1集团军司令员米·尼·图哈切夫斯基在内的许多苏维埃的和党的工作人员。穆拉维约夫命令东方面军和捷克斯洛伐克军向西推进,佯称抗击德军的进攻。7月11日,人民委员会发布命令,揭露了穆拉维约夫行动的反革命实质,宣布他不受法律保护。辛比尔斯克的布尔什维克在省委员会主席约·米·瓦雷基斯的领导下士兵和城市居民进行了大量解释工作,把原来支持穆拉维约夫的部队争取了过来。7月11日晚,穆拉维约夫应邀参加辛比尔斯克执行委员会会议,以为执行委员会要向他投降。当会上宣读他关于对武装干涉者和白卫军停止军事行动的电报时,共产党人要求将他逮捕。穆拉维约夫拒捕,被当场击毙,他的同伙纷纷就擒。——58。

35 这篇跋写成后,列宁就把它寄给了在彼得格勒的格·叶·季诺维也夫,要求把它印在《苏维埃政权的成就和困难》这本小册子内,"哪怕是用最小的铅字也行"。但是这篇跋当时没有刊印出来。列宁对这种不尊重作者意见的做法很不满意。他在1919年8月7日寄给季诺维也夫的短信里和1921年11月16日写的《〈新经济政策问题(两篇老文章和一篇更老的跋)〉一书序言》中都谈到了这件事(见本版全集第49卷和第42卷)。在上述序言里,列宁全文照录了这篇跋,但是这本书出版时书名被改为《新经济政策问题(两篇老文章)》,而且没有使用这篇序言。直到1922年,这篇跋才在《列宁全集》俄文第1版第16卷里首次发表。——66。

36 列宁在人民委员会1919年3月15日讨论最高国民经济委员会印刷局的问题时写了这个决定草稿。以这个草稿为基础,人民委员会作出了如下决定:"(一)建议印刷局在其工资条例中务必写入计件付酬的条款。(二)成立一个由印刷局和全俄工会理事会的代表组成的委员会,并请全俄中央执行委员会主席团派代表参加。委员会的任务是在一周内提出关于合并和集中的法令草案。(三)委托最高国民经济委员会检查局,吸收印刷局代表参加,在一个月内提出下列各类企业的统计材料:(1)由印刷局管理的国有化企业;(2)由各部门管理的国有化企业;(3)私营企业。(四)在同一期限内提出印刷局关于扩大生产、关于在建立工作纪律方面采取的措施以及关于调整工厂委员会和管理委员会之间关系等问题的报告。"(见《列宁文集》俄文版第 24 卷第 24 页)——67。

37 这是列宁在主持起草俄共(布)纲领的过程中写下的一些文稿。

1917 年二月革命后,列宁就提出了修改党纲的问题。他在 3 月 26 日(4 月 8 日)以前写的《第五封〈远方来信〉的要点》中拟定了修改党纲的具体提纲(见本版全集第 29 卷第 56—57 页),在《四月提纲》中提出了修改党纲的任务。1917 年 4 月,俄国社会民主工党(布)第七次全国代表会议讨论了修改党纲的问题。列宁为会议起草的《党纲的理论、政治及其他一些部分的修改草案》(同上书,第 474—478 页)以长条样的形式分发给了与会代表。会议就列宁关于修改党纲问题的报告通过决议,指出了修改党纲的必要性,规定了修改的方针。会议还委托中央为第六次代表大会拟出党纲草案。会后不久,1917 年 6 月,列宁根据中央的建议出版了小册子《修改党纲的材料》(同上书,第 472—493 页)。差不多与此同时,莫斯科工业区区域局也出版了文集《修改党纲的材料》。1917 年 7—8 月举行的俄国社会民主工党(布)第六次代表大会确认了第七次全国代表会议关于修改党纲的决议,并决定召开专门的代表大会来制定新的党纲。大会还委托中央就修改党纲问题组织尽可能广泛的讨论。1917 年夏秋,党内展开了理论争论。同年 10 月,列宁发表了《论修改党纲》一文,对报刊上的有关文章和莫斯科区域局的文集作了分析和批评。第六次代表大会决定召开的制定党纲的专门代表大会,曾定于 10 月 17 日(30 日)举行。10 月 5 日(18 日),中央委员会会议决定推迟召开大会,并成立了以列宁为首的修改党纲的委员会。由于准备和实行十月武装起义,这个代表大会没有开成。十月革命胜利后,1918 年 1 月 24 日(2 月 6 日),中央决定委托一个新的委员会在列宁领导下制定新的纲领。列宁写了《党纲草案草稿》(见本版全集第 34 卷第 65—71 页),作为讨论材料发给了俄共(布)第七次代表大会的代表。这次代表大会选出了以列宁为首,有斯大林、格·叶·季诺维也夫、格·雅·索柯里尼柯夫、尼·伊·布哈林、列·波·加米涅夫和列·达·托洛茨基参加的七人委员会,并责成它遵照大会通过的决议来制定党纲的最终草案。委员会于1919年2月完成了工作任务。2月25—27日,《真理报》公布了《俄共(布)纲领草案》。新党纲在1919年3月召开的俄国共产党(布)第八次代表大会上通过。——76。

38　指1903年俄国社会民主工党第二次代表大会通过的党纲。这个党纲的草案是《火星报》编辑部于1901年底至1902年上半年制定的。根据列宁的提议,党纲理论部分由格·瓦·普列汉诺夫负责起草。1902年1月,《火星报》编辑部慕尼黑会议讨论了普列汉诺夫的第一个草案。列宁对它提出了批评(列宁对这个草案的批评意见以及下面提到的有关制定这个党纲的其他文献,均见本版全集第6卷《关于俄国社会民主工党纲领的文献》)。列宁认为普列汉诺夫的草案不能采用,自己另写了一个草案。同时,普列汉诺夫写了第二个纲领草案,列宁又对它作了认真的批评和分析。为了编写出共同的纲领草案,《火星报》编辑部成立了一个协商委员会。委员会的草案以普列汉诺夫的草案为基础,同时也根据列宁的坚决要求写入了一些重要论点,如以小生产被大生产排挤的论点代替普列汉诺夫的含糊不清的措辞,比普列汉诺夫草案更确切地规定了党的纯粹的无产阶级性质,把无产阶级专政是社会主义革命的必要条件这一论点作为纲领的最重要条款。党纲的实践部分是在慕尼黑会议后于1902年1月底至2月初写出初稿的,它的土地问题的条文和结束语是列宁写的。1902年3月初,编辑部全体成员对实践部分取得了一致意见。1902年4月《火星报》编辑部苏黎世会议批准了编辑部的党纲草案,包括理论部分和实践部分。《火星报》编辑部的党纲草案在1903年7—8月间举行的俄国社会民主工党第二次代表大会上略加修改后通过。

　　这个党纲论述资本主义发展的一般规律和趋势的理论部分,根据列宁的建议,写入了俄共(布)第八次代表大会通过的新党纲。——76。

39　列宁在这里提出的没有任何限制的普选权载入了1936年苏联宪法,而在此以前苏联只有劳动者享有选举权和被选举权,不劳动的剥削阶级没有这种权利。——99。

40　这一段话经过修改列入第八次代表大会通过的党纲,成为《在一般政治方面》这一部分的第 5 条(见本卷第 407 页)。——100。

41　这一段话全文列入了第八次代表大会通过的党纲,成为《民族关系方面》这一部分的第 4 条(见本卷第 409 页)。——102。

42　党纲草案的经济部分的这一条在初稿中是第 3 条。后来列宁对它作了修改,定为第 8 条。这一条后来稍加修改列为第八次代表大会通过的党纲的经济部分的第 8 条(见本卷第 416—417 页)。——110。

43　这些文献是列宁在俄共(布)第八次代表大会上的报告、讲话等。

俄共(布)第八次代表大会于 1919 年 3 月 18—23 日在莫斯科举行。参加代表大会的有 301 名有表决权的代表和 102 名有发言权的代表,共代表 313 766 名党员。列入大会议程的问题是:中央委员会的总结报告;俄共(布)纲领;共产国际的建立;军事状况和军事政策;农村工作;组织工作;选举中央委员会。

列宁主持了大会,作了俄共(布)中央委员会的工作报告、关于党纲和农村工作的报告,并就军事问题发了言。

代表大会的中心问题是讨论并通过新党纲。第七次代表大会选出的纲领委员会已经通过了列宁的党纲草案,但是鉴于委员会内存在分歧,在第八次代表大会上就党纲问题作报告的除代表多数派的列宁外,还有代表少数派的尼·伊·布哈林。布哈林提议把关于资本主义和小商品生产的条文从纲领中删去,而只限于论述纯粹的帝国主义。他认为帝国主义是特殊的社会经济形态。布哈林和格·列·皮达可夫还提议把民族自决权的条文从党纲中删去。列宁反对他们的这些观点。代表大会先基本通过党纲草案,然后在纲领委员会对草案作了最后审定后于 3 月 22 日予以批准。本卷《附录》中载有第八次代表大会通过的俄共(布)纲领全文。

代表大会解决的另一个重要问题是对中农的态度问题。列宁论证了党对中农的新政策,即在依靠贫苦农民、对富农斗争并保持无产阶级的领导作用的条件下从中立中农的政策转到工人阶级与中农建立牢固的联盟的政策。早在 1918 年 11 月底列宁就提出了这个口号。代表大会通过了列宁起草的《关于对中农的态度的决议》。

在代表大会的工作中,关于军事状况问题、关于党的军事政策问题、关于红军的建设问题占了相当重要的地位。在大会上,"军事反对派"维护游击主义残余,否认吸收旧的军事专家的必要性,反对在军队中建立铁的纪律。代表大会批驳了"军事反对派"的观点,批准了根据列宁的论点制定的军事问题决议。代表大会在关于组织问题的决议中反击了萨普龙诺夫—奥新斯基集团,这个集团否认党在苏维埃中的领导作用,主张把人民委员会和全俄中央执行委员会主席团合并起来。代表大会否决了联邦制建党原则,认为必须建立一个集中统一的共产党和领导党的全部工作的统一的中央委员会。代表大会规定了中央委员会的内部组织机构,包括第一次设立的政治局,以及组织局和书记处。代表大会选出了由19名委员和8名候补委员组成的中央委员会。——115。

44　普林杰沃群岛会议是帝国主义国家计划召开的关于恢复俄国和平问题的会议。1919年1月22日,美国总统伍·威尔逊受巴黎和会的十人会议的委托发表呼吁书,建议在马尔马拉海的普林杰沃群岛召开有前俄帝国境内事实上存在的各方政府参加的会议,以便同协约国代表共同制定停止俄国内战的办法。2月4日,苏维埃政府通电英、法、意、日、美各国政府,指出,苏维埃政府虽然没有收到直接邀请,但为了和平,愿意立即在普林杰沃群岛或其他任何地点同所有大国,或者同某些国家或政治集团举行谈判。协约国对苏维埃政府的电报未予答复。而安·伊·邓尼金、亚·瓦·高尔察克和其他反革命政府的首领指望用武力扼杀苏维埃共和国,拒绝参加会议。会议没有开成。——119。

45　科尔尼洛夫叛乱是发生在1917年8月的一次俄国资产阶级和地主的反革命叛乱。叛乱的头子是俄军最高总司令、沙俄将军拉·格·科尔尼洛夫。叛乱的目的是要消灭革命力量,解散苏维埃,在国内建立反动的军事独裁,为恢复君主制作准备。立宪民主党在这一反革命阴谋中起了主要作用。临时政府首脑亚·费·克伦斯基是叛乱的同谋者,但是在叛乱发动后,他既害怕科尔尼洛夫在镇压布尔什维克党的同时也镇压小资产阶级政党,又担心人民群众在扫除科尔尼洛夫的同时也把他扫除掉,因此就同科尔尼洛夫断绝了关系,宣布其为反对临时政府的叛乱分子。

叛乱于8月25日(9月7日)开始。科尔尼洛夫调动第3骑兵军扑向彼得格勒,彼得格勒市内的反革命组织也准备起事。布尔什维克党是反对科尔尼洛夫叛乱的斗争的领导者和组织者。按照列宁的要求,布尔什维克党在反对科尔尼洛夫的同时,并不停止对临时政府及其社会革命党、孟什维克仆从的揭露。彼得格勒工人、革命士兵和水兵响应布尔什维克党中央的号召,奋起同叛乱分子斗争,三天内有15 000名工人参加赤卫队。叛军推进处处受阻,内部开始瓦解。8月31日(9月13日),叛乱正式宣告平息。在群众压力下,临时政府被迫下令逮捕科尔尼洛夫及其同伙,交付法庭审判。——120。

46 指德国独立社会民主党。

德国独立社会民主党是中派政党,1917年4月在哥达成立。代表人物是卡·考茨基、胡·哈阿兹、鲁·希法亭、格·累德堡等。基本核心是中派组织"工作小组"。该党以中派言词作掩护,宣传同公开的社会沙文主义者"团结",放弃阶级斗争。1917年4月—1918年底,斯巴达克派曾参加该党,但保持组织上和政治上的独立,继续进行秘密工作,并帮助工人党员摆脱中派领袖的影响。1920年10月,德国独立社会民主党在该党哈雷代表大会上发生了分裂,很大一部分党员于1920年12月同德国共产党合并。右派分子单独成立了一个党,仍称德国独立社会民主党,存在到1922年。——123。

47 指罗·卢森堡在1918年12月30日—1919年1月1日举行的德国共产党成立大会上的讲话。在工会右派领导人实行叛卖政策的情况下,卢森堡支持了大会一些代表关于取消工会的错误主张,说德国工会"已经从工人的组织变成了资产阶级国家和资产阶级社会的巩固支柱","如果不提出取消工会的问题,那就不可能进行争取社会化的斗争",并认为工会的任务应当由工兵代表苏维埃和工厂委员会来担负。

列宁关于革命家必须在反动工会中进行工作的指示,见本版全集第39卷《共产主义运动中的"左派"幼稚病》一文第6节。——128。

48 外国人团体联合会是参加俄共(布)并在苏俄活动的外国共产党人的团体的联合组织,根据俄共(布)中央1918年5月的决定成立。

　　早在俄国十月革命前,羁留在俄国的战俘中就开始有了革命活动。十月革命胜利后,战俘们开始建立自己的革命组织,用各种文字出版报纸。1918年在战俘中成立了一些外国共产党人团体。在1918年3月召开的国际主义者社会党人会议上成立了外国共产党人团体中央常务局,其任务是领导这些团体的工作,负责同俄共(布)中央和有关各国的共产党人组织进行联系;还成立了一些直属俄共(布)中央的外国人支部。外国人团体联合会于5月成立后,先后加入的团体有:俄共(布)匈牙利组、俄共(布)德国组、俄共(布)南斯拉夫组、俄共(布)捷克斯洛伐克组、俄共(布)法国组、俄共(布)保加利亚组、俄共(布)英美组、俄共(布)意大利组、俄共(布)罗马尼亚组、乌拉尔外国工农共产党和土耳其斯坦外国工农共产党。领导外国人团体联合会的是直属俄共(布)中央的外国人团体中央联合会。每一民族的团体派两名代表参加中央联合会。匈牙利共产党人库恩·贝拉是中央联合会的第一任主席。各个外国人团体的主要任务是在战俘和侵犯苏维埃共和国的武装干涉者的军队中进行宣传鼓动。联合会于1920年2月停止活动。——133。

49 共产党人出版社是俄共(布)中央委员会的出版社,于1918年由浪潮出版社与生活和知识出版社联合组成;不久,波涛出版社也并入了共产党人出版社。共产党人出版社主要出版通俗读物。1919年5月全俄中央执行委员会决定成立国家出版社,共产党人出版社并入了该社。——135。

50 《贫苦农民报》(《Беднота》)是俄共(布)中央主办的供农民阅读的报纸(日报),1918年3月27日—1931年1月31日在莫斯科出版。该报的前身是在彼得格勒出版的《农村贫民报》、《士兵真理报》和在莫斯科出版的《农村真理报》。国内战争时期,《贫苦农民报》也是红军的报纸,在军内销售的份数占总印数的一半。先后担任该报编辑的有维·阿·卡尔宾斯基、列·谢·索斯诺夫斯基、雅·阿·雅柯夫列夫等。该报编辑部曾为列宁编写名为《贫苦农民晴雨表》的农民来信综述。从1931年

2月1日起,《贫苦农民报》与《社会主义农业报》合并。——135。

51 三十年战争指 1618—1648 年以德意志为主要战场的欧洲国际性战争。这场战争起因于天主教与新教之间的矛盾以及欧洲各国的政治冲突和领土争夺。参加战争的一方是哈布斯堡同盟,包括奥地利和西班牙的哈布斯堡王朝、德意志天主教诸侯,它们得到教皇和波兰的支持。另一方是反哈布斯堡联盟,包括德意志新教诸侯、法国、瑞典、丹麦,它们得到荷兰、英国、俄国的支持。战争从捷克起义反对哈布斯堡王朝的统治开始,几经反复,以哈布斯堡同盟失败告终。根据 1648 年签订的威斯特伐利亚和约,瑞典、法国等得到了德意志大片土地和巨额赔款。经过这场战争,德意志遭到严重破坏,在政治上更加处于四分五裂的状态。——137。

52 1917 年 12 月 18 日(31 日),人民委员会通过了关于承认芬兰独立的法令。同一天,列宁将法令文本交给了由芬兰政府首脑佩·埃·斯温胡武德率领的代表团。1917 年 12 月 22 日(1918 年 1 月 4 日),全俄中央执行委员会批准了这一法令。——143。

53 莫斯卡里是俄国十月革命前乌克兰人、白俄罗斯人和波兰人对俄罗斯人的蔑称。——143。

54 指 1919 年 3 月在莫斯科举行的关于成立巴什基尔苏维埃自治共和国的谈判。

　　1918 年巴什基尔被捷克斯洛伐克军和白卫军侵占后,资产阶级民族主义的巴什基尔政府曾宣布边疆区自治,并成立军队对红军作战。1919 年 1 月底,在红军胜利推进和亚·瓦·高尔察克取消巴什基尔自治的形势下,巴什基尔政府害怕失去在群众中的影响,开始同乌法革命委员会谈判。苏维埃政府当即表示在建立反对高尔察克军队的统一战线条件下,保证巴什基尔民族自由。1919 年 3 月 16 日,俄共(布)中央讨论了巴什基尔问题,决定由民族事务人民委员部同巴什基尔人进行谈判。3 月 20 日,双方签订了《中央苏维埃政权和巴什基尔政府关于巴什基尔实行苏维埃自治的协议》。协议规定根据苏维埃宪法组织巴什基尔苏维埃自治共和国,并确定了共和国的疆界和行政区划。协议由人民委员会和全俄中央执行委员会批准,公布于1919年3月23日《全俄中央执行委员会消息报》。——143。

55　毛拉是阿拉伯语中"主人"一词的音译,是对伊斯兰教学者的尊称。在俄国,毛拉是指伊斯兰教宗教仪式的主持人。——144。

56　华沙工人代表苏维埃于1918年11月11日建立,是波兰成立最早的苏维埃之一。当时德奥占领军正从波兰撤退。在俄国十月革命影响下,波兰各城市先后成立了100多个苏维埃,有些地方还成立了农民代表苏维埃。华沙工人代表苏维埃是由波兰王国和立陶宛社会民主党、波兰社会党"左派"(两者后来合并为波兰共产党)和华沙工会理事会发起组织的,成立后通过了在企业中实行八小时工作制、建立工厂委员会并同企业主的怠工行为进行斗争等决定。波兰的妥协派政党——波兰社会党、全国工人联合会和崩得为了对抗革命的苏维埃,也成立了各自的苏维埃。1918年12月进行了统一的苏维埃的选举,结果妥协派获得多数。在统一的苏维埃内,共产党人和妥协派展开了激烈的斗争。妥协派企图分裂苏维埃;1919年6月,波兰社会党的代表退出了华沙苏维埃及其他城市的苏维埃。1919年夏天,波兰资产阶级反动派和妥协派政党的首领联合起来摧毁了苏维埃。——146。

57　《俄共(布)第八次代表大会告各级党组织书》于1919年3月19日在代表大会上通过,3月20日在《真理报》发表,全文参看《苏联共产党代表大会、代表会议和中央全会决议汇编》1964年人民出版社版第1分册第581—582页。——148。

58　《关于消费公社的法令》是苏俄人民委员会于1919年3月16日通过的,3月20日公布于《全俄中央执行委员会消息报》第60号。列宁直接参加了这个法令的制定。法令规定:城乡一切合作社都必须合并为一个统一的分配机关——消费公社;当地所有居民都加入这个公社;每个公民都必须成为公社的社员并在它的一个分配站注册;各地方消费公社联为省消费合作总社,各消费合作总社的统一中心是中央消费合作总社。

列宁早在1917年底就起草了《关于消费公社的法令草案》(见本版全集第33卷)。粮食人民委员部根据列宁草案拟定的法令草案遭到资产阶级合作社工作者的激烈反对。人民委员会为了利用合作社机构,对合作社工作者作了暂时的让步。——149。

59 新生活派是在《新生活报》周围形成的孟什维克国际主义者集团。

《新生活报》(《Новая Жизнь》)是由一批孟什维克国际主义者和聚集在《年鉴》杂志周围的作家创办的俄国报纸(日报),1917年4月18日(5月1日)起在彼得格勒出版,1918年6月1日起增出莫斯科版。出版人是阿·谢列布罗夫(阿·尼·吉洪诺夫),编辑部成员有马·高尔基、谢列布罗夫、瓦·阿·杰斯尼茨基、尼·苏汉诺夫,撰稿人有弗·亚·巴扎罗夫、波·瓦·阿维洛夫、亚·亚·波格丹诺夫等。在1917年9月2—8日(15—21日)被克伦斯基政府查封期间,曾用《自由生活报》的名称出版。十月革命以前,该报的政治立场是动摇的,时而反对临时政府,时而反对布尔什维克。该报对十月革命和建立苏维埃政权抱敌对态度。1918年7月被查封。——153。

60 爱尔福特纲领是指1891年10月举行的德国社会民主党爱尔福特代表大会通过的党纲。它取代了1875年的哥达纲领。爱尔福特纲领以马克思主义关于资本主义生产方式必然灭亡和被社会主义生产方式所代替的学说为基础,强调工人阶级必须进行政治斗争,指出了党作为这一斗争的领导者的作用。它从根本上说是一个马克思主义的纲领。但是,爱尔福特纲领也有严重缺点,其中最主要的是没有提到无产阶级专政是对社会实行社会主义改造的手段这一原理。纲领也没有提出推翻君主制、建立民主共和国、改造德国国家制度等要求。对此,恩格斯在《1891年社会民主党纲领草案批判》(见《马克思恩格斯文集》第4卷)中提出了批评意见。代表大会通过的纲领是以《新时代》杂志编辑部的草案为基础的。——162。

61 这里所说的鼓肚子的青蛙,出自俄国作家伊·安·克雷洛夫的寓言《青蛙和犍牛》。寓言说,一只生性爱忌妒的青蛙要和犍牛比谁的肚子大,就拼命鼓肚子,结果撑破肚皮,送了性命。——164。

62 车间代表委员会是第一次世界大战期间英国一些工业部门的工人组织,由车间工人选举的代表组成。它们同执行"国内和平"政策的工联领袖相对立,捍卫工人群众的利益和要求,领导工人罢工,进行反战宣传。在车间代表运动的中心克莱德地区,建立了克莱德工人委员会,其影响遍及该地区的所有工人。克莱德工人委员会的章程中规定,该委员会的任务是按阶级原则组织工人进行斗争,直到完全消灭雇佣劳动制度为止。在伦敦、设菲尔德等大工业中心也成立了工人委员会。1916年,车间代表委员会成立了全国性组织。俄国十月革命后,在外国武装干涉苏维埃共和国期间,车间代表委员会积极支持苏维埃俄国。车间代表委员会的许多活动家,包括威·加拉赫、哈·波立特等,后来加入了英国共产党。——165。

63 指1918年3月1日在彼得格勒签订的《俄罗斯社会主义联邦苏维埃共和国和芬兰社会主义工人共和国加强友好和团结的条约》。——166。

64 纲领中一般政治部分第三条的草案是纲领委员会最后审定代表大会基本通过的党纲草案时建议列宁起草的。这一条的草案为纲领委员会通过。——169。

65 这是列宁在1919年3月21日俄共(布)第八次代表大会秘密全体会议上所作的关于军事问题的讲话。

在俄共(布)第八次代表大会上,格·雅·索柯里尼柯夫作了关于军事问题的报告,这个报告的提纲是经过俄共(布)中央批准的。一部分反对中央军事路线的代表,包括弗·米·斯米尔诺夫、格·伊·萨法罗夫、格·列·皮达可夫、安·谢·布勃诺夫、叶·米·雅罗斯拉夫斯基、弗·戈·索凌、克·叶·伏罗希洛夫、菲·伊·戈洛晓金、亚·费·米雅斯尼科夫、罗·萨·捷姆利亚奇卡、谢·康·米宁等,组成了"军事反对派",他们中间有些人是原来的"左派共产主义者"。斯米尔诺夫所作的关于军事问题的副报告代表了这个集团的观点。他在报告中反对建立正规的红军和在军队中实行铁的纪律,否认有必要吸收旧的军事专家。他坚决主张资产阶级军事专家只应做顾问，不应担任指挥职务，同时要求给政治委员以更加广泛的指挥军队作战的权利。他严厉批评了新的军事条令，认为它给了指挥人员以特权。由于很多代表报名发言，代表大会决定将讨论放到军事小组会议上进行。有85名代表参加了军事小组会议，23名代表发言。3月21日晚，关于军事问题的讨论移到代表大会秘密全体会议上进行。雅罗斯拉夫斯基向大会汇报了军事小组的工作。讨论结束后进行表决，赞成中央决议案的代表有174名，赞成"军事反对派"决议案的代表有95名。为取得一致意见，代表大会选出了由多数派和反对派代表组成的协商委员会。协商委员会制定的军事问题决议案以绝大多数票被代表大会通过（只有一票弃权）。——170。

66　在军事小组的会议以多数票通过把"军事反对派"的提纲作为讨论的基础后，拥护俄共(布)中央提纲的代表们当即要求把讨论改在代表大会全体会议上进行。这个意见未被接受，他们便在逐节讨论"军事反对派"的提纲时退出了军事小组会议。——170。

67　指弗·米·斯米尔诺夫在军事小组会议上提出的"军事反对派"的提纲。——170。

68　还在代表大会召开之前，由于东线及其他前线局势紧张，列·达·托洛茨基要求中央把他和代表大会的所有军队代表派往前线。前线党组织的代表反对这样做。中央全会经过讨论认为前线代表参加代表大会是必要的。只有托洛茨基一人被批准上前线，而没有参加代表大会的工作。——170。

69　指弗·米·斯米尔诺夫提出的"军事反对派"的提纲的第6条。这一条对军事条令中关于首长和部下相互关系形式的规定作了尖锐批评，称之为"专制农奴制度的残余"。——170。

70　这里所说的是1918年11月29日全俄中央执行委员会批准的《内务条令》。该条令第16条对首长和部下之间的礼节作了具体规定。——170。

71 弗·米·斯米尔诺夫在"军事反对派"提纲的第 10 条中批评了军事机关的工作,说除了共和国革命军事委员会以外,还存在国防委员会、陆军人民委员部等一系列中央机关,它们之间职责不清,工作中有不协调和重复的现象。——171。

72 克伦斯基—克拉斯诺夫叛乱被平定后,哥萨克士兵们通过自己的代表表示愿意放下武器。1917 年 11 月 1 日(14 日),以帕·叶·德宾科为首的苏维埃代表团同他们签订了一项停止战斗和逮捕叛乱首领的协议。亚·费·克伦斯基逃跑了。彼·尼·克拉斯诺夫被赤卫队捕获。克拉斯诺夫作出不再反对苏维埃政府的保证后被释放。但是他并没有履行自己的诺言,不久就成了顿河反革命白卫军的组织者之一。

　　克伦斯基—克拉斯诺夫叛乱是俄国国内及国外反革命势力用武力夺取彼得格勒和推翻苏维埃政权的首次尝试。叛乱是前资产阶级临时政府总理克伦斯基和第 3 骑兵军军长克拉斯诺夫组织的。十月起义胜利后,克伦斯基于 10 月 25 日(11 月 7 日)由冬宫逃到设在普斯科夫的北方面军司令部,并下令军队进攻彼得格勒。但支持叛乱的只有第 3 骑兵军的一部分部队,约 10 个哥萨克骑兵连。叛军于 10 月 26 日(11 月 8 日)向彼得格勒进攻,先后占领了加契纳和皇村。同时,反革命组织"拯救祖国和革命委员会"在彼得格勒策动了士官生叛乱。以列宁为首的布尔什维克党中央和人民委员会领导了保卫彼得格勒和平定叛乱的斗争。经过同叛军的激战,革命军队于 10 月 30 日(11 月 12 日)转入进攻,到 11 月 1 日(14 日)彻底粉碎了克伦斯基—克拉斯诺夫叛乱。——172。

73 在这一条里,弗·米·斯米尔诺夫要求在建立起如他所说的军事和政治方面都完全可靠的指挥人员队伍以前,军队中实行集体管理部队的制度。——173。

74 1919 年 3 月 22 日,匈牙利苏维埃共和国成立的消息通过无线电传到了俄国,正在举行的俄共(布)第八次代表大会委托列宁以大会的名义发出了贺电。

　　1918 年 10 月 30 日深夜匈牙利爆发了革命。资产阶级的自由主义激进派政党和社会民主党组成了联合政府。这个政府没有能力应付内部和外部困难,于1919年3月20日辞职,并建议由社会民主党单独组织政府。但是在当时革命危机尖锐化的形势下,社会民主党的领袖们不敢成立没有共产党参加的政府,不得不同当时还在狱中的匈牙利共产党领导人进行谈判。结果,双方签订了建立苏维埃政权的协议,同时决定两党在共产主义原则基础上和承认无产阶级专政的条件下合并,改称匈牙利社会党。3月21日,匈牙利苏维埃共和国宣告成立,匈牙利第一届苏维埃政府——革命政府委员会组成,社会民主党人加尔拜·山多尔任主席,匈牙利共产党领袖库恩·贝拉任外交人民委员。

匈牙利苏维埃政权采取了一系列革命措施,如实行工业企业、运输业、银行的国有化和对外贸易的垄断,没收地主土地建立大农场,把职工的平均工资提高25％,实行八小时工作制等等,并为保卫共和国建立了红军。但匈牙利苏维埃政权也犯了一些错误,特别是没有满足无地少地农民对土地的要求,因而未能建立起巩固的工农联盟。协约国帝国主义者从4月起利用罗马尼亚和捷克斯洛伐克的军队对匈牙利苏维埃共和国进行武装干涉,并对它实行经济封锁。在困难局势下,右派社会民主党人背叛革命,在军队和后方加紧破坏活动,并在维也纳同协约国代表进行谈判。他们以匈牙利苏维埃共和国政府妨碍同协约国缔结和约和解除封锁为借口逼它辞职。1919年8月1日,匈牙利革命政府委员会被迫辞职。匈牙利苏维埃共和国存在了134天,就在国内外反革命势力的夹击下被扼杀。

列宁对匈牙利苏维埃共和国的评述,见《向匈牙利工人致敬》以及《政论家短评》和《共产国际第二次代表大会文献》中的《关于加入共产国际的条件的发言》(本卷以及本版全集第38卷和第39卷)。——177。

75 农村工作问题小组即土地问题小组,是在1919年3月18日俄共(布)第八次代表大会第1次会议上成立的。该小组于3月20、21、22日开过三次会,听取了关于土地政策的报告和工人征粮队在农村中的工作的报告,选举了提纲审查委员会。阿·瓦·卢那察尔斯基起草、列宁审定的关于农村的政治宣传和文化教育工作的提纲,由农村工作问题小组基本通过,交提纲审查委员会审定,最后被代表大会批准。列宁关于农村工作的报告是代表农村工作问题小组作的。——178。

76　下诺夫哥罗德党组织的代表就这个问题向俄共(布)第八次代表大会主席团递交一项声明,其中说,《下诺夫哥罗德省党的工作手册》中"全体中农"这几个字是印刷错误,应为"一部分中农"。声明同时表示"下诺夫哥罗德省党组织完全拥护列宁同志在对待中农问题上所表明的观点,并加以贯彻执行"。——187。

77　指俄共(布)第八次代表大会关于组织问题的决议所规定的党员重新登记。俄共(布)中央于1919年4月24日在《真理报》上公布了重新登记的实施细则,其中说:全体党员重新登记是对各个党组织的全体人员进行的认真考核,其目的是清除党内的非共产主义分子,主要是那些混入执政党以便利用党员称号谋取私利的人。重新登记时,全体党员必须交回党证,填写履历表,呈交由两名具有半年以上党龄并被党委会认为可靠的共产党员出具的介绍书。在重新登记期间,停止接收新党员。凡是被揭发有不配党员称号的行为者(酗酒、腐化、以权谋私等)、临阵脱逃者、违反党的决议者、无正当理由不参加党的会议者以及不交纳党费者,都应开除出党。这次重新登记在1919年5—9月进行。重新登记期间,恰逢动员党员入伍,有些人动摇脱党,这大大帮助了各个党组织清除那些不合格分子。据尼·尼·克列斯廷斯基在党的第九次代表大会上的报告,经过重新登记,党员人数减少了一半。——210。

78　列宁拟的这个决定草案由俄共(布)中央通过。签署这一决定的除列宁外,还有中央委员列·波·加米涅夫、格·叶·季诺维也夫、斯大林、叶·德·斯塔索娃、尼·尼·克列斯廷斯基、米·费·弗拉基米尔斯基、尼·伊·布哈林、瓦·弗·施米特和费·埃·捷尔任斯基。关于从工人中选拔优秀工作人员参加粮食工作和运输工作的问题,参看列宁1919年1月17日在全俄中央执行委员会、莫斯科苏维埃和全俄工会代表大会联席会议上的讲话(本版全集第35卷第405—418页)。——211。

79　1919年3月31日,国防委员会讨论了关于供给铁路运输工人粮食的
问题。在此以前,粮食人民委员部和交通人民委员部的代表于3月28
日进行协商,决定从运往中心城市的直达粮食列车中提取一定比例供
给交通人民委员部的工人。列宁就在呈送给他的这个协议上写下了国
防委员会有关这一问题的决定草案。草案由会议通过。——216。

80　列宁的留声机片录音讲话是由全俄中央执行委员会中央出版物发行处
组织灌制的,1919—1921年共灌制了15篇。据中央出版物发行处主
任波·费·马尔金回忆,列宁非常关心利用留声机片进行宣传。列宁
的留声机片录音讲话销行数万份,其中最受群众欢迎的是《论中农》、
《什么是苏维埃政权?》(见本卷)和《关于粮食税》(见本版全集第41
卷)。——217。

81　这个纲要分两次写成,列宁先写了头9点,后来又写了末尾3点。第10
点不知出自何人之手。
　　　　纲要中某些点的落实情况如下:1919年4月9日,全俄中央执行
委员会通过了在征收特别税方面对中农实行优待的法令(参看注13);
叶·米·雅罗斯拉夫斯基、尼·瓦·克雷连柯、瓦·瓦·奥新斯基、
约·阿·皮亚特尼茨基、阿·瓦·卢那察尔斯基等作为中央委员会、全
俄中央执行委员会和人民委员会的全权代表被派往俄国各地;米·
伊·加里宁在1919年4月5日的《真理报》上发表谈话,宣布他计划在
俄国中部进行一次视察,以便通过同广大农民群众的个人交往来建立
他们同苏维埃政权的更密切的关系;1919年4—9月,加里宁率领各人
民委员部的代表,乘全俄中央执行委员会的"十月革命"号列车,进行了
这一视察;全俄中央执行委员会关于释放某几类被捕者和罪犯的决定
在1919年4月26日《全俄中央执行委员会消息报》上发表;同一天,该
报还发表了全俄中央执行委员会于1919年4月25日通过的关于促进
手工工业发展的决定。——232。

82　全俄肃反委员会(全称是全俄肃清反革命和怠工非常委员会)是根据人
民委员会1917年12月7日(20日)的决定,为了同反革命、怠工和投机
活动进行斗争而成立的,直属人民委员会。领导人是费·埃·捷尔任

斯基。在国内战争和外国武装干涉时期,它在同反革命破坏活动作斗争和保卫苏维埃共和国的国家安全方面发挥了巨大作用。随着国家转入和平经济建设,列宁于1921年12月1日向中央政治局建议改组全俄肃反委员会,缩小它的职权范围。12月23—28日召开的全俄苏维埃第九次代表大会通过了《关于全俄肃反委员会的决议》。1922年2月6日,全俄中央执行委员会根据全俄苏维埃第九次代表大会的决议通过法令,把全俄肃反委员会改组为俄罗斯联邦内务人民委员部国家政治保卫局。——234。

83　1919年4月3日,莫斯科工人和红军代表苏维埃由于粮食状况恶化召开了非常全体会议。参加会议的还有各区苏维埃、工厂委员会和工会理事会的代表。在全会召开前,由于孟什维克和社会革命党人借粮食困难之机进行煽动,亚历山大铁路的一些工厂发生了罢工。根据交通人民委员部的决定,这条铁路的一些主要工厂于3月31日关闭。直到4月3日富农分子被开除后,这些工厂才复工。

　　在莫斯科苏维埃这次全会上,列宁作了关于苏维埃共和国国内外形势的报告,新任交通人民委员列·波·克拉辛作了关于铁路运输状况的报告,粮食人民委员部部务委员阿·伊·斯维杰尔斯基作了关于粮食政策的报告。会议讨论了这些报告以后,阿·瓦·卢那察尔斯基作了总结发言,提出了列宁起草的关于苏维埃共和国国内外形势的决议草案。全会一致通过了这个决议草案。全会还通过了专门决议,痛斥孟什维克和社会革命党人的反革命煽动,赞同交通人民委员部对亚历山大铁路各工厂采取的措施。——235。

84　指巴黎和会的十人会议缩小为四人会议一事。十人会议是巴黎和会初期的最高会议,由所谓五强的政府首脑和外交部长组成。他们是:美国总统伍·威尔逊和国务卿罗·兰辛,法国总理乔·克列孟梭和外交部长斯·皮雄,英国首相戴·劳合-乔治和外交大臣阿·巴尔福,意大利首相维·奥兰多和外交大臣乔·索尼诺,日本前首相西园寺公望和外相牧野伸显。从1919年3月24日起,由美、法、英、意四国政府首脑组成的四人会议取代了十人会议。——247。

85　在1917年10月26日(11月8日)全俄苏维埃第二次代表大会通过的
　　　和平法令中,苏维埃政府已建议所有交战国的人民和政府着手缔结没
　　　有兼并和赔款的民主和约。其后,1918年3月15日,全俄苏维埃第四
　　　次代表大会批准了布列斯特和约。11月3日,外交人民委员部通过中
　　　立国代表向所有协约国政府提出和平建议。11月6日,全俄苏维埃第
　　　六次(非常)代表大会通过决议,建议英、法、美、日政府停止干涉,开始
　　　和平谈判。12月23日,外交人民委员部的代表受苏维埃政府委托,在
　　　斯德哥尔摩向协约国各国公使提出和平谈判的建议。1919年1月12
　　　日和17日,苏维埃政府两次提出和平建议。2月4日,苏维埃政府通
　　　过无线电通知英、法、意、日、美五国政府,表示它愿参加拟议中的普林
　　　杰沃群岛和平会议。——252。

86　《永远前进报》(《Всегда Вперед!»)是俄国孟什维克的报纸(日报),1918
　　　年5月14日在莫斯科出了一号。1919年1月22日—2月25日继续
　　　出版,随后根据全俄中央执行委员会的决定被查封。该报原称《前进
　　　报》,1917年3月起在莫斯科出版,最初是孟什维克莫斯科组织的机关
　　　报,后来是俄国社会民主工党(孟什维克)莫斯科组织委员会和中部区
　　　域委员会的机关报。从1918年4月2日起,是孟什维克中央委员会的
　　　机关报,尔·马尔托夫、费·伊·唐恩和亚·萨·马尔丁诺夫参加了该
　　　报编辑部。1918年5月10日,根据全俄肃反委员会的决定,《前进报》
　　　被查封,领导人被送交法庭审判。——253。

87　《人民事业报》(《Дело Народа»)是俄国社会革命党的报纸(日报),1917
　　　年3月15日(28日)起在彼得格勒出版,1917年6月起成为该党中央
　　　机关报。先后担任编辑的有В.В.苏霍姆林、维·米·切尔诺夫、弗·
　　　米·晋季诺夫等,撰稿人有尼·德·阿夫克森齐耶夫、阿·拉·郭茨、
　　　亚·费·克伦斯基等。该报反对布尔什维克党,号召工农群众同资本
　　　家和地主妥协、继续帝国主义战争、支持资产阶级临时政府。该报对十
　　　月革命持敌对态度,鼓动用武力反抗革命力量。1918年1月14日(27
　　　日)被苏维埃政府查封。以后曾用其他名称及原名(1918年3—6月)
　　　出版。1918年10月在捷克斯洛伐克军和白卫社会革命党叛乱分子占

领的萨马拉出了 4 号。1919 年 3 月 20—30 日在莫斯科出了 10 号后
被查封。——253。

88 列宁的这个建议写在俄共(布)中央决定草案上。列宁对决定草案作了
一些修改。草案由列宁、尼·尼·克列斯廷斯基和斯大林签署。

俄共(布)中央的这个决定是巩固各苏维埃共和国军事统一的重要
步骤。决定论证了各条战线红军指挥的统一和整个铁路网运输管理的
统一的必要性,要求各苏维埃共和国陆军和海军委员部以及供应机关
在工作中最严格地遵行俄罗斯社会主义联邦苏维埃共和国相应的委员
部发出的指令。决定指出,由于乌克兰的全部工业集中在共和国的东
部,为了恢复乌克兰的运输业、采矿业和加工工业,乌克兰的国民经济
委员会以及供应特设委员会必须留在哈尔科夫,或在哈尔科夫设立强
有力的、有权同莫斯科直接联系并从莫斯科直接得到拨款的代表机构。
决定还指出,乌克兰的铁路是俄国铁路网的不可分割的一部分,由莫斯
科的交通人民委员部管理;俄罗斯社会主义联邦苏维埃共和国国家监
察人民委员部也应将其活动扩展到乌克兰共和国的所有机关。
——258。

89 由于高尔察克军队向伏尔加河推进给苏维埃共和国造成了严重威胁,
俄共(布)和苏维埃政府采取了加强东线的措施。人民委员会于 1919
年 4 月 10 日通过了在彼得格勒、莫斯科和一些非农业省份征召
1886—1890 年出生的工人和农民加入红军的法令。法令发表于 1919
年 4 月 11 日《全俄中央执行委员会消息报》。——259。

90 这是列宁在 1919 年 4 月 11 日全俄工会中央理事会全会上作的关于工
会在支援东线的动员工作中的任务的报告以及与此有关的几篇文献。
全会对列宁的报告展开了热烈讨论,然后通过了列宁提出的《俄共(布)
中央关于东线局势的提纲》(只有一票弃权),否决了孟什维克提出的要
求"保障自由"、"停止对不同意见者的迫害"的决议案。全会选出了由
主席团成员和五金、纺织、铁路三大工会各一名代表组成的委员会,委
托它根据上述提纲制定工会动员工作的计划,并予以贯彻实施。
——267。

91　一普特半制度是指莫斯科苏维埃于 1918 年 8 月 24 日和彼得格勒苏维埃于同年 9 月 5 日分别通过的决定。根据这两项决定,莫斯科和彼得格勒两地的工人和职员可以自由运输不超过一普特半(约等于 50 市斤)的供个人消费的食物。这是在当时国家垄断食物购销的情况下采取的一种例外措施。人民委员会规定,莫斯科和彼得格勒苏维埃的上述决定只在 1918 年 10 月 1 日以前有效。——271。

92　《法兰克福报》(《Frankfurter Zeitung》)是德国交易所经纪人的报纸(日报),1856—1943 年在美因河畔法兰克福出版。——278。

93　在列宁报告以后,孟什维克 P.施图尔曼向报告人提出一个问题:他是否掌握有关孟什维克中央组织图拉罢工的文件材料。列宁对此作了回答。

　　　图拉罢工是指图拉枪械制造厂和子弹制造厂工人的罢工。孟什维克和社会革命党人利用当时粮食供应紧张和缺乏货币发不出工资的时机而组织了这些罢工。在苏维埃政府采取了克服缺点的措施后,罢工于 1919 年 4 月 12 日停止。——279。

94　指 1918 年 10 月 1 日和 2 日白卫军在萨马拉附近的伊瓦先科沃车站残酷屠杀谢尔吉耶夫火炮工厂和托梅洛夫火炮仓库工人的事件。这里的工人在红军部队迫近时进行护厂斗争,不让白卫军撤走工厂的设备。白卫军在反革命的捷克斯洛伐克军的帮助下对工人进行镇压,枪杀了 1 000 多人。——280。

95　《时报》(《Le Temps》)是法国资产阶级报纸(日报),1861—1942 年在巴黎出版。——289。

96　宪章运动是 19 世纪 30—50 年代英国无产阶级争取实行《人民宪章》的革命运动,是世界上第一次广泛的、真正群众性的、政治性的无产阶级革命运动。19 世纪 30 年代,英国工人运动迅速高涨。伦敦工人协会于 1836 年成立,1837 年起草了一份名为《人民宪章》的法案,1838 年 5 月在伦敦公布。宪章提出六点政治要求:(一)凡年满 21 岁的男子皆有

选举权;(二)实行无记名投票;(三)废除议员候选人的财产资格限制;
(四)给当选议员支付薪俸;(五)议会每年改选一次;(六)平均分配选举
区域,按选民人数产生代表。1840年7月成立了全国宪章派协会,这
是工人运动史上第一个群众性的工人政党。宪章运动在1839、1842、
1848年出现过三次高潮。三次请愿均被议会否决,运动也遭镇压。宪
章运动终究迫使英国统治阶级作了某些让步,并对欧洲工人运动的发
展产生了重大影响。马克思和恩格斯同宪章运动的左翼领袖乔·朱·
哈尼、厄·琼斯保持联系,并积极支持宪章运动。——292。

97　《自由报》(《Die Freiheit》)是德国独立社会民主党的机关报(日报),
1918年11月15日—1922年9月30日在柏林出版。——296。

98　全俄共产主义学生第一次代表大会于1919年4月15—21日在莫斯科
举行。出席大会的代表约200名,他们来自29个省,代表8 000名共
产主义学生联合会会员。大会作出了关于共产主义学生联合会加入俄
国共产主义青年团的决定。根据俄共(布)中央1919年5月11日批准
的关于俄国共产主义青年团工作的条例,工农青年工作和学生青年工
作统由俄国共产主义青年团负责。代表大会选出的全俄执行局组成了
俄国共产主义青年团中央委员会学生工作部,共产主义学生组织的成
员按个别履行手续的办法加入俄国共产主义青年团。——308。

99　1919年4月21日,列宁在国防委员会的会议上作了《关于加强军事防
御工作的报告》。这个文件看来是关于这个问题的决定的结尾部分的
初稿。——309。

100　列宁的这几句话写在库恩·贝拉代表匈牙利苏维埃政府发表的告红军
中匈牙利战士书的下面。这份告红军中匈牙利战士书于1919年4月
用匈牙利文刊印,在苏俄国内战争的各个战线上散发。
　　　苏共马列主义研究院中央党务档案馆所存的这个文件的俄文原件
由列·米·卡拉汉书写,文字是:"完全赞同马扎尔族同志们的信。希
望马扎尔族同志们把国际事业的利益放在首位。还需要再坚持几个
月,胜利对我们就有保障了。列宁"。——310。

101　　这是列宁给巴伐利亚苏维埃政府的复电。

巴伐利亚苏维埃共和国于 1919 年 4 月 13 日成立。在此以前，1919 年 4 月 7 日，以恩·托勒尔为首的独立社会民主党人曾在巴伐利亚宣布成立一个徒具空名的苏维埃共和国，企图以此来麻痹革命工人，阻止革命在巴伐利亚深入发展。4 月 13 日，巴伐利亚的反革命势力发动反革命暴乱，企图建立公开的资产阶级专政。当天，在巴伐利亚首府慕尼黑街头发生了激烈战斗，结果无产阶级取得了胜利。晚上，在革命的工厂委员会和士兵苏维埃的联席会议上，成立了由 15 人组成的共和国最高权力机关——行动委员会，选出了以巴伐利亚共产党人欧·莱维纳为首、由 4 名成员组成的最高执行机关——执行委员会。独立社会民主党人也加入了行动委员会和执行委员会。巴伐利亚苏维埃共和国政府成立后就着手实现无产阶级专政的任务：武装无产阶级和解除资产阶级的武装，建立红军，建立同反革命势力作斗争的非常委员会，把银行收归国有，规定由工人对工业企业实行监督，实行八小时工作制，组织粮食供应等等。巴伐利亚政府所采取的革命措施引起了一切反革命势力的仇视。德国谢德曼政府和一些州的军队联合起来反对巴伐利亚苏维埃共和国。独立社会民主党人的代表实行了叛卖政策。4 月 27 日，他们把共产党人从领导岗位上排挤出去。5 月 1 日，白卫军部队攻进慕尼黑，但工人群众仍进行了三天的顽强抵抗。巴伐利亚共产党人和革命工人遭到反革命军队的残酷屠杀，莱维纳被德国社会民主党人部长下令枪决。——311。

102　　洛布台是莫斯科红场上的一个带胸墙的圆形平台，初建于 1534 年。16—17 世纪，沙皇的一些重要命令在此宣布。俄国农民起义领袖斯捷潘·拉辛是 1671 年在洛布台旁的断头台上被处死的。——316。

103　　这个决定草案是列宁在 1919 年 5 月 2 日人民委员会所属经济委员会第二次会议讨论改善工人生活状况的措施时写的。——317。

104　　这是列宁在全俄社会教育第一次代表大会开幕会上致的贺词和在闭幕会上发表的长篇讲话。

全俄社会教育第一次代表大会于 1919 年 5 月 6—19 日在莫斯科

举行，约有 800 名代表出席大会。代表大会听取了阿·瓦·卢那察尔斯基关于社会教育的任务的讲话和娜·康·克鲁普斯卡娅关于目前形势与社会教育的报告。亚·亚·波格丹诺夫在分组会上作了关于无产阶级文化协会的报告。

代表大会通过了关于进一步开展社会教育工作的一系列决议；通过了关于必须颁布扫除文盲法令、关于建立国家的社会教育机构基本体系、关于必须把无产阶级文化协会和社会教育司的工作从组织上联合起来的专门决议；还通过了关于目前形势的专门决议。——318。

105 列宁指的是无产阶级文化派亚·亚·波格丹诺夫等人鼓吹的理论。波格丹诺夫早在 1909 年就提出了所谓"无产阶级文化"的思想。十月革命后，波格丹诺夫及其拥护者继续鼓吹这种观点，并通过无产阶级文化协会的活动加以贯彻。

无产阶级文化协会是十月革命前夕在彼得格勒成立的独立的无产阶级文学艺术活动组织。十月革命后在国内各地成立分会。各地协会最多时达 1 381 个，会员 40 多万。1918 年春，亚·亚·波格丹诺夫及其拥护者逐渐从思想上和组织上控制了协会，他们仍继续坚持协会对共产党和苏维埃国家的"独立性"，否认以往的文化遗产的意义，力图摆脱群众性文教工作的任务，企图通过脱离实际生活的"实验室的道路"来创造"纯粹无产阶级的"文化。波格丹诺夫口头上承认马克思主义，实际上鼓吹马赫主义这种主观唯心主义哲学。列宁在《关于无产阶级文化》（见本版全集第 39 卷）等著作中批判了无产阶级文化派的错误。无产阶级文化协会于 20 年代初趋于衰落，1932 年停止活动。——319。

106 指 1918 年 12 月 10 日人民委员会通过的《关于动员识字者和组织宣传苏维埃制度的法令》。该法令刊载于 1918 年 12 月 12 日《全俄中央执行委员会消息报》第 272 号。法令规定对所有识字的人进行一次登记，从中选拔优秀的宣讲员，编成小组。这些小组第一要把政府所采取的一切措施向不识字的居民传达，第二要通过宣读法令、文章和共产党的报纸来帮助全体居民提高政治觉悟。——320。

107　伯尔尼国际是持社会沙文主义、机会主义和中派主义立场的各国社会
民主党的领袖们在1919年2月伯尔尼代表会议上成立的联盟。伯尔
尼国际的领袖是卡·亚·布兰亭、卡·考茨基、爱·伯恩施坦、皮·列
诺得尔等。他们力图恢复已于1914年瓦解的第二国际,阻挠革命和共
产主义运动的发展,防止成立共产国际。他们反对苏维埃俄国的无产
阶级专政,颂扬资产阶级民主。1921年2月,德国独立社会民主党、奥
地利社会民主党、法国社会党、英国独立工党等退出伯尔尼国际,成立
了维也纳国际(第二半国际)。1923年5月,在革命斗争浪潮开始低落
的形势下,伯尔尼国际同维也纳国际合并成为社会主义工人国际。
——326。

108　凡尔赛和约即第一次世界大战后英、法、意、日等国对德和约,于1919
年6月28日在巴黎郊区凡尔赛宫签订。和约的主要内容是,德国将阿
尔萨斯—洛林归还法国,萨尔煤矿归法国;德国的殖民地由英、法、日等
国瓜分;德国向美、英、法等国交付巨额赔款;德国承认奥地利独立;限
制德国军备,把莱茵河以东50公里的地区划为非军事区。中国虽是战
胜国,但和约却把战前德国在山东的特权交给了日本。这种做法遭到
了中国人民的强烈反对,中国代表因而没有在和约上签字。列宁认为
凡尔赛和约"是一个闻所未闻的、掠夺性的和约,它把亿万人,其中包括
最文明的一部分人,置于奴隶地位"(见本版全集第39卷第394页)。
——326。

109　《言语报》(《Речь》)是俄国立宪民主党的中央机关报(日报),1906年2
月23日(3月8日)起在彼得堡出版,实际编辑是帕·尼·米留可夫和
约·弗·盖森。积极参加该报工作的有马·莫·维纳维尔、帕·德·
多尔戈鲁科夫、彼·伯·司徒卢威等。1917年二月革命后,该报积极
支持资产阶级临时政府的对内对外政策,反对布尔什维克。1917年10
月26日(11月8日)被查封。后曾改用《我们的言语报》、《自由言语
报》、《时代报》、《新言语报》和《我们时代报》等名称继续出版,1918年8
月最终被查封。——339。

110　发表在1919年5月13日《真理报》第101号上的尔·格尔曼诺夫的

《从克伦斯基向后退》一文,摘引了瓦·弗·舍尔的提纲《合作社在粮食供应方面的作用》。舍尔在提纲中提出,为了尽快消除粮食危机,必须采取以下的经济措施:坚决实行一切定量食品的自由贸易;放弃垄断制度,有步骤地把自由贸易扩大到一切粮食产品;使农民享有自由支配自己劳动产品的权利;在农村停止实行征集和没收;以农民的农业组织同工人、市民的组织间的自由协商来代替固定价格;立即缩减并在以后取消粮食人民委员部的全部收购机构。——342。

111　可能是指德国独立社会民主党机关报《自由报》。1919 年 4 月 15 日该报第 181 号刊登了卡·考茨基在全德苏维埃第二次代表大会上的报告(由他的妻子路易莎·考茨基代为宣读)。——344。

112　苏哈列夫卡是莫斯科的一个市场,坐落在 1692 年彼得一世所建造的苏哈列夫塔周围。在外国武装干涉和国内战争时期,苏哈列夫卡是投机商活动的中心。从此,苏哈列夫卡一词就成了私人自由贸易的同义语。1920 年 12 月,莫斯科苏维埃作出封闭该市场的决议。新经济政策时期该市场曾恢复,1932 年被取缔。——349。

113　《告德国工人和不剥削他人劳动的农民书》是由于凡尔赛和约将签订而起草的文告。这篇文告指出,强加给德国人民的凡尔赛和约使德国人民受到空前的掠夺和奴役。文告原题是《告德国人民书》。列宁在审查它的草稿时对标题作了修改,并加写了结尾的部分。——365。

114　1919 年 4 月,俄共(布)中央作了一个有关巩固各苏维埃共和国军事统一的决定(参看注 88)。1919 年 4 月 23 日,共和国武装力量总司令约·约·瓦采季斯在一份关于俄罗斯社会主义联邦苏维埃共和国军事形势的报告书中,又论证了把各苏维埃共和国的武装力量联合起来置于统一的指挥之下的必要性。列宁看了报告书后,于 4 月 24 日写批语给共和国军事革命委员会副主席埃·马·斯克良斯基,提出要迅速起草一份中央给各民族共和国的同志们的关于军事统一的指示。5 月,列宁亲自起草了《中央关于军事统一的指示草案》。在这以后,各兄弟共和国苏维埃政府分别建议,把一切人力物力联合起来共同抵御外国武装干涉者和反革命白卫军。根据这种愿望，全俄中央执行委员会于1919年6月1日通过了《关于俄罗斯、乌克兰、拉脱维亚、立陶宛、白俄罗斯等苏维埃共和国结成军事联盟的决定》。各共和国政府经过协商，把各自的军事组织及军事指挥、国民经济委员会、铁路运输管理、财政和劳动人民委员部统一起来。1920年9月30日，俄罗斯社会主义联邦苏维埃共和国同阿塞拜疆社会主义苏维埃共和国签订了关于军事、财政、经济联合的条约。1920年12月28日，俄罗斯社会主义联邦苏维埃共和国和乌克兰社会主义苏维埃共和国签订了关于军事和经济联合的工农同盟条约。1921年1月16日，俄罗斯社会主义联邦苏维埃共和国同白俄罗斯社会主义苏维埃共和国签订了类似的工农同盟条约。各兄弟苏维埃共和国在军事上和经济上的联合，为战胜外国武装干涉者和国内反革命势力提供了保证，同时也是各苏维埃共和国联合成为统一的联盟国家的重要一步。——367。

115 莫斯科县工农代表苏维埃第五次(非常)代表大会于1919年5月16—17日在莫斯科萨多沃-苏哈列夫街11号举行，出席代表206名，其中共产党员36名，同情者20名，非党人士150名。大会的主要任务是向劳动群众解释俄共(布)第八次代表大会有关农村工作的决议。在大会的报告和决议中提出了吸收中农参加社会主义建设事业、在农村进行社会主义改造以及援助小农经济的任务。——369。

116 列宁的这次讲话是1919年5月25日在莫斯科红场发表的。这一天，为庆祝普遍军训一周年在红场举行了阅兵典礼。列宁在普遍军训部司令部人员陪同下，检阅了莫斯科市工人营、各区共产主义分队和军事学校学员。在阅兵典礼上，列宁和匈牙利苏维埃共和国领导人萨穆利·蒂博尔以及普遍军训部主任等讲了话。

　　1918年4月22日全俄中央执行委员会颁布了《关于必须接受军事技能训练的法令》，规定对工人和不剥削他人劳动的农民实行普遍军训。一年中，有数十万劳动者受了军事训练，补充进了红军队伍。——373。

117 《共产国际》杂志(《Коммунистический Интернационал》)是共产国际执

行委员会的机关刊物,1919年5月1日创刊,曾用俄、德、法、英、中、西班牙等各种文字出版,编辑部由参加共产国际的各国共产党代表组成。该杂志刊登理论文章和共产国际文件,曾发表列宁的许多篇文章。随着1943年5月15日共产国际解散,该杂志于1943年6月停刊。——379。

118　愁容骑士即西班牙作家米·塞万提斯的小说《唐·吉诃德》的主人公唐·吉诃德,是唐·吉诃德的侍从桑丘给他取的绰号(见小说第1卷第19章)。——384。

119　《工人报》(《Arbeiter-Zeitung》)是奥地利社会民主党的中央机关报。1889年7月由维·阿德勒在维也纳创办。1893年以前为周报,1894年每周出版两期,从1895年1月起改为日报。第一次世界大战期间,该报采取社会沙文主义立场。1934年被查封。1945年复刊后是奥地利社会党中央机关报。——384。

120　指克·蔡特金1919年3月4日在德国独立社会民主党非常代表大会上的发言。她在发言中针对卡·考茨基关于伯尔尼代表会议的报告说:"有些人认为,一开始应当先提高生产。这是滚向资产阶级政治经济学。生产为了人,而不是相反,因此摆在首位的问题是,应当选择什么样的生产方式。"(见1919年3月9日《自由报》第114号附刊)——386。

121　爱·大卫在《世界大战中的社会民主党》一书中说:"德国社会民主党丝毫也没有想过要让外国敌人打胜,要借外国敌人的帮助来实现国内政治方面的自由要求。想变帝国主义战争为国内战争,那是丧失理智。德国社会民主党决不接受这一类建议,不管它出于什么动机。"(见该书1915年柏林版第171—172页)——386。

122　1919年5月31日,国防委员会讨论了与动员有关的一些问题。会议批准了列宁起草的一个法令(见本卷第391页),并通过了一个决定,内容是:由粮食人民委员部向已应征者提供食粮;核定各部门、各机关有哪些应当服兵役并可由他人接替而不致对工作造成重大损失的工作人员，以便立即把他们拨交军事指挥部。——389。

123　同志审判会是和俄国的工人代表苏维埃一起出现的工人阶级组织，其使命是同违反无产阶级道德的行为作斗争。苏维埃政府将其法律化、制度化，于1919年和1921年制定了最初的同志审判会条例，规定同志审判会受理违反劳动纪律等案件，可以给过失者以训诫、警告、记过、罚款等处分。同志审判会的判决带强制性，是工人群众自己管理和教育自己的一种方式，也是预防犯罪和同轻微犯罪作斗争的一种措施。——397。

人 名 索 引

A

阿夫克森齐耶夫,尼古拉·德米特里耶维奇（Авксентьев, Николай Дмитриевич 1878—1943）——俄国社会革命党领袖之一,该党中央委员。1905 年为彼得堡工人代表苏维埃委员。斯托雷平反动时期和新的革命高涨年代参加社会革命党右翼,任社会革命党中央机关刊物《劳动旗帜报》编委。第一次世界大战期间是社会沙文主义者,为护国派刊物《在国外》、《新闻报》、《号召报》撰稿。1917 年二月革命后任彼得格勒苏维埃执行委员会委员、全俄农民代表苏维埃执行委员会主席、第二届联合临时政府内务部长,10 月任俄罗斯共和国临时议会（预备议会）主席。十月革命后是反革命叛乱的策划者之一。1918 年是所谓乌法督政府的主席。后流亡国外,继续反对苏维埃政权。——331。

阿克雪里罗得,帕维尔·波里索维奇（Аксельрод, Павел Борисович 1850—1928）——俄国孟什维克领袖之一。19 世纪 70 年代是民粹派分子。1883 年参与创建劳动解放社。1900 年起是《火星报》和《曙光》杂志编辑部成员。这一时期在宣传马克思主义的同时,也在一系列著作中把资产阶级民主制和西欧社会民主党议会活动理想化。1903 年在俄国社会民主工党第二次代表大会上是《火星报》编辑部有发言权的代表,属火星派少数派,会后是孟什维主义的思想家。1905 年提出召开广泛的工人代表大会的取消主义观点。1906 年在党的第四次（统一）代表大会上代表孟什维克作了关于国家杜马问题的报告,宣扬无产阶级同资产阶级实行政治合作的机会主义思想。斯托雷平反动时期和新的革命高涨年代是取消派的思想领袖,参加孟什维克取消派《社会民主党人呼声报》编辑部。1912 年加入"八月联盟"。第一次世界大战期间表面上是中派,实际持社会沙文主义立场;曾参加齐美尔瓦尔德代表会议和昆塔尔代表会议,属于右翼。1917 年二月革命后任彼得格勒苏维埃执行委员会委员,支持资产阶级临时政府。十月革命后侨居国外,反对苏维埃政权,鼓吹武装干涉苏维埃俄国。——331。

阿拉洛夫,谢苗·伊万诺维奇（Аралов, Семен Иванович 1880—1969）——1903 年参加俄国社会民主主义运动。1905—1907 年革命的参加者。1917 年二月革命后先后任第 3 集团军委员会副主席和主席,曾追随孟什维克,持护国主义立场。1918 年 1 月参加红军,3 月加入俄（共）布。1918—1920 年先后任莫斯科军区司令部作战部部长和陆海军人民委员部作战部部长、共和国革命军事委员会委员、第 12 和第 14 集团军及西南方面军革命军事委员会委员。1921 年起从事外交工作,历任驻立陶宛、土耳其、拉脱维亚全权代表。1925 年起任外交人民委员部部务委员。1927 年起在苏联最高国民经济委员会工作。1938—1941 年先后任国家文学博物馆副馆长和馆长。——170。

阿列克谢耶夫,Н.П.（Алексеев, Н.П.）——172。

阿瓦涅索夫,瓦尔拉姆·亚历山德罗维奇（Аванесов, Варлаам Александрович 1884—1930）——1903 年加入俄国社会民主工党,积极参加 1905—1907 年革命。1907—1913 年在瑞士,曾任俄国社会民主工党联合小组书记。1914 年回国,参加布尔什维克。1917 年二月革命后是莫斯科工人代表苏维埃布尔什维克党团成员和莫斯科苏维埃主席团委员。十月革命期间任彼得格勒军事革命委员会委员。1917—1919 年任全俄中央执行委员会秘书和主席团委员。1919—1920 年初任国家监察人民委员部部务委员,1920—1924 年任副工农检查人民委员、全俄肃反委员会会务委员,后任副对外贸易人民委员。1925 年起任最高国民经济委员会主席团委员。1922—1927 年任苏联中央执行委员会委员。——371。

安东诺夫——见安东诺夫-奥弗申柯,弗拉基米尔·亚历山德罗维奇。

安东诺夫-奥弗申柯,弗拉基米尔·亚历山德罗维奇（Антонов-Овсеенко, Владимир Александрович 1883—1939）——1901 年参加俄国革命运动,1903 年加入俄国社会民主工党。1905—1906 年是新亚历山德里亚和塞瓦斯托波尔武装起义的组织者之一,被判处死刑,后改判二十年苦役,潜逃后于 1910 年流亡巴黎,加入孟什维克。1914 年底与孟什维克决裂。第一次世界大战期间是国际主义者。1917年5月回国,6月加入布尔什维克。十月革命期间任彼得格勒军事革命委员会秘书,是攻打冬宫和逮捕临时政府成员的领导人之一。十月革命后加入第一届人民委员会,任陆海军事务委员会委员,彼得格勒军区司令。1917年底—1918年初指挥同卡列金匪帮和反革命乌克兰中央拉达部队作战的苏维埃部队。1918年3—5月任南俄苏维埃部队最高总司令,1919年1—6月任乌克兰方面军司令。1922—1924年任共和国革命军事委员会政治部主任。1923—1927年属托洛茨基反对派,1928年与托派决裂。1924年起从事外交工作。1934年起任俄罗斯联邦检察长。1936—1937年任苏联驻巴塞罗那总领事。——364。

奥库洛夫,阿列克谢·伊万诺维奇(Окулов, Алексей Иванович 1880—1939)——1903年加入俄国社会民主工党。三次革命的参加者,作家。1917年二月革命后任党的叶尼塞斯克省委员会委员和省苏维埃执行委员会主席。国内战争时期任南方面军、西方面军和第10集团军革命军事委员会委员。1919年1—5月为共和国革命军事法庭成员,1—7月任共和国革命军事委员会委员。1920—1921年任东西伯利亚部队司令。后从事苏维埃工作和写作。——170、175—176。

奥兰多,维多里奥·埃曼努埃斯(Orlando, Vittorio Emanuele 1860—1952)——意大利国务活动家,资产阶级自由派领袖之一。1917—1919年任首相,曾率领意大利代表团出席巴黎和会。1919—1920年任议会议长。墨索里尼法西斯专政建立后,不再积极参加政治活动。1948—1952年任参议员。——247。

奥斯特尔利茨,弗里德里希(Austerlitz, Friedrich 1862—1931)——奥地利社会民主党领袖之一,该党中央机关报《工人报》主编,议员。第一次世界大战期间持社会沙文主义立场。——384。

B

鲍威尔,奥托(Bauer, Otto 1882—1938)——奥地利社会民主党和第二国际领袖之一,"奥地利马克思主义"理论家。同卡·伦纳一起提出资产阶级民族主义的民族文化自治论。1907年起任社会民主党议会党团秘书,同年参与创办党的理论刊物《斗争》杂志。1912年起任党中央机关报《工人报》编辑。第一次世界大战期间应征入伍,在俄国前线被俘。俄国1917年二月革命后在彼得格勒,同年9月回国。敌视俄国十月革命。1918年11月—1919年7月任奥地利共和国外交部长,赞成德奥合并。1920年在维也纳出版反布尔什维主义的《布尔什维主义还是社会民主主义?》一书。1920年起为国民议会议员。第二半国际和社会主义工人国际的组织者和领袖之一。曾参与制定和推行奥地利社会民主党的机会主义路线,使奥地利工人阶级的革命斗争遭受严重损失。晚年修正了自己的某些改良主义观点。——379、384。

边沁,耶利米(Bentham, Jeremy 1748—1832)——英国社会学家、哲学家和经济学家,功利主义理论的主要代表。认为"个人的利益是唯一现实的利益","社会利益只是一种抽象,它不过是个人利益的总和"。主张所谓"最大多数人的最大幸福"的"功利原则"。同时强调有利于资产者的就是有利于全社会的,而有利于资产者的就是道德的,功利就是道德的标准。他的学说把个人利益说成是社会幸福的基础,把资产阶级社会说成是通向"安宁、平等、幸福和富裕"的社会。——334、361。

波波夫,帕维尔·伊里奇(Попов, Павел Ильич 1872—1950)——苏联统计学家,1924年加入俄共(布)。1918年起任中央统计局局长、苏联国家计划委员会主席团委员。1926—1949年任俄罗斯联邦国家计划委员会主席团委员和全苏列宁农业科学院主席团委员、俄罗斯联邦国家计划委员会农业局领导人。后任苏联中央统计局科学方法论委员会委员。写有统计学方面的著作。——16。

波德别尔斯基,瓦季姆·尼古拉耶维奇(Подбельский, Вадим Николаевич 1887—1920)——1905年加入俄国社会民主工党。曾在坦波夫和莫斯科做党的工作。多次被捕和流放。曾侨居法国。1917年二月革命后任党的莫斯科委员会委员、莫斯科市杜马布尔什维克代表、《社会民主党人报》编委。十月革命期间是领导莫斯科武装起义的党总部成员、莫斯科军事革命委员会委员。十月革命后任莫斯科和莫斯科地区邮电委员。1918年4月起任俄罗斯联邦邮电人民委员。曾参与平定莫斯科、坦波夫、雅罗斯拉夫尔等地的反革命叛乱。1919年5—8月任党中央和全俄中央执行委员会驻南方战线坦波夫地段特派员。——158—159、164。

波德沃伊斯基,尼古拉·伊里奇(Подвойский,Николай Ильич 1880—1948)——1901年加入俄国社会民主工党。曾在乌克兰、伊万诺沃-沃兹涅先斯克、雅罗斯拉夫尔、科斯特罗马、巴库、彼得堡等地做党的工作,因从事革命活动多次被捕。积极参加俄国第一次革命。1910—1914年参与创办和出版《明星报》和《真理报》。1917年二月革命后任党的彼得堡委员会委员、彼得堡委员会军事组织的领导人、党中央委员会全俄前线和后方军事组织局主席。十月革命期间任彼得格勒军事革命委员会主席,是攻打冬宫的领导人之一。克伦斯基—克拉斯诺夫叛乱期间任彼得格勒军区司令,积极参与平定叛乱。1917年11月—1918年3月任陆军人民委员。1918年1月起任全俄红军建军委员会主席。1918年9月—1919年7月任共和国革命军事委员会委员,1919年1—9月兼任乌克兰陆海军人民委员。1919—1927年任普遍军训部部长兼特种任务部队司令、红色体育运动国际主席。1924—1930年为党中央监察委员会委员。晚年从事宣传和著述活动。——364。

布勃诺夫,安德列·谢尔盖耶维奇(Бубнов,Андрей Сергеевич 1884—1940)——1903年加入俄国社会民主工党。曾在伊万诺沃-沃兹涅先斯克、莫斯科、彼得堡等城市做党的工作,屡遭沙皇政府迫害。1912年在党的第六次(布拉格)全国代表会议上当选为候补中央委员,为《真理报》撰稿。1917年二月革命后是党的莫斯科区域局成员。在党的第六次代表大会上当选为中央委员,是中央委员会驻彼得堡委员会的代表。在十月革命的准备和进行期间参加领导武装起义的彼得格勒军事革命委员会和党总部。十月革命后任交通人民委员部部务委员、派驻南方的共和国铁路委员,曾参与平定卡列金叛乱。1918年参加"左派共产主义者"集团。1918年3月参加乌克兰苏维埃政府,先后当选为乌克兰共产党(布)中央委员和中央政治局委员。以乌克兰方面军革命军事委员会委员、第14集团军革命军事委员会委员和乌克兰国防委员会委员的身份参加了国内战争前线部队的领导工作。1921年起任北高加索军区和骑兵第1集团军革命军事委员会委员,党中央委员会东南局成员。1920—1921年参加民主集中派。1922—1923年主管党中央委员会鼓动宣传部的工作。1923年参加托洛茨基反对派,不久脱离。1924—1929 年任工农红军政治部主任和苏联革命军事委员会委员,1925 年任党中央委员会书记。1929—1937 年任俄罗斯联邦教育人民委员。在党的第八、第十一和第十二次代表大会上当选为候补中央委员,在党的第十三至第十七次代表大会上当选为中央委员。——174。

布哈林,尼古拉·伊万诺维奇(Бухарин, Николай Иванович 1888—1938)——1906 年加入俄国社会民主工党。1907 年进入莫斯科大学法律系经济学专业学习。1908 年起任党的莫斯科委员会委员。1909—1910 年几度被捕,1911 年从流放地逃往欧洲。在国外开始著述活动,参加欧洲工人运动。1917 年二月革命后回国,当选为莫斯科苏维埃执行委员会委员、党的莫斯科委员会委员,任《社会民主党人报》和《斯巴达克》杂志编辑。在党的第六至第十六次代表大会上当选为中央委员。1917 年 10 月起任莫斯科军事革命委员会委员,参与领导莫斯科的武装起义。同年 12 月起任《真理报》主编。1918 年初反对签订布列斯特和约,是"左派共产主义者"集团的领袖。1919 年 3 月当选为党中央政治局候补委员。1919 年共产国际成立后任共产国际执行委员会委员和主席团委员。1920—1921 年工会问题争论期间领导"缓冲"派。1924 年 6 月当选为中央政治局委员。1926—1929 年主持共产国际的工作。1929 年被作为"右倾派别集团"的领袖受到批判,同年被撤销《真理报》主编、中央政治局委员、共产国际执行委员会委员和主席团委员职务。1931 年起任苏联最高国民经济委员会主席团委员。1934—1937 年任《消息报》主编。1934 年当选为候补中央委员。1937 年 3 月被开除出党。1938 年 3 月 13 日被苏联最高法院军事审判庭以"参与托洛茨基的恐怖、间谍和破坏活动"的罪名判处枪决。1988 年平反并恢复党籍。——137、138、139、140、142、143、144、158、165。

布列什柯-布列什柯夫斯卡娅,叶卡捷琳娜·康斯坦丁诺夫娜(Брешко-Брешковская, Екатерина Константиновна 1844—1934)——俄国社会革命党的组织者和领导人之一,属该党极右翼。19 世纪 70 年代初参加革命运动,是"到民间去"活动的参加者。1874—1896 年服苦役和流放。1899 年参与创建俄国政治解放工人党,该党于 1902 年并入社会革命党。曾参加 1905—1907 年革命。多次当选为社会革命党中央委员。1917 年二月革命后极力支持资产阶级临时政府,主张把帝国主义战争继续进行到"最后胜利"。十月革命后反对苏维埃政权。1919年去美国,后住在法国。在国外继续反对苏维埃俄国,主张策划新的武装干涉,参加了巴黎白俄流亡分子的《白日》周刊的工作。——331、357。

布留哈诺夫,尼古拉·巴甫洛维奇(Брюханов,Николай Павлович 1878—1942)——1902年加入俄国社会民主工党,1904年起是布尔什维克。曾在喀山、辛比尔斯克、乌法及其他城市做党的工作,屡遭沙皇政府迫害。1917年二月革命后任党的乌法统一委员会委员,乌法工兵代表苏维埃主席。1917年10月起任乌法省革命委员会委员。1918年2月起任粮食人民委员部部务委员,6月起任副粮食人民委员;1919年8月起兼任东方面军粮食特设委员会主席。1921年起历任粮食人民委员、财政人民委员、副供给人民委员、苏联人民委员会农业产量核定委员会副主席等职。在党的第十五次和第十六次代表大会上当选为候补中央委员。——30、60。

C

蔡特金,克拉拉(Zetkin,Clara 1857—1933)——德国工人运动和国际工人运动活动家,国际社会主义妇女运动领袖之一,德国共产党创建人之一。19世纪70年代末参加革命运动,1881年加入德国社会民主党。1882年流亡奥地利,后迁居瑞士苏黎世,为秘密发行的德国社会民主党机关报《社会民主党人报》撰稿。1889年积极参加第二国际成立大会的筹备工作。1890年回国。1892—1917年任德国社会民主党主办的女工运动机关刊物《平等》杂志主编。1907年参加国际社会党斯图加特代表大会,在由她发起的第一次国际妇女社会党人代表会议上当选为国际妇女联合会书记处书记。1910年在哥本哈根举行的第二次国际妇女社会党人代表会议上,根据她的倡议,通过了以3月8日为国际妇女节的决议。第一次世界大战期间持国际主义立场,反对社会沙文主义。曾积极参与组织1915年3月在伯尔尼召开的国际妇女社会党人代表会议。1916年参与组织国际派(后改称斯巴达克派和斯巴达克联盟)。1917年德国独立社会民主党成立后为党中央委员。1919年起为德国共产党党员,当选为中央委员。1920年起为国会议员。1921年起先后当选为共产国际执行委员会委员和主席团委员,领导国际妇女书记处。1925 年起任国际支援革命战士协会主席。
——385。

车尔尼雪夫斯基,尼古拉·加甫里洛维奇(Чернышевский, Николай
Гаврилович 1828—1889)——俄国革命民主主义者和空想社会主义者,作
家,文学评论家,经济学家,哲学家;俄国社会民主主义先驱之一,俄国 19
世纪 60 年代革命运动的领袖。1853 年开始为《祖国纪事》和《同时代人》
等杂志撰稿,1856—1862 年是《同时代人》杂志的领导人之一,发扬别林斯
基的民主主义批判传统,宣传农民革命思想,是土地和自由社的思想鼓舞
者。因揭露 1861 年农民改革的骗局,号召人民起义,于 1862 年被沙皇政
府逮捕,入狱两年,后被送到西伯利亚服苦役。1883 年解除流放,1889 年
被允许回家乡居住。著述很多,涉及哲学、经济学、教育学、美学、伦理学等
领域。在哲学上批判了贝克莱、康德、黑格尔等人的唯心主义观点,力图以
唯物主义精神改造黑格尔的辩证法。对资本主义作了深刻的批判,认为社
会主义是由整个人类发展进程所决定的,但作为空想社会主义者,又认为
俄国有可能通过农民村社过渡到社会主义。所著长篇小说《怎么办?》
(1863)和《序幕》(约 1867—1869)表达了社会主义理想,产生了巨大的革
命影响。——324—325。

D

大卫,爱德华(David, Eduard 1863—1930)——德国社会民主党右翼领袖之
一,经济学家;德国机会主义者的主要刊物《社会主义月刊》创办人之一。
1893 年加入社会民主党。公开修正马克思主义关于土地问题的学说,否
认资本主义经济规律在农业中的作用。1903 年出版《社会主义和农业》一
书,宣扬小农经济稳固,维护所谓土地肥力递减规律。1903—1918 年和
1920—1930 年为国会议员,社会民主党国会党团领袖之一。第一次世界
大战期间是社会沙文主义者;在《世界大战中的社会民主党》(1915)一书中
为德国社会民主党右翼在第一次世界大战中的机会主义立场辩护。1919
年 2 月任魏玛共和国国民议会第一任议长。1919—1920 年任内务部长,
1922—1927 年任中央政府驻黑森的代表。——293、386。

德宾科,帕维尔·叶菲莫维奇(Дыбенко, Павел Ефимович 1889—1938)——

1907年参加俄国革命运动，1912年起为布尔什维克。1911年起在波罗的
海舰队服役。第一次世界大战期间在军队中从事革命宣传活动，是1915
年"保罗一世"号战列舰水兵反战运动的领导人之一；多次被捕。1917年
二月革命后任赫尔辛福斯苏维埃委员，4月起任波罗的海舰队中央委员会
主席。积极参加波罗的海舰队准备十月武装起义的工作，任彼得格勒军事
革命委员会委员。十月革命后参加第一届人民委员会，任陆海军事务委员
会委员，后任海军人民委员，是苏联海军的组织者之一。1918年10月至
国内战争结束在乌克兰、南方、高加索等战线指挥红军部队和兵团，后在红
军中担任指挥职务。1928—1938年历任中亚军区、伏尔加河沿岸军区、西
伯利亚军区和列宁格勒军区司令。——172。

邓尼金，安东·伊万诺维奇（Деникин, Антон Иванович 1872—1947）——沙
俄将军。第一次世界大战期间曾任旅长和师长。1917年4—5月任俄军
最高总司令的参谋长，后任西方面军司令和西南方面军司令。积极参加科
尔尼洛夫叛乱。十月革命后参与组建白卫志愿军，1918年4月起任志愿
军司令。在协约国扶植下，1919年1月起任"南俄武装力量"总司令。
1919年夏秋进犯莫斯科，被击溃后率残部退到克里木。1920年4月将指
挥权交给弗兰格尔，自己逃亡国外。——234、324、343、351。

杜克尔斯基，М.П.（Дукельский, М.П. 1875—1956）——俄国沃罗涅日农学
院教授。——206—210。

多伊米希，恩斯特（Däumig, Ernst 1866—1922）——德国政治活动家，社会民
主党人，新闻工作者。德国独立社会民主党创建人之一，1919年8月起任
该党主席。1920年12月与该党左翼一起加入德国共产党，但于1922年
又回到社会民主党。——382、383。

E

恩格斯，弗里德里希（Engels, Friedrich 1820—1895）——科学共产主义创始
人之一，世界无产阶级的领袖和导师，马克思的亲密战友。——131、137、
184、293、341。

F

弗鲁姆金，莫伊塞·伊里奇（格尔曼诺夫，尔·）（Фрумкин, Моисей Ильич

（Германов，Л.）1878—1938）——1898 年加入俄国社会民主工党。曾在戈梅利、坦波夫、彼得堡、莫斯科等城市做党的工作。1911 年起流放叶尼塞斯克省。1917 年二月革命后在克拉斯诺亚尔斯克做党的工作，12 月起任西西伯利亚边疆区经济委员会主席团委员。1918—1922 年历任粮食人民委员部部务委员、副粮食人民委员、中央消费合作总社理事会理事、党中央委员会西伯利亚局成员和西伯利亚革命委员会副主席。1922—1929 年先后任副对外贸易人民委员、副财政人民委员。1928—1930 年属党内"右倾派别集团"。1932—1935 年任副对外贸易人民委员，后从事经济工作。——342。

伏罗希洛夫，克利缅特·叶弗列莫维奇（Ворошилов，Климент Ефремович 1881—1969）——1903 年加入俄国社会民主工党。曾在卢甘斯克、彼得堡、巴库、察里津做党的工作，多次被捕和流放。1917 年 3 月起任卢甘斯克工人代表苏维埃主席。积极参加十月武装起义。1918—1919 年任察里津军队集群司令、南方面军副司令兼革命军事委员会委员、第 10 集团军司令。1918 年 12 月任乌克兰内务人民委员、哈尔科夫军区司令、第 14 集团军司令和内乌克兰方面军司令。在党的第八次代表大会上追随军事反对派。1919—1921 年是骑兵第 1 集团军的组织者之一和革命军事委员会委员；曾率领党的第十次代表大会代表参与平定喀琅施塔得叛乱。1921—1925 年先后任北高加索军区和莫斯科军区司令。1925—1934 年任陆海军人民委员和苏联革命军事委员会主席。1934—1940 年任苏联国防人民委员。1940 年起任苏联人民委员会副主席和苏联人民委员会直属防务委员会主席。卫国战争期间任国防委员会委员、最高统帅部大本营成员。1946—1953 年任苏联部长会议副主席。1953—1960 年任苏联最高苏维埃主席团主席。从党的第十次代表大会起为中央委员，1926—1952 年为中央政治局委员，1952—1960 年为苏共中央主席团委员。——172、174、175、176。

G

高尔察克，亚历山大·瓦西里耶维奇（Колчак，Александр Васильевич 1873—1920）——沙俄海军上将（1916），君主派分子。第一次世界大战期间任波罗的海舰队作战部部长、水雷总队长，1916—1917 年任黑海舰队司令。1918 年 10 月抵鄂木斯克，11 月起任白卫军"西伯利亚政府"陆海军部长。11 月 18 日在外国武装干涉者支持下发动政变，在西伯利亚、乌拉尔和远东建立军事专政，自封为"俄国最高执政"和陆海军最高统帅。叛乱被平定后，1919 年 11 月率残部逃往伊尔库茨克，后被俘。1920 年 2 月 7 日根据伊尔库茨克军事革命委员会的决定被枪决。——181—182、234、237、238、242、244、259、263、265、267、268、269、276—277、278、280、287、299、300、302、304、305、306、314、320、327、329、330、333、334、342、343、344、351、355、369。

戈洛晓金，菲力浦·伊萨耶维奇（Голощекин, Филипп Исаевич 1876—1941）——1903 年加入俄国社会民主工党。曾在彼得堡、莫斯科、乌拉尔等地做党的工作，屡遭沙皇政府迫害。1912 年在党的第六次（布拉格）全国代表会议上当选为中央委员和中央委员会俄国局成员。十月革命期间任彼得格勒军事革命委员会委员。十月革命后任党的乌拉尔区域委员会书记、党中央委员会西伯利亚局成员。国内战争时期任乌拉尔州军事委员、第 3 集团军总政治委员、土耳其斯坦集团军革命军事委员会委员。在党的第八次代表大会上追随军事反对派。1922—1925 年任科斯特罗马省和萨马拉省苏维埃执行委员会主席。1925 年起任党的哈萨克斯坦边疆区委员会书记。1933 年起任苏联人民委员会国家总仲裁人。在党的第十五次和第十六次代表大会上当选为中央委员。——171、174、175。

格尔曼诺夫，尔·——见弗鲁姆金，莫伊塞·伊里奇。

H

哈阿兹，胡戈（Haase, Hugo 1863—1919）——德国社会民主党领袖之一，中派分子。1911—1917 年为德国社会民主党执行委员会主席之一。1897—1907 年和 1912—1918 年为帝国国会议员。1912 年起任社会民主党国会党团主席。第一次世界大战期间持中派立场。1917 年 4 月同考茨基等人一起建立德国独立社会民主党。1918 年十一月革命期间参加所谓的人民代表委员会，支持镇压无产阶级革命运动。——386、387。

J

吉尔波,昂利(Guilbeaux, Henri 1885—1938)——法国社会党人,新闻工作者。第一次世界大战期间是中派分子,出版《明日》杂志,主张恢复国际联系。1916年参加昆塔尔代表会议。20年代初起住在德国,是《人道报》通讯员。曾代表法国齐美尔瓦尔德左派出席共产国际第一次代表大会。——285—286。

季诺维也夫(拉多梅斯尔斯基),格里戈里·叶夫谢耶维奇(Зиновьев(Радомысльский), Григорий Евсеевич 1883—1936)——1901年加入俄国社会民主工党,党的第二次代表大会后是布尔什维克。在党的第五至第十四次代表大会上当选为中央委员。1908—1917年侨居国外,参加布尔什维克《无产者报》编辑部和党的中央机关报《社会民主党人报》编辑部。斯托雷平反动时期对取消派、召回派和托洛茨基分子采取调和主义态度。1912年后和列宁一起领导中央委员会俄国局。第一次世界大战期间持国际主义立场。1917年4月回国,进入《真理报》编辑部。十月革命前夕反对举行武装起义的决定。1917年11月主张成立有孟什维克和社会革命党人参加的联合政府,遭到否决后声明退出党中央。1917年12月起任彼得格勒苏维埃主席。1919年共产国际成立后任共产国际执行委员会主席。1919年当选为党中央政治局候补委员,1921年当选为中央政治局委员。1925年参与组织"新反对派",1926年与托洛茨基结成"托季联盟"。1926年被撤销中央政治局委员和共产国际的领导职务。1927年11月被开除出党,后来两次恢复党籍,两次被开除出党。1936年8月25日被苏联最高法院军事审判庭以"参与暗杀基洛夫、阴谋刺杀斯大林及其他苏联领导人"的罪名判处枪决。1988年6月苏联最高法院为其平反。——133、211。

加里宁,米哈伊尔·伊万诺维奇(Калинин, Михаил Иванович 1875—1946)——1898年加入俄国社会民主工党。曾在第一批秘密的马克思主义工人小组和彼得堡工人阶级解放斗争协会中工作,是《火星报》代办员和1905—1907年革命的积极参加者。屡遭沙皇政府迫害。1912年在党的第六次(布拉格)全国代表会议上当选为候补中央委员,后进入中央委员会俄国局。《真理报》的组织者之一。1917年二月革命期间是彼得格勒工人和士兵武装发动的领导人之一，党的彼得堡委员会执行委员会委员。在彼得格勒积极参加十月武装起义。十月革命后任彼得格勒市长，1918年任市政委员。1919年雅·米·斯维尔德洛夫逝世后，任全俄中央执行委员会主席，1922年起任苏联中央执行委员会主席，1938年起任苏联最高苏维埃主席团主席。在党的第八至第十八次代表大会上当选为中央委员。1919年起为中央政治局候补委员，1926年起为中央政治局委员。写有许多关于社会主义建设和共产主义教育问题的著作。——212—215、232、245、246。

加里宁，Я.А.（Калинин，Я.А.1880—1919）——俄国彼得堡捷足制鞋厂工人，布尔什维克。十月革命期间积极参加彼得格勒莫斯科区军事革命委员会的工作。1918年1月起任捷足制鞋厂的工人监督员。同年4月1日在阻拦一群左派社会革命党人散发反苏维埃传单时被杀害。——245。

加米涅夫（**罗森费尔德**），列夫·波里索维奇（Каменев（Розенфельд），Лев Борисович 1883—1936）——1901年加入俄国社会民主工党，党的第二次代表大会后是布尔什维克。是高加索联合会出席党的第三次代表大会的代表。1905—1907年在彼得堡从事宣传鼓动工作，为党的报刊撰稿。1908年底出国，任布尔什维克的《无产者报》编委。斯托雷平反动时期对取消派、召回派和托洛茨基分子采取调和主义态度。1914年初回国，在《真理报》编辑部工作，曾领导第四届国家杜马布尔什维克党团。1914年11月被捕，在沙皇法庭上宣布放弃使沙皇政府在帝国主义战争中失败的布尔什维克口号，次年2月被流放。1917年二月革命后反对列宁的《四月提纲》。从党的第七次全国代表会议（四月代表会议）起多次当选为中央委员。十月革命前夕反对举行武装起义的决定。在全俄苏维埃第二次代表大会上当选为全俄中央执行委员会第一任主席。1917年11月主张成立有孟什维克和社会革命党人参加的联合政府，遭到否决后声明退出党中央。1918年起任莫斯科苏维埃主席。1922年起任人民委员会副主席，1924—1926年任劳动国防委员会主席。1923年起为列宁研究院第一任院长。1919—1925年为党中央政治局委员。1925年参与组织"新反对派"，1926年1月当选为中央政治局候补委员，同年参与组织"托季联盟",10 月被撤销政治局候补委员职务。1927 年 12 月被开除出党,后来两次恢复党籍,两次被开除出党。1936 年 8 月 25 日被苏联最高法院军事审判庭以"参与暗杀基洛夫、阴谋刺杀斯大林及其他苏联领导人"的罪名判处枪决。1988 年 6 月苏联最高法院为其平反。——211、314、364。

捷尔任斯基,费利克斯·埃德蒙多维奇(Дзержинский, Феликс Эдмундович 1877—1926)——波兰和俄国革命运动活动家,波兰王国和立陶宛社会民主党的组织者和领导人之一。1895 年在维尔诺加入立陶宛社会民主党组织,1903 年当选为波兰王国和立陶宛社会民主党总执行委员会委员。积极参加 1905—1907 年革命,领导波兰无产阶级的斗争。1907 年在俄国社会民主工党第五次(伦敦)代表大会上被缺席选入中央委员会。屡遭沙皇政府迫害,度过十年以上的监禁、苦役和流放生活。1917 年二月革命后在莫斯科做党的工作。在党的第六次代表大会上当选为中央委员,进入党中央书记处。十月革命期间是彼得格勒军事革命委员会委员和党的军事革命总部成员。十月革命后当选为全俄中央执行委员会委员和主席团委员。1917 年 12 月起任全俄肃反委员会(1923 年起为国家政治保卫总局)主席。1918 年初在布列斯特和约问题上一度采取"左派共产主义者"的立场。1919—1923 年兼任内务人民委员,1921—1924 年兼任交通人民委员,1924 年起兼任最高国民经济委员会主席。1920 年 4 月起为党中央组织局候补委员,1921 年起为中央组织局委员,1924 年 6 月起为中央政治局候补委员。——124、390。

K

卡罗伊·米哈伊(Karolyi Mihaly 1875—1955)——匈牙利政治活动家,伯爵。1906—1918 年为国会议员。1918 年资产阶级民主革命胜利后领导政府。1919 年 1 月起任匈牙利共和国总统。鉴于国内革命运动的高涨和国际形势的恶化,于 1919 年 3 月辞职。匈牙利苏维埃共和国宣告成立后侨居国外。在国外期间反对匈牙利站在希特勒德国方面参加第二次世界大战。1946 年回国,1947 年被任命为匈牙利驻法国公使。1949 年发表声明辞职,没有回国。——249。

考茨基,卡尔(Kautsky,Karl 1854—1938)——德国社会民主党和第二国际的领袖和主要理论家之一。1875年加入奥地利社会民主党,1877年加入德国社会民主党。1881年与马克思和恩格斯相识后,在他们的影响下逐渐转向马克思主义。从19世纪80年代到20世纪初写过一些宣传和解释马克思主义的著作:《卡尔·马克思的经济学说》(1887)、《土地问题》(1899)等。但在这个时期已表现出向机会主义方面摇摆,在批判伯恩施坦时作了很多让步。1883—1917年任德国社会民主党理论刊物《新时代》杂志主编。曾参与起草1891年德国社会民主党纲领(爱尔福特纲领)。1910年以后逐渐转到机会主义立场,成为中派领袖。第一次世界大战前夕提出超帝国主义论,大战期间打着中派旗号支持帝国主义战争。1917年参与建立德国独立社会民主党,1922年拥护该党右翼与德国社会民主党合并。1918年后发表《无产阶级专政》等书,攻击俄国十月革命,反对无产阶级专政。——8、123、126、184、293、295、296、297、333、343、344、345、350、353、363、379、380、381、383、384—385、386、387。

克拉斯诺夫,彼得·尼古拉耶维奇(Краснов, Петр Николаевич. 1869—1947)——沙俄将军。第一次世界大战期间任哥萨克旅长和师长、骑兵军军长。1917年8月积极参加科尔尼洛夫叛乱。十月革命期间伙同克伦斯基发动反苏维埃叛乱,担任从前线调往彼得格勒镇压革命的军队指挥。叛乱被平定后逃往顿河流域。1918—1919年领导顿河哥萨克白卫军。1919年逃亡德国,继续进行反苏维埃活动。第二次世界大战期间与希特勒分子合作,被苏军俘获,由苏联最高法院军事庭判处死刑。——31、61、62、172、236、300。

克拉辛,列昂尼德·波里索维奇(Красин, Леонид Борисович 1870—1926)——1890年参加俄国社会民主主义运动,是布鲁斯涅夫小组成员。1895年被捕,流放伊尔库茨克三年。流放期满后进入哈尔科夫工艺学院学习,1900年毕业。1900—1904年在巴库当工程师,与弗·扎·克茨霍韦利一起建立《火星报》秘密印刷所。俄国社会民主工党第二次代表大会后加入布尔什维克党,被增补进中央委员会;在中央委员会里一度对孟什维克采取调和主义态度,帮助把三名孟什维克代表增补进中央委员会,但不久即同孟什维克决裂。俄国社会民主工党第三次代表大会的参加者,在

会上当选为中央委员。1905 年是布尔什维克第一份合法报纸《新生活报》
的创办人之一。1905—1907 年革命期间参加彼得堡工人代表苏维埃,领
导党中央战斗技术组。在党的第四次(统一)代表大会上代表布尔什维克
作了关于武装起义问题的报告,并再次当选为中央委员,在第五次(伦敦)
代表大会上当选为候补中央委员。1908 年侨居国外。一度参加反布尔什
维克的"前进"集团,后脱离政治活动,在国内外当工程师。十月革命后是
红军供给工作的组织者之一,任红军供给非常委员会主席、最高国民经济
委员会主席团委员、工商业人民委员、交通人民委员。1919 年起从事外交
工作。1920 年起任对外贸易人民委员,1920—1923 年兼任驻英国全权代
表和商务代表,参加了热那亚国际会议和海牙国际会议。1924 年任驻法
国全权代表,1925 年起任驻英国全权代表。在党的第十三次和第十四次
代表大会上当选为中央委员。——371。

克列孟梭,若尔日(Clemenceau,Georges 1841—1929)——法国国务活动家。
第二帝国时期属左翼共和派。1871 年巴黎公社时期任巴黎第十八区区
长,力求使公社战士与凡尔赛分子和解。1876 年起为众议员,80 年代初成
为激进派领袖,1902 年起为参议员。1906 年 3—10 月任内务部长,1906
年 10 月—1909 年 7 月任总理。维护大资产阶级利益,镇压工人运动和民
主运动。第一次世界大战期间是沙文主义者。1917—1920 年再度任总
理,在国内建立军事专制制度,积极策划和鼓吹经济封锁和武装干涉苏维
埃俄国。1919—1920 年主持巴黎和会,参与炮制凡尔赛和约。1920 年竞
选总统失败后退出政界。——247、269、289、324。

克伦斯基,亚历山大·费多罗维奇(Керенский,Александр Федорович 1881—
1970)——俄国政治活动家,资产阶级临时政府首脑。1917 年 3 月起为社
会革命党人。第四届国家杜马代表,劳动派党团领袖。第一次世界大战期
间是护国派分子。1917 年二月革命后任彼得格勒工兵代表苏维埃副主
席、国家杜马临时委员会委员。在临时政府中任司法部长(3—5 月)、陆海
军部长(5—9 月)、总理(7 月 21 日起)兼最高总司令(9 月 12 日起)。执政
期间继续进行帝国主义战争,七月事变时镇压工人和士兵,迫害布尔什维
克。1917 年 11 月 7 日彼得格勒爆发武装起义时,从首都逃往前线,纠集
部队向彼得格勒进犯,失败后逃亡巴黎。在国外参加白俄流亡分子的反革

命活动,1922—1932 年编辑《白日》周刊。1940 年移居美国。——12、31、250、365。

库恩·贝拉(Kun Béla 1886—1939)——匈牙利工人运动和国际工人运动活动家,匈牙利共产党创建人和领导人之一。1902 年加入匈牙利社会民主党。第一次世界大战初应征入伍,1916 年在俄国被俘,在托木斯克战俘中进行革命宣传,同俄国社会民主工党当地组织建立了联系,后加入布尔什维克党。俄国 1917 年二月革命后任俄国社会民主工党(布)托木斯克省委员会委员。1918 年 3 月建立俄共(布)匈牙利小组并任主席;同年 5 月起任俄共(布)外国人团体联合会主席。1918 年 11 月秘密回国,参与创建匈牙利共产党,当选为党的主席。1919 年 2 月被捕,3 月获释。匈牙利苏维埃共和国成立后任外交人民委员和陆军人民委员,是苏维埃政权的实际领导人。苏维埃政权被颠覆后流亡奥地利,1920 年到苏俄,先后任南方面军革命军事委员会委员、克里木革命委员会主席。1921 年起在乌拉尔担任党的领导工作,曾任全俄中央执行委员会主席团委员、俄共(布)中央驻俄国共产主义青年团中央委员会全权代表、共产国际执行委员会主席团委员等职。——204、205、220—221、249、306。

L

拉柯夫斯基,克里斯蒂安·格奥尔吉耶维奇(Раковский, Христиан Георгиевич 1873—1941)——生于保加利亚。17 岁时侨居日内瓦,受到普列汉诺夫的影响。曾参加保加利亚、罗马尼亚、瑞士、法国的社会民主主义运动。第一次世界大战期间是中派分子,参加齐美尔瓦尔德派。1917 年二月革命后到彼得格勒,加入俄国社会民主工党(布)。十月革命后从事党和苏维埃的工作。1918 年起任乌克兰人民委员会主席,1923 年派驻英国和法国从事外交工作。在党的第八至第十四次代表大会上当选为中央委员。是托洛茨基反对派的骨干分子,1927 年被开除出党。1935 年恢复党籍,1938 年被再次开除出党。1938 年 3 月 13 日被苏联最高法院军事审判庭以"参与托洛茨基的恐怖、间谍和破坏活动"的罪名判处二十年监禁。1941 年死于狱中。1988 年平反昭雪并恢复党籍。——31、364。

拉特瑙,瓦尔特(Rathenau, Walther 1867—1922)——德国大企业家、金融家

和政治活动家。1915 年起任电气总公司董事长。1921 年被任命为经济复兴部长,1922 年被任命为外交部长。同年 6 月底被民族主义恐怖组织成员刺死。写有一些经济问题和政治问题的著作。——387。

拉辛,斯捷潘・季莫费耶维奇(Разин, Степан Тимофеевич 1630 左右—1671)——俄国农民起义领袖,顿河哥萨克。1662—1663 年为顿河哥萨克军阿塔曼(统领)。1670 年春组织贫苦哥萨克远征伏尔加河,在阿斯特拉罕起事,率起义军溯伏尔加河北上,所到之处群起响应。这次农民战争席卷了俄国广大地区,但是缺少明确的政治纲领。1670 年 10 月起义军主力在辛比尔斯克失败后,率残部返回顿河流域。1671 年 4 月被富裕的哥萨克上层分子缚送沙皇政府,同年 6 月在莫斯科就义。——316。

劳合—乔治,戴维(Lloyd George, David 1863—1945)——英国国务活动家和外交家,自由党领袖。1890 年起为议员。1905—1908 年任商业大臣,1908—1915 年任财政大臣。对英国政府策划第一次世界大战的政策有很大影响。曾提倡实行社会保险等措施,企图利用谎言和许诺来阻止工人阶级建立革命政党。1916—1922 年任首相,残酷镇压殖民地和附属国的民族解放运动;是武装干涉和封锁苏维埃俄国的鼓吹者和策划者之一。曾参加 1919 年巴黎和会,是凡尔赛和约的炮制者之一。——247、289、324。

李卜克内西,卡尔(Liebknecht, Karl 1871—1919)——德国工人运动和国际工人运动活动家,德国社会民主党左翼领袖之一,德国共产党创建人之一;威・李卜克内西的儿子;职业是律师。1900 年加入社会民主党,积极反对机会主义和军国主义。1912 年当选为帝国国会议员。第一次世界大战期间持国际主义立场,反对支持本国政府进行掠夺战争。1914 年 12 月 2 日是国会中唯一投票反对军事拨款的议员。是国际派(后改称斯巴达克派和斯巴达克联盟)的组织者和领导人之一。1916 年因领导五一节反战游行示威被捕入狱。1918 年 10 月出狱,领导了 1918 年十一月革命,与卢森堡一起创办《红旗报》,同年底领导建立德国共产党。1919 年 1 月柏林工人斗争被镇压后,于 15 日被捕,当天惨遭杀害。——49、64、273、277、344。

李可夫,阿列克谢・伊万诺维奇(Рыков, Алексей Иванович 1881—1938)——1899 年加入俄国社会民主工党。曾在萨拉托夫、莫斯科、彼得堡等地做党的工作。1905 年党的第三次代表大会起多次当选为中央委员。斯托雷平反动时期对取消派、召回派和托洛茨基分子采取调和主义态度。曾多次被捕流放并逃亡国外。1917年二月革命后被选进莫斯科苏维埃主席团,同年10月在彼得格勒参与领导武装起义。十月革命后参加第一届人民委员会,任内务人民委员。1917年11月主张成立有孟什维克和社会革命党人参加的联合政府,遭到否决后声明退出党中央和人民委员会。1918年2月起任最高国民经济委员会主席,1921年夏起任人民委员会和劳动国防委员会副主席。1923年当选为党中央政治局委员。1924—1930年任苏联人民委员会主席。1929年被作为"右倾派别集团"领袖之一受到批判。1930年12月被撤销政治局委员职务。1931—1936年任苏联交通人民委员。1934年当选为候补中央委员。1937年被开除出党。1938年3月13日被苏联最高法院军事审判庭以"参与托洛茨基的恐怖、间谍和破坏活动"的罪名判处枪决。1988年平反昭雪并恢复党籍。——161。

列金,卡尔(Legien,Karl 1861—1920)——德国右派社会民主党人,德国工会领袖之一。1890年起任德国工会总委员会主席。1903年起任国际工会书记处书记,1913年起任主席。1893—1920年(有间断)为德国社会民主党国会议员。1919—1920年为魏玛共和国国民议会议员。第一次世界大战期间是社会沙文主义者。1918年十一月革命期间同其他右派社会民主党人一起推行镇压革命运动的政策。——293。

列宁,弗拉基米尔·伊里奇(**乌里扬诺夫,弗拉基米尔·伊里奇**;**尼·列宁**)(Ленин,Владимир Ильич(Ульянов,Владимир Ильич,Н. Ленин)1870—1924)——1、4、11、14、17、20、21—22、24、28—29、33、39、49、54、56、66、71、122、123、124、126、127、130、131、132—133、135—136、138、139、142、143、147、150、153、155、158—159、165—166、170—176、178、186—187、199、204、205、206、207、210、211、220、234、242、247—248、249、259—260、271、279、282、286、306、312、314、315、319—320、325、328—333、335、344、346、353、355、357、359、361、363、364、368、369、371、378、379、380、390。

卢那察尔斯基,阿纳托利·瓦西里耶维奇（Луначарский,Анатолий Васильевич 1875—1933)——19世纪90年代初参加俄国社会民主主义运动。俄国社会民主工党第二次代表大会后是布尔什维克。曾先后参加布尔什维克的《前进报》、《无产者报》和《新生活报》编辑部。代表《前进报》编辑部出席了党的第三次代表大会,受列宁委托,在会上作了关于武装起义问题的报告。党的第四次(统一)代表大会和第五次(伦敦)代表大会的参加者,布尔什维克出席第二国际斯图加特代表大会(1907)和哥本哈根代表大会(1910)的代表。斯托雷平反动时期脱离布尔什维克,参加"前进"集团;在哲学上宣扬造神说和马赫主义。第一次世界大战期间持国际主义立场。1917年二月革命后参加区联派,在俄国社会民主工党(布)第六次代表大会上随区联派集体加入布尔什维克党。十月革命后到1929年任教育人民委员,以后任苏联中央执行委员会学术委员会主席。1930年起为苏联科学院院士。在艺术和文学方面著述很多。——318。

卢森堡,罗莎(Luxemburg,Rosa 1871—1919)——德国、波兰和国际工人运动活动家,德国社会民主党和第二国际左翼领袖和理论家之一,德国共产党创建人之一。生于波兰。19世纪80年代后半期开始革命活动,1893年参与创建和领导波兰王国社会民主党,为党的领袖之一。1898年移居德国,积极参加德国社会民主党的活动,反对伯恩施坦主义和米勒兰主义。曾参加俄国第一次革命(在华沙)。1907年参加俄国社会民主工党第五次(伦敦)代表大会,在会上支持布尔什维克。斯托雷平反动时期和新的革命高涨年代对取消派采取调和主义态度。1912年波兰王国和立陶宛社会民主党分裂后,曾谴责最接近布尔什维克的所谓分裂派。第一次世界大战期间持国际主义立场,是建立国际派(后改称斯巴达克派和斯巴达克联盟)的发起人之一。参加领导了德国1918年十一月革命,同年底参与领导德国共产党成立大会,作了党纲报告。1919年1月柏林工人斗争被镇压后,于15日被捕,当天惨遭杀害。主要著作有《社会改良还是革命》(1899)、《俄国社会民主党的组织问题》(1904)、《资本积累》(1913)等。——49、64、128、273、277、344。

伦纳,卡尔(Renner,Karl 1870—1950)——奥地利政治活动家,奥地利社会民主党右翼领袖,"奥地利马克思主义"理论家。同奥·鲍威尔一起提出资产阶级民族主义的民族文化自治论。1907年起为社会民主党议员,同年参与创办党的理论刊物《斗争》杂志并任编辑。第一次世界大战期间是社会沙文主义者。1918—1920年任奥地利共和国总理,赞成德奥合并。1931—1933年任国民议会议长。1945年出任临时政府总理,同年12月当选为奥地利共和国总统,直至 1950 年 12 月去世。——290、384。

罗曼诺夫,阿列克谢·波格丹诺维奇(Романов, Алексей Богданович 生于 1885 年)——俄国印刷工人,孟什维克,工人运动活动家。1917—1919 年 为孟什维克莫斯科委员会委员。——282。

洛佐夫斯基(**德里佐**),索洛蒙·阿布拉莫维奇(Лозовский (Дридзо), Соломон Абрамович 1878—1952)——1901 年加入俄国社会民主工党。曾在彼得 堡、喀山、哈尔科夫做党的工作。积极参加俄国第一次革命。1906 年被 捕,1908 年在押解途中逃往国外。1909—1917 年流亡日内瓦和巴黎,1912 年参加布尔什维克调和派。第一次世界大战期间参与组织法国社会党和 工会中的国际主义派。1917 年 6 月回国,在全俄工会第三次代表会议 (1917 年 7 月)上被选为全俄工会中央理事会书记。1917 年 12 月因反对 党的政策被开除出党。1918—1919 年领导社会民主党人国际主义派, 1919 年 12 月以该派成员身份重新加入俄共(布)。1920 年任莫斯科省工 会理事会主席。曾参加共产国际第二次代表大会的工作。1921—1937 年 任红色工会国际总书记。1937—1939 年任国家文学出版社社长,1939— 1946 年先后任苏联副外交人民委员和外交部副部长。1927 年党的第十五 次代表大会起为候补中央委员,1939 年在党的第十八次代表大会上当选 为中央委员。——282。

M

马尔托夫,尔·(**策杰尔包姆,尤利·奥西波维奇**)(Мартов, Л. (Цедербаум, Юлий Осипович)1873—1923)——俄国孟什维克领袖之一。1895 年参与 组织彼得堡工人阶级解放斗争协会。1896 年被捕并流放图鲁汉斯克三 年。1900 年参与创办《火星报》,为该报编辑部成员。在俄国社会民主工 党第二次代表大会上是《火星报》组织的代表,领导机会主义少数派,反对 列宁的建党原则;从那时起成为孟什维克中央机关的领导成员和孟什维克 报刊的编辑。曾参加党的第五次(伦敦)代表大会的工作。斯托雷平反动 时期和新的革命高涨年代是取消派分子,编辑《社会民主党人呼声报》,参 与组织"八月联盟"。第一次世界大战期间是中派分子,参加齐美尔瓦尔德 代表会议和昆塔尔代表会议。曾参加孟什维克组织委员会国外书记处,为书记处编辑机关刊物。1917 年二月革命后领导孟什维克国际主义派。十月革命后反对镇压反革命和解散立宪会议。1919 年当选为全俄中央执行委员会委员,1919—1920 年为莫斯科苏维埃代表。1920 年 9 月侨居德国。参与组织第二半国际,在柏林创办和编辑孟什维克杂志《社会主义通报》。——279、363。

马赫诺,涅斯托尔·伊万诺维奇(Махно,Нестор Иванович 1889—1934)——苏联国内战争时期乌克兰无政府主义农民武装队伍的首领。农民出身。1909 年因参加恐怖行动被判处十年苦役。1917 年二月革命后获释,回到古利亚伊-波列村。1918 年 4 月组织了一支无政府主义武装队伍。这支队伍起初进行反对德奥占领军和盖特曼政权的游击斗争。1919—1920 年反对白卫军和佩特留拉分子,也反对红军。1921 年同苏维埃政权三次达到协议,又三次撕毁协议并发动叛乱,反对苏维埃政权。1921 年春马赫诺的队伍被苏维埃军队彻底歼灭,马赫诺本人逃往国外。——364。

马克思,卡尔(Marx,Karl 1818—1883)——科学共产主义的创始人,世界无产阶级的领袖和导师。—— 124 — 125、140、179、182、184、218、291、294、296、334、341、343、350、361 — 362、375、377、405。

米留可夫,帕维尔·尼古拉耶维奇(Милюков,Павел Николаевич 1859 — 1943)——俄国立宪民主党领袖,俄国自由派资产阶级思想家,历史学家和政论家。1886 年起任莫斯科大学讲师。90 年代前半期开始政治活动,1902 年起为资产阶级自由派的《解放》杂志撰稿。1905 年 10 月参与创建立宪民主党,后任该党中央委员会主席和中央机关报《言语报》编辑。第三届和第四届国家杜马代表。第一次世界大战期间为沙皇政府的掠夺政策辩护。1917 年二月革命后任第一届临时政府外交部长,推行把战争进行到“最后胜利”的帝国主义政策;同年 8 月积极参与策划科尔尼洛夫叛乱。十月革命后同白卫分子和武装干涉者合作。1920 年起为白俄流亡分子,在巴黎出版《最新消息报》。著有《俄国文化史概要》、《第二次俄国革命史》及《回忆录》等。——338 — 339。

莫尔加利,奥迪诺(Morgari,Oddino 1865 — 1929)——意大利社会党人,新闻工作者。曾参加意大利社会党的创建工作和活动,采取中派立场,加入所谓整体派。1897 年起为议员。1906 — 1908 年领导意大利社会党中央机关报《前进报》。第一次世界大战期间主张恢复社会党的国际联系。曾参加齐美尔瓦尔德代表会议,在会上持中派立场。1919—1921年为社会党议会党团秘书。——306。

穆拉维约夫,米哈伊尔·阿尔捷米耶维奇(Муравьев,Михаил Артемьевич 1880—1918)——沙俄军官,中校(1917)。1917年起为左派社会革命党人。十月革命期间转为苏维埃政权服务。1917年10月28日(11月10日)被任命为彼得格勒城防司令,指挥平定克伦斯基—克拉斯诺夫叛乱的部队。1918年初指挥同乌克兰中央拉达和卡列金作战的部队,同年6月被任命为东方面军总司令。左派社会革命党人发动叛乱后背叛苏维埃政权,于7月10日在辛比尔斯克发动叛乱。武装拒捕时被击毙。——29、58。

N

尼·列宁——见列宁,弗拉基米尔·伊里奇。

尼古拉二世(**罗曼诺夫**)(Николай II(Романов)1868—1918)——俄国最后一个皇帝,亚历山大三世的儿子。1894年即位,1917年二月革命时被推翻。1918年7月17日根据乌拉尔州工兵代表苏维埃的决定在叶卡捷琳堡被枪决。——3、48、354。

诺斯克,古斯塔夫(Noske,Gustav 1868—1946)——德国社会民主党右翼领袖之一。第一次世界大战爆发前就维护军国主义,大战期间是社会沙文主义者,在国会中投票赞成军事拨款。1918年12月任人民代表委员会负责国防的委员,血腥镇压了1919年柏林、不来梅及其他城市的工人斗争。1919年2月—1920年3月任国防部长,卡普叛乱平息后被迫辞职。1920—1933年任普鲁士汉诺威省省长。法西斯专政时期从希特勒政府领取国家养老金。——293、344—345。

P

皮达可夫,格奥尔吉·列昂尼多维奇(Пятаков,Георгий Леонидович 1890—1937)——1910年加入俄国社会民主工党。1914—1917年先后侨居瑞士和瑞典;曾参加伯尔尼代表会议,为《共产党人》杂志撰稿。1917年二月革

命后任党的基辅委员会主席和基辅工人代表苏维埃执行委员会委员。十
月革命后任国家银行总委员。1918年在乌克兰领导"左派共产主义者"。
1918年12月任乌克兰临时工农政府主席。1919年后担任过一些集团军
的革命军事委员会委员。1920年起历任顿巴斯中央煤炭工业管理局局
长、国家计划委员会和最高国民经济委员会副主席、驻法国商务代表、苏联
国家银行管理委员会主席、副重工业人民委员、租让总委员会主席等职。
1920—1921年工会问题争论期间支持托洛茨基的纲领。1923年起属托
洛茨基反对派。在党的第十二、十三、十四、十六和十七次代表大会上当选
为中央委员。1927年被开除出党,1928年恢复党籍,1936年被再次开除
出党。1937年1月被苏联最高法院军事审判庭以"进行叛国、间谍、军事
破坏和恐怖活动"的罪名判处枪决。1988年6月苏联最高法院为其平反。
——159、165、166、167、174。

皮雄,斯特凡·让·玛丽(Pichon,Stephan Jean Marie 1857—1933)——法国
政治活动家和外交家。1917—1920年在克列孟梭内阁中任外交部长。
1920年1月克列孟梭内阁倒台后退出政界。——249。

普列汉诺夫,格奥尔吉·瓦连廷诺维奇(Плеханов,Георгий Валентинович
1856—1918)——俄国早期的马克思主义理论家,后来成为孟什维克和第
二国际机会主义领袖之一。19世纪70年代参加民粹主义运动,是土地和
自由社成员及土地平分社领导人之一。1880年侨居瑞士,逐步同民粹主
义决裂。1883年在日内瓦创建俄国第一个马克思主义团体——劳动解放
社。翻译和介绍了马克思和恩格斯的许多著作,对马克思主义在俄国的传
播起了重要作用;写过不少优秀的马克思主义著作,批判民粹主义、合法马
克思主义、经济主义、伯恩施坦主义、马赫主义。20世纪初是《火星报》和
《曙光》杂志编辑部成员。曾参与制定俄国社会民主工党纲领草案和参加
党的第二次代表大会的筹备工作。在代表大会上是劳动解放社的代表,属
火星派多数派,参加了大会常务委员会,会后逐渐转向孟什维克。1905—
1907年革命时期反对列宁的民主革命的策略,后来在孟什维克和布尔什
维克之间摇摆。在俄国社会民主工党第四次(统一)代表大会上作了关于
土地问题的报告,维护马斯洛夫的孟什维克方案;在国家杜马问题上坚持
极右立场,呼吁支持立宪民主党人的杜马。斯托雷平反动时期和新的革命

高涨年代反对取消主义,领导孟什维克护党派。第一次世界大战期间持社会沙文主义立场。1917年二月革命后支持资产阶级临时政府。对十月革命持否定态度,但拒绝支持反革命。最重要的理论著作有《社会主义与政治斗争》(1883)、《我们的意见分歧》(1885)、《论一元论历史观之发展》(1895)、《唯物主义史论丛》(1896)、《论个人在历史上的作用》(1898)、《没有地址的信》(1899—1900),等等。——76。

Q

切尔诺夫,维克多·米哈伊洛维奇(Чернов, Виктор Михайлович 1873—1952)——俄国社会革命党领袖和理论家之一。1902—1905年任社会革命党中央机关报《革命俄国报》编辑。曾撰文反对马克思主义,企图证明马克思的理论不适用于农业。第一次世界大战期间持社会沙文主义立场,曾参加齐美尔瓦尔德代表会议和昆塔尔代表会议。1917年5—8月任临时政府农业部长,对夺取地主土地的农民实行残酷镇压。敌视十月革命。1918年1月任立宪会议主席;曾领导萨马拉的反革命立宪会议委员会,参与策划反苏维埃叛乱。1920年流亡国外,继续反对苏维埃政权。在他的理论著作中,主观唯心主义和折中主义同修正主义和民粹派的空想混合在一起;企图以资产阶级改良主义的"结构社会主义"对抗科学社会主义。——338—339。

瞿鲁巴,亚历山大·德米特里耶维奇(Цюрупа, Александр Дмитриевич 1870—1928)——1891年参加俄国革命运动,1898年加入俄国社会民主工党。曾任《火星报》代办员。1901年起先后在哈尔科夫、图拉、乌法等地做党的工作,屡遭沙皇政府迫害。1917年二月革命后任俄国社会民主工党乌法统一委员会委员、乌法工兵代表苏维埃委员、省粮食委员会主席和市杜马主席。十月革命期间任乌法军事革命委员会委员。1917年11月起任副粮食人民委员,1918年2月起任粮食人民委员。国内战争时期主管红军的供给工作,领导征粮队的活动。1921年12月起任人民委员会和劳动国防委员会副主席。1922年起任全俄中央执行委员会和苏联中央执行委员会主席团委员。1922—1923年任工农检查人民委员,1923—1925年任国家计划委员会主席,1925年起任国内商业和对外贸易人民委员。

在党的第十二至第十五次代表大会上当选为中央委员。——130、199。

S

萨法罗夫，格奥尔吉·伊万诺维奇（Сафаров，Георгий Иванович 1891—1942）——1908 年加入俄国社会民主工党。曾在彼得堡和国外做党的工作。第一次世界大战期间参加齐美尔瓦尔德左派，先在法国工作，1916 年1 月起在瑞士工作。1917 年二月革命后任俄国社会民主工党（布）彼得堡委员会委员。十月革命后从事党和苏维埃的工作。在讨论布列斯特和约期间是"左派共产主义者"。1921 年起为俄共（布）中央委员会土耳其斯坦局成员，后为共产国际执行委员会委员、共产国际东方部负责人。在党的第十、第十一和第十三次代表大会上当选为候补中央委员。在党的第十四次代表大会上追随"新反对派"，后参加"托季联盟"，1927 年被开除出党，1928 年恢复党籍，1934 年被再次开除出党。——173。

萨穆利·蒂博尔（Szamuely Tibor 1890—1919）——匈牙利工人运动活动家，匈牙利共产党创建人之一；职业是新闻工作者。1908 年加入匈牙利社会民主党。第一次世界大战初应征入伍，1915 年在俄国被俘，在那里加入布尔什维克党。是由原战俘组成的在苏俄同反革命势力作战的国际纵队的组织者之一。1918 年 3 月参与组织俄共（布）匈牙利组。1919 年 1 月回国，当选为匈牙利共产党中央委员。匈牙利苏维埃共和国成立后任副国防人民委员、教育人民委员和后方保安委员会领导人。1919 年 5 月到莫斯科商讨苏维埃俄国和匈牙利苏维埃共和国共同对付帝国主义干涉的问题。匈牙利苏维埃政权被颠覆后流亡国外，在通过奥地利国境时被反革命分子杀害。——373。

萨文柯夫，波里斯·维克多罗维奇（Савинков，Борис Викторович 1879—1925）——俄国社会革命党领袖之一，作家。在彼得堡大学学习时开始政治活动，接近经济派-工人思想派，在工人小组中进行宣传，为《工人事业》杂志撰稿。1901 年被捕，后被押送沃洛格达省，从那里逃往国外。1903 年加入社会革命党，1903—1906 年是该党"战斗组织"的领导人之一，多次参加恐怖活动。1909 年和 1912 年以维·罗普申为笔名先后发表了两部浸透神秘主义和对革命斗争失望情绪的小说：《一匹瘦弱的马》和《未曾有过的东西》。1911年侨居国外。第一次世界大战期间是社会沙文主义者。1917年二月革命后回国，任临时政府驻最高总司令大本营的委员、西南方面军委员、陆军部副部长、彼得格勒军事总督；根据他的提议在前线实行了死刑。十月革命后参加克伦斯基—克拉斯诺夫叛乱，参与组建顿河志愿军，建立地下反革命组织"保卫祖国与自由同盟"，参与策划反革命叛乱。1921—1923年在国外领导反对苏维埃俄国的间谍破坏活动。1924年偷越苏联国境时被捕，被判处死刑，后改为十年监禁。在狱中自杀。——331。

舍尔，瓦西里·弗拉基米罗维奇（Шер，Василий Владимирович 1884—1940）——俄国社会民主党人，孟什维克。1902年参加革命运动，1905年加入俄国社会民主工党。斯托雷平反动时期和新的革命高涨年代是取消派分子。1917年二月革命后任莫斯科士兵代表苏维埃秘书；七月事变后任莫斯科军区副司令，后任陆军部政治部主任。十月革命后在中央消费合作总社、最高国民经济委员会和国家银行工作。1931年因进行反革命活动被苏联最高法院判刑。——342、344、351。

施米特，瓦西里·弗拉基米罗维奇（Шмидт，Василий Владимирович 1886—1940）——1905年加入俄国社会民主工党。曾在彼得堡和叶卡捷琳诺斯拉夫做党的工作。1915—1917年是党的彼得堡委员会书记、彼得格勒五金工会领导人，1917年二月革命后兼任彼得格勒工会中央理事会书记。1918—1928年先后任全俄工会中央理事会书记和劳动人民委员，1928—1930年任苏联人民委员会和劳动国防委员会副主席。一度参加党内"右倾派别集团"。在党的第七、第十四和第十五次代表大会上当选为中央委员。——17、20、76、152。

斯大林（朱加施维里），约瑟夫·维萨里昂诺维奇（Сталин（Джугашвили），Иосиф Виссарионович 1879—1953）——苏联共产党和国家领导人，国际共产主义运动活动家。1898年加入俄国社会民主工党，党的第二次代表大会后是布尔什维克。曾在梯弗利斯、巴统、巴库和彼得堡做党的工作。多次被捕和流放。1912年1月在党的第六次（布拉格）全国代表会议选出的中央委员会会议上，被缺席增补为中央委员并被选入中央委员会俄国局；积极参加布尔什维克《真理报》的编辑工作。1917年二月革命后从流放地

回到彼得格勒,参加党中央委员会俄国局。在党的第七次全国代表会议
(四月代表会议)以及此后的历次代表大会上当选为中央委员。在十月革
命的准备和进行期间参加领导武装起义的彼得格勒军事革命委员会和党
总部。在全俄苏维埃第二次代表大会上当选为全俄中央执行委员会委员;
参加第一届人民委员会,任民族事务人民委员。1919 年 3 月起兼任国家
监察人民委员,1920 年起为工农检查人民委员。国内战争时期任共和国
革命军事委员会委员和一些方面军的革命军事委员会委员。1922 年 4 月
起任党中央总书记。1941 年起同时担任苏联人民委员会主席,1946 年起
为部长会议主席。1941—1945 年卫国战争时期任国防委员会主席、国防
人民委员和苏联武装力量最高统帅。1919—1952 年为中央政治局委员,
1952—1953 年为苏共中央主席团委员。1925—1943 年为共产国际执行
委员会委员。——172、211、368。

斯米尔诺夫,弗拉基米尔 • 米哈伊洛维奇(Смирнов, Владимир Михайлович
1887—1937)——1907 年加入俄国社会民主工党。1917 年二月革命后在
莫斯科工作,任布尔什维克报刊《社会民主党人报》和《斯巴达克》杂志编
委。十月革命后任最高国民经济委员会主席团委员。1918 年是"左派共
产主义者"。国内战争期间担任几个集团军的革命军事委员会委员。1919
年在党的第八次代表大会上是军事反对派的首领之一。1920—1921 年是
民主集中派的骨干分子。1921—1922 年任国家计划委员会主席团委员。
1923 年属托洛茨基反对派。1926 年被开除出党,不久恢复党籍,1927 年
被再次开除出党。——170。

斯图契卡,彼得 • 伊万诺维奇(Стучка, Петр Иванович 1865—1932)——19
世纪 80 年代末参加俄国革命运动,是拉脱维亚社会民主工党创建人和领
袖之一。曾被捕和流放。1907 年起在彼得堡从事革命活动。1917 年二月
革命后任俄国社会民主工党(布)彼得堡委员会委员和彼得格勒工兵代表
苏维埃执行委员会委员。在彼得格勒参加十月武装起义。十月革命后任
俄罗斯联邦司法人民委员,1918—1919 年任拉脱维亚苏维埃政府主席,
1919—1923 年任俄罗斯联邦副司法人民委员,1923—1932 年任俄罗斯联
邦最高法院院长。1919 年在俄共(布)第八次代表大会上当选为中央委
员。1919 年起为共产国际执行委员会委员,1924 年起为国际监察委员会

主席。曾任全俄中央执行委员会和苏联中央执行委员会委员。写有论述国家和法的著作。——304。

斯维尔德洛夫,雅柯夫·米哈伊洛维奇(Свердлов, Яков Михайлович 1885—1919)——1901年加入俄国社会民主工党。曾在下诺夫哥罗德、索尔莫沃、科斯特罗马、喀山、莫斯科、彼得堡等地从事革命工作。1905—1907年革命期间领导乌拉尔布尔什维克组织。1912年俄国社会民主工党第六次(布拉格)全国代表会议后被增补为中央委员,参加中央委员会俄国局。曾参加《真理报》编辑部,是《真理报》领导人之一。第四届国家杜马布尔什维克党团领导人之一。屡遭沙皇政府迫害,在狱中和流放地度过十二年。1917年二月革命后是乌拉尔党组织领导人之一。在党的第七次全国代表会议(四月代表会议)上当选为中央委员,会后被选为中央委员会书记。党的第六次代表大会后领导中央书记处的工作。积极参加十月革命的准备和组织工作,任领导武装起义的彼得格勒军事革命委员会委员和党总部成员。1917年11月8日(21日)当选为全俄中央执行委员会主席。1918年发起成立全俄中央执行委员会鼓动员和指导员训练班,该训练班于1919年7月改组为斯维尔德洛夫共产主义大学。——69—74、75、115、128、132、133、200、212、217、245。

斯维亚季茨基,尼古拉·瓦西里耶维奇(Святицкий, Николай Васильевич 生于1887年)——俄国社会革命党人,立宪会议代表,1918年是反革命的萨马拉立宪会议委员会秘书。高尔察克发动叛乱和许多立宪会议代表被捕后,加入拒绝同苏维埃政权进行武装斗争的社会革命党人民派。后在苏维埃机关工作。——328—330。

斯温胡武德,佩尔·埃温德(Svinhufvud, Pehr Eyvind 1861—1944)——芬兰政治活动家和国务活动家。1917—1918年是芬兰资产阶级政府首脑,实行白色恐怖,镇压芬兰的工人革命。1931—1937年任芬兰共和国总统。在下一届总统竞选中失败后退出政界。——143。

苏尼察,列夫·Б.(Суница, Лев Б. 生于1887年)——1905年加入俄国社会民主工党,布尔什维克。国内战争时期是第1集团军、土耳其斯坦集团军和第5集团军的政治工作人员。后从事党的工作和教学工作。——159。

索柯里尼柯夫(布里利安特),格里戈里·雅柯夫列维奇(Сокольников

（Бриллиант），Григорий Яковлевич 1888—1939）——1905 年加入俄国社会民主工党。1905—1907 年在莫斯科做宣传鼓动工作。1907 年被捕，流放西伯利亚，后从流放地逃走。1909—1917 年住在国外，第一次世界大战期间为托洛茨基的《我们的言论报》撰稿。1917 年二月革命后是党的莫斯科委员会和莫斯科区域局成员，《真理报》编委。在党的第六、第七、第十一至第十五次代表大会上当选为中央委员。1924—1925 年为政治局候补委员。1930—1936 年为候补中央委员。十月革命后从事苏维埃、军事和外交工作。1918—1920 年任几个集团军革命军事委员会委员。1920 年 8 月—1921 年 3 月任土耳其斯坦方面军革命军事委员会委员和方面军司令、全俄中央执行委员会和俄罗斯联邦人民委员会土耳其斯坦事务委员会主席。1921 年起任财政人民委员部部务委员、副财政人民委员，1922 年起任财政人民委员，1926 年起任国家计划委员会副主席。1932 年任副外交人民委员。1925 年参加“新反对派”，后加入“托季联盟”。1936 年被开除出党。1937 年 1 月被苏联最高法院军事审判庭以“进行叛国、间谍、军事破坏和恐怖活动”的罪名判处十年监禁。1939 年死于狱中。1988 年 6 月苏联最高法院为其平反。——171、173。

T

托洛茨基（**勃朗施坦**），列夫 · 达维多维奇（Троцкий（Бронштейн），Лев Давидович 1879—1940）——1897 年参加俄国社会民主主义运动。在俄国社会民主工党第二次代表大会上是西伯利亚联合会的代表，属火星派少数派。1905 年同亚 · 帕尔乌斯一起提出和鼓吹“不断革命论”。斯托雷平反动时期和新的革命高涨年代，打着“非派别性”的幌子，实际上采取取消派立场。1912 年组织“八月联盟”。第一次世界大战期间持中派立场。1917 年二月革命后参加区联派，在党的第六次代表大会上随区联派集体加入布尔什维克党，当选为中央委员。参加十月武装起义的领导工作。十月革命后任外交人民委员，1918 年初反对签订布列斯特和约，同年 3 月改任共和国革命军事委员会主席、陆海军人民委员等职。参与组建红军。1919 年起为党中央政治局委员。1920 年起历任共产国际执行委员会候补委员、委员。1920—1921 年挑起关于工会问题的争论。1923 年起进行派别活动。1925年初被解除革命军事委员会主席和陆海军人民委员职务。1926年与季诺维也夫结成"托季联盟"。1927年被开除出党,1929年被驱逐出境,1932年被取消苏联国籍。在国外组织第四国际。死于墨西哥。——49、125、170、171—172。

W

威尔逊,伍德罗(Wilson, Woodrow 1856 — 1924)——美国国务活动家。1910—1912年任新泽西州州长。1913年代表民主党当选为美国总统,任期至1921年。任内镇压工人运动,推行扩张政策,对拉丁美洲各国进行武装干涉,并促使美国站在协约国一方参加第一次世界大战。俄国十月革命后是武装干涉苏维埃俄国的策划者之一。1918年提出帝国主义的和平纲领"十四点",妄图争夺世界霸权。曾率领美国代表团出席巴黎和会(1919—1920)。1920年总统竞选失败,后退出政界。——48、145、167、247、269、289、290、324、366。

威廉二世(**霍亨索伦**)(Wilhelm II(Hohenzollern)1859—1941)——普鲁士国王和德国皇帝(1888—1918)。——3、299、329、333。

沃尔斯基,弗拉基米尔·卡济米罗维奇(Вольский, Владимир Казимирович 生于1877年)——俄国社会革命党人,立宪会议代表,反革命的萨马拉立宪会议委员会主席。该委员会在外国干涉者的支持下,于1918年夏在伏尔加河流域和乌拉尔地区建立了反苏维埃政权。高尔察克发动叛乱和许多立宪会议代表被捕后,以及在红军几乎全部收复了立宪会议委员会占领的地盘后,和一小批社会革命党人停止了反苏维埃政权的斗争,加入出版《人民》杂志的社会革命党少数派中央组织局。——328—330。

乌斯宾斯基,格列勃·伊万诺维奇(Успенский, Глеб Иванович 1843 — 1902)——俄国作家和政论家,革命民主主义者。1865年起先后为《同时代人》和《祖国纪事》等杂志撰稿。在《遗失街风习》(1866)、《破产》(1869—1871)、《乡村日记片断》(1877—1880)、《农民和农民劳动》(1880)、《土地的威力》(1882)等作品中,描写了城市贫民和农民贫困、无权和被压迫的境遇。违背自己的民粹主义观点,真实地表现了农村资本主义关系的发展、宗法制农村生活基础的崩溃和村社的瓦解。——10。

X

Y

19 世纪末参加俄国社会民主主义运动。1903 年俄国社会民主工党第二次代表大会后是孟什维克。1908 年起和托洛茨基一起在维也纳出版《真理报》。1917 年二月革命后参加区联派,任彼得格勒工兵代表苏维埃委员、第一届中央执行委员会委员。在俄国社会民主工党(布)第六次代表大会上随区联派集体加入布尔什维克党,被选为候补中央委员。十月革命期间任彼得格勒军事革命委员会委员。在党的第七次代表大会上再次当选为候补中央委员。1918 年布列斯特谈判期间先后任苏俄和谈代表团团长和团员,谈判后期为顾问;采取托洛茨基的"不战不和"的立场。1918 年 4——11 月任俄罗斯联邦驻柏林全权代表。1919——1920 年是同爱沙尼亚、立陶宛、拉脱维亚、波兰进行和谈的代表团成员。1922——1924 年和 1924——1925 年先后任驻中国大使和驻奥地利大使。1925——1927 年追随托洛茨基反对派。——364。

文 献 索 引

波米亚洛夫斯基,尼·格·《小市民的幸福》(Помяловский, Н. Г. Мещанское счастье)——208。

布哈林,尼·伊·《论修改党纲》(Бухарин, Н. И. К пересмотру партийной программы.—«Спартак», М., 1917, №4, 10 августа, стр. 4 — 7)——142—143。

大卫,爱·《世界大战中的社会民主党》(David, E. Die Sozialdemokratie im Weltkrieg. Berlin, Singer, 1915. 192 S.)——386。

恩格斯,弗·《波克罕〈纪念1806至1807年德意志极端爱国主义者〉一书引言》(Энгельс, Ф. Введение к брошюре Боркхейма «На память ура-патриотам 1806 — 1807 годов». 15 декабря 1887 г.)——137—138。

——《法德农民问题》(Крестьянский вопрос во Франции и Германии. 15 — 22 ноября 1894 г.)——131—132、184。

——《反杜林论》(Анти-Дюринг. Переворот в науке, произведенный господином Евгением Дюрингом, Сентябрь 1876—июнь 1878 г.)——340—341。

——《给卡·马克思的信》(1858年10月7日)(Письмо К. Марксу. 7 октября 1858 г.)——293。

格尔曼诺夫,尔·《从克伦斯基向后退》(Германов, Л. Назад от Керенского.—«Правда», М., 1919, №101, 13 мая, стр. 2)——342、351。

哈阿兹,胡·《论阿姆斯特丹国际》(Haase, H. Die Internationale in Amsterdam.—«Die Freiheit». Morgen-Ausgabe, Berlin, 1919, Nr. 211, 4. Mai, S. 1—2)——386。

吉尔波,昂·《战时法国的社会主义和工团主义(历史概论)。1914 — 1918 年》(Guilbeaux, H. Le mouvement socialiste et syndicaliste français pendant la guerre. (Esquisse historique). 1914 — 1918. Préface de N. Lénine. Petrograd, ed. de L' Internationale communiste, 1919. 68 p.) —— 285 —286。

考茨基，卡·《革命的前途》(Kautsky, K. Aussichten der Revolution.—«Arbeiter Zeitung». Morgenblatt, Wien, 1919, Nr. 98, 9. April, S. 1 — 2) —— 383—384、385—386、387。

—《卡尔·马克思的经济学说》(Karl Marx's Ökonomische Lehren. Stuttgart, Dietz, 1887. X, 259 S.) —— 343、350。

—《社会革命》(第1编：社会改良和社会革命)(Die soziale Revolution. I. Sozialreform und soziale Revolution. Berlin, Exped. der Buchh. «Vorwärts», 1902. 56 S.) —— 384。

—《社会革命》(第2编：社会革命后的第二天)(Die soziale Revolution. II. Am Tage nach der sozialen Revolution. Berlin, Exped. der Buchh. «Vorwärts», 1902. 48 S.) —— 384。

—《斯拉夫人和革命》(Каутский, К. Славяне и революция.—«Искра», [Мюнхен], 1902, №18, 10 марта, стр. 1) —— 293。

—《土地问题》(Die Agrarfrage. Eine Übersicht über die Tendenzen der modernen Landwirtschaft und die Agrarpolitik der Sozialdemokratie. Stuttgart, Dietz, 1899. VIII, 451 S.) —— 184。

—《无产阶级专政》(Die Diktatur des Proletariats, Wien, Brand, 1918. 63 S.) —— 8、353、380、381—382。

克尔任采夫，B.《粮食运动》(Керженцев, В. Хлебная кампания.—«Известия Всероссийского Центрального Исполнительного Комитета Советов Рабочих, Крестьянск., Казачьих и Красноарм. Депутатов и Московского Совета Рабочих и Красноарм. Депутатов», 1919, №71(623), 2 апреля, стр. 1) —— 239。

克雷洛夫，伊·安·《四重奏》(Крылов, И. А. Квартет) —— 37。

拉特瑙，瓦·《新国家》(Rathenau, W. Der neue Staat. Berlin, Fischer, 1919. 74, 5 S.) —— 387—388。

[列宁，弗·伊·]《伯尔尼国际的英雄们》([Ленин, В. И.] Герои бернского

《Интернационала》.—«Коммунистический Интернационал», Пг., 1919, №2, 1 июня, стлб, 175—180. Подпись: Н. Ленин)——297。

—《第三国际及其在历史上的地位》(Третий Интернационал и его место в истории.—«Коммунистический Интернационал», Пг., 1919, №1, 1 мая, стлб. 31—38. Подпись: Н. Ленин)——379。

—《俄共(布)中央关于东线局势的提纲》(Тезисы ЦК РКП(б) в связи с положением Восточного фронта.—«Правда», М., 1919, №79, 12 апреля, стр. 2. Подпись: Центральн. Комитет РКП(больш.))——269—270、271、272—273、274—275、276—277、278。

—《给库恩·贝拉的电报》(1919 年 3 月 23 日)(Запись радиотелеграммы Бела Куну 23 марта 1919 г.)——220。

—《给美国工人的信》(Письмо к американским рабочим.—«Правда», М., 1918, №178, 22 августа, стр. 2—3. Подпись: Н. Ленин)——332。

—《工兵代表苏维埃代表大会土地法令》(10 月 26 日凌晨 2 时通过) (Декрет о земле съезда Советов рабочих и с.д. (Принят на зас. 26 окт. в 2 ч.н.).—«Известия Центрального Исполнительного Комитета и Петроградского Совета Рабочих и Солдатских Депутатов», 1917, №209, 28 октября, стр. 1)——26—27、161—162。

—《关于对中农的态度》[俄共(布)第八次代表大会通过的决议](Об отношении к среднему крестьянству. [Резолюция, принятая на VIII съезде РКП (б)].—В кн.: VIII съезд Российской Коммунистической партии(большевиков). Москва, 18—23 марта 1919 года. Стеногр. отчет. М., «Коммунист», 1919, стр. 370—372. (РКП(б)))——178、186、190—191、192、193、201、212、244—245。

—《关于对中农的态度的决议》——见[列宁，弗·伊·]《关于对中农的态度》。

—《关于工会在支援东线的动员工作中的任务的报告》(1919 年 4 月 11 日)(Доклад о задачах профессиональных союзов в связи с мобилизацией на Восточный фронт. 11 апреля 1919 г.)——281。

—《关于共产国际的成立(在 1919 年 3 月 6 日全俄中央执行委员会、莫斯科苏维埃、俄共（布）莫斯科委员会、全俄工会中央理事会、莫斯科工会和工厂委员会联合庆祝共产国际成立大会上的讲话）》——见［列宁，弗·伊·］《列宁同志［在1919年3月6日第三国际——共产国际成立大会上］的讲话》。

—《关于人民委员会对外对内政策的报告》——见［列宁，弗·伊·］《列宁同志在［1919年］3月12日彼得格勒苏维埃会议上的讲话》。

—《关于苏维埃共和国的国内外形势的报告》——见［列宁，弗·伊·］《列宁同志在1919年4月3日莫斯科苏维埃扩大会议上的讲话》。

—《关于苏维埃共和国的国内外形势的报告的决议（1919年4月3日莫斯科工人和红军代表苏维埃全会非常会议通过）》（［Резолюция по докладу о внешнем и внутреннем положении Советской республики, принятая на Чрезвычайном заседании пленума Московского Совета рабочих и красноармейских депутатов. 3 апреля 1919 г.].—«Правда», М., 1919, №73, 4 апреля, стр. 3. Под общ. загл. : Чрезвычайное собрание Московского Совета рабочих депутатов）——244—245。

—《关于无产阶级对小资产阶级民主派的态度的报告》——见［列宁，弗·伊·］《列宁同志在1918年11月27日党的工作人员积极分子大会上的讲话》。

—《关于用自由平等口号欺骗人民》（Об обмане народа лозунгами свободы и равенства. (Речь на съезде по внешкольному образованию). [19 мая 1919 г.].—В кн.: [Ленин, В. И.] Две речи на 1-м Всероссийском съезде по внешкольному образованию. (6—19 мая 1919 года). М., Госиздат, 1919, стр. 10—32. (РСФСР. День советской пропаганды). Перед загл. авт.: Н. Ленин）——359、361。

—《和平法令（1917年10月26日全俄工兵农代表苏维埃代表大会会议一致通过）》（Декрет о мире, принятый единогласно на заседании Всероссийского съезда Советов рабочих, солдатских и крестьянских депутатов 26 октября 1917 г.—«Известия Центрального Исполнительного Комитета и Петроградского Совета Рабочих и Солдатских Депутатов», 1917, №208, 27 октября, стр. 1）——252、255。

—《列宁起草的党纲的理论、政治及其他一些部分的修改草案》(Проект изменений теоретической, политической и некоторых других частей программы, составленной Н. Лениным.—В кн.: Материалы по пересмотру партийной программы. Под ред. и с предисл. Н. Ленина. Пг., «Прибой», 1917, стр. 4—8. (РСДРП)) —76—77。

—《列宁同志提出的党纲草案草稿》(Черновой набросок проекта программы, предложенный тов. Лениным.—«Коммунист», Пг., 1918, №5, 9 марта, стр. 3) —76—77。

—《列宁同志在1918年11月27日党的工作人员积极分子大会上的讲话》(Речь тов. Ленина на собрании активных партийных работников 27 ноября 1918 г.—«Правда», М., 1918, №264, 5 декабря, стр. 2—3; №265, 6 декабря, стр. 2—3) —131。

—《列宁同志[在1919年3月6日第三国际——共产国际成立大会上]的讲话》(Речь тов. Ленина [на открытии III, Коммунистического Интернационала 6 марта 1919 г.].—«Правда», М., 1919, №52, 7 марта, стр. 3. Под общ. загл.: Торжественное заседание в честь III Интернационала 6-го марта 1919 г.) —33。

—《列宁同志在[1919年]3月12日彼得格勒苏维埃会议上的讲话》(Речь тов. Ленина в заседании Петроградского Совета 12 марта [1919 г.].—«Северная Коммуна», Пг., 1919, №58(251), 14 марта, стр. 1) —150。

—《列宁同志在1919年4月3日莫斯科苏维埃扩大会议上的讲话》(Речь тов. Ленина на расширенном собрании Московского Совета 3 апреля 1919 г.—«Правда», М., 1919, №76, 9 апреля, стр. 2—3; №77, 10 апреля, стр. 2—3. В газ. ошибочно указана дата выступления: 4 апреля) —252、255。

—《列宁同志[在1919年5月6日全俄社会教育第一次代表大会上]的贺词》([Приветственная] речь тов. Ленина [на I Всероссийском съезде по внешкольному образованию 6 мая 1919 г.].—«Правда», М., 1919, №96, 7 мая, стр. 2, в отд.: Съезды) —355。

—《论无产阶级在这次革命中的任务》(О задачах пролетариата в данной революции.—«Правда», Пг., 1917, №26, 7 апреля, стр. 1—2. Подпись: Н.

Ленин)——1。

——《论修改党纲》(К пересмотру партийной программы.—«Просвещение»,
Пг.,1917,№1—2,сентябрь—октябрь,стр.81—99.Подпись:Н.Ленин)
——142—143。

——《无产阶级革命和叛徒考茨基》(Пролетарская революция и ренегат
Каутский.М.—Пг.,«Коммунист»,1918.135 стр.(РКП(б)).Перед загл.
авт.:Н.Ленин(Вл.Ульянов))——353—354、380。

——[《1919年3月19日在俄共(布)第八次代表大会上关于党纲的报告》]
([Доклад о партийной программе 19 марта 1919 г. на VIII съезде РКП
(б)].—В кн.:VIII съезд Российской Коммунистической партии
(большевиков).Москва,18 — 23 марта 1919 года.Стеногр. отчет.М.,
«Коммунист»,1919,стр.41—55.(РКП(б)))——158、159。

——《[在1919年3月12日彼得格勒苏维埃会议上]回答问题》(Ответ на
записки[на заседании Петроградского Совета 12 марта 1919 г.])
——150。

——《战争和俄国社会民主党》(Война и российская социал-демократия.—
«Социал-Демократ»,Женева,1914,№33,1 ноября,стр. 1. Подпись:
Центральный Комитет Российской с.-д.рабочей партии)——386。

马克思,卡·《法兰西内战》(Маркс, К. Гражданская война во Франции.
Воззвание Генерального Совета Международного Товарищества Рабочих.
Апрель—май 1871 г.)——124—125。

——《哥达纲领批判》(Критика Готской программы. Замечания к программе
германской рабочей партии.Апрель—начало мая 1875 г.)——375。

——《给弗·恩格斯的信》(1856 年 4 月 16 日)(Письмо Ф. Энгельсу. 16
апреля 1856 г.)——294。

——《资本论》(第 1 卷)(Капитал. Критика политической экономии,т. I. 1867
г.)——140、343。

——《资本论》(第 1—3 卷)(Капитал. Критика политической экономии,т. I—
III.1867—1894 гг.)——179、361。

希法亭,鲁·《无产阶级的一致》(Hilferding, R. Die Einigung des

Proletariats.—«Die Freiheit». Morgen-Ausgabe, Berlin, 1919, Nr. 71, 9. Februar, S.1)——380—381。

* * *

《北方公社报》(彼得格勒)(«Северная Коммуна», Пг., 1918, №98, 6 сентября, стр.1)——270—271。

—1919, №58(251), 14 марта, стр.1.——149—150。

彼得格勒, 9 月 16 日。(Петроград, 16 сентября.—«Речь», Пг., 1917, №218 (3960), 16(29)сентября, стр.2)——338—339。

彼得格勒, 9 月 21 日(10 月 3 日)。《妥协的道路》。(Петроград, 21 сентября (3 окт.). Пути соглашения.—«Дело Народа», Пг., 1917, №160, 21 сентября, стр.1)——338—339。

《必须遵行的携带粮食的决定》(Обязательное постановление о провозе продуктов.—«Северная Коммуна», Пг., 1918, №98, 6 сентября, стр.1) ——271。

《德国社会民主党纲领(1891 年爱尔福特代表大会通过)》(Programm der Sozialdemokratische Partei Deutschlands, beschlossen auf dem Parteitag zu Erfurt 1891.—In: Protokoll über die Verhandlungen des Parteitages der Sozialdemokratischen Partei Deutschlands. Abgehalten zu Erfurt vom 14. bis 20.Oktober 1891.Berlin, «Vorwärts», 1891, S.3—6)——162。

《独立党的新纲领》(Новая программа независимых.—«Известия Всероссийского Центрального Исполнительного Комитета Советов Рабочих, Крестьянских, Казачьих и Красноармейских Депутатов и Московского Совета Рабочих и Красноармейских Депутатов», 1919, №59(611), 18 марта, стр.5.Под общ.загл.: Революция в Германии)——123。

《俄国共产党(布尔什维克)纲领》(Программа РКП(большевиков).—В кн.: VIII съезд Российской Коммунистической партии (большевиков). Москва, 18—23 марта 1919 года.Стеногр.отчет.М., «Коммунист», 1919, стр.337—355.(РКП(б)))—— 184—185、196、198—199、201、209— 210、334、335、340。

《俄国共产党(布尔什维克)纲领草案》(载于《俄国共产党(布尔什维克)第八次代表大会》一书)(Проект программы РКП(большевиков).—В кн.: VIII съезд Российской Коммунистической партии (большевиков). Москва, 18—23 марта 1919 года. Стеногр. отчет. М., «Коммунист», 1919, стр. 319—336. (РКП(б)))——121—122、125—126、127—128、137、138、139—140、141、142—143、144—145、146、147—149、150、152—153、156、157、158—159、160、161—162、163、164、165、167—168。

《俄国共产党(布尔什维克)纲领草案》(载于1919年2月25日《真理报》第43号)(Проект программы РКП(большевиков).—«Правда», М., 1919, №43, 25 февраля, стр. 1; №44, 26 февраля, стр. 1; №45, 27 февраля, стр. 1)——13—14。

《俄国共产党(布尔什维克)第八次代表大会》(VIII съезд Российской Коммунистической партии(большевиков). Москва, 18—23 марта 1919 года. Стеногр. отчет. М., «Коммунист», 1919. 415 стр. (РКП(б)))——121—122、125—126、127—128、137、138、139—140、141、142—143、144—145、146、147、148—149、150、152—153、156、157、158—159、160—163、164、165—166、167—168、178、184—185、186、190—191、192、193、195、196、198—199、201—202、209—210、212、213—214、215、244—245、334、335、339—340。

[《俄国共产党(布尔什维克)第八次代表大会告各级党组织书》]([Обращение VIII съезда РКП(б) к партийным организациям].—В кн.: VIII съезд Российской Коммунистической партии(большевиков). Москва, 18—23 марта 1919 года. Стеногр. отчет. М., «Коммунист», 1919, стр. 55—56. (РКП(б)))——148。

《俄国社会民主工党纲领(党的第二次代表大会通过)》(Программа Российской соц.-дем. рабочей партии, принятая на Втором съезде партии.—В кн.: Второй очередной съезд Росс. соц.-дем. рабочей партии. Полный текст протоколов. Изд. ЦК. Genève, тип. партии, [1904], стр. 1—6. (РСДРП))——76、77—79、94—97、138—140、159—160、164—165。

《俄国同德国、奥匈帝国、保加利亚和土耳其签订的和平条约》(Мирный

договор между Россией с одной стороны и Германией, Австро-Венгрией, Болгарией и Турцией с другой. М., тип. Моск. Совета раб. и солд. депутатов, 1918.150 стр.; 1 л. карт.)——12—13。

《俄罗斯社会主义共和国和芬兰社会主义共和国条约》(Договор между Российской и Финляндской социалистическими республиками.—«Известия Всероссийского Центрального Исполнительного Комитета Советов Крестьянских, Рабочих, Солдатских и Казачьих Депутатов и Петроградского Совета Рабочих и Солдатских Депутатов», 1918, №45 (309), 10 марта, стр.3)——166。

《俄罗斯社会主义联邦苏维埃共和国宪法(根本法)》(Конституция(Основной закон) Российской Социалистической Федеративной Советской Республики. Постановление 5-го Всероссийского съезда Советов, принятое в заседании 10 июля 1918 г.—«Известия Всероссийского Центрального Исполнительного Комитета Советов Крестьянских, Рабочих, Солдатских и Казачьих Депутатов и Московского Совета Рабочих и Красноармейских Депутатов», 1918, №151(415), 19 июля, стр. 3)—— 100、155—157、281—282、347、351—352、357、358。

《法兰克福报和商业报》(«Frankfurter Zeitung und Handelsblatt». Zweites Morgenblatt, 1919, Nr. 222, 23. März, S. 1)——278。

《告德国革命无产阶级》(An das revolutionäre Proletariat Deutschlands! — «Die Freiheit». Morgen-Ausgabe, Berlin, 1919, Nr. 74, 11. Februar, S. 1) ——296—297、380。

《革命的党代表大会》(Der Revolutions—Parteitag. — «Die Freiheit». Morgen-Ausgabe, Berlin, 1919, Nr. 114, 9. März. Beilage zur «Freiheit», S. 1 — 3) ——382—383、385—386。

《工人报》(上午版,维也纳)(«Arbeiter Zeitung». Morgenblatt, Wien, 1919, Nr. 98, 9. April, S. 1 — 2)——384、385—386。

《工人加里宁被左派社会革命党人杀害》(Убийство рабочего Калинина левым с.-р.—«Правда», М., 1919, №72, 3 апреля, стр. 3. Под общ. загл.: Петербург)——245。

《工人、农民、哥萨克和红军代表苏维埃全俄中央执行委员会及莫斯科工人和
　红军代表苏维埃消息报》(«Известия Всероссийского Центрального
　Исполнительного Комитета Советов Рабочих, Крестьянских, Казачьих и
　Красноармейских Депутатов и Московского Совета Рабочих и Красноар-
　мейских Депутатов», 1918, №272(536), 12 декабря, стр.4—5) —— 320。

—1919, №21, 30 января, стр.5. —— 17。

—1919, №26(578), 5 февраля, стр.1. —— 119—120、121—122。

—1919, №34(586), 14 февраля, стр.5. —— 17、24、26—27、182、183—184、
　196、197—198。

—1919, №46(598), 28 февраля, стр.2. —— 5、43。

—1919, №54(606), 11 марта, стр.1. —— 18—19、28—30、59—60、239。

—1919, №59(611), 18 марта, стр.5. —— 123。

—1919, №60(612), 20 марта, стр.3. —— 149。

—1919, №63(615), 23 марта, стр.2, 3. —— 220。

—1919, №68(620), 29 марта, стр.2. —— 220—221、249。

—1919, №71(623), 2 апреля, стр.1. —— 239。

—1919, №72(624), 3 апреля, стр.2. —— 244—245。

—1919, №78(630), 11 апреля, стр.3. —— 263、267、269—270、271—272、
　298、305。

—1919, №93(645), 3 мая, стр.2. —— 329。

—1919, №97(649), 8 мая, стр.2. —— 318。

《共产党告全世界无产者的宣言》(Манифест Коммунистической партии к
　пролетариям всего мира.—«Правда», М., 1919, №52, 7 марта, стр.1)
　—— 164。

《共产国际》(L'Internationale communiste.—«Le Temps», Paris, 1919, N
　21070, 15 mars, p.3. Под общ. загл.: Questions sociales) —— 289—290。

《共产国际》杂志(彼得格勒)(«Коммунистический Интернационал», Пг.,
　1919, №1, 1 мая, стлб.31—38) —— 379。

—1919, №2, 1 июня, стлб.175—180. —— 297。

《共产主义者报》(彼得格勒)(«Коммунист», Пг., 1918, №5, 9 марта, стр.3)

——76—77。

《关于工农联盟》[人民委员会和粮食人民委员部给各省苏维埃和粮食委员会的通令](О союзе крестьян и рабочих. [Циркуляр СНК и Наркомпрода всем губернским Советам и продовольственным комитетам].—«Известия Всероссийского Центрального Исполнительного Комитета Советов Крестьянских, Рабочих, Солдатских и Казачьих Депутатов и Московского Совета Рабочих и Красноармейских Депутатов», 1918, №177(441), 18 августа, стр.4)——198—199。

《关于共产国际》[俄共(布)第八次代表大会通过的决议](О Коммунистическом Интернационале, [Резолюция, принятая на VIII съезде РКП(б)].—В кн.: VIII съезд Российской Коммунистической партии(большевиков). Москва, 18—23 марта 1919 года. Стеногр. отчет. М., «Коммунист», 1919, стр.355.(РКП(б)))——201。

《关于军事问题》[俄共(布)第八次代表大会通过的决议](По военному вопросу. [Резолюция, принятая на VIII съезде РКП(б)].—В кн.: VIII съезд Российской Коммунистической партии (большевиков). Москва, 18—23 марта 1919 года. Стеногр. отчет. М., «Коммунист», 1919, стр. 356—365.(РКП(б)))——201。

《关于社会主义土地规划和向社会主义农业过渡的措施的条例》(Положение о социалистическом землеустройстве и о мерах перехода к социалистическому земледелию.—«Известия Всероссийского Центрального Исполнительного Комитета Советов Рабочих, Крестьянских, Казачьих и Красноармейских Депутатов и Московского Совета Рабочих и Красноармейских Депутатов», 1919, №34(586), 14 февраля, стр. 5, в отд.: Действия и распоряжения правительства)——16—17、24、26—27、183、196、197—198。

《关于一次性特别革命税的法令(1918年10月30日全俄中央执行委员会会议通过)》(Декрет о единовременном чрезвычайном революционном налоге, принятый в заседании Всерос. Центр. Исполн. Комитета 30 октября 1918 года. №2813.—«Известия Всероссийского Центрального Исполнительного Комитета Советов Крестьянских, Рабочих, Казачьих и Красноармейских Депутатов и Московского Совета Рабочих и Красноармейских Депутатов», 1919, №240 (504), 2 ноября, стр. 3, в отд.: Действия и распоряжения правительства) —— 197 — 198。

《关于组织贫苦农民和对贫苦农民的供应的法令(1918 年 6 月 11 日工人、士兵、农民和哥萨克代表苏维埃全俄中央执行委员会会议通过)》(Декрет об организации и снабжении деревенской бедноты, принятый Всерос. Центр. Исполнит. Комитетом Советов рабоч., солд., крест. и каз. депутатов в заседании от 11-го июня 1918 года. —« Известия Всероссийского Центрального Исполнительного Комитета Советов Крестьянских, Рабочих, Солдатских и Казачьих Депутатов», М., 1918, №119 (383), 12 июня, стр. 3, в отд.: Действия и распоряжения правительства) —— 129、130 — 131。

《关于组织问题》[俄共(布)第八次代表大会通过的决议](По организационному вопросу. [Резолюция, принятая на VIII съезде РКП (б)]. —В кн.: VIII съезд Российской Коммунистической партии (большевиков). Москва, 18 — 23 марта 1919 года. Стеногр. отчет. М., «Коммунист», 1919, стр. 365 — 370. (РКП(б))) —— 201 — 202、209 — 210、213 — 214。

《国际歌》(Интернационал) —— 21、274。

《国际社会党人代表大会》(Internationale Sozialistenkonferenz. Democratie und Diktatur. Schluß des Kongresses. Bern, 10. Februar. —«Die Freiheit». Abend-Ausgabe, Berlin, 1919, Nr. 75, 11. Februar, S. 3) —— 126。

《号召书!》(Felhívás! Magyar elvtàrsak! Vörôs proletärkatonäk! [Листовка. Április, 1919. 1 old.] (A «Vilàgszabadsàg» külön kiadàsa). Подпись: Kun Béla) —— 310。

《火星报》[慕尼黑](«Искра», [Мюнхен], 1902, №18, 10 марта, стр. 1) —— 293。

《解决不了的问题》(Неразрешимые вопросы. —«Правда», М., 1919, №72, 3 апреля, стр. 2, в отд.: Телеграммы) —— 247、248 — 249。

《决议和决定[1919 年 3 月 18—23 日俄共(布)第八次代表大会通过]》（Резолюции и постановления,[принятые на VIII съезде РКП(б).18—23 марта 1919 г.].—В кн.: VIII съезд Российской Коммунистической партии（большевиков). Москва, 18—23 марта 1919 года. Стеногр. отчет. М., «Коммунист»,1919,стр.319—379.(РКП(б)))——195、201、214—215。

《莫斯科工人和红军代表苏维埃主席团关于向莫斯科优惠携带粮食的决定》（Постановление президиума Московского Совета рабочих и красноармейских депутатов о льготном провозе продовольственных продуктов в Москву.—«Известия Всероссийского Центрального Исполнительного Комитета Советов Крестьянских, Рабочих, Солдатских и Казачьих Депутатов и Московского Совета Рабочих и Красноармейских Депутатов»,1918,№183(447),25 августа,стр.1)——271。

《农民、工人、哥萨克和红军代表苏维埃全俄中央执行委员会及莫斯科工人和红军代表苏维埃消息报》(«Известия Всероссийского Центрального Исполнительного Комитета Советов Крестьянских, Рабочих, Казачьих и Красноармейских Депутатов и Московского Совета Рабочих и Красноармейских Депутатов»)——206、208、329。

—1918,№240(504),2 ноября,стр.3.——197—198。

—1918,№245(509),10 ноября,стр.2—3.——198—199。

《农民、工人和士兵代表苏维埃中央执行委员会及彼得格勒工兵代表苏维埃消息报》(«Известия Центрального Исполнительного Комитета Советов Крестьянских, Рабочих и Солдатских Депутатов и Петроградского Совета Рабочих и Солдатских Депутатов»,1918,№16(280),21 января, стр.2)——86—87、108。

—1918,№28(292),19(6)февраля,стр.3.——81—82、91—92、395。

《农民、工人、士兵和哥萨克代表苏维埃全俄中央执行委员会及彼得格勒工兵代表苏维埃消息报》(«Известия Всероссийского Центрального Исполнительного Комитета Советов Крестьянских, Рабочих, Солдатских и Казачьих Депутатов и Петроградского Совета Рабочих и Солдатских Депутатов»,1918,№45(309),10 марта,стр.3)——166—167。

《农民、工人、士兵和哥萨克代表苏维埃全俄中央执行委员会及莫斯科工人和
　　红军代表苏维埃消息报》(«Известия Всероссийского Центрального
　　Исполнительного Комитета Советов Крестьянских, Рабочих, Солдатских
　　и Казачьих Депутатов и Московского Совета Рабочих и Красноар-
　　мейских Депутатов», 1918, №151(415), 19 июля, стр. 3)——100、155—
　　157、281—282、347—348、351—352、356—357、358。
　　—1918, №177(441), 18 августа, стр. 4.——198—199。
　　—1918, №183(447), 25 августа, стр. 1.——270—271。

《农民、工人、士兵和哥萨克代表苏维埃全俄中央执行委员会消息报》
　　(«Известия Всероссийского Центрального Исполнительного Комитета
　　Советов Крестьянских, Рабочих, Солдатских и Казачьих Депутатов»,
　　М., 1918, №119(383), 12 июня, стр. 3)——129、130—131。

《皮雄谈俄国》(Пишон о России.—«Известия Всероссийского Центрального
　　Исполнительного Комитета Советов Рабочих, Крестьянск., Казачьих и
　　Красноарм. Депутатов и Московского Совета Рабочих и Красноарм.
　　Депутатов», 1919, №68(620), 29 марта, стр. 2, в отд.: За границей)——
　　249—250。

《贫苦农民报》(莫斯科)(«Беднота», М.)——135。

《启蒙》杂志(彼得格勒)(«Просвещение», Пг, 1917, №1—2, сентябрь—
　　октябрь, стр. 81—99)——142—143。

《[全俄苏维埃第六次(非常)代表大会关于贫农委员会、乡苏维埃和村苏维埃
　　的]决议》(1918 年 11 月 9 日)(Резолюция [VI Чрезвычайного
　　Всероссийского съезда Советов о комитетах бедноты, о волостных и
　　сельских Советах. 9 ноября 1918 г.].—«Известия Всероссийского
　　Центрального Исполнительного Комитета Советов Крестьянских,
　　Рабочих, Казачьих и Красноармейских Депутатов и Московского Совета
　　Рабочих и Красноармейских Депутатов», 1918, №245(509), 10 ноября,
　　стр. 2 — 3. Под общ. загл.: VI Чрезвычайный Всероссийский съезд
　　Советов)——198—199。

《[全俄中央执行委员会和人民委员会]关于非宗教婚姻、关于子女和关于建

立户籍簿的法令》[1917 年 12 月 18 日（31 日）]（Декрет[ВЦИК и СНК] о гражданском браке, о детях и о ведении книг актов состояния. [18(31) декабря 1917 г.].—«Известия Центрального Исполнительного Комитета и Петроградского Совета Рабочих и Солдатских Депутатов», 1917, №256, 20 декабря, стр.7, в отд.: Действия правительства)——144。

《人民事业报》（彼得格勒—萨马拉—莫斯科）（«Дело Народа», Пг.— Самара—М.）——253、256、323、327、329、334。

——Пг., 1917, №160, 21 сентября, стр.1.——338—339。

《[人民委员会]关于停止客运以向中心城市运送粮煤的决定》（1919 年 3 月 8 日）（Декрет [СНК] о прекращении пассажирского движения в целях подвоза к центрам продовольствия и угля. 8 марта 1919 г.—«Известия Всероссийского Центрального Исполнительного Комитета Советов Рабочих, Крестьянск., Казачьих и Красноарм. Депутатов и Московского Совета Рабочих и Красноарм. Депутатов», 1919, №54 (606), 11 марта, стр.1)——18、29—30、59—60、239。

《人民委员会[关于动员]的法令》[1919 年 4 月 10 日]（Декрет Совета Народных Комиссаров[о мобилизации. 10 апреля 1919 г.].—«Известия Всероссийского Центрального Исполнительного Комитета Советов Рабочих, Крестьянских, Казачьих и Красноарм. Депутатов и Моск. Совета Рабоч. и Красноарм. Депутатов», 1919, №78 (630), 11 апреля, стр. 3, в отд.: Действия и распоряжения правительства)——263、267、270、271、298、305。

《[人民委员会]关于动员识字的人的法令》（1918 年 12 月 10 日）（Декрет [СНК] о мобилизации грамотных. 10 декабря 1918 г.—«Известия Всероссийского Центрального Исполнительного Комитета Советов Рабочих, Крестьянских, Казачьих и Красноармейских Депутатов и Московского Совета Рабочих и Красноармейских Депутатов», 1918, №272 (536), 12 декабря, стр. 4 — 5, в отд.: Действия и распоряжения правительства)——320。

《人民委员会关于消费公社的法令》[1919 年 3 月 16 日]（Декрет Совета

Народных Комиссаров о потребительских коммунах. [16 марта 1919 г.].—« Известия Всероссийского Центрального Исполнительного Комитета Советов Рабочих, Крестьянск., Казачьих и Красноарм. Депутатов и Московского Совета Рабочих и Красноарм. Депутатов», 1919, №60 (612), 20 марта, стр. 3, в отд.: Действия и распоряжения правительства)——149。

《[人民委员会]关于信仰自由以及教会和宗教团体的法令》[1918 年 1 月 20 日（2 月 2 日）]（Декрет [CHK] о свободе совести, церковных и религиозных обществах. [20 января (2 февраля) 1918 г.].—« Известия Центрального Исполнительного Комитета Советов Крестьянских, Рабочих и Солдатских Депутатов и Петроградского Совета Рабочих и Солдатских Депутатов», 1918, №16 (280), 21 января, стр. 2, в отд.: Действия и распоряжения правительства)——86—87、108。

《[人民委员会]关于增加播种面积的法令》[1919 年 1 月 28 日]（Декрет [CHK] об увеличении посевной площади. [28 января 1919 г.].—« Известия Всероссийского Центрального Исполнительного Комитета Советов Рабочих, Крестьянских, Казачьих и Красноармейских Депутатов и Московского Совета Рабочих и Красноармейских Депутатов», 1919, №21, 30 января, стр. 5, в отд.: Действия и распоряжения правительства)——16。

《3 月 30 日凌晨一时的战报》（Оперативная сводка к часу ночи 30 марта.—«Правда», М., 1919, №71, 2 апреля, стр. 2. Под общ. загл.: Советская Украина)——236。

《社会革命党人沃尔斯基和斯维亚季茨基的宣言》——见《一群社会革命党党员告社会革命党全体党员书》。

《社会教育代表大会》（Съезд по внешкольному образованию. Первый день.—« Известия Всероссийского Центрального Исполнительного Комитета Советов Рабочих, Крестьянских, Казачьих и Красноарм. Депутатов и Моск. Совета Рабоч. и Красноарм. Депутатов», 1919, №97 (649), 8 мая, стр. 2, в отд.: Съезды)——318。

《社会民主党人报》(日内瓦)(«Социал-Демократ», Женева, 1914, №33, 1 ноября, стр. 1)——385—386。

《时报》(巴黎)(«Le Temps», Paris)——289—290。

  —1919, N 21070, 15 mars, p. 3.——289—290。

《斯巴达克》杂志(莫斯科)(«Спартак», M., 1917, №4, 10 августа, стр. 4—7) ——142—143。

《苏维埃第二次代表大会》(载于 1919 年 4 月 13 日《自由报》第 178 号) (Zweiter Rätekongreß.—«Die Freiheit». Morgen-Ausgabe, Berlin, 1919, Nr. 178, 13. April. Beilage zur «Freiheit», S. 1—2)——381、382。

《苏维埃第二次代表大会》(载于 1919 年 4 月 15 日《自由报》第 181 号) (Zweiter Rätekongreß.—«Die Freiheit». Morgen-Ausgabe, Berlin, 1919, Nr. 181, 15. April. Beilage zur «Freiheit», S. 1—2)——344。

《泰晤士报》(伦敦)(«The Times», London, 1919, No. 41, 994, January 10, p. 9) ——5、43。

《〈泰晤士报〉谈列宁和红军》(«Таймс» о Ленине и Красной Армии.— «Известия Всероссийского Центрального Исполнительного Комитета Советов Рабочих, Крестьянск., Казачьих и Красноарм. Депутатов и Московского Совета Рабочих и Красноарм. Депутатов», 1919, №46(598), 28 февраля, стр. 2, в отд.: Иностранная жизнь)——5、43。

《土地社会化基本法》[1918 年 1 月 27 日(2 月 9 日)](Основной закон о социализации земли. [27 января (9 февраля) 1918 г.].—«Известия Центрального Исполнительного Комитета Советов Крестьянских, Рабочих и Солдатских Депутатов и Петроградского Совета Рабочих и Солдатских Депутатов», 1918, №28(292), 19(6) февраля, стр. 3, в отд.: Действия и распоряжения правительства)——81、91、395。

《外交人民委员的电报》(1919 年 2 月 4 日致英、法、意、日、美各国政府) (Радиотелеграмма народного комиссара по иностранным делам. Правительствам Великобритании, Франции, Италии, Японии и Северо-Американских Соединенных Штатов. 4 февраля 1919 г.—«Известия Всероссийского Центрального Исполнительного Комитета Советов Рабочих,

Крестьянских, Казачьих и Красноармейских Депутатов и Московского Совета Рабочих и Красноармейских Депутатов», 1919, №26 (578), 5 февраля, стр.1. Под общ. загл.: Россия и союзники)——119—120、122。

《下诺夫哥罗德省党的工作手册》(Инструкции и положения о постановке партийной работы в Нижегородской губернии. Нижний Новгород, тип. Нар. Ком. по воен. дел., [1919].64 стр. (РКП(б)))——186—187。

《新生活报》(彼得格勒—莫斯科)(«Новая Жизнь», Пг.—М.)——153。

——Пг., 1917, №135(129), 23 сентября(6 октября), стр.1.——339。

《匈牙利的布尔什维主义》(Der Bolschewismus in Ungarn.—«Frankfurter Zeitung und Handelsblatt».Zweites Morgenblatt,1919,Nr.222,23.März, S.1)——278。

[《匈牙利革命委员会关于在工业、采矿业和运输业中实行临时管理和工人监督的法令》]([Декрет Революционного Совета Венгрии о временном управлении и рабочем контроле в промышленных, горнозаводских и транспортных предприятиях].—«Известия Всероссийского Центрального Исполнительного Комитета Советов Рабочих, Крестьянск., Казачьих и Красноарм. Депутатов и Московского Совета Рабочих и Красноарм. Депутатов»,1919,№68(620),29 марта, стр.2, в отд.: События в Венгрии. Под общ. загл.: Социализация промы шленности)——220—221。

《匈牙利革命政府的号召》(Воззвание революционного правительства Венгрии. Радио. Всем, всем, всем.—« Известия Всероссийского Центрального Исполнительного Комитета Советов Рабочих, Крестьянских, Казачьих и Красноармейских Депутатов и Московского Совета Рабочих и Красноармейских Депутатов», 1919, №63 (615), 23 марта, стр. 3. Под общ. загл.: Социалистическая революция в Венгрии)——220。

《言语报》(彼得格勒)(«Речь», Пг., 1917, №218(3960), 16(29) сентября, стр. 2)——339。

《一群社会革命党党员告社会革命党全体党员书》(1919 年 4 月 20 日)(Ко всем членам партии социалистов-революционеров от группы членов п.с.-р. 20 апреля 1919 г.—«Известия Всероссийского Центрального Исполни-

Рабочих и Солдатских Депутатов», 1917, №208, 27 октября, стр. 1）——
252、255。

——1917, №209, 28 октября, стр. 1.—— 26 — 27、161 — 162。

——1917, №256, 20 декабря, стр. 7.—— 143 — 144。

《自由报》（上午版，柏林）（«Die Freiheit». Morgen-Ausgabe, Berlin, 1919, Nr.
71, 9. Februar, S. 1）—— 380 — 381。

——Morgen-Ausgabe, 1919, Nr. 74, 11. Februar, S. 1.—— 296、380 — 381。

——Abend-Ausgabe, Berlin, 1919, Nr. 75, 11. Februar, S. 3.—— 126。

——Morgen-Ausgabe, Berlin, 1919, Nr. 114, 9. März. Beilage zur «Freiheit», S.
1 — 3.—— 382 — 383、385 — 386。

——Morgen-Ausgabe, Berlin, 1919, Nr. 178, 13. April. Beilage zur «Freiheit», S.
1 — 2.—— 380 — 381、382。

——Morgen-Ausgabe, Berlin, 1919, Nr. 181, 15. April. Beilage zur «Freiheit», S.
1 — 2.—— 344。

——Morgen-Ausgabe, Berlin, 1919, Nr. 211, 4. Mai, S. 1 — 2.—— 386。

《左派社会革命党人的犯罪行为》（Преступная работа левых эсеров.——
«Известия Всероссийского Центрального Исполнительного Комитета
Советов Рабочих, Крестьянск., Казачьих и Красноарм. Депутатов и
Московского Совета Рабочих и Красноарм. Депутатов», 1919, №72（624），
3 апреля, стр. 2, в отд.: По России）—— 245。

年 表

(1919 年 3 月 12 日—6 月 27 日)

1919 年

3 月 12 日

列宁抵达彼得格勒,同彼得格勒党和苏维埃工作人员谈话。根据他们的请求,在塔夫利达宫举行的彼得格勒苏维埃会议上作关于人民委员会对外对内政策的报告。在报告和辩论以后,回答许多纸条提出的问题。

3 月 13 日

参加在沃尔科沃墓地举行的老布尔什维克马·季·叶利扎罗夫葬礼。

参观彼得格勒省工会理事会所在地劳动宫;在彼得格勒省农业工人第一次代表大会上就组织农业工会的问题发表讲话并回答代表们提出的问题,然后同工会工作人员谈话。

先后在彼得格勒民众文化馆的万人聚集的大厅和休息厅发表关于苏维埃共和国对内对外政策的讲话。

3 月 14 日

从彼得格勒回到莫斯科。

参加俄共(布)中央委员会会议;就同美国政府代表威·布利特谈判的问题发言。会议批准党的第八次代表大会的议程和程序,委托列宁在代表大会上作政治和组织报告以及关于党纲的报告。会议还讨论了军事形势、加强肃反委员会的地方机关、查封孟什维克和社会革命党人的报纸、提高莫斯科工人的口粮标准等问题。

主持人民委员会会议。会议讨论派购亚麻的法令草案、财政人民委员部没有执行人民委员会关于亚麻和兽毛采购贷款决定和关于拨给木材采伐经费决定的问题、内务人民委员部关于省市县执行委员会相互关系的提纲以及其他问题。

3月15日

签署给各省、县苏维埃的电报,指示它们协助铁路管理机关修复铁路和桥梁。

签署给沙里亚站取缔投机倒把非常委员会的电报,询问为什么没收工人伊·库利科夫和叶·格里戈里耶娃的粮食。

主持人民委员会会议;在讨论关于最高国民经济委员会印刷局的报告时,起草人民委员会关于这一问题的决定。会议讨论关于加速出版《工农读本》的措施的决定草案、关于建立最高大地测量局的法令草案以及其他问题。

3月16日

同共和国革命军事委员会委员谢·伊·阿拉洛夫谈话,建议他在俄共(布)第八次代表大会上作关于各战线局势的报告,并为作好这个报告出主意。

参加俄共(布)中央委员会会议;在讨论国家监察人民委员部改组问题时,提议任命斯大林为监察人民委员;在讨论关于交通人民委员部部务委员会成员问题时发言;建议让各人民委员部部务委员会各派两名有发言权的代表出席党的第八次代表大会。会议讨论对顿河和奥伦堡的哥萨克人的态度、彼得格勒左派社会革命党人的反革命行动、党和苏维埃的报刊、同巴什基尔苏维埃自治共和国的协定以及其他问题。

得知雅·米·斯维尔德洛夫的病情严重恶化,前去看望。一小时后,斯维尔德洛夫逝世。

参加为雅·米·斯维尔德洛夫逝世一事举行的俄共(布)中央委员会会议。会议讨论全俄中央执行委员会的工作领导问题。

主持人民委员会会议;在讨论关于消费公社的法令草案时发言,对法令草案提出补充和修改意见;与尼·尼·克列斯廷斯基就草案的实质问题交换便条。

不晚于3月17日

写便条给司法人民委员德·伊·库尔斯基,建议当着见证人的面解剖保存在丘多夫寺院的圣徒阿列克谢的干尸。

3月17日

从东方面军革命军事委员会的电报获悉西伯利亚省农民因地方政权违法乱纪和左派社会革命党人挑拨煽动而闹事,写便条给全俄中央执行委员会主席团,请求任命一个调查委员会前去调查。

参加俄共(布)中央委员会会议。中央委员会委托列宁在中央执行委员会主席雅·米·斯维尔德洛夫安葬仪式上致悼词、在党的第八次代表大会上致开幕词。会议还讨论了关于俄共(布)外国人团体中央联合会问题、全俄中央执行委员会和人民委员会土耳其斯坦特别(临时)委员会的工作、亚·德·瞿鲁巴关于粮食状况的报告以及其他问题。

主持工农国防委员会会议。会议讨论谢·德·马尔柯夫关于组织直达货运列车运行的报告、军事当局对最高国民经济委员会所属企业和组织的工作的干预、把某些工厂工人口粮标准改为红军战士口粮标准、从乌克兰给莫斯科近郊煤矿区的矿工运送粮食以及其他问题。

3月18日

在全俄中央执行委员会举行的雅·米·斯维尔德洛夫追悼会上致悼词,会后同中央执行委员们一起前往工会大厦圆柱大厅守灵,然后跟随出殡行列去红场,在红场斯维尔德洛夫墓前发表简短讲话。

同《贫苦农民报》主编列·谢·索斯诺夫斯基和中央其他各报编辑谈报刊的任务和党对待中农的态度。

俄共(布)第八次代表大会开幕。列宁致开幕词;被选入代表大会主席团;代表中央委员会作总结报告。

3月19日

主持俄共(布)第八次代表大会第2次会议;作关于党纲的报告。

参加第3次会议;作关于党纲报告的总结发言;被选入代表大会的党纲委员会。

3月20日

主持党代表大会的党纲委员会第1次会议。会议讨论提交代表大会的各种党纲草案。列宁起草的党纲草案被采纳。在讨论对草案的补充和修改意见时,列宁就确定无产阶级专政基本任务的一些条文问题和其他问题发言。委员会委托列宁起草纲领中一般政治部分的补充条文。

参加俄共(布)中央委员会会议。会议讨论新中央委员会委员候选人,列宁在候选人名单上签字。在讨论交通人民委员部部务委员会的成员问题时发言。

主持党纲委员会第2次会议;提出纲领中一般政治部分的补充条文草案即第三条的草案;在讨论教育人民委员部共产党党团提出的党纲中国民教育方面条文草案时,对这一条提出补充草案。

主持人民委员会会议。会议讨论关于批准交通人民委员部部务委员会成员的决定草案、关于动员农业专家的法令草案、关于授权各前线地区委员会禁止食品外运的决定草案,以及关于成立巴什基尔自治共和国等问题。

签署俄罗斯联邦工农政府同巴什基尔政府关于成立巴什基尔苏维埃自治共和国的协定。

3月21日以前

同党的第八次代表大会代表中的"军事反对派"参加者和其他军事工作者谈红军状况。

3月21日

同党的第八次代表大会农村工作小组组长阿·瓦·卢那察尔斯基谈小组工作和制定对中农的态度的决议一事。在谈话过程中,修改卢那察尔斯基起草的关于农村政治宣传和文化教育工作的决议。

主持党纲委员会第3次会议。会议通过列宁起草的纲领中一般政治部分的第三条。根据列宁的建议,纲领草案中加进尼·彼·哥尔布诺夫对党在组织科学技术工作方面的任务的补充意见。

参加代表大会第5次会议;就军事问题发言。

不晚于3月22日

从沃洛格达省卡德尼科夫县科尔班格乡农民来信中得知该乡执行委员会以不正确的态度对待农民,致函内务人民委员格·伊·彼得罗夫斯基,指示必须检查和改选这个乡的苏维埃。

3月22日

收到匈牙利发生革命的电讯,转交给党代表大会主席团。代表大会在第7次会议上宣读这个电讯,委托列宁向匈牙利苏维埃政府发贺电。列宁把自己的贺电用电话告诉莫斯科无线电报局发出,然后起草并发出代表大会致匈牙利苏维埃共和国政府的贺电。

3月23日

用德文起草给库恩·贝拉的电报,询问匈牙利苏维埃政府的组成情况和匈牙利共产党人的策略。

出席农村工作小组的关于对中农的态度的决议起草委员会会议,建议委托他和卢那察尔斯基拟定最后草案,然后亲自起草决议。

参加代表大会第8次会议;作关于农村工作的报告,并在讨论报告过程中发言。代表大会通过列宁起草的关于对中农的态度的决议。列宁被选入俄共(布)中央委员会。

宣布中央委员会和检查委员会选举结果,并致闭幕词。

3月24日

主持工农国防委员会会议;签署关于免征某些兽医入伍的决定草案。会议讨论关于付清铁路员工工资的款项、关于利用暂停客运的时间加紧货运的计划、关于动员演员为红军演出、关于派负责工作人员到各地加强粮食和运输工作以及其他问题。

3月24日或25日

接见前来参加俄共(布)第八次代表大会迟到的土耳其斯坦共产党的代表们,同他们交谈代表大会的决议、国际形势和土耳其斯坦的局势,向他们介绍各人民委员部的工作。

3月25日

主持新选出的俄共(布)中央委员会全会;通报上届中央委员会最后几次会议通过的关于同美国政府代表威·布利特谈判的决议、关于共产国际的决议、关于全俄中央执行委员会的领导的决议;被选入中央政治局;在讨论第八次代表大会军事小组工作总结和陆军人民委员部的改组问题时发言。会议讨论党中央领导机关——政治局、组织局和中央书记处的组成,成立革命军事委员会政治部,乌克兰共产党第三次代表大会的决议,乌共(布)中央有关粮食问题的指示,对中农和军人的告示以及其他问题。

主持人民委员会会议;在讨论对拨款实行事前财政监督的问题时,

起草有关这种监督的实施规则。会议讨论关于登记和动员统计工作人员的法令草案、缩减各人民委员部的编制、给乌克兰制糖工业拨款以及其他问题。

3月26日

签署俄共(布)中央委员会关于军事小组的工作总结和贯彻党的第八次代表大会军事问题决议的决定草案。

3月27日

收到 M.杜克尔斯基教授关于对待资产阶级专家的态度问题的公开信以后,给《真理报》撰写《对一位专家的公开信的答复》一文,解释党和政府关于这一问题的政策。

阅览第5集团军政治部主任瓦·尼·卡尤罗夫关于放弃乌法原因的电报,回电询问为改善部队的政治工作所采取的措施。

主持人民委员会会议;在讨论取消华沙—维也纳和维斯瓦河沿岸铁路管理局以及交通人民委员部综合管理局问题时,起草人民委员会关于这一问题的决定。会议讨论关于劳动人民委员部和社会保障人民委员部的职权划分的决定草案、关于登记和动员俄罗斯联邦的技术力量的决定草案、派遣俄罗斯联邦代表前往拉脱维亚调整相互之间的经济关系以及其他问题。

3月28日

阅改《俄国共产党(布尔什维克)纲领》小册子的第二校校样。

接见全俄工人合作社理事会代表,同他们交谈与贯彻人民委员会关于消费公社的法令有关的问题。

不晚于3月28日

起草俄共(布)中央关于派遣一批工人小组参加粮食和运输工作的决定。

3月29日

致电切列波韦茨省执行委员会,指示查清农妇叶·安·叶菲莫娃控告关于她家的粮食被收入公仓的事实,并报告处理结果。

主持人民委员会会议;签署关于征召医师和医师助手服兵役的法令草案。会议讨论关于国家监督的法令草案、关于最高国民经济委员会职员工资的临时决定草案以及其他问题。

3 月 30 日

收到萨拉托夫"保卫红都饥饿儿童委员会"征集食品的通告,分别致电该委员会主席 C.科罗廖夫和萨拉托夫省执行委员会,指示把这些食物送往莫斯科。

在全俄中央执行委员会会议上发表推荐米·伊·加里宁任全俄中央执行委员会主席的讲话。

3 月 31 日

致电乌克兰人民委员会主席克·格·拉柯夫斯基,谈成立各级援助饥饿俄国委员会以及这些委员会必须由乌克兰粮食人民委员部领导的问题。

主持工农国防委员会会议;在讨论关于铁路员工粮食供应问题时,起草国防委员会关于这一问题的决定。会议讨论改行红军战士口粮标准的工厂名单、委托全俄肃反委员会采取消灭反苏维埃阴谋的措施、乌克兰局势的通报以及其他问题。

3 月底

发表八篇留声机片录音讲话:《悼念全俄中央执行委员会主席雅可夫·米哈伊洛维奇·斯维尔德洛夫同志》、《第三国际——共产国际》、《关于用无线电同库恩·贝拉通话的通报》、《告红军书》、《论中农》、《什么是苏维埃政权》、《怎样使劳动人民永远摆脱地主资本家的压迫》和《论残害犹太人的大暴行》。

3 月底—4 月初

撰写争取中农的紧急措施纲要《关于同中农的关系问题》。

4 月 1 日

得到反革命分子企图炸毁彼得格勒自来水厂和铁路桥梁的消息后,通过电话指示全俄肃反委员会采取防止破坏活动的紧急措施。

主持人民委员会会议;在讨论关于最高国民经济委员会拨款 1 500 万卢布用于在科斯特罗马、弗拉基米尔、彼得格勒等省组建工业企业的决定草案时,对决定草案提出补充意见。会议讨论关于领取劳动者社会保障金的手续、关于任命尤·弗·罗蒙索夫教授为驻美国的交通使团的主要代表、关于民警等问题。

4 月 2 日

同全俄制糖工业农业劳动者第一次代表大会主席 A.T.谢瓦斯季亚尼欣

交谈代表大会的工作,记下代表大会上提出的要求,然后写便条给交通
人民委员部,指示必须保证代表们返回去的交通工具。

得知库尔斯克省普季夫利县的代表们对该县苏维埃选举提出控告,
写便条给内务人民委员,指示必须检查和改选该县苏维埃。

4月3日

在莫斯科工人和红军代表苏维埃全会非常会议上作关于苏维埃共和国
对外对内政策的报告。

主持人民委员会会议;在会议中间签署关于苏维埃民警的法令草案
和关于改组中央消费合作总社管理委员会的决定草案;修改关于改组国
家监察人民委员部的法令草案。会议讨论国家监察人民委员部部务委
员会人员的任命以及其他问题。

4月3日或4日

同全俄中央执行委员会主席米·伊·加里宁谈苏维埃民主、全俄中央执
行委员会的任务、俄共(布)第八次代表大会关于对中农的态度问题的决
议以及贯彻这个决议的实际措施。

4月4日

图拉省执行委员会主席格·瑙·卡敏斯基电告孟什维克利用粮食困难
在图拉各兵工厂煽动罢工,列宁命令肃反委员会主席费·埃·捷尔任斯
基前往图拉处理。

4月5日

在给库恩·贝拉的电报中告知俄罗斯联邦外交人民委员部4月4日给
法国外交部长关于交换俄国和法国的战俘的照会内容,并请他将照会副
本交给美国驻布达佩斯的代表以便转给美国政府。

批阅梁赞省斯科平县农民的请求书,给农民回信指出向中农征收特
别税是违法的,然后同粮食人民委员部部务委员阿·伊·斯维杰尔斯基
通电话,并写便条给他,请他接见斯科平县农民代表并满足他们的请求。

主持人民委员会会议;签署人民委员会会议规则和关于严格执行财
务统一的措施的法令。会议讨论关于保护养蜂业的决定草案、关于童工
劳动的决定草案以及其他问题。

4月7日

致电库恩·贝拉,请他向巴伐利亚苏维埃共和国转致贺意,并请提供巴

伐利亚的详细情况,特别是关于土地社会化的情况。

得知坦波夫省铁路运输紧张,粮食运不出去;指示把这一问题提交国防委员会讨论。

同索科利尼基森林学校总务主任、原彼得堡工人菲·伊·博德罗夫交谈粮食状况和农村生活情况;然后致函农业人民委员谢·帕·谢列达和粮食人民委员亚·德·瞿鲁巴,要他们仔细研究博德罗夫提出的可以用兽力车从图拉省向莫斯科运送粮食的建议。

主持工农国防委员会会议;签署关于保护铁路不遭破坏的决定草案、关于禁止收归国有的煤矿企业的工人和职员擅离职守的决定草案、关于征召旧军官参加红军的决定草案。会议批准改行红军战士口粮标准的部队和工厂的名单。会议还讨论了南方战线的防疫工作的安排、从乌法撤退的人员的状况以及其他问题。

4月8日

致电库恩·贝拉,请他介绍巴伐利亚革命的情况以及巴伐利亚苏维埃政府民族纲领和土地纲领的内容。

签署给下诺夫哥罗德省克尼亚吉宁县土地局的电报,不准他们强迫农民实行共耕制。

复电第6集团军革命军事委员会委员尼·尼·库兹明,指示在同英军谈判交换俘虏时必须继续展开攻势和提高警惕。

修改并签署俄共(布)中央关于必须对红军实行统一指挥和统一供应以及对铁路实行统一管理的决定,这个决定是给乌克兰共产党(布)中央委员会的指示。

主持人民委员会会议。会议讨论关于无产阶级居民和半无产阶级居民参加合作社事业的程度的调查大纲、关于缩减非急需军用物资运输的措施的报告、关于在征收一次性特别革命税方面优待中农的法令草案以及其他问题。

4月9日

签署人民委员会给各省土地局和执行委员会的通令。通令规定不准用强制手段把农民的土地划归公有,不准强迫农民共耕土地、参加公社或其他集体经济单位。

致电喀山省执行委员会,指示立即调查四个公民来信控告被关押五个月而没有受到审讯一事。

接见奥洛涅茨省和特维尔省的代表。

4月10日

写《为支援东线告彼得格勒工人书》,号召他们动员一切力量支援东线。

主持人民委员会会议;签署关于征召1886—1890年出生的工人和农民入伍、关于防治流行病措施、关于储蓄银行同人民银行合并等法令。会议讨论粮食运输等问题。

4月11日

起草《俄共(布)中央关于东线局势的提纲》。

在全俄工会中央理事会全会上作关于工会在支援东线的动员工作中的任务的报告;在讨论中回答关于图拉罢工的问题;作总结发言。全会接受列宁提出的《俄共(布)中央关于东线局势的提纲》。

4月12日

主持人民委员会会议;修改并签署人民委员会关于加紧运送粮食的紧急措施和完成粮食计划的前景的决定。会议讨论关于用布匹给纺织企业工人发工资、关于在共和国内进行工业统计调查以及其他问题。

4月13日

参加俄共(布)中央全会会议;介绍共和国革命军事委员会副主席埃·马·斯克良斯基关于实行动员的提纲并作关于党在动员工作中的任务的报告;在讨论粮食人民委员亚·德·瞿鲁巴关于国内粮食状况的报告和其他问题时发言。会议讨论关于召开苏维埃代表大会问题、彼得格勒和莫斯科工人的粮食状况、在北线同英军交换战俘问题、纸张紧张和报纸出版问题等。

撰写昂利·吉尔波《战时法国的社会主义和工团主义》小册子序言。

4月14日

主持工农国防委员会会议。会议讨论关于把边防军的军用材料拨给土耳其斯坦苏维埃组织的问题、关于征召女医生服兵役的法令草案、南方战线防疫工作的改进措施、关于指示伏尔加和乌拉尔军事采购机关及时满足东线的需要和派部队装运木柴的问题等。

4 月 15 日

在俄共(布)罗戈日区委员会授旗给莫斯科苏维埃重炮指挥员第一期训练班的会上讲话,然后同学员们交谈并合影。

得知下诺夫哥罗德省克尼亚吉宁县卡尔塔希哈村农民粮食困难和征粮队在他们那里违法乱纪,委托米·伊·加里宁帮助解决。

同土耳其斯坦共产党出席俄共(布)第八次代表大会的代表们谈土耳其斯坦的工作任务并建议他们尽快回去。

为《共产国际》杂志创刊号撰写《第三国际及其在历史上的地位》一文。

4 月 16 日

致函图拉县执行委员会,询问该县为组织播种召开的农民代表大会的详细情况和被解散的原因。

参加俄共(布)中央政治局会议。会议讨论俄共(布)莫斯科委员会4 月 12 日关于改善工人经济状况的决议、教育人民委员部部务委员会在学校利用课外时间讲授宗教课程问题上的分歧、同乌克兰左派独立社会民主党人的谈判问题、乌克兰共产党(布)中央委员会关于乌克兰经济状况的指示草案以及其他问题。

在莫斯科苏维埃主席团召开的莫斯科枢纽站铁路员工代表会议上讲话,阐明国内外形势,号召动员一切力量同高尔察克作斗争。

主持工农国防委员会会议;在讨论列·波·加米涅夫关于粮食运输问题的报告时,写关于该问题的建议的草稿。会议讨论军队供应和车轮生产的改进措施、从古里耶夫夺取石油的军事行动以及其他问题。

在全俄共产主义学生第一次代表大会上致贺词,祝青年们在建设未来社会的事业中取得成就。

在莫斯科工厂委员会和工会代表会议上发表关于同高尔察克作斗争的讲话。

撰写《苏维埃政权的成就和困难》小册子的跋。

主持人民委员会会议;作关于扶持手工业者的报告。会议讨论关于给予劳动居民出售木材权利的法令草案、红军供给非常委员会的职权、图书馆事业、苏维埃机关和工人家属撤离东线等问题。

4 月 18 日

阅约·约·瓦采季斯总司令关于各个战线局势的报告。

参加俄共(布)中央政治局会议。会议讨论加强第 3 步兵师和第 2 骑兵师的政治工作的必要性、关于东方面军第 2 集团军司令员瓦·伊·绍林的问题、关于东方面军南方军队集群的指挥的问题等。

复电彼得格勒苏维埃主席格·叶·季诺维也夫,指示利用全俄中央执行委员会主席米·伊·加里宁到彼得格勒的机会加速往前线派人。

致电乌克兰人民委员会主席克·格·拉柯夫斯基,指示必须攻占罗斯托夫和突破布科维纳,并对吸收社会革命党人参加乌克兰苏维埃政府的谈判提出建议。

责成费·埃·捷尔任斯基调查自己接见过的切尔尼戈夫省两位农民被捕的原因。

4 月 19 日

签署给卡卢加省执行委员会的电报,指示查明人民教师布雷金的双亲的财产被剥夺的原因。

在红军总参谋部学院同指挥人员和学员谈话,然后在提前毕业的红军指挥员会议上讲话,论述全国的军事形势、加强红军的必要性、培养红军指挥员的重大意义和红军指挥员在保卫十月革命成果斗争中的巨大作用。

4 月 20 日

致电南方面军革命军事委员会委员格·雅·索柯里尼柯夫,建议尽快开始进攻顿巴斯和罗斯托夫的战役,并镇压南线后方的哥萨克叛乱。

致函坦波夫省执行委员会,请他们安排该省消费者协会会员再举行一次会议并向会议宣读列宁专为他们写的对人民委员会关于消费公社的法令的解释。

4 月 21 日

主持工农国防委员会会议;作关于加强军事防御工作的报告并草拟关于这个问题的决议的结尾部分。会议讨论从萨拉托夫往前线派遣医生、为泥炭工人运输粮食、在彼得格勒的一些工事埋设地雷以及其他问题。

4 月 21 日或 22 日

在给约·约·瓦采季斯总司令和共和国革命军事委员会委员谢·伊·

阿拉洛夫的复电中指出,乌克兰军队的主要作战任务是尽快解放顿巴斯和建立同苏维埃匈牙利的铁路联系。

4月22日

主持红军供给非常委员会所属仓库军用物资清查委员会会议。

致电乌克兰方面军司令员弗·亚·安东诺夫-奥弗申柯,指示必须解放顿巴斯和建立新部队来收复罗斯托夫和塔甘罗格。

主持人民委员会会议。在讨论关于释放由于觉悟低而参加反苏维埃活动的工人和农民的决定草案时,人民委员会委托列宁和司法人民委员库尔斯基修订这个草案,然后交由全俄中央执行委员会批准。会议还讨论了工资问题、关于扶持手工业者的决定草案、关于档案工作的法令草案以及其他问题。

4月23日

草拟请库恩·贝拉转交给奥地利和巴伐利亚共产党的有关他们的策略的无线电报稿。

在库恩·贝拉以匈牙利苏维埃政府名义发表的告红军中的匈牙利战士书上加附言,表示完全赞同号召书,相信很快就能战胜敌人。

参加俄共(布)中央政治局会议。会议讨论关于动员的进展情况、政治鼓动工作的任务、给军事指挥部和乌克兰共产党(布)中央委员会的关于收复顿涅茨煤田的指示、建立克里木苏维埃自治共和国的问题等。

4月24日

指示共和国革命军事委员会副主席埃·马·斯克良斯基立即起草中央关于各苏维埃共和国的军事统一的指示和关于动员普遍军训部的指挥人员的法令。

致电总司令和西方面军革命军事委员会,指示以最快的速度收复维尔诺。

分别致电南方面军革命军事委员会委员格·雅·索柯里尼柯夫和乌克兰人民委员会主席克·格·拉柯夫斯基等领导人,指示务必尽快镇压南线后方的哥萨克叛乱。

致电阿斯特拉罕革命军事委员会委员康·亚·梅霍诺申,指示迅速占领彼得罗夫斯克、乌拉尔河口和古里耶夫,以便把石油运往中部地区。

主持人民委员会会议;签署关于安排向产粮省和顿河州移民的法令草案、关于扶持手工业的措施的法令草案、关于征收实物税方面的优待办法的法令草案。会议讨论关于禁止地方苏维埃发出国护照的法令草案、图书馆事业以及其他问题。

4 月 25 日

致电乌克兰方面军司令员弗·亚·安东诺夫-奥弗申柯,表示不能接受他提出的划分南方面军和乌克兰方面军界线的方案,指示必须立即调乌克兰军队去攻占塔甘罗格。

阅过社会革命党叶卡捷琳诺斯拉夫组织的决议以后,写便条给《真理报》编辑尼·伊·布哈林并致电乌克兰人民委员会主席克·格·拉柯夫斯基,建议在报刊上揭露乌克兰社会革命党人反对乌克兰同苏维埃俄国结盟和维护富农利益的行径。

主持工农国防委员会会议。会议讨论关于号召贫苦农民和中农与反革命势力作斗争的决定草案、关于由各省军事委员会没收俄罗斯联邦所有仓库的军需品的决定草案、关于各地政权和个人不得干预铁路工作的问题等。

4 月 26 日

参加俄共(布)中央政治局会议;介绍彼得格勒战线的形势。会议讨论白卫分子炸毁明斯克以东的桥梁一事、对待国际主义者小组的态度以及其他事项。

指示人民委员会办公厅主任弗·德·邦契-布鲁耶维奇,在无政府主义著名活动家和理论家彼·阿·克鲁泡特金及其随行人员由德米特罗夫来莫斯科时,保证为其提供火车头等包厢。

写便条给共和国革命军事委员会副主席埃·马·斯克良斯基并致电东方面军革命军事委员会委员谢·伊·古谢夫,指示必须采取紧急措施防止高尔察克占领奇斯托波尔。

签署发给俄国革命民主主义社会活动家和学者弗·伊·塔涅耶夫的优待证书。

指示司法人民委员部认真查清卡卢加省法院院长受贿案件。

主持人民委员会会议;签署关于减少《消息报》和《真理报》的版面以

及暂停出版《莫斯科苏维埃消息报》的决定草案。会议讨论关于1919年
1月至6月的预算的法令草案、关于农业统计调查和工业统计调查的决
定草案以及其他问题。

4月下旬,不晚于27日

同慕尼黑共产主义青年组织领导人、德国共产党人阿·库列拉谈巴伐利
亚形势。

4月27日

撰写《向巴伐利亚苏维埃共和国致敬》一文。

4月28日

接见弗拉基米尔省戈罗霍韦茨县弗明基村农民伊·阿·切库诺夫并与
他交谈农村情况。

参加俄共(布)中央政治局会议。会议讨论关于全俄总参谋部和陆
军人民委员部的其他机关的改组、关于乌克兰粮食人民委员部、关于克
里木苏维埃自治共和国政府、关于共和国革命法庭庭长候选人等问题。

主持工农国防委员会会议。会议讨论莫斯科—喀山铁路某些地段
和塞兹兰—维亚济马铁路某些地段实行戒严问题、在支援东线的紧急动
员中组编红军部队和后备营问题、节约燃料的紧急措施以及其他问题。

4月29日

参加俄共(布)中央政治局和组织局联席会议。会议讨论印刷工人代表
大会问题、进行普遍动员和志愿兵动员的方式、中央给各级党组织通告
信草稿、对各苏维埃共和国的军队严格实行统一军事指挥的必要性、改
善工人居住条件委员会的工作以及其他问题。

主持工农国防委员会会议;签署关于莫斯科及其郊区仓库的清查办
法、关于莫斯科铁路工厂和波多利斯克机车修理厂实行军事化、关于征
召被俘回来的旧军官和被释放的原军事技术专家服兵役等一批决定草
案。会议讨论派往前线的医生数量、最高国民经济委员会和粮食人民委
员部的各机关和各部门按照军事需要安排工作问题、往乌克兰运送布匹
问题等。

4月30日

致电梁赞省粮食委员会,询问拒绝62岁的布尔戈娃提出的把她的口粮

标准改为一类标准的请求的原因。

同原彼得格勒工人、谢斯特罗列茨克苏维埃执行委员会主席尼·亚·叶梅利亚诺夫谈彼得格勒局势和派优秀的彼得格勒工人去农村做苏维埃工作的必要性。

致函彼得格勒苏维埃主席格·叶·季诺维也夫,建议选派优秀的、忠诚的彼得格勒工人到全国各县执行委员会去工作。

主持人民委员会会议;签署关于1919年1月至6月的预算的法令草案、关于同外国签订商品进出口合同的手续的法令草案。会议讨论经费分配、国库管理司和人民银行合并等问题。

4月底和5月15日之间

起草中央关于军事统一的指示。

4月下半月

在致彼得格勒各级组织的信中指令他们继续动员工人和党的工作人员到乌克兰、顿河和前线附近地区去。

5月1日

出席在红场举行的五一阅兵式和庆祝游行;四次发表讲话,介绍敌人遭到失败、苏维埃政权日益巩固的大好形势,展望美好的共产主义未来。

5月2日

同罗斯塔社主要领导人普·米·克尔任采夫谈广泛组织写作力量和加强俄共(布)中央对罗斯塔社工作的领导的必要性。

写便条给埃·马·斯克良斯基,指示必须把原计划调往东线的第33师的一部分留在阿斯特拉罕。

主持人民委员会经济委员会会议;在讨论改善工人生活状况的措施时,起草关于这个问题的决定。会议讨论调整自由贸易问题、货币紧缺问题和纸币发行计划。

5月3日

向中央苏维埃工作和党务工作学校学员作关于苏维埃政权的任务和党对待农民的政策的报告,解释党的第八次代表大会关于对中农的态度的决议,指出不要把中农同富农混同起来。报告以后,回答学员提出的许多问题。

收到莫斯科—喀山铁路基尔斯木材加工厂的一些职工发来的五一节贺电。在电报上批示邮电人民委员瓦·尼·波德别尔斯基，禁止拍发致敬电。

主持人民委员会会议。会议讨论给铁路社会教育拨款的问题、向居民分配戏票的办法、劳动力的统计和分配、公共伙食委员会和城市居民伙食的问题等。

5月3日和6日之间

同无政府主义著名活动家和理论家彼·阿·克鲁泡特金交谈合作社在苏维埃俄国和资本主义国家的作用、克服苏维埃国家机关的官僚主义、重印克鲁泡特金有关1789—1794年法国资产阶级革命史的著作等问题。

5月4日

参加俄共(布)中央全会会议；在讨论芬兰政府的最后通牒时，修改苏维埃政府的复电草稿；在讨论答复挪威学者、著名社会活动家弗·南森关于向俄国提供粮食援助的可能性的信件一事以后，写便条告诉格·瓦·契切林：全会决定把这个问题提交中央政治局决定，请准备给南森的复信稿。会议讨论儿童的口粮问题、加强彼得格勒防卫的措施、中央组织局关于执行中央关于动员的决定的措施的报告、中央关于加强军队的统一指挥的指示、立陶宛的局势、莫斯科的住宅问题、革命军事委员会和地方组织的相互关系、惩处渎职罪的法令的制定工作以及其他问题。

5月5日

代表党中央致电乌克兰方面军司令员弗·亚·安东诺夫-奥弗申柯和乌克兰陆海军人民委员尼·伊·波德沃伊斯基，宣布给他们警告处分，因为他们没有执行中央关于收复顿巴斯的措施的指示。

致电乌克兰人民委员会主席克·格·拉柯夫斯基以及弗·亚·安东诺夫-奥弗申柯和尼·伊·波德沃伊斯基，指示他们速派军队去支援顿巴斯。

主持工农国防委员会会议；签署关于停止征用燃料的决定草案、关于保证机器制造工厂的劳动力的决定草案、关于动员邮电部门全体职员的决定草案。会议讨论向前线派遣医生问题、对苏维埃机关的检查总结和缩减编制的措施、减少客运问题、整顿军用物资的运输问题等。

5月6日

在全俄社会教育第一次代表大会上致贺词。

致函外交人民委员格·瓦·契切林和外交人民委员部部务委员马·马·李维诺夫,对答复弗·南森提出的向俄国提供粮食援助和签订停战协定的建议的复信稿提出意见,建议利用复信来揭露威尔逊、劳合-乔治和克列孟梭的政策。

分别致电南方面军革命军事委员会委员格·雅·索柯里尼柯夫和安·卢·柯列加耶夫以及国防委员会驻南方面军特派员亚·格·别洛博罗多夫,指令迅速镇压南线后方的反革命叛乱。

主持人民委员会会议。会议讨论关于拆除某些铁路的铁轨的决定草案、关于莫斯科和近郊的中央和地方机关团体职工一次性登记办法的法令草案、农村和前线的报纸的分发、食品科学研究所的报告以及其他问题。

5月7日

接见受阿富汗艾米尔委托来俄国进行非正式访问的印度民族解放运动活动家巴拉卡图拉教授,同他交谈东方局势和苏维埃俄国与阿富汗建立友好关系的可能性。

同芬兰女共产党员莉·帕尔维艾宁谈话。

致电乌克兰副陆海军人民委员瓦·伊·梅日劳克,指示他立即把哈尔科夫的全部兵力和所有应征入伍的工人派往顿巴斯。

致电国防委员会驻南方面军特派员列·波·加米涅夫,命令他往卢甘斯克调派增援部队,尽快收复顿巴斯。

主持讨论财政措施问题的人民委员会经济委员会会议。

主持工农国防委员会会议。会议讨论关于军事采购工作安排的决定草案、关于征召1886—1891年出生的顿巴斯工人入伍的决定草案、关于审讯拒绝上前线的医务人员的决定草案、顿河舰队的组建、把肥料作为一类货物运输以及其他问题。

5月8日

代表党中央致电乌克兰人民委员会,建议立即动员敖德萨、叶卡捷琳诺斯拉夫、尼古拉耶夫、哈尔科夫、塞瓦斯托波尔的工人,加强对南方面军的军事援助并攻占罗斯托夫。

主持人民委员会会议;签署关于承认按照党、工会和苏维埃组织的决定被征入红军的工人、农民和职员为志愿兵的决定草案。会议讨论儿童的口粮问题、向顿河州移民工作的进展情况、期刊问题和保障红军战士家属的生活问题等。

5月9日

致电国防委员会驻南方面军特派员列·波·加米涅夫,指示火速往顿涅茨煤田派遣军队并为此动员所有大城市的工人。

签署给乌克兰人民委员会和乌克兰国防委员会的电报,传达俄共(布)中央关于党的工作的任务和两周内动员两万名乌克兰工业中心的工人去增援南方面军的方法的指示。

5月10日

致函社会保障人民委员部,请他们协助三位芬兰革命运动活动家安置500名同白卫分子作战致残的军人。

接见北方区域合作社代表大会代表团并同他们交谈合作社的活动。

5月11日

阅改外交人民委员部针对凡尔赛和约草拟的《告德国人书》,把标题改为《告德国工人和不剥削他人劳动的农民书》,补写了最后部分。

5月12日

参加俄共(布)中央政治局会议。会议讨论列宁关于所有派往各地做动员工作的特派员没有中央组织局的准许不得返回的建议、同各友好的苏维埃社会主义共和国的经济协定草案、俄共(布)中央工作报告草稿、关于新纸币的流通问题等。

给东方面军第5集团军革命军事委员会委员伊·尼·斯米尔诺夫去电询问高尔察克军队瓦解的消息是否可靠,为加速进攻和巩固胜利采取了哪些措施。

致电东方面军南方军队集群司令员米·瓦·伏龙芝,要求支援奥伦堡粉碎白卫哥萨克的包围。

致电中央军事交通部、疏散总局和交通人民委员部,指示把儿童送往南方夏令营。

主持工农国防委员会会议。会议讨论关于征召被俘归来的旧军队士兵服兵役的决定草案、应征上前线医生的数量、整顿军事物资的运输、解除彼得格勒的戒严以及其他问题。

5月13日

致电库恩·贝拉,向匈牙利红军表示祝贺,并告知乌克兰部队已渡过德涅斯特河。

代表俄共(布)中央政治局致电在辛比尔斯克的全俄中央执行委员会主席米·伊·加里宁,提醒他不要发出违反粮食政策的指示和命令,建议他把主要注意力放在对农民的宣传鼓动上。

主持工农国防委员会会议;作关于弹药生产和关于对共和国的军事机关和武装力量进行特别检查的任务的报告;制定提高弹药工厂产量的实际措施;签署关于在枢纽站和军队驻地组织鼓动教育站的决定草案。会议通过国防委员会关于彼得格勒、加契纳、儿童村和喀山停止疏散的决定。会议还讨论了机车修复数量的报表、图拉弹药制造厂的保卫工作、芬兰和摩尔曼斯克边疆区的难民进入俄罗斯时的检查措施以及其他问题。

签署给彼得格勒防卫委员会主席格·叶·季诺维也夫的电报,询问某些工厂从市区疏散的原因,指出彼得格勒防卫委员会的措施必须得到国防委员会批准。

5月14日

致电共和国革命军事委员会主席列·达·托洛茨基,询问镇压哥萨克首领尼·亚·格里戈里耶夫反革命叛乱的情况,并通知已把应征入伍的共产党员派往南方面军和东方面军。

致电南方面军革命军事委员会委员格·雅·索柯里尼柯夫,指示必须尽快平息哥萨克反革命叛乱,并依靠应征入伍的共产党员来加强红军。

5月15日

致电彼得格勒防卫委员会主席格·叶·季诺维也夫,批评他没有坚决执行国防委员会5月13日关于彼得格勒停止疏散的决定。

给共和国革命军事委员会主席列·达·托洛茨基去直达电报,对第33师增兵镇压白卫哥萨克叛乱表示满意,指示必须对顿巴斯展开攻势并拿下罗斯托夫。

主持人民委员会会议;签署关于区粮食机关的法令草案和关于1918年新纸币的流通的法令草案。会议讨论关于俄罗斯联邦的电话通信国有化的法令草案、关于红军军需供应总委员会的法令草案、关于工厂停止使用童工的法令草案、关于组织土耳其斯坦的灌溉工作的法令草案、关于水运总管理局的问题、沙图拉电站和卡希拉电站的建设拨款以及其他问题。

5 月 17 日

在莫斯科县工农代表苏维埃第五次(非常)代表大会上发表关于党对中农的政策的讲话。

致电南方面军革命军事委员会委员安·卢·柯列加耶夫,指示招募更多的工人和移民到顿河州去。

主持工农国防委员会会议。会议讨论因罗将柯反动军队的进攻而引起的彼得格勒和彼得格勒区的疏散问题,通过关于彼得格勒停止全面疏散的决定。列宁签署向西方面军革命军事委员会通知这个决定的电报。

主持人民委员会会议;签署国家出版社条例;修改关于免费供应儿童伙食和关于取消各省市信贷组织的法令草案。会议讨论在工人中间分配资产阶级遗弃的私人财产等问题。

5 月 18 日

分别致电东方面军第 10 集团军司令员和阿斯特拉罕第 11 独立集团军革命军事委员会,询问阻止敌人进攻的措施。

5 月 19 日

电告南方面军革命军事委员会委员格·雅·索柯里尼柯夫:敌人进攻彼得格勒,形势危急,必须立即把顿河的叛乱镇压下去。

在全俄社会教育第一次代表大会上发表关于揭露机会主义者用自由平等口号欺骗人民的讲话。

主持工农国防委员会会议。会议讨论彼得格勒的财产疏散办法、图拉弹药制造厂情况的报告、收集弹壳的紧急措施和手工生产弹药的可能性、从伏尔加河下游运出食盐和让难民通过西线等问题。

5 月 20 日

复电在彼得格勒的党中央和国防委员会特派员斯大林，谈增援彼得格勒的措施。

致函南方面军革命军事委员会委员格·雅·索柯里尼柯夫，指示必须采取坚决措施镇压顿河的叛乱，并通知已把军校学员、沃罗涅日省和坦波夫省应征入伍的共产党员派往南线。

致电乌克兰副陆海军人民委员瓦·伊·梅日劳克，询问收复顿巴斯的措施。

致电诺夫哥罗德省执行委员会，警告要严厉惩处那些因布拉托夫向列宁控诉而逮捕他的领导干部。

写便条给全俄中央执行委员会秘书瓦·亚·阿瓦涅索夫，建议逮捕把农民对地方机关的控告当做不屑一顾的小事的首都事务特别委员会工作人员。

主持工农国防委员会会议。会议讨论实行动员的紧急措施、延搁粮食运至火车站的原因、向顿河州移民的工作、向海军人民委员部调拨煤炭事宜、关于破坏撤退时放弃给敌军的铁路线的决定草案以及其他问题。

5 月 21 日

补充和修改俄共（布）中央关于动员西北各省共产党员和工人支援彼得格勒的决定草案。

致电南方面军革命军事委员会委员安·卢·柯列加耶夫，批评他们行动缓慢，要求采取坚决措施立即平定哥萨克叛乱。

5 月 21 日和 25 日之间

听取越过前线来到莫斯科的西伯利亚苏维埃中央执行委员会委员 В.Д.维连斯基—西比里亚科夫汇报高尔察克军队后方即西伯利亚和远东的情况，询问西伯利亚苏维埃中央执行委员会主席尼·尼·雅柯夫列夫牺牲的情况、西伯利亚游击队的活动、高尔察克军队瓦解的事实、高尔察克和协约国的相互关系等。

5 月 22 日

两次致电共和国革命军事委员会主席列·达·托洛茨基,告知里加已失守,阿斯特拉罕面临失守的危险,指示无论如何要立即平定顿河的叛乱。

参加俄共(布)中央政治局和组织局联席会议。会议讨论里加失守后加强西线的措施和恢复谢·谢·加米涅夫的东方面军司令员的职务问题。

补充和签署给克·格·拉柯夫斯基的电报,建议乌克兰共产党(布)中央委员会在作出重大财政决定之前要预先同俄共(布)中央协商。

主持人民委员会会议。在讨论编制委员会的报告时,会议决定成立以列宁为首的确定工资政策原则和专家劳动报酬特别委员会。会议还讨论了关于组织土耳其斯坦灌溉工作的法令草案、为节约电能关闭印刷厂问题等。

5 月 23 日

主持人民委员会确定工资政策原则和专家劳动报酬特别委员会会议,起草关于专家的工资的决定。

5 月 24 日

电贺乌克兰人民委员会平定反革命叛乱,并指示把腾出来的部队调往顿巴斯。

分别急电沃罗涅日省和坦波夫省军事委员会,指示尽快把应征入伍的共产党员派往南线。

主持人民委员会会议;说明关于专家工资的决定草案和关于哥萨克居民同俄罗斯联邦所有劳动居民享受平等权利的决定草案;签署关于预算规则的法令和关于中央战俘和难民事务委员会转归内务人民委员部领导的法令。会议讨论关于给劳动居民调拨木柴的法令草案、关于红军军需总委员会的法令草案以及其他问题。

5 月 25 日

参加在红场举行的庆祝普遍军训一周年的群众大会,检阅工人营、各区共产主义分队和莫斯科军事学校学员,然后发表关于工人阶级在保卫社会主义祖国斗争中的作用和关于苏维埃国家的国际意义的讲话。

同匈牙利苏维埃共和国的一位领导人蒂博尔·萨穆利交谈匈牙利

的政治和军事形势。

5月26日

致电乌克兰人民委员会,指示收集居民的一切武器,建立坚强的军队,把平定叛乱腾出来的部队调往顿巴斯。

主持工农国防委员会会议;签署给彼得格勒防卫委员会的关于国家有价证券印刷厂疏散的电报和关于征召交通人民委员部各级机关职员参加红军的决定草案。会议讨论图拉弹药制造厂的钢材供应、卡希拉电站的需求、在顿河区和奥伦堡的哥萨克中征兵的计划、允许难民通过西线、缩减客运等问题。

5月27日

和全俄中央执行委员会主席米·伊·加里宁共同签署给阿富汗艾米尔阿曼努拉汗的信函,向阿富汗人民致敬,祝贺国王登基,同意与阿富汗建立外交关系。

补充并签署给在彼得格勒的斯大林的电报,指示采取坚决措施来揭露敌人在后方和前线策划的反革命阴谋。

撰写《向匈牙利工人致敬》一文。

主持人民委员会会议。会议讨论关于粮食收购状况和新收获之前的粮食工作计划的报告、关于苏维埃机关编外人员的工作安排的报告、关于分发资产阶级遗弃的私人财产的决定草案、关于在莫斯科和彼得格勒施行劳动手册的法令草案以及其他问题。

5月28日

参加俄共(布)中央政治局会议。会议讨论有关南线局势的一些问题、往德国派商务代表问题、俄共(布)中央委员费·埃·捷尔任斯基关于波兰政府照会的声明、同乌克兰的军事经济联盟以及其他问题。

致电乌克兰人民委员会主席克·格·拉柯夫斯基,传达俄共(布)中央关于要求乌克兰紧急增援南线和集中全部兵力收复顿巴斯的决定。

主持工农国防委员会会议;签署关于客车使用手续的决定草案、关于破坏撤退时放弃给敌军的铁路线的决定草案。会议讨论关于不准征用救护列车的器材和食品问题、关于征召高等学校学生入伍问题、军用列车的护送、图拉弹药制造厂的保卫以及其他问题。

为《共产国际》杂志第 2 期撰写《伯尔尼国际的英雄们》一文。

5 月 29 日

致电乌克兰方面军司令员弗·亚·安东诺夫-奥弗申柯和乌克兰陆海军人民委员尼·伊·波德沃伊斯基,指示立即往顿巴斯派增援部队。

致电东方面军革命军事委员会委员谢·伊·古谢夫、米·米·拉舍维奇和康·康·尤列涅夫,通知他们谢·谢·加米涅夫复任东方面军司令员,指示必须加强部队的政治工作,动员奥伦堡哥萨克和前线地区居民参加收复乌拉尔的战斗。

5 月 30 日

致电共和国革命军事委员会主席列·达·托洛茨基,询问为阻止邓尼金军队同顿河上游哥萨克叛乱分子会合采取了哪些措施。

叶·米·雅罗斯拉夫斯基把他的《偏见的牺牲品》一文送给中央组织局委员审阅,并就参加宗教仪式的党员可否留在党内一事征求意见。列宁在文稿最后一页的背面写道:"我主张把参加宗教仪式的人开除出党。"

不晚于 5 月 31 日

起草国防委员会关于动员苏维埃职员的决定。

5 月 31 日

以国防委员会主席的身份同内务人民委员费·埃·捷尔任斯基共同签署发表告居民书《谨防间谍!》。

同立陶宛—白俄罗斯苏维埃共和国国防委员会委员叶·波·博什交谈西线的局势和明斯克的防卫问题,然后写便条给全俄总参谋部,请求给明斯克工人营发放武器并派去教官。

主持工农国防委员会会议;在讨论动员问题时,起草并签署关于征召商业、工业、运输业工人和职员服兵役的法令。会议讨论军队的武器供应、按工业部门征召工人入伍、征召 19 岁青年入伍、调查彼得格勒附近桥梁被炸原因等问题。

6 月 1 日

参加俄共(布)中央政治局会议。会议讨论各苏维埃社会主义共和国的军事经济联盟问题。列宁受中央政治局委托,起草给瓦·伊·梅日劳克、克·叶·伏罗希洛夫、费·安·阿尔乔姆和乌克兰其他领导人的电报,表示不同意他们恢复乌克兰方面军的空洞计划,要求采取加强乌克兰军队的切实措施。

　　致电共和国革命军事委员会主席列·达·托洛茨基,指出他没有执行俄共(布)中央关于撤销乌克兰陆海军人民委员部的指示,要他采取坚决措施支援顿巴斯。

6月2日

参加俄共(布)中央政治局和组织局联席会议。会议讨论乌克兰的军事管理机关和军事指挥部的改组、零售商业的调整、西线局势、反对敌视犹太人、财政和粮食等问题。

　　主持工农国防委员会会议;签署关于修理和更换步枪的决定草案、关于成立中央商业工业运输业职工动员委员会的决定草案、关于减轻彼得格勒负担的决定草案。会议讨论木柴的采伐数量、卡希拉电站的物资供应、动员19岁青年入伍的措施、桥梁保卫、改进索尔莫沃市工厂的工作、往辛比尔斯克和波多利斯克的工厂调派工人等事项。

　　致电东方面军革命军事委员会委员谢·伊·古谢夫、米·米·拉舍维奇和康·康·尤列涅夫,指示不要放松巴什基尔人、奥伦堡哥萨克和前线地区居民的动员工作和收集枪支问题。

　　同顿河州科捷利尼科沃区革命委员会委员 B.T.科列斯尼科夫和 Г.И.涅克柳多夫交谈顿河地区局势和对哥萨克人的态度,然后致电南方面军革命军事委员会,指示不可强迫哥萨克人改变生活习惯。

　　主持人民委员会会议;签署关于办理出国护照的手续的决定草案、关于莫斯科的建筑修缮业的决定草案。会议讨论关于禁止自由收购马铃薯的法令执行结果的报告、关于1918年下半年紧缩开支的情况的报告、向顿河州移民情况、缩减编制问题等。

6月4日

致电东方面军革命军事委员会委员谢·伊·古谢夫和米·米·拉舍维奇,询问第3集团军的情况和阿格累兹特别是格拉佐夫失守的原因。

　　两次致电在彼得格勒的党中央和国防委员会特派员斯大林。第一封电报指出在彼得格勒军事工作中必须保持最大限度的团结,尽快争取胜利;第二封电报指示派干部去全面支援西方面军。

给乌克兰肃反委员会主席马·伊·拉齐斯复信,指示必须把混进乌克兰肃反委员会机关的坏人清洗出去。

6月5日

指示司法人民委员德·伊·库尔斯基认真查清奥廖尔省叶列茨县地方政府在征收特别税时违法乱纪的事实。

主持人民委员会会议。会议讨论工资为3 000卢布以上的专家名单、国家出版社编辑委员会的任务、关于分发资产阶级遗弃的私人财产的决定草案、关于苏维埃机关精简人员办法的决定草案、关于输电设备的安装和使用的条例草案以及其他问题。

致电彼得格勒苏维埃主席格·叶·季诺维也夫,通知已给彼得格勒发去了粮食。

6月6日

同巴什基尔苏维埃共和国军事委员艾·瓦利多夫和巴什基尔革命委员会代表交谈在东线使用巴什基尔军队一事和土耳其斯坦的局势。

致电东方面军革命军事委员会委员谢·伊·古谢夫和米·米·拉舍维奇,告知南线局势吃紧,不能给东线补充兵员,要他们在当地解决兵员和军需问题;指出高尔察克有可能渡过维亚特卡河向彼得格勒进攻。

主持工农国防委员会会议;签署关于邮电人民委员部的无线电报局转交陆军人民委员部管理和征召无线电专家服兵役的办法的决定草案。会议讨论关于从德国回来的俄国战俘通过西部国境问题、汽油生产问题、关于组织单独为铁路员工采购粮食的征粮队问题、关于在枢纽站和军队驻地组织宣传教育点的报告、吸收铁路员工中的共产党员参加桥梁保卫的有关事宜以及其他问题。

6月8日

致函埃·马·斯克良斯基,指示必须立即从阿尔汉格尔斯克战线和东方战线调派部队保卫彼得格勒,因为彼得格勒战线局势吃紧。

6月9日

致电东方面军革命军事委员会,指出彼得格勒战线和南方战线的军事局势吃紧,因而必须从东方战线抽调军队前去支援,要求他们按革命的方式工作,把临近前线地区18岁至45岁的居民全部动员起来。

6月10日

参加俄共(布)中央委员会会议;在讨论彼得格勒战线局势的过程中起草俄共(布)中央关于彼得格勒战线的决定。会议讨论6月13日举行纪念罗·卢森堡的活动、动员大学生和中学生等问题。

主持人民委员会会议。会议讨论预付非定量食品购金的问题、关于向铁路职员及其家属供应非定量食品的报告、乌克兰制糖工业的资金供给、发明者奖励条例草案以及其他问题。

6月11日

参加俄共(布)中央委员会会议。会议讨论敌占区的地下工作、给匈牙利苏维埃代表大会和匈牙利共产党代表大会的贺词、释放没有敌意的孟什维克分子并按其专业使用的问题、召开外高加索共产党代表会议问题、极刑使用问题等。

四次致电东方面军革命军事委员会,指示普遍动员临近前线地区的居民、加快组建新的部队、镇压奥伦堡地区和乌拉尔地区的反革命叛乱、往彼得格勒调派可靠的部队。

致电乌克兰人民委员会主席克·格·拉柯夫斯基,指示采取紧急措施向彼得格勒支援粮食。

主持工农国防委员会会议;签署关于征召旧军队40岁以下的下级准尉和士官服兵役的决定。会议讨论莫斯科近郊煤矿区考察委员会的报告、关于允许难民通过西线的报告、向居民收集武器的详细办法、关于从阿斯特拉罕向外运鱼问题、关于后方军事服务人员不应领取红军战士口粮问题等。

6月12日

主持人民委员会会议。会议讨论关于向16周岁以下儿童免费供应伙食的法令的执行情况、关于保障劳动者家庭成员生活的决定草案以及其他问题。

6月13日

致电在彼得格勒的斯大林,通知已往彼得格勒派去两列装甲列车和500名共产党员。

主持工农国防委员会会议。会议讨论军队供应问题、铁路实行戒严的办法、莫斯科近郊煤矿区考察委员会的报告、工商业和运输业职工动员办法、弗拉基米尔省实行戒严的有关事宜以及其他问题。

6月14日

致电南方面军第10集团军革命军事委员会委员奥·伊·索莫夫和杰·伊·叶弗列莫夫,命令必须守住察里津。

向奔赴前线的红军总参谋部学院毕业生发表送行讲话。

在莫斯科机枪训练班学员的游艺晚会上讲话,祝贺学员结业,讲述国内外形势、党的第八次代表大会关于军事问题的决议和红军指挥员面临的任务。

6月15日

检阅第一批莫斯科机枪训练班的结业学员。

参加俄共(布)中央委员会会议。会议讨论关于最高指挥人员的调动和加强各革命军事委员会的问题、对军事专家的监督问题、部队的调遣问题、东方面军问题、极刑使用问题等。

6月16日

同伊·伊·乌里扬诺夫和乌拉尔革命哥萨克人的其他代表交谈成立哥萨克师在高尔察克军队后方开展游击活动的可能性,然后写便条请俄共(布)中央组织局和共和国革命军事委员会研究这一问题。

6月17日

致函俄共(布)中央,批驳共和国革命军事委员会主席列·达·托洛茨基对中央委员会关于加强大本营的决定的异议。

主持人民委员会会议;签署关于改组中央红军店铺管理局的决定草案。会议讨论关于住宅的卫生防疫的法令草案、统一劳动学校的经费、剧场和杂技场以及商店和乐器制造厂的国有化等问题。

6月18日

参加俄共(布)中央政治局和组织局联席会议。会议讨论关于中央消费合作总社和工人合作社问题、派莫斯科先进工人去增援南线和西线问题、纺织工人的生活状况和帮助他们的措施以及其他事项。

收到在高尔察克军队后方库斯塔奈爆发起义和起义者向车里雅宾

斯克推进的消息,致电东方面军革命军事委员会委员米·米·拉舍维奇,指示他们务必竭尽全力与起义者会合。

复电第10集团军革命军事委员会和察里津省执行委员会,表示相信第10集团军和察里津无产阶级会继续英勇保卫察里津。

致电库恩·贝拉,告知俄共(布)中央关于派人去匈牙利一事的讨论情况,提醒他在与协约国进行停战谈判时务必小心谨慎。

主持工农国防委员会会议;签署关于开赴前线的增兵军用列车必须有负责工作人员随行的决定草案。会议讨论南线的救护情况、拘留适龄服役的外国公民问题、从乌克兰运出军用物品的任务完成情况、汽油生产问题等。

写便条给费·埃·捷尔任斯基,指示肃反委员会必须在沃罗涅日省、坦波夫省和萨拉托夫省进行普遍动员,以便巩固阵地,同时还要进行大规模的搜查,搜出隐藏的武器。

6月19日

主持工农国防委员会会议。会议讨论扩大征粮军的措施、恢复修建西线防御工事的措施、新索科利尼基的爆炸事件的调查结果、红丘炮台事件的调查、动员19岁青年入伍的措施、建立哥萨克混成部队问题等。

6月20日

致电东方面军革命军事委员会委员米·米·拉舍维奇和康·康·尤列涅夫,指示必须继续向乌拉尔进攻并采取加强部队战斗力的措施。

致电克里木粮食委员萨·德·武尔弗松,命令把克里木现有的全部水果罐头和干酪发往粮食人民委员部,供应俄罗斯北方地区有病儿童食用。

主持人民委员会会议。会议讨论关于劳动手册的法令草案、电话通信的国有化、汽车使用规则、输电设备安装和使用条例草案以及其他问题。

6月21日

致电南方面军革命军事委员会,指示采取紧急措施守住察里津。

致电乌克兰人民委员会主席克·格·拉柯夫斯基,指示必须尽快给西线运去三列车粮食。

6 月 23 日

写《关于用自由平等口号欺骗人民》出版序言。

6 月 24 日

参加俄共(布)中央政治局和组织局联席会议。会议讨论粮食状况、收集居民武器的详细办法、往全俄总参谋部和海军人民委员部派政委等问题。

　　　　主持人民委员会会议。会议讨论编制委员会工作报告、不允许增加编制的监督条例草案、发给各机关购买非定量食品的预付款、制定统一稿酬、图书馆事业等问题。

6 月 25 日

主持工农国防委员会会议;修改并签署关于嘉奖同高尔察克匪帮作战勇敢的第 2 集团军、第 5 集团军和土耳其斯坦集团军指战员的决定草案。会议讨论按职业和路局分派应征入伍的铁路员工的名额问题、往前线运送增援部队的军用列车的护送问题、喀琅施塔得居民的疏散问题、乌克兰军用物资和食品的供应问题、提高红军战士的薪饷问题、战俘中的熟练工人的使用问题等。

6 月 26 日

听取 1918 年秋受全俄中央执行委员会的委托巡视过西伯利亚和远东的所有地下组织的 Д.Д.基谢廖夫关于西伯利亚形势和高尔察克后方的革命运动的汇报。

　　　　主持工农国防委员会会议;作关于炮闩的生产和储存的报告;签署关于林业总委员会、煤炭总委员会、石油总委员会、燃料总委员会的所有机关和企业实行军事化的决定草案。会议讨论军队谷物饲料和粮食的供应、国家监察人民委员部关于苏维埃各机关由妇女顶替应征入伍男子的工作情况的报告、从乌克兰运出军用物品的任务完成情况,以及关于加强国营"输电"发电站和泥炭采掘场的劳动纪律、关于所有的军工厂转归最高国民经济委员会领导、关于收集居民枪支等问题。

6 月 27 日

致电东方面军革命军事委员会委员米·米·拉舍维奇和康·康·尤列涅夫,指示利用从高尔察克军队投诚过来的人作宣传工作;必须镇压尼古拉耶夫斯克地区的哥萨克叛乱。

同弗·维·阿多拉茨基谈收集和研究十月社会主义革命史的资料。

主持人民委员会会议。会议讨论新粮食法令的基本要点、关于铁路对旅客行李丢失或损坏的责任的法令草案、固定价格问题、关于批准薪金为3 000卢布以上的专家名单问题等。

《列宁全集》第二版第 36 卷编译人员

译文校订：崔松龄　张慕良　王锦文　刘　健
资料编写：张瑞亭　刘丕烈　冯如馥　王丽华　刘彦章　周秀凤
编　　辑：李洙泗　江显藩　钱文干　李桂兰　刘燕明
译文审订：王治平　岑鼎山

《列宁全集》第二版增订版编辑人员

李京洲　高晓惠　翟民刚　张海滨　赵国顺　任建华　刘燕明
孙凌齐　门三姗　韩　英　侯静娜　彭晓宇　李宏梅　付　哲
戢炳惠　李晓萌

审　　定：韦建桦　顾锦屏　柴方国

本卷增订工作负责人：李宏梅　翟民刚

项目统筹：崔继新

责任编辑：毕于慧

装帧设计：石笑梦

版式设计：周方亚

责任校对：梁　悦

图书在版编目（CIP）数据

列宁全集.第36卷/（苏）列宁著；中共中央马克思恩格斯列宁斯大林著作编译局编译.
　—2版（增订版）-北京：人民出版社，2017.3
ISBN 978 - 7 - 01 - 017115 - 9

Ⅰ.①列⋯　Ⅱ.①列⋯ ②中⋯　Ⅲ.①列宁著作-全集　Ⅳ.①A2

中国版本图书馆 CIP 数据核字（2016）第 316446 号

书　　　名　**列宁全集**
　　　　　　LIENING QUANJI
　　　　　　第三十六卷
编 译 者　中共中央马克思恩格斯列宁斯大林著作编译局
出版发行　**人民出版社**
　　　　　　（北京市东城区隆福寺街 99 号　邮编 100706）
邮购电话　（010）65250042　65289539
经　　销　新华书店
印　　刷　北京新华印刷有限公司
版　　次　2017 年 3 月第 2 版增订版　2017 年 3 月北京第 1 次印刷
开　　本　880 毫米×1230 毫米 1/32
印　　张　18
插　　页　5
字　　数　464 千字
印　　数　0,001—3,000 册
书　　号　ISBN 978 - 7 - 01 - 017115 - 9
定　　价　45.00 元

ISBN 978-7-01-017115-9